Scrittori italiani e stranieri

Daniele Rielli

Odio

ROMANZO

MONDADORI

Questo libro è un'opera di fantasia, che mescola personaggi e luoghi realmente esistenti ad altri di pura finzione. In particolare, i protagonisti della vicenda sono assolute invenzioni dell'autore, con il solo intento di conferire veridicità alla narrazione. Qualsiasi analogia con fatti, luoghi e persone, vive o scomparse, è assolutamente casuale.

Le citazioni di René Girard e di E.M. Cioran presenti nel testo sono tratte da:
René Girard, *La violenza e il sacro*, traduzione di O. Fatica, E. Czerkl, Adelphi, Milano 1992;
E.M. Cioran, *L'inconveniente di essere nati*, traduzione di L. Zilli, Adelphi, Milano 1991.

www.danielerielli.it

librimondadori.it

Odio
di Daniele Rielli
Collezione Scrittori italiani e stranieri

ISBN 978-88-04-73213-6

Published by arrangement with The Italian Literary Agency
I edizione giugno 2020

Odio

A Laura, il contrario dell'odio

L'idea che le credenze di tutta quanta l'umanità non siano che un'ampia mistificazione, alla quale noi saremmo pressoché i soli a sfuggire, è a dir poco prematura.

RENÉ GIRARD

I libri andrebbero scritti unicamente per dire cose che non si oserebbe confidare a nessuno.

E.M. CIORAN

Perdona loro perché non sanno quello che fanno.

GESÙ DI NAZARETH

Non ricordo il momento preciso in cui presi il vizio di giocare con il fuoco, so solo che cose del genere s'imparano per imitazione, come tutto il resto. Nel silenzio del salotto disabitato ormai da anni feci girare per un paio di volte la rotella e pigiai il tasto dell'accendino che autorizza l'uscita del gas. Ne scaturirono due piccole fiamme ma non una terza, perché vidi l'ora sullo schermo dell'iPhone: dovevo uscire subito o sarei arrivato in ritardo. Chiusi la porta, non senza aver prima dato un ultimo sguardo all'attico di via Giulia. Pensare alla cura che tempo prima avevo messo nell'arredare quell'appartamento aveva un che di doloroso, sapevo bene che non vi avrei fatto mai più ritorno.

Nonostante fossero stati istituiti dei convogli speciali, quando, giorni prima, avevo prenotato il biglietto del Freccia Rossa per Roma il mio era uno dei soli quattro posti rimasti. Scendendo a Termini quel pomeriggio mi era parso di avvertire dell'elettricità nell'aria, come se la città si stesse preparando a un carnevale che mancava da secoli, poi la battuta macabra rivolta da un addetto alle pulizie a un suo collega mi aveva procurato una leggera fitta sul fondo della colonna vertebrale.

Via del Plebiscito era chiusa al traffico e un fiume di persone scorreva lento verso l'Altare della Patria. Alcuni, pur indossando vestiti casual, avevano i volti truccati alla maniera dei guerrieri maori. Piazza Venezia era già gremita, mi fermai molto lontano dalla scalinata. Da uno dei tre maxischermi avrei potuto comunque vedere i dettagli, per il momento però trasmettevano soltanto il logo di Netflix, la piattaforma che aveva comprato i diritti dell'evento.

Rispetto alla mia intuizione originaria tutto era stato realizzato con precisione e fedeltà sorprendenti. La capacità operativa, d'altronde, non era mai stata il problema degli uomini con cui avevo lavorato fino a poco tempo prima; era, anzi, parte fondamentale del loro fascino. Anche se nessuno tra le migliaia di persone poteva saperlo, quella davanti ai loro occhi era ancora chiaramente riconoscibile come la mia idea. Provai l'orgoglio contraddittorio di chi è responsabile di qualcosa di grande e di oscuro. Le luci sull'altare della patria cambiarono, i maxischermi incominciarono a diffondere le immagini ravvicinate. Sulla piazza scese il silenzio cupo di cui una folla è capace soltanto in prossimità della morte.

1

Alcuni anni prima

La torta era color arancione acceso, sfumato qui e là solo dalle bruniture della cottura, e spiccava come un corpo estraneo nel salotto all white della casa di Emanuele. Sia Martina che il dolce avevano ricevuto l'accoglienza delle grandi occasioni; Giada si era spinta a pronunciare un «Abbiamo sentito molto parlare di te» che era immediatamente deflagrato negli occhi di Martina come una bomba di profondità. Persino Cristina aveva tentato di forzare la sua naturale freddezza nei miei confronti dando un benvenuto caloroso a quella che si augurava sarebbe diventata una nuova pecorella a tempo indeterminato del gregge, una prospettiva di stabilizzazione di fronte alla quale Martina si sarebbe anche potuta rivelare una perfetta stronza e per lei non avrebbe fatto alcuna differenza. Al momento delle presentazioni una nuvola temporalesca era comunque passata rapida sul suo viso, come stesse pensando: "Ha detto davvero *Martina*?". Era evidente come ritenesse quella corrispondenza una perversa scelta del sottoscritto.

Emanuele si era immediatamente fatto sotto, presentandosi con il suo charme un po' vecchia maniera.

«Sei tu dunque la ragazza che Marco ci teneva nascosta» disse con un sorriso che mi sembrò più giovane del solito; soltanto a quel punto mi accorsi che si era tagliato la barba dopo chissà quanto tempo. Anche Emanuele, come la sua donna, stava contribuendo con parole eccessive alle future delusioni della mia accompagnatrice. Martina era stata preparata nei suoi confronti. Nelle descrizioni preliminari non avevo nascosto nessuno dei segreti dei miei due amici, pur sapendo bene che sarebbe stato Emanuele ad attirare le maggiori attenzioni. Infatti, appena il mio amico pugliese si fu allontanato, Martina mi guardò con un'espressione complice: era lui?

Sorrisi: era *decisamente* lui.

Abbracciai Mauro e poi gli indicai le due bottiglie pregiate sul tavolo. Avevo un po' esagerato – erano quasi scelte da russo in vacanza – ma sapevo che lui avrebbe apprezzato comunque l'opportunità. Soppesò prima il Cristal, con piacere ma senza autentico trasporto, poi lo vidi illuminarsi di fronte alla bottiglia di Amarone di Quintarelli.

«Sono trenta giorni che non bevo alcol per colpa del CDT» dissi come a giustificarmi di quella sfacciata capacità di spesa, un riflesso automatico ormai scomparso da ogni ambito della mia vita che non fosse quel genere di riunioni.

«D'altronde non ci siamo trovati per questo?» osservò Mauro senza smettere di scrutare il Quintarelli.

«C'è qualcosa da festeggiare?» chiese Martina, attenta, mi parve, a mantenere comunque un tono conciliante, non inquisitorio. Vidi Cristina illuminarsi. «Non te l'ha detto?»

Nello spiraglio s'infilò immediatamente Emanuele, mentre Mauro – il vecchio Maurone – sembrava essere l'unico a chiedersi se non fosse il caso di deviare con mestiere il discorso, se non ci fosse, cioè, qualcosa di cui Martina non fosse al corrente.

«Oggi è finita tutta la trafila per quando l'hanno beccato sbronzo alla guida.»

«Sbronzo alla guida...» fece eco Cristina, per nulla convinta che quella fosse una descrizione sufficiente.

«Ho consegnato l'ultima provetta, mi manca ancora un colloquio con lo psicologo» spiegai, come fosse cosa da niente.

Martina mi guardò stupita. Sapeva che per un periodo ero stato senza patente ma sapeva anche che da parecchio tempo guidavo tranquillamente. Come la maggior parte delle persone ignorava che razza di tortura medioevale fosse la procedura per riavere la patente dopo una sospensione per guida in stato di ebbrezza, e, una volta riacquisita, per evitare che venisse di nuovo ritirata. Si tratta di un processo praticamente a vita di test e colloqui, che a mano a mano si dilatano nel tempo. Di base, se una persona viene trovata una volta alla guida sopra i limiti alcolemici consentiti, lo Stato italiano assume tacitamente che si tratti di un beone terminale e lo sottopone a periodiche analisi del dosaggio del CDT, la transferrina desialata, un marcatore che permette di scoprire – con una discreta approssimazione – se una persona ha assunto dell'alcol durante l'ultimo mese. Di tutto questo Martina non sapeva appunto nulla, mentre riguardo alle circostanze che avevano portato la polizia a sequestrarmi la patente sapeva soltanto che una sera ero uscito con degli amici e avevo bevuto un po' troppo, come poteva capitare a chiunque.

Lasciai a Mauro l'onore di stappare la bolla; la stavano facendo un po' troppo lunga, non era poi questa grande occasione. L'importante era la compagnia.

«Lunghissimo» commentò Mauro, ammirato dopo un momento di riflessione. «Senti la nota di nocciola in mezzo agli agrumi?… Che bomba. Come stai, DeSa?»

«Stanco morto. Come se non avessi già abbastanza cazzi, oggi ho avuto in ufficio un giornalista.»

«Italiano…»

«Italiano» confermai, «e dei peggiori.» Mi sedetti sul divano. «Il gatto non c'è?» chiesi riferendomi alla piccola pantera che un po' gli invidiavo.

«Sarà di là a dormire, non che faccia altro.»

«Peccato. Comunque dovevi vederlo sto tizio, che sicumera… Poi ovviamente non sapeva nulla di nulla.»

«Un'intervista su cosa?» intervenne Emanuele.

«Stiamo per fare il round B di finanziamento. L'ultimo prima della quotazione in borsa.»

«Ed è necessaria un'intervista?» chiese Mauro, che da scrittore era molto più interessato della persona media ai meccanismi dei mondi professionali che non conosceva. Poteva sempre saltarci fuori un racconto breve, forse chissà, persino un romanzo, avendo la giusta pazienza indagatoria.

«No, ma la mia addetta stampa viene dal mondo dei giornali e ogni tanto devo farla lavorare anche in quella direzione, più per tenerla buona che altro.»

Vidi un accenno di smorfia prodursi sul volto di Cristina.

«Il fatto è che è in gamba e voglio tenermela. Per dirti, a un certo punto sto giornalista ha tirato fuori tutta la vicenda di Martina Scalzi e Furetta l'ha massacrato. Uno spettacolo.»

«Furetta?» chiese allarmata Cristina.

«Non rompere tu, eh» disse Mauro con un movimento della mano in sua direzione, come a scacciarla.

«È il suo soprannome, se l'è scelto lei» spiegai senza guardarla. In realtà non avevo idea della genesi di quell'appellativo ma non avevo voglia di impelagarmi in sabbie mobili del genere. Da sobrio, poi.

«Non se la dimenticheranno mai quella storia, DeSa» osservò Emanuele, «purtroppo è così, lo sai. Però nonostante tu ti sia ormai irrimediabilmente corrotto con questi orridi computer e i loro algoritmi liberticidi, devo riconoscere che in fatto di vini rimani insuperabile. Mi ricordo quando bevevi solo Dreher da sessantasei.»

«A questi prezzi è facile. Devo farti assaggiare qualcosa di più affrontabile e comunque buono» mi sminuii.

A proposito di grandi consumatori di Dreher, Giada venne a sedersi sul bracciolo del divano, di fianco a Emanuele. «Abbiamo usato BEFORE anche noi l'altra sera, ordinando del sushi» disse.

«Noi lunedì» osservò Mauro.

«Noi... quand'era? Martedì? Ma era sicuramente dopo perché ora che ci penso su Facebook mi è uscito che Chiara aveva ordinato del sushi da Daruma.»

«È vero» confermò Emanuele, «è così che ci è venuta l'idea.»

I dati di cui disponevamo a BEFORE non lasciavano dubbi: l'unicità è decisamente sopravvalutata presso gli esseri umani. «In principio era il verbo»... be', non proprio. In principio c'è la propensione a imitare, il linguaggio è uno dei tanti sottoprodotti di quella pulsione originaria. Nei numeri di BEFORE la filosofia incontrava la scienza, mica una cosa da niente. Peccato che fosse un sapere destinato a rimanere ignoto ai più, ogni tanto arrivavo a dolermene un po'.

«Crediamo tutti nel libero arbitrio, sempre che a insegnarci il concetto sia stata una persona che stimiamo o invidiamo» sentenziai perciò, ispirato.

«Minchia, senti qui la zampata del filosofo» commentò Mauro.

Cristina ignorò quel che avevo detto, le mie parole le passavano attraverso invisibili come particelle cosmiche o, meno spesso, venivano accolte con il ruotare di occhi che si dedica alle inopportune bestialità di un selvaggio.

«Tutta questa sorveglianza è peggio del Grande Fratello» disse invece con un certo orrore dipinto sul volto, in piedi davanti allo schizzo di Mario Schifano che suo padre – ex numero due di Finmeccanica – le aveva regalato per i diciott'anni, ormai un po' di tempo fa.

«Lo è, non c'è dubbio» convenni, «ma puoi sempre decidere di non partecipare.»

Era vero fino a un certo punto, ma per obiettare ci voleva almeno un po' di competenza tecnica e tutto il sapere di Cristina era costituito da sferzanti giudizi morali su cose di cui ignorava anche i fondamenti.

«Io sicuramente posso riuscirci» ribatté, «ma non tutti sono così fortunati.»

Cristina, Cristina, Cristina. Una volta avevo dato un'occhiata ai dati riservati sul suo profilo BEFORE, in teoria criptati e inaccessibili se non in forma aggregata, ma insomma, si sa come vanno queste cose: la donna del mio amico aveva fatto il grande slam dei social: Facebook, Twitter, Instagram (attivissima come *social justice warrior* sui primi due canali, in vestiti di lino e sandali Oran o scalza in barca a vela sul terzo), LinkedIn (che valeva comunque la pena di guardare per fare la tara ai racconti che la vedevano sempre professionalmente impegnatissima), TikTok (giuro), fino alla sua chiusura aveva persino avuto un account Google+. Faceva una media di 2,45 ordini a settimana su Amazon (ma nelle discussioni sosteneva a spada tratta il commercio di prossimità), era una habitué anche su Yoox, una volta aveva pure fatto la poracciata di ordinare un vestito di Etro, indossarlo a un matrimonio di un amico e poi fare il reso il lunedì seguente.

Taccio sulle sue preferenze in fatto di pornografia perché,

per quanto mi renda conto che sia possibile dissentire, sono, in fondo in fondo, un signore. E poi mi dispiace per Mauro. Quello che conta qui è che la correlazione fra l'esposizione alle pubblicità che la informavano di ciò che facevano i suoi amici iscritti a BEFORE e la sua propensione a effettuare subito dopo un ordine, posizionava Cristina nella fascia più alta dei nostri clienti, l'uno per cento (cifra in fondo adeguata al suo lignaggio) degli utenti più propensi all'imitazione competitiva del gruppo di pari. Insomma, fossero stati tutti condizionabili senza saperе di esserlo come Cristina, il valore di BEFORE sarebbe stato *ruffly* – avevo fatto un rapido calcolo, così per divertimento – 2,5 miliardi di euro. Ero nella paradossale situazione di dover desiderare, da imprenditore, un mondo *pieno* di Cristine.

«E poi tutta questa violazione della privacy per far arrivare prima le pizze a domicilio…»

«Hai pensato pizza?» la interruppe Emanuele echeggiando il primo slogan di successo di BEFORE e tutti si misero a ridere. A mia volta imitai l'espressione disperata – una maschera di smarrimento nota a tutta Italia – dello youtuber che nei video pronunciava quello slogan. Ci furono altre risate; presi un sorso di Cristal.

Il focus aziendale di BEFORE era in realtà sul *predittivo* in senso ampio. Certo, all'inizio si era effettivamente trattato di far arrivare a destinazione più in fretta ordini di cibo a domicilio utilizzando una tecnologia che prevedeva natura e localizzazione delle richieste e rendeva così più efficienti le procedure d'acquisto, quelle di consegna e la logistica dei venditori. Poi però – ed era stata quella l'intenzione sin dall'inizio – le cose si erano fatte parecchio più complicate. Di base raccoglievamo enormi quantità di dati e con essi elaboravamo predizioni sul futuro parecchio più affidabili delle profezie generate dalla mente umana, previsioni che storicamente non avevano mai fatto molto meglio del proverbiale lancio di una monetina. Il nostro segreto era un raffinato algoritmo basato su un'equazione bayesiana a cui il mio socio aveva aggiunto una rete neurale back-drop, un accrocchio che, per renderlo intelligibile anche ai non smanettoni, avevo tradotto con discreta libertà nell'aggettivo, decisamente sexy, "evolutivo". Le applicazioni erano virtualmente infinite, tanto per fare un esempio, vendevamo quotidianamente *risk assessment* a diverse multinazionali petrolifere, a cui tornava utile sapere cosa bolliva in pentola in Nigeria o in Venezuela. Se si paventava un maxisciopero o a qualche gruppo d'influenza passava per la testa un'idea, anche solo abbozzata, di colpo di Stato, c'erano ottime probabilità che tutto questo non sfuggisse alla nostra analisi automatizzata delle fonti aperte. Insomma, facevamo previsioni su qualsiasi attività permettesse la creazione di una marginalità commerciale, ma per la maggior parte delle persone saremmo sempre rimasti quelli che facevano arrivare a casa la pizza ancora calda.

Non si poteva volere tutto e fra la gloria e i soldi, l'esperienza mi aveva insegnato a preferire sempre i secondi.

Martina, la nuova Martina, aveva incominciato a pensare a cosa portare con sé nel momento stesso in cui – per porre fine alle sue continue lamentele sulla nostra inesistente vita sociale e sulle ali di un pompino oggettivamente epico – le avevo proposto una cena a casa di amici. E non amici qualsiasi, proprio i miei migliori amici. Tanto era bastato perché vedessi emergere in lei i tratti inequivocabili di un'ossessione montante: il timore di non superare una prova che doveva sembrarle assolutamente *dirimente*. Non lo era affatto. Né prova, né dirimente. Piuttosto là dove, dopo mesi e mesi di frequentazioni saltuarie, strettamente notturne e con il divieto assoluto di dormire poi nello stesso letto, a lei sembrava di vedere il possibile inizio di un'autentica vita assieme, io scorgevo più che altro la possibilità di esibire agli amici il corpo di un reato che avevo già raccontato diverse volte. Mi ero pentito quasi subito di quello slancio postcoitale: era davvero così importante alla mia età mettersi a sfoggiare delle donne toniche, piacenti e tendenzialmente ninfomani agli amici accoppiati da tempo immemore? Be', forse lo era, ma di certo mi metteva in una situazione complicata.

Il processo decisionale intrapreso da Martina per scegliere come presentarsi nel migliore dei modi aveva comportato l'apparizione sul mio iPhone di una quantità persino superiore al solito di suoi messaggi, pochi periodi ma polverizzati da uno stile di invio compulsivo, ansiogeno. Mai più di qualche parola per riga. Un'altra prerogativa di Martina, tipica almeno quanto le sue qualità sotto le lenzuola, era infatti da sempre un uso smodato di WhatsApp, con l'incessante produzione di questionari a cui replicavo con risposte a grappolo ogni cinque o sei ore.

«Una torta, devo assolutamente portare una torta. Ma quale?» era stata la forma interrogativa in cui si erano infine condensati i suoi dubbi. C'era, sostenne Martina nuda nel mio letto, un dolce *adatto* – ma se avesse potuto esprimersi liberamente, senza la scure del mio odio per gli assoluti, di sicuro avrebbe detto *perfetto* – per ogni determinato gruppo di persone. Per stabilire quale fosse questa torta infallibile, invece di cercare di avere accesso alle loro tracce digitali – dagli acquisti fatti con la carta di credito fino ai porno che guardavano in streaming in quello che credevano essere l'intimo delle loro case – come avremmo fatto a BEFORE, Martina pretendeva di decidere sulla base di una descrizione. Esigeva cioè di conoscere più nel dettaglio possibile le biografie dei miei amici, le loro passioni, sotto forma di racconto e di aneddotica. Questa idea primitiva le era venuta pressoché subito e altrettanto immediatamente avevo intuito il vero desiderio inespresso in quel mettere davanti a sé un oggetto così idealtipico come una torta. Voleva emendare tramite una crostata la natura turpe e clandestina del nostro rapporto, uno stato di cose di cui assumeva i miei amici fossero in qualche modo al corrente. Martina apparteneva a quella categoria di donne che non riescono davvero a godersi la loro esuberanza sessuale, ma, anzi, quando la loro femminilità non travolge ogni valutazione di opportunità, si pentono amaramente delle loro precedenti mancanze di autocontrollo e tratteggiano davanti a sé i tragici tratti di un destino fatto di solitudine intervallata da puntiformi maschi approfittatori, gente, per capirsi, come me. Martina regalava perciò agli uomini con cui andava a letto la sensazione – sempre molto ricercata – di essere delle specie di divinità del sesso, metà satiri, metà Rocco Siffredi, poi però rifiutandosi di abbracciare a pieno questo suo notevole dono si consegnava a un destino di eterna delusa. Pochi uomini si fanno carico a tempo pieno del groviglio inestricabile di pulsioni contrastanti che è una ninfa con segrete aspirazioni da suora. Il contrario molto più facilmente. Degno di nota era stato in questo senso il frammento di dialogo sopravvenuto fra me e Martina quando, dopo alcuni bicchieri in un locale alla seconda occasione in vita mia in cui la incontravo – la prima da solo –, eravamo finiti a casa sua.

«Non doveva succedere così in fretta» aveva detto mentre già si trovava a novanta gradi davanti a me.

Non mi ero saputo trattenere e avevo osservato: «Ma dài, non ci credi neppure tu».

Ne era seguito un momento di esitazione, o almeno quello che fra i vari ansimi e respiri affannati mi era parso un leggero cambio di ritmo, una latenza che si era trasformata infine in un'allegra, rassegnata, ammissione.

«Come facevi a saperlo?»

D'istinto avevo riproposto fedelmente un'autovalutazione che fra il serio e il faceto era stata proprio lei a suggerire alla fine del secondo bicchiere.

«Be'… perché sei *un po' troia*?»

Detto senza alcuna acrimonia ma anzi con una certa compassata (nei limiti del contesto) ammirazione sia per il concetto in sé che per l'onestà intellettuale. Tuttavia mi sembrò che fra una spinta e l'altra il tempo si stesse dilatando – se ha senso più a livello percettivo che reale – e che di lì a poco mi sarei potuto ritrovare in mezzo alla strada, o quanto meno costretto a circostanziare, giustificare, relativizzare quelle parole, un destino tutto sommato ancora meno invidiabile. Invece senza smettere di porgermi la fica aveva osservato, fra il rassegnato e il gaudente:

«È vero… e non sai quanto mi piace questo cazzo.»

La ringraziai per la specificità ma questa volta solo mentalmente. Che fosse quindi una sacher, una crostata o un tiramisù, dietro alla scelta del dolce c'era prima di tutto il bisogno di dire qualcosa di rassicurante a una platea che – era questa la natura del suo disturbo mentale – immaginava giudicante quanto dei genitori meridionali degli anni Sessanta. Un bisogno che doveva essere almeno pari a quello di azzeccare davvero qualcosa di effettivamente gradito ai miei amici.

Insomma, per colpa di un piccolo eccesso di entusiasmo e di riconoscenza avevo messo in moto un meccanismo che ogni maschio con un minimo di esperienza in fatto di femmine intuisce essere pericoloso. Nell'immediato questo significò rinunciare a trascorrere, come usavo fare, il momento di socratica saggezza che segue l'orgasmo tentando di scrutare le future imboscate della sorte nell'intonaco del soffitto: mi toccò invece disegnarle un ritratto di massima della compagnia che si sarebbero trovate davanti, lei e la sua torta.

Come prima cosa era stato necessario chiarirle che la cena a cui l'avrei portata non sarebbe stata affatto una ricorrenza speciale, erano serate che ogni tanto organizzavamo senza un motivo particolare con gli amici della vita precedente, Emanuele e Mauro, i miei ex coinquilini a Bologna che a loro volta erano stati condotti dalle vicende della vita nella capitale. Per una sorta di malinteso femminismo da parte di Cristina, la compagna di Mauro, talvolta a queste cene partecipavano anche le rispettive donne. In via ufficiale Cristina trovava insopportabilmente retrivi e provinciali gli incontri fra soli uomini, parlava senza ironia di un gretto residuo del mondo patriarcale o qualche sciocchezza rimasticata del genere. Il problema reale era che concepiva l'unico amico single di Mauro, ricco, discretamente in salute e apparentemente felice, come una delle più grandi minacce alla sua stabilità di coppia. Istintivamente intuiva come la migliore assicurazione per la persistenza di un giogo insensato fosse la sua diffusione. Sulla questione femmine a cena Mauro dal canto suo abbozzava, diceva che tutto sommato Cristina cucinava molto bene e quindi una volta ogni tanto si poteva cenare anche tutti assieme. La realtà è che più di tutto odiava cercare parcheggio per le strade di Roma, aveva paura di rigare il BMW e trovava ancora inconcepibile, da bravo provinciale, muoversi in taxi dentro la città in cui abitava. Il fatto interessante, che ebbi però la pietà di omettere a Martina, è che ai tempi dell'università e della nostra convivenza Mauro era un malato di donne ben peggiore di me. Non era l'unica cosa che avevamo in comune: entrambi allora coltivavamo velleità letterarie, lui però era riuscito a farne un lavoro pubblicando un romanzo di culto con Mondadori, dove "di culto" stava per pochi soldi incassati ma un centinaio di recensioni su sconosciuti blog letterari. In seguito però aveva convertito quella credibilità letteraria senza reali conseguenze finanziarie in soldi un po' più veri lavorando per il cinema e la tv.

«Bravo» esclamò Martina, che era un'onesta impiegata in un'agenzia di comunicazione e quindi approvava senza esitazioni decadenti il successo economico.

«Bravo sì, ma c'è anche lo zampino di Cristina.»

Si erano conosciuti dopo che lui si era trasferito a Roma per lavorare al film tratto dal suo romanzo e aveva quasi subito litigato a morte con il produttore, un personaggio a suo dire poco più che mononeurone in onore del quale aveva coniato una panoplia di bestemmie sempre efferate e spesso creative. A quel punto, vedendolo disperato, Cristina, che è pur sempre figlia di un mercante d'armi statale e viene da una famiglia che conosce tutta la Roma che conta, gli aveva procurato un abboccamento con un produttore ancora più grande e potente, salvandogli l'avvenire professionale nel settore audiovisivi, un po' a malincuore perché a lui saranno pure serviti dei soldi per pagarsi l'affitto e la vita (concetto che Cristina capiva solo fino a un certo, limitato, punto) ma a lei pareva comunque un insozzamento della sua preziosa aura artistica.

Mauro dal canto suo aveva ricambiato il crescente snobismo di Cristina nei confronti del suo nuovo lavoro con un graduale ma inarrestabile ritorno ai valori della sua adolescenza veneta, riprendendo prima di tutto a bestemmiare a ritmi da Serenissima Repubblica, abitudine che causava l'innalzarsi di più di qualche sopracciglio fra i conoscenti di Cristina, membri di quella borghesia romana che si picca in maniera identitaria di parlare italiano corretto e ha una certa propensione a reagire con bocche a culo di gallina di fronte a profanità e "parolacce". Sempre naturalmente che non si tratti di scontri nel traffico o di discussioni con la servitù o gli artigiani, occasioni in cui il romanesco infarcito di turpitudini da galera fluisce con insospettabile naturalezza anche dalle loro labbra, specie se al momento del conto gli viene presentato il tradizionale tentativo di esproprio proletario. Niente di tutto questo però trovava posto attorno a quelle tavole della gente per bene, lì assolutamente non si poteva, soprattutto da parte di uno che faceva pur sempre lo scrittore e ci si aspettava semmai parlasse come un verbale dei carabinieri, magari, chessò, con sfoggio di ordunque, siffatto o altre bestialità in antilingua, invece che a colpi di *diocan* provenienti dal cuore pulsante, anche se geograficamente delimitato, di una lingua viva, parlata.

Pur essendo esponente di una minoranza linguistica poco tutelata, Mauro rimaneva comunque scarsamente impressionato dalla doppia morale verbale in uso presso i sepolcri imbiancati del generone romano e ai primi bonifici importanti che si erano depositati sul suo conto si era comprato un BMW Serie 4 coupé azzurro metallizzato con i cerchi da diciannove, aveva preso a ordinare online sneakers della Nike nelle versioni *signature* più costose che riusciva a trovare sul mercato globale e quando non lavorava ascoltava a volume Barrio brasiliano in festa canzoni di Marracash e Gué Pequeno su un impianto audio KEF che si era fatto arrivare appositamente dall'Inghilterra. Una situazione che si risolveva spesso nel fatto che Cristina tornava a casa dal lavoro proponendo cose come un incontro all'ora di aperitivo alla sede della Treccani sul tema «Dominio patriarcale nell'Occidente tardo capitalistico» e si sentiva rispondere fischiettando «Comprerò una Lamborghini / Comprerò una Lamborghini».

«Che strana coppia» aveva detto Martina mentre osservava con una punta di rammarico una goccia di sperma ormai rappresa sulla mia coscia. Mi ero permesso di chiosare che se la passione anacronistica di alcune figlie delle classi elevate per gli scrittori poteva risultare effettivamente quasi comica – un po' come quelle famiglie di quella stessa Roma bene che nel Ventunesimo secolo iscrivevano i figli alla scuola francese – non bisognava sottovalutare la legittimazione che una ragazza di così buona famiglia rappresentava per Mauro, che infatti alla fine di tutte le strisciate identitarie di carta di credito accettava comunque per intero le fisime di Cristina e il ciarpame ideologico delle sue idee. Cosa, d'altronde, più dell'ossessione per la correttezza politica certificava l'appartenenza alla più privilegiata delle classi sociali? E poi, aggiunsi, calcola che il nuovo lavoro non piace per primo proprio a lui, solo che ormai è dentro la spirale di consumo di una vita romana che non potrà mai soddisfare con un altro "romanzo di culto", né tanto meno dando una regolata alle sue velleità letterarie, provando cioè a scrivere un bestseller, visto che anche per i meglio intenzionati è sempre stata una faccenda più facile a dirsi che a farsi e poi comunque anche quel pubblico lì ormai sta fisso su Instagram.

A ogni modo, conclusi, Emanuele è ben più particolare ed esotico. Di famiglia nobile, barese e decaduta, ha un'indole elegante, distaccata e volubile, dissi, echeggiando per un momento il ritmo di un annuncio matrimoniale. Ricercatore di prima fila di antropologia, negli anni in cui vivevamo assieme l'avevo visto spendere soldi che non aveva e trovare sempre il modo di cavarsela, frequentare grandi ristoranti quando per noi mangiare fuori significava ancora orribili pizze cingalesi in via Petroni, indossare senza badarci una sciarpa di Loro Piana in tempi in cui io non avevo manco mai toccato del cashmere – una sciarpa che chissà da dove saltava fuori e che comunque io non avrei mai notato se, abbandonata su una sedia del salotto, non avesse colpito l'attenzione di una mia scopata occasionale un po' fashion victim. Emanuele l'avevo però anche visto dormire su dei divani mezzi rotti, viaggiare in treno in piedi fra uno scompartimento e l'altro senza lamentarsi, indossare, sempre senza badarci, svariate magliette dell'OVS che chissà chi gli aveva regalato o magari lui stesso si era comprato sovrappensiero, perso in riflessioni su una di quelle tribù che usano le formiche per cicatrizzare le ferite inflitte dai combattimenti rituali. Se l'atmosfera era sufficientemente esotica lo avevo visto mangiare senza fare una piega qualsiasi cosa gli venisse messo davanti, talvolta anche piatti che io non avrei mai osato toccare. Più in generale lo sapevo capace di slanci di sproporzionata generosità, gesti da autentico romantico ottocentesco, in linea con le sue letture dato che, testi di antropologia a parte, non leggeva alcun romanzo fosse stato dato alle stampa successivamente all'anno 1900, una data che considerava il confine, già fin troppo ottimista, della vera letteratura, cosa che naturalmente era causa di grandi discussioni fra di noi. Anche quando (io e Mauro) appicciavamo chiloom e (tutti e tre) bevevamo birre su birre in posti come il Livello o il Link mi era sempre stato chiaro che mentre tutta la gente che frequentavamo discendeva, a vario titolo, da dei lavoratori, Emanuele era di un'altra razza: gli mancavano del tutto quei geni che sovraintendevano alla gestione del denaro e portavano a fare attenzione a quelle concretissime preoccupazioni che la vita di tutti i giorni impone alla maggior parte delle persone. Ne era privo perché alla sua schiatta non erano serviti per chissà quante generazioni e alla fine erano scomparsi un po' come l'homo sapiens alla lunga aveva perso la coda. Si trattava comunque, seppur in una maniera fuori fase con il proprio tempo, di un uomo brillante, e a suo modo – un modo tutto concentrato sull'accademia – anche ambizioso.

Questo non toglie che ogni tanto con Mauro giocassimo a immaginarcelo alle prese con dei compiti assolutamente banali come ad esempio un malfunzionamento della caldaia. Nella nostra versione, che sapevamo non troppo lontana dalla realtà, Emanuele non chiamava un tecnico ma si metteva a bruciare il tavolo del salotto per scaldarsi. In un'altra forava con l'auto e invece di cambiare la gomma scriveva un cartello VENDESI con sotto il suo numero di telefono e lasciava il mezzo nel traffico, allontanandosi in taxi. Questa storia aveva incorporato un secondo livello di irrealtà perché, anche se Emanuele sosteneva orgogliosamente di avere la patente, nessuno lo aveva mai visto condurre un veicolo a motore.

«Per il momento mi sembra comunque più particolare Mauro. E non mi hai detto ancora della sua ragazza» osservò Martina, la cui mente ragionava dunque per relazioni.

«Appunto» replicai.

Il tratto più peculiare di Emanuele era infatti la sua bigamia. Da quando lo conoscevo – ma si diceva che il vizio risalisse al giorno in cui, ancora adolescente, aveva conosciuto la sua prima donna – aveva sempre avuto due compagne: una fidanzata ufficiale e un'amante. Le due cariche nel tempo erano state ricoperte da donzelle diverse ma non erano mai rimaste vacanti a lungo, né i posti si erano moltiplicati. Erano sempre due e non più di due. Questa bizzarria era un fatto noto a tutti quelli che lo conoscevano tranne, si diceva, alla sua fidanzata principale, un'esclusione verso la quale io nutrivo i miei dubbi: si trattava piuttosto – ho sempre creduto – di un caso di cecità autoindotta.

La cosa più importante in tutto quell'inesausto tramare da romanzo d'appendice era comunque che le due ragazze in carica fossero delle adepte dell'emanuelismo convinte fin nel profondo. Allo scopo lui le andava a pescare sempre fra le studentesse universitarie che seguivano i suoi corsi e le sue conferenze. Attualmente la fidanzata ufficiale, la stessa da ormai sei anni, portava il nome di Giada, era di Modena e nonostante si fosse laureata da parecchio e vivesse a Roma con Emanuele aveva ancora ben visibili tutte le stigmate della studentessa bolognese del DAMS, dai vestiti svolazzanti alla frequentazione con le peggiori letture che è possibile procurarsi dentro una Feltrinelli. Intervallava lavoretti come barista ad altri come guida turistica e soprattutto passava il suo tempo al Pigneto o in piazza della Madonna dei Monti, dove poteva sentirsi a casa bevendo seduta per terra direttamente dalle bottiglie di Ichnusa. Ben più grave, era una di quelle persone oltremodo fisiche che abbracciavano tutto e tutti e che all'occorrenza fanno quei balli etnici che si sviluppano in tondo. Il che sarebbe biasimevole a ventidue anni, a trenta diventa materia di riflessione sulla necessità di abolire la legge Basaglia.

Va detto che c'era storicamente sempre qualcosa di antitetico nel profilo di chi ricopriva la figura della fidanzata ufficiale di Emanuele, qualcosa che probabilmente si spiegava solo nell'intimità, non necessariamente sessuale. Magari era solo questione di un insospettabile bisogno di dolcezze, dato che tutto sommato bisognava riconoscere che Giada non aveva addosso un grammo dell'isteria nervosa di Cristina e forse, chissà, in determinate circostanze nascoste alla mia vista poteva anche essere gradevole, persino dolce.

In un momento di verità, però, lo stesso Emanuele, confrontato sul tema, aveva proposto una spiegazione del tutto diversa: per l'incarico di fidanzata ufficiale era molto importante la famiglia di origine: doveva essere calorosa, includente, amica. Erano benvenute nonne che tiravano la pasta, padri con i baffoni e rassicuranti tessere del dopolavoro, madri che ritenevano importante insegnare a cucinare alle figlie e soprattutto, seppur in forma meno devota, condividessero il credo nell'emanuelismo.

«L'amante in carica t'interessa?» chiesi a Martina, ma lei forse immaginandosi già solidale con le future amiche fece cenno di no. «Be', io comunque» dissi ignorandola «la preferisco, e molto. A parte per una fisicità più riuscita, minuta, delicata, mi sembra anche parecchio più brillante, e lo stesso Emanuele certifica come dal punto di vista accademico in effetti non ci sia paragone.»

Si chiamava Sara, era di Recanati ed era di nomina più recente, avendo assunto l'incarico dopo che la precedente, tre anni prima, era crollata sotto il peso dell'essere l'eterna seconda. Statisticamente le legislature da vice duravano sempre di meno di quelle della fidanzata ufficiale. Sara aveva a mio parere un solo vero problema: una dipendenza abbastanza importante dall'MDMA. Il che ne faceva un caso piuttosto raro, visto che tutte le tabelle farmacologiche certificavano come per la sostanza in questione la dipendenza fosse un problema principalmente psicologico. Emanuele per il momento era riuscito a piazzarla a Città di Castello, in un corso postlaurea semestrale molto ambito, con lo scopo non troppo secondario di tenerla lontana dalle feste mentre tramava per trovarle un dottorato a una, massimo due ore di Google Maps da casa, anche se non piacendogli molto guidare l'ideale sarebbero state Firenze o Napoli, città comodamente a portata di Freccia Rossa, forse perfino passibili di rimborso spese, ingegnandosi un minimo.

Per il resto, nei confronti di entrambe Emanuele si dichiarava scarsamente interessato al sesso, che pure praticava in dose sindacale, mentre era femmineamente innamorato delle sue relazioni – passava cioè un'enorme parte del suo tempo a discutere con le sue due compagne dal vivo, al telefono o compilando con furiosa rotazione di pollici delle chat chilometriche. Come è facile intuire, Emanuele era un dipendente pubblico. A Roma c'era arrivato dopo aver vinto una cattedra da associato visto che, in seguito all'ennesima legge contro le baronie, il suo professore di riferimento si era trovato costretto a scambiare il posto che aveva in serbo per il suo alunno prediletto (che, come talvolta il sistema non riusciva a impedire, era anche quello con il curriculum migliore) con quello nelle disponibilità di un ordinario di Roma, il cui delfino era quindi finito a Bologna.

«E poi» aveva osservato stizzito il vecchio barone «hanno il coraggio di dire che l'Italia non è un Paese asfissiato dalla burocrazia.»

Emanuele era un rarissimo barese per nulla ossessionato dalla Puglia e dalle sue infinite virtù e ad andarsene da Bologna, di cui magnificava spesso l'efficienza dei servizi, c'era rimasto un po' male. In compenso ora non avrebbe mai saputo far a meno di quei gradi da associato che l'avevano reso una sorta di leggenda di settore, tenuto presente il destino da portacaffè non retribuiti (leggi: cultori della materia) della maggior parte dei suoi coetanei nella senescente accademia italiana. Il ritmo di lavoro anni Settanta del professore universitario mi avrebbe fatto sinceramente rosicare se nel frattempo non avessi raggiunto, e superato in scioltezza, il primo milione di patrimonio grazie a BEFORE.

Quest'ultimo particolare però l'omisi, il resto invece è più o meno quello che avevo detto a Martina e lei, dopo un paio di giorni di riflessioni, domande ulteriori e altri infiniti sminchiamenti su WhatsApp si era infine risolta per una torta di carote.

La torta era stata sistemata sull'isola della cucina, di fianco a un paio di piatti di tartine per l'aperitivo, senz'altro opera della donna di servizio a cui poi doveva essere stata data la serata libera: a Cristina non era mai piaciuto mostrare agli amici del compagno la sua natura alto borghese.

Già fra il primo e il secondo Martina, Giada e Cristina scoppiarono in una risata sincrona, squillante, pericolosamente complice. Tutta quella confidenza mi causò un fremito di autentico terrore, per cui chiesi a Mauro se aveva una di quelle sue erbe pesantissime.

«Ho questo» rispose, porgendomi un sacchettino improvvisato con della pellicola per alimenti. Dentro ci saranno stati due grammi di un fumo chiaro che si apriva, morbido e poroso, alla prima leggera pressione. Non sprigionava affatto odore di hashish ma di marijuana appena raccolta. Uscimmo in terrazzo.

«Prima battitura?» chiesi, con un misto di voglia e timore.

«Vedi che ancora ti ricordi» osservò Mauro.

Avevo smesso di fumare da parecchio, anche un tiro bastava per sprofondarmi nella più cupa delle paranoie. E dire che per anni procurarmi l'erba, rivenderne una parte e fumare il resto era stata l'attività principale della mia vita. Quasi tutte le mie amicizie ruotavano attorno a quel mondo. A quello e alla musica. Allora, per scherzare parodiavo il discorso di discesa in campo di Berlusconi.

«La marijuana è la pianta che amo, qui ho le radici e i miei orizzonti…»

Poi certi fatti avevano travolto la mia giovane esistenza rendendomi molto meno piacevoli gli effetti dell'erba. Avevo gradualmente diminuito il consumo di hashish e marijuana, fino a smettere del tutto. BEFORE anni dopo mi aveva dato una posizione nel mondo nuovo e questo forniva alla mia psiche delle fondamenta solide che permettevano occasionali scappatelle con l'amore di un tempo. Certo non avrei mai potuto riprendere a fumare a pieno ritmo: il THC non solo mi fotteva in maniera imbarazzante (ma fortunatamente reversibile) la memoria a breve termine ma mi rendeva anche troppo introspettivo, troppo dubbioso, troppo *debole*. In generale comunque la vita del fondatore di una startup era assolutamente incompatibile con l'uso frequente di marijuana. Forse l'essere umano al pieno delle sue forze non era del tutto compatibile con la vita del fondatore di una startup. E poi avevo paura della nicotina e di ricominciare a fumare sigarette. A parte i danni fisici in cambio di nessun beneficio, quando mi trovavo nella Silicon Valley il gesto di accendere una sigaretta mi avrebbe fatto perdere all'istante ogni credibilità.

Indeciso se fumare o meno chiesi comunque a Mauro se mi faceva rollare, quello acconsentì, ma, come tutti i fumatori accaniti, insistette che rollassi a bandiera. L'ossessione salutista per pochi millimetri di cartina nelle persone che fumano grandi quantità di tabacco, marijuana e hashish mi risulta sempre comica, ma abbozzai. Gli dissi anche di smetterla di osservarmi, e lui, dubbioso, si mise allora a descrivere un piccolo festival di letteratura in Umbria dove era stato il weekend precedente.

«Sono cinque anni che non scrivo un libro eppure mi invitano, peggio ancora: io ci vado. Era un po' che mi astenevo, in realtà, ma ci sono ricascato come un pollo. Posto peraltro splendido, ma l'ambiente sempre il solito; hai presente quando sei seduto a cena a un tavolo di dieci persone per inciso tutte sotto i quarant'anni e a un certo punto pensi: "Di questi qua forse nessuno ha scopato nell'ultimo mese"?»

«No» replicai e anche Emanuele scosse la testa con un sorriso compiaciuto. «Persino i miei programmatori grazie a Tinder hanno smesso di ammazzarsi di seghe.»

«Appunto. E questo sarebbe ancora niente, poi mentre ti versi l'acqua hai l'esatta percezione che tutti questi miniscrittori o aspiranti scrittori o agitatori culturali o giornalisti online o blogger, ognuno di loro, indistintamente, si sta facendo il suo romanzetto in testa dove io, giusto con un nome un po' cambiato tipo Visentin al posto di Vendramin, sto versando l'acqua in una maniera aggettivata a seconda che il mio romanzo gli sia piaciuto o no.»

«Pensavo di essere stressato ma te stai peggio, mi sa» osservai. Con un guizzo diedi una leccata di precisione, poi staccai la cartina in eccesso e bruciai con precisione ciò che ancora avanzava. Era un buon lavoro. Mi avrebbe dato un fastidio epidermico farmi riprendere da Mauro. Ora però dovevo accenderla o meno? Meh, vaffanculo, pensai. «Dammi l'accendino» dissi a Mauro.

«DeSa, dovresti sapere bene dagli anni in cui ancora avevi un'anima priva di silicio che non c'è nulla che stressi più di non fare un cazzo. L'appicci o no?»

Il primo tiro di una canna, dopo tanto tempo che non si fuma, fa un effetto immediato, ma non tanto per THC e cannabinoidi vari, quanto per il fatto stesso di introdurre del fumo nei polmoni. In pratica è lo stordimento del quindicenne che fuma la prima sigaretta.

«E insomma, lo vedi continuamente che stanno tutto il tempo a consumarsi di retropensieri, cioè non esiste, nemmeno come possibilità, che uno dica una cosa pensandola senza un secondo fine o senza tradire un significato nascosto. Ad esempio, se ti chiedo di passarmi il pane non è che voglio fare scarpetta, diocan, ma che forse sono stato stuprato da un bracco di Weimar nella tenuta di famiglia all'Argentario quando avevo otto anni. Ogni ragazza e metà degli uomini vanno dall'analista, nell'ultimo anno hanno fatto sì e no una traduzione per un piccolo editore ma su una grattata di tartufo senti dieci pareri diversi. Sono ugualmente in guerra con il capitalismo e con lo scorzone. Vivono d'introiti misteriosi e passano intere giornate a parlare male degli assenti, come in terza media. Non leggono un libro che sia uno e mai, in nessuna circostanza, leggono quelli che criticano. Ogni parere è figlio di una moda o di un sentito dire, tutto l'insieme è di una superficialità mortale.»

Passai la canna a Mauro.

«Un po' come in ogni ambiente umano, solo che tu vivi in uno stato di isolamento tale che non lo sopporti più» osservò Emanuele, che nel frattempo si stava rollando una sigaretta con l'Old Virginia e riguardo a invidie e ripicche interpersonali ne aveva la sua bella dose nell'accademia.

«Forse, ma io dico mortale non tanto per la superficialità in sé, che alla fine chissenefrega, è la combinazione fra la vacuità e la convinzione di essere invece profondissimi che mi ammazza.»

«Senti ma, te la butto lì, se invece il problema è che sei tu quello che non scopa?»

Mauro scrutò Cristina, che all'interno faceva un gesto composto a significare "Capito come?" con le mani. «Quello può pure darsi» rispose prima di scrollare le spalle e bruciare un quarto di canna con un solo tiro.

«Sulla vita sessuale di Mauro non posso che dirmi istintivamente d'accordo con il professore» intervenni, «ma, a parziale supporto del nostro grezzo amico veneto, devo anche citare Peter Thiel, uno dei più geniali investitori nel mondo dell'innovazione: secondo lui più il premio in palio in una competizione è roba da vanesi, cioè futile, immateriale e assolutamente irrilevante per la maggior parte del mondo, più la lotta diventa feroce. Qui mi sembra che tu stia parlando di gente che al pranzo di Natale – mentre i loro genitori spiegano con vergogna agli altri parenti che di mestiere i loro frugoletti "scrivono articoli su internet" – se ne sta tutto il tempo a controllare sul telefono quanti retweet hanno preso stigmatizzando la comicità di Checco Zalone. Mi sembra oggettivamente un ambiente di sfigati.»

«Grazie DeSa, è proprio così. Ho anche pensato, be' adesso gli dico qualcosa di volutamente irritante e provocatorio, tipo che sì, è stato bello scrivere *Vertigine* ma non raggiungerà mai la purezza e la pulizia d'intenti dei dialoghi del *Commissario Rex*, a cui mi è capitato di lavorare. Poi però mi è venuto il dubbio che sarebbe stata l'unica cosa che avrebbero preso sul serio. Perché c'è comunque questa tendenza ad accettare qualsiasi propensione artistica per quanto bislacca e grottesca, e poi dubitare a doppia mandata di tutto il resto. Basta naturalmente che poi da questi slanci non ne venga fuori un'opera di un qualche successo commerciale, nel qual caso è sicuramente una merda, tranne nell'eventualità l'abbia scritta qualcuno con cui si era già amici prima, caso in cui diventa l'eccezione che conferma la regola.»

«Ragazzi, io vi faccio solo notare che con qui uno scrittore di professione e uno mancato, sono io che devo citarvi Dostoevskij: *Aver coscienza di troppe cose è una malattia, una vera malattia*, già lo diceva lui. Ma d'altro canto voi state ancora a leggere la carta da parati che pubblicano oggi, esclusi i presenti naturalmente, quando è già stato scritto tutto. Tutto. Pensi che sia una novità? La letteratura è per definizione masturbazione mentale. La coscienza che riflette su se stessa è sempre l'inizio della fine di ogni civiltà, non c'è niente di nuovo in questo.»

«Sì, ma qua siamo a livelli da campionati del mondo di onanismo. Capisco riflettere su dove andare, sul perché andarci e su come partire ma prima o poi bisogna pure che ti muovi. Non puoi passare la tua vita a speculare da fermo sull'essenza del movimento.»

«E perché no?» chiese Emanuele, sinceramente stupito.

D'istinto mi misi a imitare la voce di un narratore onnisciente di un romanzo ottocentesco: «Quella sera Mauro Vendramin, l'autore del romanzo di culto *Vertigine*, aveva scoperto il postmoderno. Aveva ormai trentotto anni».

«Vaffanculo.»

«E ci era riuscito solo grazie ai suoi brillanti amici» chiosò Emanuele.

«Siete sempre di grande conforto, eh, ragazzi.»

«Sei tu che ultimamente mi sembri sull'orlo di un esaurimento nervoso. Sai chi non ha di questi problemi? I computer. Per questo la nostra specie è finita e presto tutto sarà in mano loro. Hai mai sentito un algoritmo creato da un uomo chiedersi se è il caso di provocare un olocausto nucleare se poi c'è il rischio che nessuno ne colga l'ironia intrinseca?»

«DeSa, 'te ga roto i cojoni co sti algoritmi.»

«Trimone, da quando hai fatto i soldi con i computer sei diventato una persona noiosa proprio.»

«Vi metto di fronte ai limiti della specie e voi vi rifugiate nel dialetto» replicai cercando di valutare quantità e qualità dell'ovatta dentro la quale il mio cervello si andava avvolgendo, un compito naturalmente impossibile. Un'incapacità che mi fece sentire di colpo molto più debole. Ma di cosa stavamo parlando esattamente?

«Comunque io so solo che se mai scriverò un altro libro...»

(Ah già!)

riprese Mauro buttando il filtrino «... faccio una sola presentazione e possibilmente moderata da Benedetta Parodi. Ne ho i coglioni veramente pieni di tutto. Dei libri, della politica, delle persone. Odio tutti. Nulla, nulla ha senso, diocan. Mi sa che fra un po' vado a vivere in campagna.»

«Non è un po' troppo sportivo l'assetto del tuo BMW per le strade sterrate?»

«Questo potrebbe essere un problema insormontabile» convenne Mauro, poi aggiunse: «L'unico però». Aprì la porta a vetri e tornammo in salotto.

Le ragazze stavano discutendo di politica – di sicuro era stata Cristina a deviare con calcolato mestiere il discorso su quell'argomento. Lavorava per una fondazione legata al partito che aveva vegliato sulla carriera di manager pubblico del padre e per lei spostare il discorso sul disastro senza ritorno in cui da anni si avvitava l'Italia era soprattutto un'occasione di raccontare quanto si desse da fare: che nessuno pensasse che siccome avrebbe potuto anche starsene a casa con le mani in mano lei non fosse una grande lavoratrice. E sicuramente lo era, se passava a lavorare anche solo la metà del tempo che impiegava a comunicare questo concetto. Elencava problemi per lei inaccettabili del sistema Paese, alcuni sostanziali, la maggioranza formali; quello che le stava più a cuore era la mancanza di *gender equality*, un concetto che non la sfiorava neppure fosse equiparabile alla più classica delle lottizzazioni. Coglieva l'occasione per chiamare per nome un po' di celebrità e semicelebrità di quel mondo, ma anche il name-dropping voleva una platea adatta, per cui quei nomi di battesimo buttati lì a Martina, che a quanto avevo capito leggeva solo "F", "Vanity Fair" e le pagine Instagram di Chiara Ferragni e Fedez, incontravano sorrisi di circostanza, appena ammorbiditi dalla volontà della mia amante occasionale di farsi accettare a quel desco.

Quel giorno al lavoro era arrivato sulla mia scrivania un report interno sulla cifra mostruosa che ci costava in ore lavoro la gestione della burocrazia e del fisco italiani – oltre poi al costo vero e proprio delle tasse, che invece mi era da sempre drammaticamente chiaro. Poco dopo durante una call avevo dovuto spiegare, per l'ennesima volta, alla rappresentante del fondo americano con un posto nel nostro board perché mi ostinavo a non voler chiudere le sedi italiane di BEFORE. Più o meno nello stesso lasso di tempo le news apparse sul mio Flipboard erano state le seguenti: nell'ultimo mese duecento miliardi di liquidità erano usciti dal Paese; su base annuale gli investimenti stranieri avevano segnato un –35%; lo spread era aumentato oltre i 300 punti base; il che sarebbe costato decine di miliardi in interesse in più sul debito pubblico; dopo anni centinaia di migliaia di imprenditori e commercianti non avevano ancora ricevuto tutti i fondi per l'epidemia di Covid del 2020: il governo in compenso aveva risparmiato – dopo un dibattito durato tre settimane – un milione ritirando la convenzione di Camera e Senato con gli stadi di Serie A. Un bambino immunodepresso era morto per morbillo nell'alto Lazio: il 42% dei giovani diplomati sognava di fare l'insegnante o comunque di avere un posto pubblico a tempo indeterminato; era stata scoperta una truffa sistematica alle assicurazioni in Calabria, in cui dei poveracci si facevano spezzare le braccia per trecento euro: in provincia di Napoli un insegnante era stato ucciso a fucilate per aver dato un'insufficienza in matematica a un ragazzino di tredici anni. Gli abitanti della zona, intervistati telefonicamente dalla "Zanzara", si dicevano in maggioranza d'accordo con il provvedimento, seppur severo.

Ciononostante, sentendo parlare Cristina c'era una parte di me che piuttosto che con lei si sarebbe schierata – dico per dire – con il proprietario del garage dietro casa mia, un grassone romano per cui già il dialetto era una fatica, una bestia che non faceva altro che lamentarsi dei politici e da un sottoscala ereditato tirava fuori – all'80% in nero – lo stipendio mensile di un primario, se non di più. Quando passavo davanti alla rimessa quel parcheggiatore porcino mi sembrava l'emblema di tutto il male che c'era nel Paese (rendita, ignoranza, incapacità di innovare, ossessione per le colpe degli altri e nessuna consapevolezza delle proprie), ma seduto a questo tavolo non riuscivo invece a non provare insofferenza nei confronti dei modi inautentici di Cristina, del privilegio di lungo corso che ogni sua parola e ogni suo gesto tradivano, assieme al disprezzo malcelato per chi non la pensava come lei, che poi era come dire per chi era *meno* di lei. E questi erano i nostri progressisti. Notai che Cristina, ora impegnata in un discorso sulla politica industriale, si riempiva il bicchiere con dell'acqua. Mi sembrò di non averla vista bere vino tutta la sera, e sì che di solito ci dava dentro. Mi prefigurai una nuova fisima, forse ora beveva solo succo di avocado con spuma di bacche di goji.

Emanuele aveva preso in disparte Mauro e lo stava catechizzando sottovoce: «Sempre riguardo l'odio, sai cosa ne pensava René Girard, l'antropologo sui cui ho fatto il mio dottorato? *Colui che odia, odia innanzitutto se stesso. A causa della segreta ammirazione che il suo odio dissimula*».

«Ma io questi che ti dicevo prima mica li ammiro.»

«Forse ammiri la possibilità che hanno di stare tutto il tempo a non fare un cazzo se non invidiarsi a vicenda.»

«Sì, vabbè, capirai che culo. A ogni modo levami il diritto di odiare e veramente mi suicido. L'odio è l'ultima forma di autodifesa della psiche.»

«Quello è l'umorismo» rilanciai.

«È la stessa cosa» replicò Mauro.

Giada, che era ignara dei nostri discorsi ma stava seguendo quello di Cristina, disse a voce alta, dichiarativa: «A me ad esempio quando è morto Marchionne non è dispiaciuto per niente».

Era un commento che quindici anni prima ci avrebbe trovato senza dubbio tutti d'accordo; avremmo, anzi, rincarato parecchio. Tutti, tranne forse Martina – chissà com'era Martina quindici anni fa. Ma per quanto ci riguardava se fossimo stati onesti avremmo dovuto riconoscere che i mostri là fuori erano cresciuti all'ombra di quelle due o tre parole chiave che ci avevano insegnato a identificare come cultura. Era facile e rassicurante dividere il mondo in giusto e sbagliato con così tanta semplicità, senza curarsi dell'aderenza della griglia alla realtà. Poi quelle idee tagliate con l'accetta erano arrivate al popolo con la rivoluzione digitale, e il popolo per definizione tendeva sempre a ingigantire tutto e prendere le cose molto sul serio. Più di noi, di sicuro.

Feci un sorso di vino. L'erba non mi aveva fatto un bell'effetto, mi sentivo in avvitamento su me stesso, prossimo allo stallo, come il Paese. Risi fra me e me di questo parallelismo perfettamente idiota fra destino collettivo e destino personale, una volta non facevamo altro che ragionamenti del genere. Anche in questo caso, quanto si erano dimostrate diverse le cose. Dovevo smetterla anche con questi richiami di ganja. Ma stavamo dicendo?

Emanuele spezzò il momento interlocutorio (breve? Lungo? Chi lo sa) e disse

«Sei sempre la solita esagerata Giada»

(ah già Marchionne!)

ma lo disse con una dolcezza accudente che mise a dura prova lo spirito combattivo della Fidanzata Ufficiale. Fu a quel punto che Martina disse: «Che ne dite, mangiamo la torta?» e solo allora mi accorsi che era un bel po' che non sentivo la sua voce.

Ne mangiai due fette, o forse tre, chi se lo ricorda – comunque più di una –, di solito ero sempre contenuto con il cibo e proprio per questo Martina sembrò soddisfatta. Il fatto è che ero in preda alla fame chimica e assumere una quantità smodata di zuccheri mi dava l'impressione di poter recuperare più in fretta il controllo sulle mie funzioni cognitive. Mi impegnai per un po' a percepire l'estrema pastosità del contenuto della mia bocca assieme alla secchezza delle fauci – una combinazione quasi affascinante nella sua assoluta impraticità – poi mi alzai e mi diressi verso il bagno. Il mosaico sopra la vasca, in particolar modo le tesserine nere, mi fece salire un'ondata di ansia. Misi a fuoco l'immagine ritratta: era un'orca. Animale singolarmente violento per una decorazione casalinga.

Sulla via del ritorno in salotto incrociai Cristina. Mi fermò mettendomi una mano sull'avambraccio: «Non ti facevo così romantico, ancora ci pensi, quindi!».

La fissai nell'attesa che da quella pianura coperta di nebbia che era la mia mente in quel momento emergesse una replica accettabile, qualcosa di sagace che la rimettesse a posto. Tutto quello a cui riuscivo a pensare erano però gli occhi acquosi che dovevo avere in quel momento, proprio così, *occhi acquosi*. Risposte non dico taglienti, ma anche solo vagamente accettabili sembravano un'eventualità del tutto remota. Sbattei quindi le palpebre sopra i miei occhi acquosi. Deglutii.

«Non dovresti, è così *simpatica* Martina» concluse Cristina, poi mollò la presa e se ne andò, leggera sulla sua vittoria.

Tornato al mio posto svuotai il mio bicchiere di acqua, lo riempii e lo svuotai di nuovo. La brocca era finita. Riuscivo a pensare soltanto che bisognava riempirla, avevo sete, avevo di nuovo il pastone in bocca. Mi voltai a cercare con lo sguardo Martina, misi una mano sulla sua, mi sembrò che non se ne accorgesse neppure. Mauro stava raccontando un aneddoto su una sua visita al set di una serie tv che aveva scritto. Roba di comparse trattate malissimo dagli assistenti di produzione e che lui aveva provato a difendere. Mi accorsi che Cristina era tornata al suo posto un istante prima che richiamasse l'attenzione di tutti. Aveva un annuncio da fare.

«Volevo dirvi una cosa: sono incinta.»

I miagolii di gioia di Giada e Martina coprirono «Congratulazioni, bravi» di Emanuele. Ne avevo approfittato per bere dell'acqua, poi avevo baciato Cristina sulle guance. All'ultimo millesimo, quando ormai le istruzioni erano state inviate dal cervello all'apparato vocale, mi ero anche miracolosamente riuscito a trattenere dal dirle: "In effetti mi sembravi ingrassata". Poi mi ero complimentato anche con Mauro, che non sembrava più afflitto come prima: sul volto portava splendenti i tratti della felicità e dell'incoscienza. Nel turbinio di abbracci finii senza volerlo per rimanere un po' indietro rispetto a quel magma di semiadulti esultanti. Sentii un: «Se è femmina pensavo Ipazia». Della torta di Martina erano rimaste sì e no due fette e nella testa continuava a girarmi un vecchio aforismo di Cioran: "La prova migliore di quanto l'umanità stia regredendo è l'impossibilità di trovare un solo popolo, una sola tribù, in cui la nascita crei ancora lutto e lamenti".

Sulla via di casa la presenza di Martina si era fatta insopportabile. Stavo atterrando dall'erba e l'idea di aver portato questa mezza sciroccata con me a cena con gli altri mi si svelava ora in tutta la sua follia.

La realtà dei fatti è che continuavo a pensare ai miei amici come a quello che non erano più: giovani troppo impegnati a tracciare i confini del loro futuro per consumare energie nel commentare l'esistenza degli altri. Li ricordavo come gente che di fronte a qualsiasi fatto della vita, compresa la ragazza improbabile di un amico, sarebbe sempre riuscita a tirare fuori una risata e una pacca sulla spalla. Comprensione, soprattutto. Empatia, porca di quella troia. E invece sapevo che ora stavano lì a parlare con le loro compagne di Martina, e non senza una certa soddisfazione si dovevano dire che sì, tutti quei soldi, però alla fine guarda con che donna va in giro. Ne ero certo.

Dopo i trent'anni la maggior parte delle persone ripiegava radicalmente i propri orizzonti, non si trattava più di sbronzarsi, di conoscere, di viaggiare, di godere, ma di accettare che la vita era quello che si era riusciti a mettere assieme fino a quel momento e che non ci sarebbe mai stato niente di più di quello. Bisognava piuttosto incominciare a difendere il proprio piccolo, alle volte piccolissimo, feudo, la vita di coppia e le sue declinazioni materiali (l'appartamentino, la vacanza in quel posto, la cena in quell'altro) dalle incursioni degli estranei, dai paragoni sconvenienti, dalle soluzioni alternative, che non erano più scelte come altre ma piccole offese personali. La possibilità di un'amicizia si dava ormai solo all'interno della stessa fascia di reddito e a patto di attitudini al consumo simili, ma anche dentro questi confini non si poteva dire agevole. C'erano le tavolate da vino della casa, quelle da bottiglia sotto i venti euro, quelle da venti a cinquanta e poi su, su, fino al picco inaccessibile della curva di Pareto dove ogni minimo affinamento delle tecniche di vinificazione e ogni discorso ben rodato sulla vocazione di un *terroir* giustificavano prezzi autenticamente sibaritici. Ma chi avesse pensato che si trattasse solo di vino non avrebbe capito nulla del suo tempo, della sua natura aspirazionale, del bisogno continuo di posizionarsi in un preciso punto del mercato per esistere. Si trattava, a essere onesti, di confini che sarebbe stato bene prendere con la massima serietà. E ancora non erano entrati in campo, a svuotare di ogni residua prerogativa individuale, i figli, piccole macchine desideranti che venivano trattate dai loro creatori con quella deferenza assoluta che in altri tempi era dovuta ai sultani.

Ero parecchio stanco e l'erba mi lasciava sempre un fastidioso strascico paranoide. Osservai Martina, indossava una gonna nera e una maglietta bianca con il collo largo, dopo una serata come quella me l'aspettavo arrembante e invece guardava fuori dal finestrino senza dire nulla. Le dissi che ero esausto e che preferivo lasciarla a casa e poi andare a dormire da me. Non fece opposizione di alcun tipo. Peggio ancora, non sembrò nemmeno offesa. Mi salutò con un bacio sulla guancia e mi parve quasi sollevata. La cosa mi ferì, e parecchio.

Una volta a casa mi feci una tisana e accesi il televisore. Su un canale del digitale trovai una vecchia commedia con Totò e Fernandel. I due assieme non funzionavano per niente. Spensi, me ne andai a letto ma mi misi a cazzeggiare con il tablet. Alla fine andai su Augur: c'erano buone quotazioni per la morte violenta di Luigi Di Maio entro l'anno. Ci misi sopra mille euro in Ethereum. Finalmente riuscii a prendere sonno.

Quella notte sognai serpenti. Odio le bestie senza zampe, sarebbe facile intellettualizzare all'infinito questa repulsione – animali viscidi, dai movimenti imprevedibili, possibile allegoria di tutto quello che c'è d'infido nella vita – ma molto più semplicemente si tratta di un istinto innato. Ho letto da qualche parte che le persone si dividono in chi ha orrore dei ragni e chi prova disgusto per i serpenti, ci deve essere un qualche interruttore nella parte del cervello che prende in considerazione il numero di zampe della potenziale minaccia presente all'interno del campo visivo. Per alcuni l'allarme è cablato su un valore (nessuna zampa), per altri su di un altro (più di quattro). I più sfortunati temono entrambe le configurazioni. Io per quanto riguarda i ragni non ho grossi problemi, forse perché sin da bambino ho sempre sentito mia madre ripetere che «portano soldi» e di soldi ce n'è sempre bisogno, nel mondo degli uomini. La prima biscia la vidi invece che avrò avuto otto anni, nei campi attorno al paese dei miei nonni materni, sulle montagne del Trentino. Era lunga e nera, scivolava lenta e compiaciuta su un muretto cotto dal sole, ai bordi di un sentiero. Avevo fatto un balzo e mio zio Nerio, che aveva visto la scena, era scoppiato a ridere, poi aveva detto: «L'è n' carbonaz». Per definizione il più innocuo dei serpenti. Quelli dell'ultima notte erano stati invece serpenti indefiniti, molteplici, sinuosi e sfuggenti negli angoli bui ai margini del sogno. Intuivo teste squadrate di vipere, avvertivo la minaccia complessiva, soprattutto.

Mi ero svegliato con il ritmo del respiro lievemente sincopato ma mi erano bastati pochi secondi per regolarizzarlo. Poi mi ero vestito in fretta e mi ero precipitato allo scooter. All'appuntamento al SERT arrivai comunque con cinque minuti di ritardo: avevo il telefono scarico e senza le indicazioni della app di Waze mi ero perso nella selva di sensi unici delle strade attorno a piazza Vittorio. Dopo tanti anni a Roma non avevo ancora imparato bene la viabilità di quella zona, d'altronde la frequentavo di rado – solo per venire al SERT, in pratica – e sempre con la voce del navigatore negli auricolari.

Ora, il dottor Serafini non mi è mai sembrato la cattiva persona che sarebbe potuto essere – considerato il suo ruolo – ma quando da un laureato in una pseudoscienza dipende la tua possibilità di condurre legalmente dei veicoli a motore e vivi a Roma, la città eternamente priva di trasporti pubblici, è consigliabile non farlo incazzare gratuitamente arrivando in ritardo. Certo, potevo sempre prendermi un autista, lo avevo già fatto durante il periodo di sospensione, ma più che un uomo dotato di uno status symbol mi ero sentito un coglione impossibilitato a muoversi autonomamente. Meglio quindi non fare arrabbiare Serafini, anche perché quello in programma era l'ultimo di una lunghissima serie di incontri.

«Allora, De Sanctis, come vanno le cose?»

Ostentai moderazione. Risposi sostenendo che tutto andava per il meglio; mi dissi convinto, anzi, che quel nostro percorso alla fine mi fosse anche un po' servito, nonostante il mio scetticismo iniziale.

Serafini sorrise.

«Io credo invece che si sarebbe potuto aprire molto di più, ne avrebbe tratto maggiore giovamento.»

«No, ma non creda, non creda. Dico davvero.»

«Ho l'impressione che lei continui a sottovalutare quello che è successo. Si ricorda come è stato trovato? Non è una cosa da tutti i giorni. Così come, mi creda lei, con quel tasso alcolemico non ne arrivano molti, qui. E poi c'è la denuncia per aggressione. Sì, certo, è stata ritirata, ma lei non ha fatto altro che tentare di diminuirne l'importanza.»

«Dottore, gliel'ho detto tante volte, era una cosa da niente, una lite fra vecchi amici. Non ero l'unico ad aver bevuto. E poi era un periodo difficile.»

«Lo ricordo bene... Ma, vede, a me sarebbe piaciuto esplorare più a fondo il rapporto con suo padre, dal poco che mi ha detto mi sembra chiaro che continui a generarle un certo turbamento.»

Eh, certo: il rapporto con il padre. Originale.

«Guardi, davvero, quello che è successo non c'entra assolutamente niente con mio padre. Come le ho detto è una persona che non ascolta molto ma ho quasi quarant'anni, posso sopravvivere. Tutto sommato abbiamo un ottimo rapporto, davvero.»

Serafini mi guardò con un'ombra di sincera delusione sul volto. Aprì il cassetto e tirò fuori un foglio che aveva tutte le sembianze di un curriculum europeo.

«Mio figlio è laureato in ingegneria informatica, questo è il suo curriculum. Dove lavora ora non si trova molto bene.»

Presi il foglio, gli diedi una rapida occhiata. Cercai di imitare la sua espressione delusa.

«Senta, dottore, sarò sincero: non posso assumere un ingegnere non qualificato solo per tenermi la patente. Mi costa di meno prendere un autista. Però posso organizzare un colloquio per suo figlio, e se mi dicono che è promettente posso dargli una chance. Di più non posso. Però guardi» dissi porgendogli il mio biglietto da visita, «lasci perdere sta cosa del curriculum europeo – io non ne ho mai avuto uno – e me ne faccia mandare via email uno scritto in maniera intellegibile, da un essere umano per un altro essere umano.»

Serafini sorrise. Chissà quante volte in un giorno sorrideva in quella maniera così studiatamente in pace con l'universo e con l'Esquilino tutto. Prese uno dei suoi timbri e lo impresse sull'angolo in alto a destra della mia pratica, poi me la porse.

«Se con le urine che ha consegnato ieri è tutto a posto, il prossimo test è fra dodici mesi. Mi saluti tanto suo padre.»

Uscii di lì, schivai un paio di spacciatori che vendevano metadone ed eroina, e inforcai lo scooter, ma non mi diressi verso l'ufficio, quel giorno ci sarei andato soltanto nel pomeriggio. Entrato in casa misi in carica il telefono e appena si riprese aggiornai con un tocco la casella email – niente notifiche push per me, ne andava della mia sanità mentale. Mi stavo cambiando in camera quando con la coda dell'occhio notai l'oggetto maiuscolo di un messaggio di Furetta. Recitava

NON SO CHE DIRE...

Sia il Caps Lock che i puntini segnalavano in lingua furetta dosi preoccupanti di fastidio, rabbia, persino autentica ira.

In allegato trovai il PDF dell'intervista del giorno precedente: il giornalista ci aveva fregato su tutta linea. A parte un vergognoso incipit sul fatto che per tutto il tempo dell'intervista (falso, saranno stati venti secondi a dire tanto) avrei giocato minacciosamente con il fuoco (un pericoloso lanciafiamme marca Bic), l'intera storia del round B di finanziamento era ridotta a poco più di una riga, dove si prospettavano cifre ben al di là delle mie già irrealistiche aspirazioni segrete.

Il gioco era chiaramente gonfiare il più possibile il valore di BEFORE per rendere più attraente il resto dell'articolo, che non parlava affatto della nostra attività, dell'algoritmo evolutivo, dei posti di lavoro che avevamo creato, del piccolo, ma non inesistente, ruolo che avremmo potuto giocare nel tirare fuori l'Italia dalla posizione di pagliaccio tecnologico d'Occidente.

Era invece una lunga inchiesta sulle presunte ombre attorno a una vicenda che mi aveva visto coinvolto diversi anni prima, la stessa che mi aveva portato a smettere di fumare e che Emanuele riteneva – a quanto pare con delle ragioni – non mi avrebbe mai abbandonato. Era successo ai tempi in cui ero uno splendido ventitreenne fricchettone di discreta famiglia (entrerò nello specifico più avanti) e mi ero ritrovato in carcere, accusato, nel bel mezzo delle mie vacanze estive nel Salento, dell'omicidio di una ragazza. Sfiga somma voleva che fosse stata ammazzata brutalmente da qualcuno proprio poco dopo aver fatto sesso con me. Così mi ero ritrovato con *nell'ordine,* affinché non pensi che io sia più tremendo di quello che sono:

una ragazza con cui bene o male avevo appena fatto l'amore morta ammazzata, una quantità O.J. Simpson di mie tracce biologiche sul suo cadavere e una fidanzata che all'istante era diventa ex (la vittima e la mia compagna del tempo non corrispondevano). Ero rimasto un mese in un'ala speciale del carcere di Borgo San Nicola perché qualche anima pia aveva correttamente intuito che in una cella normale la mia soffice e privilegiata giovinezza non avrebbe fatto una bella fine. Ero ingiustamente accusato dell'omicidio di una ventenne la cui foto sorridente e in costume da bagno pubblicata da tutti gli organi di comunicazione d'Italia doveva aver generato pensieri impuri nella maggioranza dei maschi del Paese. Una scomoda verità che pubblicamente fu però taciuta da tutti, tranne forse qualche eccentrico. Il discorso ripetuto in quei giorni nelle piazze e nei bar di tutta Italia suonava invece più o meno così: "Guarda che splendida creatura meritevole solo di carezze, fiori e poesie d'amor cortese, ci vuole l'amputazione del pisello e poi la forca per Marco De Sanctis, aborto bestiale che insozza il mondo con la sua orrida presenza", firmato: il Savonarola che alberga dentro ogni italiano, in special modo in quelli che ad avere l'occasione sarebbero i peggiori delinquenti. Insomma ero diventato l'alibi per una gigantesca dissociazione collettiva. Non fu piacevole. Dopo un mese di galera passato sotto una cura farmacologica pesantissima visto che tutti temevano che mi ammazzassi, il vero colpevole, un albanese, si era fatto vivo e io di colpo ero stato restituito alla vita proprio quando ormai, sotto le pesanti coltri di benzodiazepina, incominciavo seriamente a pensare che avrei passato in carcere almeno trent'anni. Per il miracolo della liberazione dovevo ringraziare mio padre, che mettendo mano a portafoglio e conoscenze in quella che in fondo era pur sempre la sua terra aveva fatto lavorare sul mio caso un avvocato intrallazzone e una specie di faccendiere quintessenzialmente losco che aveva individuato il vero colpevole e Dio solo sa come l'aveva convinto a confessare. Quest'ultimo – Salvatore Petrachi, si chiamava – mi era bastato incontrarlo una volta per capire che dietro tutta la vicenda doveva esserci materiale da romanzo, ma sapevo altrettanto bene che si trattava di un libro che non avrei mai voluto leggere. Mi bastava sapere che non avevo ucciso io Martina Scalzi e che ora anche lo Stato italiano ne era convinto.

In compenso una volta uscito dal carcere di Lecce avevo sfogliato, anche se tutti mi avevano sconsigliato di farlo, i giornali che avevano parlato della vicenda fino al mio scagionamento. Ogni tanto, è un vizio che non ho ancora perso, mi concentro per ricordare con la maggiore precisione possibile come mi sentii in quel momento. L'ondata di calore che mi aveva attraversato il corpo, tutto quello sputtanamento e *nessuna* concreta possibilità di reazione e di difesa. Per decine, centinaia di volte, avevo visto associati all'omicidio di una ragazza il mio nome e la mia foto, quasi sempre la stessa, un'immagine presa da Facebook senza chiedere alcun permesso in cui sembravo uno spacciatore: felpa degli Orlando Magic con il cappuccio calato sulla testa, occhiaie da fumatore, sguardo spiritato. Online si trovavano altre foto molto più presentabili, in particolare una, in cui ero stato taggato, scattata al matrimonio di una mia cugina. In quell'immagine sembravo il nipote che ogni vecchia d'Italia avrebbe voluto avere: sbarbato, elegante, solare, per una volta non ricordavo neppure un nordafricano. La mia figura era separata dalle altre, tranquillamente ritagliabile, ma non un media, non uno, l'aveva utilizzata. Il che la diceva lunga sulla loro deontologia. Infami. A fare più male era stata però l'impossibilità di reagire. Prendere le foto da Facebook era illegale, mi aveva spiegato l'avvocato, per cui avevamo denunciato tutte le testate che le avevano pubblicate, ma ormai a cosa serviva? Il risarcimento avrebbe tolto quell'immagine dalla memoria di milioni di persone?

No, però mi aveva permesso di comprare – anni dopo, alla conclusione dei procedimenti – una Golf GTD e di mettere da parte i due soldi che erano serviti per creare BEFORE. Al posto dei rinomati FFF (friends, family, fools) che da tradizione forniscono i primi finanziamenti di quasi tutte le startup, i miei primi soldi vennero quindi dall'ignoranza sistematica della legge da parte dei giornali italiani.

Martina, la nuova Martina, aveva scoperto di avere lo stesso nome di una ragazza che ero stato accusato di aver ucciso e talvolta ci giocava sopra, cosa che odiavo. Aggiungici che le piaceva farsi leggermente strangolare durante il sesso – anche questa una cosa che non mi scaldava il cuore – e in quei frangenti nei suoi occhi dilatati leggevo chiaramente che se avessi detto qualcosa come "Ora ucciderò anche te" avrei liberato in lei dell'autentico terrore e un piacere senza precedenti. L'orgasmo, si può dire, di una vita. Ma non le diedi mai questa soddisfazione, essendoci un'incompatibilità di fondo fra il grottesco e la vasodilatazione. Ora Martina, la vecchia Martina, veniva rievocata nel pezzo su BEFORE, e nella pagina successiva trovava posto un'intervista a una tale Daria Cesari, giornalista locale leccese, che ad anni di distanza insinuava un collegamento fra la morte della ragazza e quelle di un suo giovane collega e di un noto ristoratore otrantino che nella foto sembrava una specie di Cannavacciuolo un po' più magro e molto più cattivo. Erano due pagine di puro complottismo italico, scritte in punta d'illazione, con grande uso di condizionali e allusioni striscianti, in modo da limitare al minimo la superficie querelabile. Con l'uso sapiente di tutto questo armamentario di autotutele veniva in sostanza chiesta la riapertura delle indagini. Non ero indicato con chiarezza come il possibile colpevole ma, come l'articolo lasciava chiaramente intendere, avevo fatto i soldi, quindi del tutto innocente non potevo essere. La cosa peggiore di tutte era che in un angolo c'era anche una mia foto: quella con la felpa degli Orlando Magic.

Lanciai il comodino contro il muro e urlai bestemmie e insulti finché non incominciò a farmi male la laringe. Ero sudato, morivo dalla voglia di picchiare quel giornalista, ma lo sfogo mi era servito per entrare in modalità operativa. Come prima cosa consultai il social ranking della versione digitale dell'articolo attraverso un tool che aveva sviluppato il mio socio, un algoritmo sensibilmente migliore di qualsiasi analogo servizio online. Il pezzo non stava viralizzando particolarmente, era ancora presto ma quello era certamente un buon segno, le storie veramente performanti partivano appena venivano pubblicate e per i tre giorni successivi non smettevano mai di crescere. In questo caso invece le proiezioni fornite dal programma erano chiare: se non fosse successo qualcosa di nuovo – come una condivisione dell'articolo da parte di qualche influencer – il valore di reach della storia sarebbe rimasto contenuto.

C'era però un altro problema: di quel concentrato di supposizioni maligne era stata fatta anche una traduzione inglese, uno sforzo che quel giornale faceva solo in occasione di crisi di governo o scandali istituzionali di grande portata. Perché quindi si fossero dati una briga simile per quell'articolo era un mistero. Chiamai immediatamente Furetta, lei era la colpevole numero uno: quel tizio mi aveva fatto quarantacinque minuti di intervista ma l'unica cosa che gli interessava era la domanda a cui non avevo risposto.

Al posto di buongiorno le urlai «PURE IN INGLESE, PURE IN INGLESE!». Dall'altro lato del telefono avvertii infinita contrizione, che purtroppo però non mi era di nessuna utilità.

L'unica cosa che provò a dire a sua difesa fu «dell'accendino te lo avevo detto, però», il che fece aumentare la mia ira.

«Chi se ne fotte dell'accendino, guarda la luna, non il dito» replicai con un sibilo, una frase che per altro faceva parte del *Culture Deck* di BEFORE.

Dopo cinque minuti buoni di sfogo forse fin troppo feroce, fissai una riunione con lei, i nostri due consulenti legali e tre quadri di prima fascia, compreso il capo della sicurezza informatica di BEFORE. Bisognava elaborare una strategia, soprattutto non vedevo l'ora di sentirmi dire dai legulei che sì, certo che potevamo querelarli e, sì, con altrettanta certezza gli avremmo fatto del male. Guido, l'altro socio di BEFORE, lo avrei ragguagliato nel pomeriggio al telefono – viveva ancora a Bologna – tanto si alzava sempre tardissimo e comunque di queste cose non ci capiva niente.

Caricai una capsula gusto Dharkan nella macchinetta Nespresso. Dopo aver predisposto la squadra di emergenza mi ero sentito un po' meglio, poi però il mio sguardo era caduto di nuovo sulla mia foto. Come se non bastasse il fastidio che un colpo basso del genere avrebbe generato di per sé in chiunque, ricordavo perfettamente quanto ero stato contento quando mia madre, di ritorno da un viaggio negli Stati Uniti con mio padre, mi aveva regalato quella felpa. Dopo una vita di falliti tentativi da parte sua di continuare a vestirmi come un bambolotto pronto per la prima comunione, quella era stata la sua prima concessione autonoma a un abbigliamento un po' più di strada. Prima di allora avevo dovuto reinvestire paghette e regali di Natale a svendite e al mercatino della Montagnola per darmi un aspetto un minimo al passo coi tempi, o a quelli che io credevo fossero i tempi. Erano gli anni in cui ancora non si poteva comprare qualsiasi cosa online, uno dei miei giocatori preferiti era Anfernee Hardaway e quella felpa era un'edizione speciale introvabile in Italia. Quel giorno amai mia madre come forse mai prima di allora, come se per la prima volta mi avesse riconosciuto una soggettività mia, seppur inspiegabilmente afroamericana. Aver indotto un cedimento del genere era naturalmente anche una responsabilità enorme e infatti indossai quella felpa sempre con il recondito timore che potesse succedere una qualche disgrazia che sarebbe sfociata in una foto segnaletica o comunque qualcosa che di sicuro non sarebbe accaduta andando in giro con indosso – chessò – una camicia e un papillon. Anche nel giorno del trionfo prosperava la larva del senso di colpa: la mia educazione cattolica si faceva, insomma, valere.

Volevo comunque bene a quel tessuto vietnamita da quattro soldi, marchiato Champion e NBA, tant'è vero che a ventitré anni mi capitava ancora di indossarlo. E quando ormai manco ci pensavo più e avevo cose decisamente più indecorose nel mio guardaroba di studente universitario, gli scribacchini di mezza Italia erano andati a ripescare quella felpa dell'amor materno in una foto in cui la indossavo assieme a una faccia oggettivamente impresentabile. Quello che era successo era il frutto della malafede di un'intera categoria professionale ma a una mente più impressionabile sarebbe potuta sembrare tranquillamente anche una sorta di punizione biblica per aver osato modernizzare i costumi e portare con sé nel gorgo della corruzione anche La Madre.

La chiamata del Mastro mi salvò da ulteriori riflessioni sull'argomento, sul quale, va detto, non spiccavo comunque per lucidità.

Aveva letto l'articolo.

«Ti aspetto a casa mia fra due ore, bisogna che ci organizziamo prima che si sveglino in California.»

Per casa intendeva quella di Milano. Non provai neppure a dirgli del tavolo di crisi che avevo convocato, scesi le scale, ignorai le occhiatacce della portiera che doveva aver sentito le urla, gettai l'accendino con cui avevo giocato durante l'intervista dentro uno dei mucchi di rifiuti abbandonati per strada e presi un taxi alla fermata sotto casa. Una volta a bordo litigai con l'app di Alitalia ma alla fine della user experience peggiore di quell'anno solare riuscii a comprare il biglietto. Un gigantesco ritratto spiegazzato di papa Francesco mi fissava dal retro del sedile del guidatore.

Su di un palazzo in ristrutturazione vidi una nostra nuova pubblicità. Il claim della campagna a livello globale era:

BEFORE YOU THINK OF IT.
REALLY.

Un gioco di parole che si basava sul fatto che quell'espressione idiomatica in inglese significava «molto in fretta» o «subito», ma grazie alla tecnologia di BEFORE poteva assumere anche il suo significato letterale: davvero sapevamo parecchie cose prima che i nostri utenti potessero anche solo pensarle. Lo slogan in inglese lo avevamo usato nei Paesi anglosassoni, nel Centro e nel Nord dell'Europa. In Italia dopo lunghe riflessioni gli era stato preferito:

HAI PENSATO BISCOTTI?

Un riferimento alla prima grande campagna di successo di BEFORE, la stessa su cui avevo scherzato la sera prima con i miei amici, che doveva servire a pubblicizzare il nuovo servizio di consegne a domicilio lanciato in collaborazione con delle catene di supermercati. Le singole declinazioni grafiche della campagna però non le avevo ancora viste: mi colpì il volto della ragazza, mi sembrava di conoscerla. Poi capii. Aveva cambiato colore dei capelli – ora era mora – ma era chiaramente lei. Scrissi un messaggio al responsabile della comunicazione di BEFORE:

Ti sei reso conto di chi è la modella nella pubblicità italiana? Quella "hai pensato biscotti"?

Il tassista attaccò a dire che bisognava mettere delle turbine idroelettriche nel Tevere per ridurre la dipendenza energetica dal nucleare francese, aggiunse che aveva scritto a Di Maio su Facebook per regalargli l'idea ma quello non gli aveva risposto.

«Ma ho visto che l'ha letto, il messaggio. Dieci voti gli ho portato a questi, aò.»

Gli chiesi se poteva tacere, che dovevo fare una chiamata. Alla squadra di emergenza dissi di riunirsi senza di me, sarei tornato nel tardo pomeriggio, diedi comunque ordine di spedirmi via mail un resoconto dettagliato dell'incontro. Appena chiusi la chiamata il tipo riattaccò con le turbine. Gli dissi che non me ne fregava un cazzo. Nel taxi scese un silenzio gelido che non permetteva di escludere del tutto una rapida escalation di violenza; il clima rimase sospeso sull'orlo di una detonazione di follia urbana fino a Fiumicino. Mentre scendevo sentii il tassista mimetizzare un «E baffanculo» in un colpo di tosse.

Mi riaffacciai per un istante, giusto il tempo di dirgli «Altrettanto». Entrai nel terminal avvolto in un nugolo di invocazioni ai morti.

Vibrazione nella tasca della giacca.

È una modella che ci ha proposto l'agenzia, perché?

Camminando verso il gate, feci una rapida ricerca su Google, scattai un paio di screenshot e li spedii senza commento.

Il volo Alitalia era mezzo vuoto, al posto di fianco al mio sedeva una studentessa con delle enormi cuffie Beats sulle orecchie. Stava giocando con un videogame sul suo smartphone. L'applicazione dava la possibilità di applicare i volti dei propri amici e parenti sul corpo di alcuni zombie, che poi venivano uccisi con un grosso fucile automatico o – all'aumentare dei crediti – con un lanciafiamme. Conoscevo quel gioco, era una delle applicazioni *freemium* sviluppate da LOLZGAMES. L'investimento early stage in quella compagnia aveva fruttato al

Mastro venticinque milioni, uno dei tanti successi che poteva vantare nella sua carriera, nemmeno il più grosso. Vibrò ancora il telefono.

Cazzo Marco, scusa. Non ce n'eravamo resi conto, ha cambiato colore dei capelli.

Misi il telefono in modalità aerea e infilai nelle orecchie due tappi di gommapiuma. Odiavo il rumore sordo dei motori.

Già durante la discesa verso Linate la studentessa al mio fianco tolse il telefono dalla modalità aereo e riprese la sua attività da dove l'aveva lasciata. Fece esplodere la testa di una nonna, non era chiaro se materna o paterna. Il libro di testo che aveva con sé era rimasto perfettamente intonso.

Il Mastro abitava in un enorme loft a Isola, con una sala principale simile a un grande hangar e dotata di una parete interamente vetrata e una piscina. Non la classica Jacuzzi tonda due metri per due di certi film anni Ottanta, proprio una piscina di medie dimensioni, all'occorrenza richiudibile.

Oltre il salone si estendeva l'ala con le stanze da letto e chissà cos'altro: l'esatta geografia mi era ignota, se non per il fatto che in quella parte della casa abitavano la moglie, i figli e Svetlana, la donna di servizio romena. Stranamente però non c'era traccia di nessuno di loro, una mancanza di segnali che ne faceva presupporre l'assenza di gruppo. Probabilmente erano nella villa di Cortina o in quella in Sardegna, il che significava via libera per il Mastro e la sua proverbiale libido. Se le cose stavano davvero così poteva anche darsi – era già successo – che a un certo punto saremmo stati interrotti dall'arrivo di qualche strappona in vestaglia.

Il Mastro mi aveva fatto aprire la porta dall'AI di domotica e mi aspettava seduto sul divano: Havaianas, pantaloncini corti Under Armour e una felpa con il disegno di una tigre che mi ricordava quella del dizionario online di tedesco Leo.org ma poteva tranquillamente essere di Gucci.

«Ecco l'uomo del giorno.»

«Sai che culo.»

«Mh, già.»

Digitò rapido sulla tastiera del MacBook che aveva di fronte a sé: non affrontava nessuna riunione senza l'ausilio di un *second screen* che riportasse le notizie più recenti sulle persone che aveva davanti. Certo, gli servivano le informazioni e anni di multitasking gli avevano seriamente intaccato la memoria a breve termine, ma la sensazione per chi stava di fronte a lui era che la propria traccia online fossero i compiti a casa che il Mastro andava correggendo in diretta.

Una delle prime volte che era successo gli avevo detto: «Guarda, sono qui, non c'è niente là sopra che non possa dirti anche io».

«Questo lo dici tu» era stata la sua risposta, seguita poi da una risata baritonale.

Finalmente alzò lo sguardo dallo schermo e mi scrutò con un mezzo sorriso di solidarietà.

«Be', poteva andare peggio. Potevano arrestarti, mh?»

«È già successo» dissi accomodandomi sul lunghissimo divano di fronte a quello, gemello, dove era seduto lui.

Il Mastro scoppiò a ridere per un momento, poi diede un altro sguardo assorto allo schermo, fece scorrere il testo con un delicato movimento dell'indice sul trackpad.

«Come momento, non c'è bisogno che te lo dica, non poteva capitare peggio» disse senza smettere di scrollare. «Ma perdonami un secondo, chi hai come addetto stampa?»

Quel "perdonami un secondo" non era del tutto fuori dal suo registro ma suonava comunque anomalo per un motivo che non riuscivo a mettere a fuoco del tutto. Non era però quello il momento di mettersi a discutere di sottigliezze verbali.

«Non hai più Giorgio?»

«Anni ormai che non ce l'ho più. Ho Barbara adesso.»

Ci fu una vibrazione sorda e il Mastro cambiò schermo, si mise a guardare l'iPhone tornando in un attimo a essere distante chilometri.

«Dài... *Furetta*. La conosci.»

«Ah, sì.»

«Di solito è brava. Non l'abbiamo proprio vista arrivare, questa cosa.»

«Direi di no.» Mi indicò la brocca di vetro piena di spremuta d'arancia, poggiata sul tavolino Kartell che ci divideva. Mi versai un bicchiere. La spremuta non era solo fresca, era proprio eccellente. La qualità assoluta del cibo presente nelle case del Mastro, sia in forma di materia prima che di derivato, era stata in grado negli anni di causarmi delle piccole crisi d'identità – cosa, esattamente, avevamo mangiato io e la mia famiglia fino a quel momento? Oltre a un training impareggiabile per quanto riguardava l'economia e lo sviluppo aziendale, il Mastro mi aveva guidato in una seconda educazione informale fatta di pasta Cavalieri, champagne di piccoli vigneron, tartufi pregiati, prosciutti di Bellotta, bistecche di Wagyu, formaggi francesi e dei prodotti dalle gastronomie e dalle pasticcerie più antiche di Milano e poi di Roma, senza parlare dei macellai e dei fruttivendoli, boutique del cibo chiamate rigorosamente con il cognome del fondatore, negozi che nei quartieri dove si trovavano erano fra i marchi più rispettati in assoluto senza bisogno di spendere un euro in pubblicità. Le arance con cui era stata fatta la spremuta non facevano eccezione. Tutto questo ben di dio a casa del Mastro veniva servito senza la minima cerimoniosità, anzi, con la più naturale e meno studiata delle indifferenze: per il Mastro mandare la colf da Peck era l'equivalente per una persona normale del fare la spesa all'Esselunga. La sua famiglia possedeva una delle prime ville di Stintino, costruita quando nella zona c'era solo qualche capanna di pescatori, ma l'araldica della loro ricchezza lombarda poteva essere spinta molto più a ritroso: era gente che aveva dato del tu al triangolo industriale.

Il Mastro dal canto suo aveva avuto una dose di scapestrate avventure giovanili, fra litigate mortali con il padre e un mix milanese di controcultura, rave e barca a vela. Era stato alunno e poi istruttore volontario del centro velico di Caprera, una sorta di massoneria di fiocco e randa, e poi si era imbarcato per un giro del mondo offrendosi come marinaio esperto agli equipaggi che percorrevano da est a ovest la rotta degli alisei. Alla vela doveva anche il suo soprannome, era uscito spontaneamente a un istruttore di Caprera quando si era trovato al cospetto di quel ragazzone carismatico e con il busto sempre un po' in fuori che si produceva in manovre energiche e decise, operazioni che nonostante la foga si risolvevano sempre in esiti da manuale. Per come la raccontava lui, *Mastro* poteva quindi essere interpretato sia come *Master* che come *Capomastro* ed era in quell'ambivalenza sospesa fra efficacia ed eccessiva durezza che riposava il suo successo, dato che un soprannome che non descrive cade rapidamente in disuso. Pensai comunque che, nonostante il Mastro fosse grande, grosso e deciso, potesse apparire un capomastro giusto a un istruttore di vela, essendo i suoi modi pur sempre quelli di un alto borghese.

La polarità "Master" mi risultava invece perfettamente condivisibile. Quale che fosse il perché del suo soprannome, Giovanni Taddei non aveva ricucito davvero con la famiglia fino a quando, anni dopo la sua circumnavigazione del globo, non aveva portato a casa la sua prima exit milionaria grazie alla sua seconda passione, quella per la tecnologia. Raccontava che solo in quel momento suo padre aveva riconosciuto il fatto che forse il Mastro qualcosa di buono nella vita avrebbe potuto combinare. Quando poi – grazie all'IPO di Imaginez – si era ritrovato patrimonialmente sorpassato dal figlio, quella prima apertura di credito si era trasformata in dichiarato orgoglio. Dopo ore di lavoro particolarmente prostranti e sotto un cielo romano insolitamente livido, un giorno io e il Mastro avevamo fatto assieme un aperitivo che dal secondo bicchiere in poi aveva assunto gli inediti toni della confessione. In quell'occasione mi aveva raccontato come quel momento, il momento cioè in cui il suo patrimonio personale aveva superato quello del padre, era stato fra i migliori della sua vita.

«Forse il migliore» aveva aggiunto versandomi l'ultimo goccio da una bottiglia di Anna Maria Clementi. Per una persona che fuori dal lavoro non parlava mai di soldi, e, soprattutto, aveva una moglie e tre figli, era un'affermazione di una certa intensità.

Nel tempo ne avevo ricavato l'idea che con un padre meno esigente forse il Mastro avrebbe potuto passare tutta la vita in Papuasia a fare da skipper ai turisti occidentali e prendersi una pausa psichedelica una volta ogni tanto, contemplando il tramonto sul Pacifico e sentendosi tutt'uno con l'universo. Gli invidiavo il suo successo, gli invidiavo quell'uccisione del padre in grande stile e ancora di più gli invidiavo il fatto di esserci riuscito con un percorso da outsider.

Il cibo rimaneva comunque uno dei miei modi di elezione per misurare la distanza che intercorreva fra noi, non solo in termini di costo e di qualità, ma anche, e forse soprattutto, in radicalità delle scelte. Pur senza mangiare in assoluto *molto*, il Mastro non perdeva occasione per affrontare con gusto sincero i tagli di carne più estremi. Il suo preferito era il diaframma grigliato, ma gli piacevano molto anche le guance cotte a bassa temperatura, la trippa, le frattaglie, le code, i torcinelli, parlava con una certa nostalgia di alcune zampette di maiale ripiene che aveva mangiato nell'entroterra algherese, mentre una delle cose che preferiva in assoluto di Roma era la coratella agli agrumi di Signorini; mandava spesso qualcuno fino a Trastevere per comprarla. Era insomma un grande carnivoro posto sulla vetta della piramide alimentare e confermava la sua adeguatezza a quel ruolo apicale non disdegnando nulla di ciò che stava ai suoi piedi. Il mondo gli apparteneva anche nella misura in cui era commestibile in ogni sua parte. Nella masticazione paziente di quei pezzi di carne poco nobili, di quelle cartilagini e di quegli organi normalmente dimenticati, mi sembrava di intravedere il coraggio di chi in altri tempi avrebbe sguainato la spada per sbudellare l'avversario di turno. Nella dialettica fra servo e padrone, il Mastro era progettato per abitare con sicurezza la seconda polarità e di fronte a quegli inconsueti pezzi di animale non provava alcuna forma di disgusto, non aveva cioè su di lui alcun effetto la fuoriuscita da quella ritualità culturale che portava un certo tipo di carne a non essere più percepita come tale – chi al mondo considerava davvero una cotoletta parte di un ex maiale un tempo vivente? Nei ristoranti di pesce si assicurava già in fase di ordine che il cameriere gli riservasse la testa e la mangiava poi fino all'ultimo filamento cerebrale, fino all'ultimo occhio bollito. Non mangiava pezzi abituali e camuffati, voleva esplicite sezioni di interi animali: parte del piacere, oltre il sapore, sembrava stesse per lui proprio in quell'appropriazione per ingurgitamento.

Io, che nella migliore delle ipotesi un tempo sarei stato un chierico impegnato a produrre capziose interpretazioni dei testi sacri per vedere un po' le spade sguainate da che parte dovessero essere orientate, ogni volta che mangiavo un polpo mi dispiacevo sempre un po' nel mandare giù tutta quell'intelligenza diffusa, per non parlare poi della cicoria ripassata e degli articoli che avevo letto sulla sensibilità delle piante. Non avevo ancora del tutto abbandonato l'idea bambinesca che si potesse dominare il mondo con il suo consenso: il Mastro da questo punto di vista era su posizioni decisamente più avanzate.

«Dunque, questo articolo di per sé non sarebbe neppure troppo drammatico» relativizzò. «Si capisce che sono solo illazioni, e poi è evidente che gli altri due tizi morti non puoi averli uccisi tu, visto che, appunto, stavi in carcere. Mettici pure che sono tutte cose che già si sapevano. Naturalmente era molto meglio se non usciva proprio, un pezzo come questo, ma hai capito cosa intendo. Il problema c'è se consideriamo quello che è successo con Grant a Oak Capital, per questo ora è fondamentale scoprire loro cosa pensano quando si svegliano e leggono la notizia. Insomma, il problema è tutto di percezione, perché di sostanza non c'è praticamente niente.»

«Il che non è che la risolva, anzi.»

«Infatti» convenne prima di perdersi di nuovo sullo schermo del telefono.

«Ma non penserai mica che si sfilino dal round B.»

«Mh?»

«Non penserai mica che si sfilino dal round B.»

«Senti, come detto non c'è niente di serio, ma non possiamo neppure escludere una over-reazione.»

«Cazzo, se escono loro la possibilità di un effetto domino è più che reale.»

«E mica solo questo. Metti pure che quelli con cui siamo in parola rimangano dentro: trovalo uno che sostituisca Oak. Sai come sono, si mettono tutti sul chi vive se il più grosso VC della valle si tira indietro. Un VC che si è già fatto il primo round da protagonista. È uno scenario in cui il gregge fugge a gambe levate. Potremmo forse giusto beccare un contrarian, magari Peter Thiel.»

«Oh madonna.»

«Guarda che quello è il numero uno.»

«Sarà, ma non lo vorrei nel mio board.»

«Se Thiel vuole metterci i soldi, tu lo vuoi, te lo dico io. E gli dai pure un po' del tuo sangue con la parabiosi. Ma forse da questo ti salvi perché sei un po' troppo vecchio, ormai.»

La prospettiva di un prelievo forzoso di sangue dal mio sistema circolatorio fu prospettata con un grado d'ironia decisamente insufficiente, come, cioè, un'eventualità esclusa ma solo a un 90-95%. Aleggiò insomma nell'aria la verità ultima che il capo era il Mastro. Anche se non era strettamente vero in termini di percentuali dentro BEFORE, il potere di alcune persone non si misura solo dalla loro partecipazione azionaria.

«Non so se questa storia di Martina Scalzi smetterà mai di perseguitarmi. Ti pare giusto?» mi lamentai, mettendomi sulla difensiva, ma il Mastro appoggiò il bicchiere e alzò entrambi i palmi, come a stopparmi. Era una domanda generale, astratta, di per se stessa nemica di soluzioni concrete. Ovvero tutto quello che odiava. Mi ripresi subito. «E se rimandassimo il round?»

«No, se non entriamo ora, immediatamente, in Francia, Svizzera e Germania, gli svedesi ci fregano. Al momento sono rallentati solo dal regolamento paranoico che hanno sulla privacy nel loro Paese ma il mio sospetto, come sai, è che la loro tecnologia sia già di fatto migliore.»

«Se ti sente Guido si offende a morte.»

«Non mi fraintendere, l'algoritmo di BEFORE è ottimo, ma non si possono correre rischi. E anche ammesso che la vostra tecnologia sia davvero migliore, sai benissimo che questo non ci servirà a nulla se non ci prendiamo subito una posizione di leadership nella raccolta dati, altrimenti la rete neurale come l'alimentiamo? No, in quei mercati lì bisogna che ci entriamo ora, subito. E per farlo servono i soldi.»

Mi alzai e presi a camminare per quel salone sterminato. Superai il modello in scala del *Galatea*, lo Swan 54 di Frers che il Mastro teneva ormeggiato a Genova, e mi fermai di fronte a una scultura alta almeno due metri e mezzo: un totem indiano reinterpretato in chiave cyberpunk. Il volto era quello di un uccello, con un lungo becco ricurvo, uno dei due occhi però era robotico.

Scrutai quello sguardo androide, poi tornai sui miei passi. Il Mastro aveva perfettamente ragione: la chiave era raggiungere il prima possibile una posizione dominante nella raccolta di dati utili al commercio predittivo in quei Paesi e per farlo avremmo dovuto incominciare a comprare data set e mettere in piedi le nostre infrastrutture di raccolta *ieri*. Però, sì, 'sta storia di Grant era una bella complicazione.

«Ma proprio nel VC che è il più grosso azionista della mia azienda doveva esserci uno a cui piace abbracciare gli asiatici senza il loro consenso?»

«Bello lamentoso, un Distopia d'antan oggi eh, mi piaci, sembri quello dei tempi del blog. Lo sai a quanto ha fissato il settling con l'indianino? Quindici milioni.»

«Per degli abbracci?»

«Vuoi dire per delle molestie sessuali protratte per mesi che hanno impedito a Nishad di avere la serenità necessaria per far crescere la propria startup.»

«Era un'app creatrice di Emoticon, ce ne sono milioni di app del genere ormai.»

«A me lo dici.»

«Dove volevi che andasse?»

«Non lo sapremo mai, perché il suo spirito imprenditoriale è stato abbracciato a morte.»

Tutto sommato mi faceva piacere trovare il Mastro così di buonumore. Era l'unico investitore italiano in BEFORE e in questo casino c'era dentro anche lui.

«Ling Xi non mi sembra una poco attenta a questo genere di questioni» osservò.

Ling era la donna che aveva preso il posto di Grant quando quello era stato licenziato in tronco. Ora si trovava in un rehab per molestatori sessuali in Arizona, una cosa che serviva più che altro a lui per coltivare la pia illusione che la sua vita professionale non fosse finita per sempre, e lei invece sedeva nel mio board al posto suo, il che era stato salutato sui siti di settore come un provvidenziale aumento della diversità in un ambiente altrimenti ostile. Lin era di origini asiatiche, donna e lesbica, e a me di tutto ciò non me ne sarebbe fregato assolutamente nulla se ogni comunicazione con lei non fosse stata viziata dal clima di terrore che incuteva chiedendo se per caso quello che era stato appena detto era stato detto in virtù del suo essere asiatica, donna e lesbica.

«I simply asked my assistant for a coffee in Italian» mi era capitato di dover spiegare nel mezzo di una riunione su Appear. Almeno della parola "caffè", pensai in quell'occasione, avrebbe potuto intuire il significato.

Per sfizio personale e istinto di sopravvivenza l'avevo googlata con un minimo di attenzione. Era un'autentica professionista, ogni suo scatto di carriera era stato festeggiato come una vittoria della diversità in ambiente altrimenti ostile (chissà chi scriveva i comunicati stampa) e questo sostanzialmente era quanto, perché dal punto di vista strettamente professionale non aveva mai ottenuto successi tali da giustificare la sua rapida ascesa. Già quando studiava a Harvard era stata celebrata come un'eroina del nuovo femminismo per essere stata la protagonista di uno dei primi casi di "environmental harassment". In pratica aveva denunciato un portoricano che studiava fisica teorica grazie a una borsa di studio perché si era permesso di dire a una studentessa francese: «Sei molto bella». La francese aveva detto «Grazie», e Xi, che era seduta poco lontano nel caffè del campus dove si era svolta la scena, aveva denunciato il portoricano alle autorità dell'università come molestatore. Nonostante la studentessa francese, interrogata a riguardo, avesse detto che la cosa non l'aveva infastidita per nulla, anzi, semmai le aveva fatto piacere, il rettore aveva preso con la massima serietà il turbamento a cui era stata sottoposta indirettamente Ling Xi, che dopo quel fatto non si era più sentita al sicuro. Il portoricano era stato espulso. Lo avevo cercato su Facebook: era tornato al suo Paese, dove aveva aperto un chiosco di bibite chiamato Señor Heisenbergo.

Insomma, non sarebbe stato facile. In più, forse in virtù di un'amnesia cerebrale selettiva riguardante la parola "diversità" quando applicata a "Italia", era proprio lei che insisteva perché chiudessimo le sedi di BEFORE a Roma e il laboratorio bolognese di Guido.

«Direi proprio di no, è una gatta da pelare pure lei» confermai al Mastro.

«Comunque per questo non ti preoccupare troppo. Limitati a non farla arrabbiare, parlo io coi capi di Oak, manco loro la sopportano, lei serve giusto per un po' di PR positivo.»

«Ok, però per gestire il lato italiano della vicenda mi serve qualcuno di più bravo di Furetta. È evidente.»

Mi vibrò il telefono. Era un messaggio del capo della sicurezza.

Gli avvocati dicono che il pezzo è a prova di bomba. Si può querelare ma possibilità di successo molto basse.

Lo riferii al Mastro.

«Sì, è la mia stessa impressione. Querela comunque, manda il messaggio. Per il resto stai tranquillo, ho io la persona giusta per gestire questa crisi dal punto di vista comunicativo.»

«Finardi?» provai, pensando al suo storico addetto stampa, un tizio sempre in gessato che conosceva mezza Roma e tutta Milano.

«Ma no, ci vuole una persona ad hoc per le crisi, non da ordinaria amministrazione. Una brava e da battaglia. Te la mando giù a Roma. Di lei mi fido.»

«Vabboh, se ti fidi tu, mi fido anch'io. La paghi tu?» cazzeggiai.

«Ovviamente no, ma comunque non ti preoccupare: costa molto.»

Lasciai quell'ironia senza una risposta perché arrivarono dei rumori dall'altra ala. Poi la porta che metteva in comunicazione le due zone dell'appartamento si aprì e una giovane donna venne verso di noi. Ebbi quasi un mancamento, ma il Mastro non ebbe modo di notarlo perché si era girato nella direzione della ragazza. In compenso io assistetti allo spettacolo del suo volto che diventava un unico, orrido, sorriso compiaciuto.

«Buongiorno» disse il maledetto.

«Ciao» rispose la mia ex ragazza coprendosi appena gli occhi, come fossi un inganno del sole che filtrava dalla finestra alle mie spalle.

Quando arrivò al tavolino ci scrutammo per un istante, tanto che il Mastro chiese se per caso non ci conoscessimo già.

«No» mi affrettai a dire con un inconsulto moto fariseo dell'intera anima, poi le porsi la mano. «Marco.»

«Federica» rispose lei, nemmeno troppo incerta, socchiudendo appena gli occhi anche se dove si trovava ora la luce non rappresentava più un problema. Ero certo che mettere su una scenetta come quella doveva sembrarle una cosa assurda e sommamente deprecabile ma ormai era fatta, l'avevo messa di fronte a una possibile occasione di imbarazzo sapendo benissimo che il suo naturale amore per la norma, la sua istintiva ritrosia per gli equivoci, la sua propensione inculcata sin dall'infanzia per la buona educazione a qualsiasi costo l'avrebbero portata ad abbozzare. "No, ma figurati ci conosciamo benissimo..." è una cosa che lei a quel punto non avrebbe mai potuto dire. Ma perché l'avevo fatto? Non so. O meglio, lo so benissimo: non potevo sopportare che il Mastro sapesse una cosa del genere. Nella logica del branco che pure sottostà a tutta questa faccenda di lavorare, portare avanti aziende, fare soldi, sarebbe stata un'umiliazione per me troppo grande. Addio non solo maschio Alpha, ma pure Beta e qualsiasi lettera venga dopo nell'alfabeto greco, cosa che ignoro perché comunque ho fatto lo Scientifico. Altro che Stringer Bell del digitale, sarei diventato il maschio giullare a cui tutti grattano la pancia.

E sì che, me ne rendo conto soltanto ora, una via d'uscita comoda, spaziosa e sicura ci sarebbe stata: ammettere il passato e poi, una volta rimasto solo con il Mastro, farla passare come una fra le tante. Un uomo più cinico – o meglio, meno scottato da quella specifica femmina – avrebbe subito visto l'occasione per creare un po' di spogliatoio con il suo principale finanziatore. Qualcosa che echeggiasse i versi – un po' sospetti – di Snoop Dogg che tante volte erano risuonati nel walkman ai tempi del liceo e raccontavano la comunanza che poteva nascere fra uomini che avevano condiviso le stesse donne. Ma avrei mai potuto fare una cosa del genere di fronte ai momenti di disarmante dolcezza che avevamo vissuto assieme? Impossibile. D'altro canto per quanto potessimo, grazie all'istintivo sotterfugio nel quale mi ero vigliaccamente nascosto, tenere segreto il nostro passato, il presente era inequivocabile: Federica indossava un *accappatoio*. Quei due erano appena stati a letto assieme. Non c'era altra possibilità. Cosa poteva succedere di peggio?

«Bene che ti sei svegliata, così vi conoscete» disse il Mastro. «Marco, lei è la persona di cui ti parlavo, quella che ti darà una mano per la crisi.»

Ovvio. Come avevo fatto a non pensarci? Annuii mentre l'interno del mio corpo collassava su se stesso. Ebbi come l'impressione che mi sarei sciolto in una pozza di materia informe, a guisa di cartone animato, e sulla cima di quella pozza infame sarebbero rimasti solo gli occhi, così che potessi vedere, dal basso verso l'alto, quello che – per usare termini grandemente imprecisi ma che i miei genitori avrebbero potuto capire – era il mio capo baciare la mia ex fidanzata.

Per quanto il contesto fosse inequivocabile comunque non si baciarono, non lì, non in quel momento. Dio è grande. Federica invece si sedette e si versò un bicchiere di spremuta senza che il Mastro smettesse di sezionarla con il suo più tipico sguardo famelico. L'enorme catalogo – due spessi incunaboli, almeno – di considerazioni predatorie, valutazioni di culi, accurate recensioni di pompini e resoconti romanzati di scopate che negli anni gli avevo sentito pronunciare riguardo le sue molteplici amanti e le infinite escort con cui aveva speso l'equivalente di un appartamento in una zona semicentrale di una grande città, si addensò dentro il mio cervello come una nuvola nera, piena di detriti acuminati.

Ignara di tutto ciò, Federica sembrò rimuginare sulla situazione per qualche secondo, scrutandomi con un'espressione che da neutra, o al massimo stupita, mutò in fretta in divertita, compiaciuta, si sarebbe detto, dallo stato di minorità che quella mia trovata estemporanea denunciava. E dire che avevo sempre pensato a lei come una persona che aveva sicuramente dei difetti ma anche una sovrabbondanza di bontà d'animo. Ingenuo. Sciocco. Naïf.

«Allora» iniziò, «Giovanni mi ha spiegato un po' la situazione...»

Dunque *sapeva* che stavo arrivando, e *ciononostante* si era presentata in accappatoio. Ah, maledetta! Il Mastro si produsse in un altro sorriso postcoitale che sembrava dire "cosa ci vuoi fare" e "non è questo il migliore dei mondi possibili?".

No, brutta merda, non lo è.

«... *Perdonami un secondo* ma chi hai come addetto stampa ora? Il mago Zurlì?» chiese Federica, e realizzare che nella lingua del Mastro si fosse già depositato uno strato della sua fu grossomodo come vederli scopare a pecora. Precipitai in un baratro di rancore. Federica prese una penna e uno dei fogli appoggiati sul tavolo – cosa ci facevano dei fogli, *di carta*, in casa del Mastro? Fui quasi tentato di chiederlo, ma al volo sentii che ne sarebbe nato il solito siparietto «luddista contro digitalista» e in quel momento l'idea di scambiare battute con il Mastro facendo finta di litigare mi faceva letteralmente vomitare.

«La prima cosa da fare è capire da dove viene la traduzione in inglese del pezzo, non ho mai visto una cosa del genere» osservò Federica, che nel frattempo in alto a sinistra nel foglio stava scrivendo, con la sua grafia ordinata e d'altri tempi, "Marco De Sanctis - 1", dove 1 stava sicuramente a indicare che quella era la prima pagina dell'incarico che riguardava BEFORE. Come se una volta salita in treno, di lì a poco, non avrebbe ricopiato tutto in bella copia sulla sua Moleskine.

"Ora aggiunge una stellina" pensai.

Aggiunse una stellina.

«Tutto a posto?» chiese il Mastro. «Stai lacrimando.»

«Ogni tanto mi vengono di questi attacchi di tosse, non so bene perché.»

«Stai meglio? Sicuro? Ok, bene. A ogni modo qua l'errore è alla base» continuò Federica mentre io provavo a vedere se per caso sul fondo del bicchiere di spremuta c'era un passaggio per una quarta dimensione un po' più ospitale. Trovai soltanto la scritta BACCARAT.

«Voglio dire, qualcuno almeno aveva dato un'occhiata al curriculum di Gilardi?» disse riferendosi all'autore dell'articolo.

«Immagino Furett... la mia addetta stampa.»

«E allora la prossima volta è meglio che se lo legge, se proprio non sa le cose che sanno tutti. Scusami eh, ma Gilardi è arrivato al giornale circa cinque anni fa. Sai dove stava prima? No? Be', anche a questo servirebbe un'addetta stampa. Stava a "Inchieste" e si è fatto cacciare di là perché l'hanno coperto di querele e la Rai si era stufata. Il mio consiglio professionale è sempre che l'ultimo giornalista al mondo da cui farsi intervistare è uno che in qualche modo c'entra qualcosa con "Inchieste". Registrazioni off the record, interviste di un'ora fatte solo per poi strappare un fuori onda mentre si viene riaccompagnati alla porta, servizi a tesi scritti prima ancora di girare la prima intervista...»

«Ha fatto così anche con me, infatti.»

«Appunto.» Vidi che si mangiava le labbra per non dire che proprio io, fra tutti, avrei dovuto saperlo. «Però c'è qualcosa che non torna, Gilardi è uno che quando fa queste cose spesso esagera, si espone, poi ora che l'hanno messo a occuparsi di tecnologia è chiaro che gli pruderanno le mani, perché per forza di cose deve stare a bada nel lavoro quotidiano. Altrimenti pure topina l'avrebbe annusata la fregatura.»

«Furetta.»

«Vabbè, comunque un roditore.»

«Non sono sicuro che i furetti siano dei roditori.»

«Sì, va bene, prendo nota» disse lanciando uno sguardo complice al Mastro, il cui sorriso condiscendente mi fece venire voglia di dare fuoco a tutto il loft. Mi figurai il fumo nero che usciva dai finestroni, cinematograficamente ripreso da un elicottero in volo sopra la città e con la sovraimpressione "MILANO: A fuoco l'abitazione dell'imprenditore Giovanni Taddei". Perfetto per i telegiornali della sera e per il giubilo pauperista dell'intero Paese. Onestà! Onestà!

«Ma proprio perché Gilardi si sentirà sicuramente un grande giornalista investigativo tutta quella strategia che c'è dentro il pezzo mi stupisce e non pensare che al giornale di solito ci riflettano troppo sopra. Per dirti la cura che ci mettono, non so se l'hai notato, ma uno dei motivi per cui l'articolo non sta diventando virale è perché testo e titoli non sono assolutamente ottimizzati per il SEO. A proposito, ti ha spiegato questa *furet* come mai Gilardi è finito al giornale?»

«No.»

«Uno dei vicecapi, la Meazza, ha lavorato con lui a "l'Unità" quando erano giovani, quando quello è rimasto a piedi gli ha dato una mano.»

Sapendo benissimo come le arrivavano queste notizie, tramite cioè la sua rete sociale di amiche, una sorta di macchina a ciarla perpetua, mi sentii in dovere di chiederle: «Amanti?».

«Secondo Radio Scarpa: sì. Il mio parere personale? Forse un tempo.»

Provai un sincero brivido sentendo l'espressione "Radio Scarpa".

«Hai ancora tosse? Vuoi un sorso d'acqua?»

«No, no, tutto bene, adesso mi passa, grazie.»

«Lei c'è da dire che non è esattamente una diva del cinema, lui invece tutto sommato un bell'uomo. Comunque è una pista da valutare. Ti dice qualcosa Meazza come cognome?»

«Non mi sembra.»

«Pensaci. Buratti, Minardi e Romano ti dicono qualcosa?»

«No» mentii.

«Anche su questi nomi rifletti bene, se c'è qualcosa da sapere è cruciale che io la sappia. Per il resto l'importante è che l'articolo non viralizzi ulteriormente. Esiste una possibilità di uscirne indenni, basta che questa vicenda non arrivi all'orecchio degli influencer che si occupano di attualità. Quelli che hanno il taglio e la *fanbase* adatta a storie come queste sono pochi, ma ci sono. E allora sì che diventerebbe un problema, un rimbalzo lì ti può portare su Dagospia e poi ai programmi della sera tipo "Quarto grado" e quando gli inquirenti finiscono in tv è praticamente la garanzia matematica che il processo diventerà una persecuzione.» Detto questo tirò fuori dalla tasca dell'accappatoio un pacchetto di Marlboro Lights e ne accese una. Aveva ricominciato, quindi.

«Se riuscissimo a progettare una rete neurale con le sue capacità saremmo apposto» intervenne il Mastro, la stessa persona che durante le riunioni avevo visto scartavetrare via trucchi retorici dai discorsi di venditori abilissimi. Era stato dunque appena preso all'amo come una giovane trota.

«Sui processi mediatici come puoi immaginarti ho una qualche esperienza» dissi per stroncare subito quell'insopportabile tubare.

«In effetti sei un po' il Patrick Lumumba bianco» disse Federica con un sorriso cattivo. Era un nostro gioco, quello del Lumumba bianco. Non entro nello specifico ma è facile immaginare cosa fosse il Lumumbone. Scherzare in maniera così deliberatamente idiota sul rischio che avevo corso di finire all'ergastolo era una cosa incredibilmente liberante: erano i giorni in cui la gioia di vivere non era ancora stata uccisa dal politically correct.

«È davvero molto raro che qualcuno che è stato indicato pubblicamente come il colpevole nelle ore successive al delitto poi venga scagionato» spiegò. Era un discorso che avevamo fatto già decine di volte e sapevo dove voleva arrivare.

"Perché non tutti hanno un Pietro De Sanctis alle spalle" pensai ma lo tenni per me. Lei attese per un momento una risposta che non venne, poi continuò.

«Quelle che ti ho detto sono comunque le cose su cui incomincerei a lavorare, direi che possiamo fare anche una riunione domani mattina diciamo per le 11, a Roma. Per te può andare bene?»

«Bene.»

«Allora io vado a cambiarmi poi recupero le mie cose in albergo. Ci vediamo da voi.»

«Non ti serve l'indirizzo?» chiesi, per completare la recita. Lei esitò un istante. «Mah... no. Lo trovo su Google Maps.» Mentì.

«Piacere di averti conosciuto».

Fece un sorriso al Mastro, e silenziosa come un gatto se ne tornò nell'ala del castello a me sconosciuta. Niente baci.

«Lo so, lo so, non dire niente» disse il Mastro quando fummo rimasti da soli.

«Non dico niente» concessi, provando a fingere che mi dispiacesse. Attaccò a spiegare che l'aveva conosciuta a un evento del gruppo industriale con cui aveva fatto la prima exit milionaria. A quanto pare aveva ancora una piccola percentuale di azioni.

«E l'albergo?»

«È il tipo di ragazza cui piace salvare la propria percezione d'indipendenza. E poi sta seguendo come consulente della comunicazione un'azienda farmaceutica che ha fatto una maxievasione fiscale, per cui va tutto in nota spese, anche le fisime mentali.»

Una notifica apparve sul suo telefono, lui la controllò e io rimasi per una decina di secondi sospeso nell'idea di chiedergli se quell'accappatoio era dovuto a un bagno in piscina, a una doccia o proprio alla terrificante unione delle loro carni. Alla fine mi astenni, in caso di risposta affermativa non ce l'avrei fatta a fingermi indifferente.

Il Mastro allungò la mano verso di me, un gesto che sulle prime non capii.

«Ti piace questo braccialetto?» chiese scuotendo appena il polso. Era uno di quei braccialetti colorati e spessi pochi millimetri che vendono gli africani per le strade. Da ragazzini giocavamo a esprimere un desiderio che – questa era la credenza – si sarebbe avverato quando, dopo mesi, talvolta anni, di cinetica nullafacenza, il braccialetto si sarebbe rotto da solo, per consunzione. Era una vita che non ne vedevo uno, il che poteva voler dire due cose: o non andavano più di moda o io frequentavo solo gente vecchia. Le cose potevano essere tranquillamente entrambe vere.

«Te l'ha regalato lei?» chiesi, tanto ormai quella sarebbe stata poca cosa. Però non era proprio nel suo stile.

Il Mastro scosse la testa. «No, no, questa è una cosa seria. Quella di cui ti dovevo parlare.» Girò il MacBook nella mia direzione. La schermata riportava in alto a sinistra una sua foto sorridente e tutto attorno, organizzata in una grafica pulita ed elegante, una serie d'indicatori: alcune decine di valori espressi in centesimi, tre diagrammi dinamici e quello che aveva tutte le sembianze di un elettrocardiogramma.

Mastro agitò il polso, il braccialetto ballonzolò appena.

«Viene tutto da qui.»

Gli presi la mano, osservai da vicino il braccialetto, ne tastai la consistenza. Sembrava in tutto e per tutto un normale braccialetto di tessuto, uguale a quelli con cui avevamo espresso desideri su questa o quella ragazzina di cui il giorno della rottura avremmo ricordato sì e no il nome. Solo premendolo si intuiva al suo interno un'esile anima di metallo. Era impressionante.

«E che valori biometrici ti dà?»

«Praticamente tutti. Dalla composizione del sudore, all'acidità e tensione della pelle, l'analisi del tono muscolare, lo stress cellulare, la pressione sanguigna, il battito cardiaco, un'analisi statistica dei movimenti del corpo. Da questi dati è in grado di ricavarne altri con percentuali di precisione altissima, come ad esempio la dilatazione delle pupille. Per la cronaca anche se lo tieni al polso è in grado di riconoscere un'erezione.»

Non risi perché le conseguenze di un device del genere per BEFORE si andavano condensando in fretta nella mia mente. Se fossimo riusciti a metterci le mani sopra, s'intende.

Il Mastro indicò il lato destro dello schermo, dove c'erano sei valori.

«Queste sono le sei emozioni di base della psiche: gioia, tristezza, disgusto, paura, sorpresa, rabbia. Hai presente il cartone *Inside Out*? La ricerca che hanno fatto per il film è abbastanza accurata, per cui stiamo parlando più o meno di quella roba lì, solo con un valore in più. Con il data set biometrico siamo in grado di creare in tempo reale dei valori da zero a cento per ognuna di esse. Le varie combinazioni, un po' come i colori fondamentali, creano i sentimenti intermedi, che puoi vedere indicati in forma verbale qui sotto.»

I sei indicatori fondamentali fluttuavano attorno a un range di valore molto ristretto, il sentimento intermedio che appariva come effetto della combinazione del momento era: Soddisfazione.

«In effetti è proprio così che mi sento. Però guarda che alle volte è praticamente come fare una seduta di psicanalisi di quelle destabilizzanti. Per dirti, l'altro giorno mio figlio si è bruciato superficialmente un dito perché stava facendo il deficiente vicino ai fornelli. E questo dopo che gli avevo detto per tre volte di stare attento. Più tardi sono andato a vedermi lo storico, sai cosa avevo provato quando quello saltellava di dolore per tutta la cucina? Anche lì della soddisfazione. Solo che la cosa era decisamente più inquietante. C'era anche dispiacere e paura ma distanziati nella metrica. Ho chiamato subito il team che ci sta lavorando per dirgli che altro che beta quasi pronta per il mercato, qua eravamo ancora lontani anni luce. Mi hanno spiegato che è una cosa che è successa a praticamente tutte le persone che l'hanno testato ma le controanalisi hanno sempre dimostrato che in realtà il sentimento indicato dal software è quello giusto, il problema non sta nel device, ma nella rappresentazione che abbiamo di noi stessi. Di fatto una quantità pazzesca dei nostri veri sentimenti è controintuitiva rispetto a un livello di autocoscienza superficiale. E il più delle volte quando questo accade è perché in realtà, se proprio c'è bisogno di dare giudizi di valore, siamo peggiori di quello che pensiamo di essere.»

Lo guardai senza capire, il discorso mi sembrava perfettamente sensato ma era assurdo che si stupisse. Era stato proprio lui a insegnarmi che gli esseri umani spesso mentono, i dati mai. Era una filosofia di vita: ignorare le apparenze, le storie che le persone raccontavano agli altri e soprattutto a se stessi, fidarsi solo del dato misurabile. Era destabilizzante. E rendeva ricchi. In un certo senso eravamo fra i segreti sacerdoti della religione con maggior potenziale commerciale che la storia avesse mai conosciuto.

«So a cosa stai pensando, ma quando capita a te è diverso. È questa la forza devastante del device: anche se sai come stanno le cose, ti stupisce comunque. Non possiamo vivere costantemente su un piano di razionalità assoluta, consci delle distorsioni cognitive, in uno stato di allerta perpetuo per cogliere i bias della nostra mente. È infattibile, è inumano. Per questo abbiamo messo la possibilità di disattivare tutta questa schermata e lasciare che sia la rete neurale a fornire consigli sulla base dei dati, senza che l'utente entri troppo nello specifico. I dati che abbiamo raccolto fino a ora ci dicono che dopo i primi utilizzi in modalità esplorativa, la modalità "muta" diventa in fretta quella più usata. In fondo agli utilizzatori basterà sapere che è l'ora di fare una corsa, o di approfittare di certi saldi online o nel negozio di fronte al quale stiamo passando, di fare un checkup medico o, perché no, di cambiare fidanzata. Il perché è una questione che con l'abitudine passa inevitabilmente in secondo piano. Nessuno prima di usare il cellulare si interroga sul sistema di satelliti che lo fa funzionare, nessuno mettendo like alla foto della collega in spiaggia si chiede quale sia la tecnologia dietro Facebook.»

«Basta che funzioni, però.»

«Fidati, funziona già molto bene. E può solo migliorare.»

«Quanto costa?»

«Questo prototipo circa 20 mila euro, all'introduzione costerà attorno ai 250, poi, entro una manciata di anni al massimo, arriverà a costarne una cinquantina. Ma in senso assoluto varrebbe la pena di distribuirlo gratis, ovviamente. I ricavi veri non stanno nella vendita del device, mh? Il design è puramente speculativo, alcuni dei prototipi hanno la forma di un braccialetto della fortuna perché se riesci a farci stare dentro tutto in questo formato poi praticamente con ogni altro bracciale sarà più facile. In più questo ha il vantaggio che una volta che lo metti devi romperlo per toglierlo, il che ha aiutato la fase di testing e sicuramente aiuterà la raccolta dati anche quando sarà in commercio. Non lo metti e levi a piacimento: è sempre con te. Anche le versioni apribili avranno delle chiusure complicate, un po' come la sim sull'iPhone. Il senso è che il braccialetto deve rimanere addosso. Però aspetta, perché non ho finito di dirti. Manca la cosa migliore.»

«L'uso dei dati sanitari?»

«Quello sicuramente sarà una parte notevole dell'utile che può produrre il device, e al di là dei ricavi il flusso di dati accelererà inevitabilmente le ricerche sul prolungamento della vita. Ma non è nemmeno questo. Il braccialetto è dotato di microfono e di connessione a internet, così tutto quello che sente, insieme al data set biometrico, viene mandato a una rete neurale che costruisce associazioni fra stimoli e reazioni. Visivamente il sistema è cieco, ma di fatto ci vede benissimo. Se ad esempio ti ha sentito spesso litigare con una persona – e ha registrato le conseguenze che quel momento di stress ha creato al tuo corpo – basta solo che senta la sua voce perché capisca che c'è un potenziale conflitto in vista. Alla fine di tutto il processo quello che abbiamo è una mappa delle reazioni *legate* agli stimoli, il che ovviamente rende il valore del feed semplicemente inestimabile.»

«Sapevo che c'era chi stava lavorando all'identificazione delle emozioni primarie partendo dalle tecnologie di facial recognition» osservai. Avevo letto dei paper americani che classificavano l'intera gamma delle espressioni facciali: la cosa più sorprendente fra quelle emerse era che anche il più freddo dei manipolatori rivelava per un brevissimo istante – invisibile a occhio nudo, ma non alle telecamere a un numero elevato di frame – l'espressione corrispondente al suo vero stato d'animo.

«Ho voluto rovesciare il problema e ho fatto un po' come le camere a 360° per gli ausili al parcheggio di certe auto: sono partito dai singoli feed parziali per ricostruire una simulazione fedele dell'immagine complessiva, e non il contrario.»

Il problema del contrasto fra autorappresentazione ed evidenza scientifica del fatto contrario era un aspetto diciamo così speculativo e assolutamente collaterale: dal punto di vista commerciale quel device era il più grosso breakthrough dai tempi dell'invenzione di internet. Altro che blockchain, se *questo* funzionava davvero avrebbe cambiato tutto. Tutto.

Scossi la testa.

«È praticamente il sacro Graal. È il libro aperto sul sé che poeti e scrittori cercano da sempre.»

«Vabbè, queste sono considerazioni tue da filosofo. Io so soprattutto che lo fabbrichiamo a Shenzhen, è l'unica possibilità per realizzare in fretta un prototipo hardware così complicato.»

Solo allora notai nell'angolo dello schermo il logo del produttore: Pascal.

«Lo produce Diego» osservai, senza riuscire del tutto a nascondere la mia delusione.

«Sì, lo stiamo facendo con lui.» Il Mastro aveva questa abitudine di considerarsi parte delle aziende che aveva finanziato, quasi, anzi, il motore principale, il vero padrone.

«Sono contento per lui» mentii.

«Devi essere contento anche per te, perché se a questo device di raccolta ed elaborazione di dati unisci tutto quello che avete già su ogni utente dentro i profili BEFORE non solo possiamo conoscere ogni singola persona meglio di come lei conosce se stessa, ma praticamente non avrà più alcun segreto. Virtualmente ogni comportamento futuro sarà predicibile e monetizzabile.»

«Non credo che Diego voglia lavorare con noi su questo progetto.»

«Non ti preoccupare di questo. Abbiamo un grande hardware e un'azienda di trattamento di dati prossima alla valutazione in borsa: se creiamo una piattaforma comune fra voi due aumentiamo sia il loro valore che il vostro. È un win-win.»

«Se è d'accordo...» ribadii.

«Anche se non è d'accordo: l'affare è troppo grande» disse, compiaciuto. Poi come faceva spesso – senza nemmeno accorgersene – accarezzò il tatuaggio che aveva sull'avambraccio, la scritta MOVE78, un omaggio all'imprevedibile mossa con cui il campione sudcoreano di Go Lee Sedol era riuscito a vincere una partita contro l'intelligenza artificiale di Google "AlphaGo", una rete neurale. Per la cronaca l'anomalia una volta entrata a far parte del data set di AlphaGo era stata rapidamente disinnescata e la serie era stata vinta 4 a 1 dal computer.

«Avevo anche pensato di comprare la maggioranza della società di Diego e cederla a BEFORE in cambio di altra equity.»

«Grazie di avermi informato.»

«Perché avresti avuto il coraggio di dire di no a un affare del genere?»

«Magari pensarci.»

«Ma cosa vuoi pensare, tu sei ancora fissato con quello che è successo fra voi due. Non è niente rispetto a tutto questo.»

Non replicai, sembrare ancora offeso poteva avere un valore negoziale, specie sapendo, come sapevo, che Diego aveva ancora il dente avvelenato con me e avrebbe offerto senz'altro una pugnace resistenza a quell'idea di fusione.

«Il problema è che Google e Amazon hanno dei progetti analoghi e hanno già fatto offerte molto alte per acquisire Pascal.»

«Quanto?»

«Mezzo miliardo.»

Numeri irreali ma comunque non commisurati a quello che era il vero potenziale della tecnologia.

«Puoi farci molto di più.»

«Ovvio. Quello che conta però è che per colpa loro ora non posso più permettermi di fare questa manovra su Pascal. Certo che si possono fare molti più soldi. Immaginati un oracolo di questo genere – per non parlare dei suoi modelli successivi – in grado di scandagliare il sé profondo e nascosto, collegato direttamente con Google o Amazon per la soddisfazione del desiderio appena rivelato. E collegato allo stesso tempo con tutti gli inserzionisti del mondo, che a quel punto non conosceranno solo la tua storia digitale precedente, ma i segreti del corpo e della mente. Insomma, altro che mezzo miliardo» concluse.

«È il declino definitivo della soggettività» dissi, con meno convinzione di quanto il momento ne avrebbe richiesta, perché comunque una parte di me provava ancora a dubitare di quello che stava vedendo.

«Sai, io da buddhista ritengo la soggettività liberale un mito. Però tutte le questioni teoriche le lascio a te. È per questo che te l'ho mostrato. Bisogna che esplori a fondo tutte le possibili sinergie fra BEFORE e Pascal così mi aiuti a convincere Diego, mh? Devi anche farti venire in mente un percorso sensato e rapido per la diffusione del device, perché dal momento in cui lo lanciamo se non scaliamo in fretta è tutto inutile e a quel punto sarebbe stato meglio prendere i soldi che ci stanno offrendo ora.»

«Direi che c'è troppo in ballo» osservai, anche se io senza dubbio avrei preso la mia parte del mezzo miliardo, fossi stato in loro. Il Mastro era abituato da generazioni ad avere a che fare con cifre enormi, era Diego a stupirmi: rifiutando tutti quei soldi stava dimostrando di avere davvero dei nervi d'acciaio che non gli avrei mai sospettato. Decidendo di non vendere, allora rilanciare e andare in *all in* diventava davvero l'unica strategia possibile.

«Vale la pena di crederci» osservai.

«Per forza» rise il Mastro, che capiva benissimo dove stavano i miei interessi, «così mi aiuti anche a difenderti con gli americani.»

«L'unico dubbio che ho io» dissi comunque per ribilanciare «è che anche se hai un piede in California sempre in Italia stiamo e questa è una cosa veramente grande.»

C'erano almeno cento motivi per cui un'operazione del genere per essere veramente di successo poteva venire solo dal cuore dell'impero americano o dalla Cina. In periferia eravamo condannati anche tecnologicamente a occuparci del contorno, se non altro per una questione di numeri. Qualsiasi rete neurale cresceva con i dati e gli italiani erano quattro gatti, ed escluso l'uso compulsivo e feroce dei social network ancora parecchio analogici. L'iPhone del Mastro s'illuminò.

«Coi cinesi ci possiamo parlare, con gli americani lo stiamo già facendo. Ma anche su questo io ho fiducia in te, se troviamo il modo di crescere in fretta ce la facciamo anche da qui, almeno all'inizio. Pensaci. Senza troppa calma, naturalmente. Intanto prendine uno, più tardi ti mando il link per scaricare l'app.»

Dalla borsa del computer tirò fuori un altro braccialetto, avvolto in un sacchetto di plastica satinata.

«Ora ti devo salutare. Non perderlo, mi raccomando. Costicchia.»

«Quanto hai detto, che non mi ricordo?»

«20k.»

«Oh madonna. Io già perdo sempre gli occhiali da sole.»

«Fissalo bene. Vado, mi rimangono trenta minuti prima di una call e voglio farmi un bagno.»

Uscii in strada e mi misi a camminare, non avevo voglia di prendere subito un taxi. Sul cellulare c'era una notifica su WhatsApp.

FEDE

11.32 Non ho capito perché hai voluto fare tutta questa messa in scena.

11.33 Prima o poi questa cosa verrà fuori e faremo entrambi una figura infima. Tu di più però.

Fermai invece un taxi. Ero poco lontano da Centrale: sarei tornato a Roma con una Freccia.

11.36 Di classe comunque la nuova pubblicità. Davvero.

Rimasi per un momento indeciso se rispondere o meno. Non mi avrebbe mai creduto.

IO

11.40 Lo so che non ci crederai mai ma l'ho vista per la prima volta anche io oggi. È stato un caso.

Poi chiamai Roma, feci un paio di lavate di capo – decisamente insufficienti, ma averne parlato con Federica mi faceva sentire colpevole a prescindere – dopodiché mi aggiornarono a voce sulla riunione. A un certo punto parlando dell'atteggiamento da tenere con i media dissi «linea narrativa» e probabilmente pensando che fossi uno scrittore o comunque una qualche forma di artista il tassista si mise a fare un giro assurdo, me ne accorsi anche se Milano la conoscevo poco.

«Quando ha finito può anche portarmi in stazione» dissi, e non stetti ad ascoltare la sua risposta scandalizzata.

Federica non mi aveva risposto.

Se tutto fosse andato male non mi sarebbe dispiaciuto lavorare per Uber.

2

Legge dello strumento: un'eccessiva dipendenza da un metodo o da un mezzo con cui si ha famigliarità, un atteggiamento che porta a ignorare o sottovalutare gli approcci alternativi. "Se l'unica cosa che hai è un martello, tutto assomiglia a un chiodo."

> Questa è la nostra sfida. Dobbiamo costruire un mondo dove chiunque abbia la sensazione di avere uno scopo e una comunità.
>
> MARK ZUCKERBERG

> Con nient'altro in palio che l'attenzione, le persone normali tendono a diventare stronze,
> perché i peggiori stronzi ottengono le maggiori attenzioni.
>
> JARON LANIER

Pioniere della rete nostrana, il Mastro aveva inventato giovanissimo il primo browser e il primo portale web italiano, ai tempi in cui l'ingresso a internet di ogni computer del mondo non era ancora la mascherina di Google. Prima dell'affermazione definitiva del monopolio degli americani aveva rivenduto tutto a un grosso gruppo industriale francese, che sostanzialmente non aveva idea di cosa avesse comprato ma di certo lo aveva pagato caro. Con i soldi di quella cessione se n'era andato nella Silicon Valley a imparare il mestiere dell'investitore venture e mentre era lì aveva messo anche un po' di fiches su alcune startup. Alcune le aveva azzeccate, in particolare una di queste – Imaginez, una compagnia di gaming – gli aveva garantito un ritorno di 50x su un investimento di cinque milioni. Lui comunque non aveva venduto tutta la quota e continuava a rimanere nel board. Era tornato in Italia molto più ricco di quando era partito e aveva creato diversi acceleratori di startup in giro per il Paese, uno anche a Milano, la sua città, all'interno di un ex macello. Dopo Elserino Piol, il Mastro era il più grosso investitore digitale italiano ma prima che mi scrivesse una mail non lo avevo mai sentito nominare; d'altro canto quando, diversi anni prima, si era messo in moto il primo movimento del complicato ingranaggio che avrebbe portato le nostre vite a incrociarsi non avevo nemmeno lontanamente idea di cosa fosse un venture capitalist.

Di momenti in cui potrebbe sembrare che il destino avesse imboccato la piega decisiva di questa parabola ce ne sono tanti ma il principale fu quello in cui finalmente mi decisi a comprare il dominio di quello che sarebbe diventato il mio blog, un sito prima lungamente ignorato e poi destinato a un repentino quanto inaspettato successo. Allora, decidere se spendere o meno quei venti euro per mettere online i miei pensieri non era una questione del tutto irrilevante perché campavo con i sei-settecento euro al mese che mettevo assieme fra turni da portiere di notte in un ostello e qualche serata da dj.

Vivevo a Berlino, in fuga momentanea dal Paese che non aveva esitato a tenermi in carcere per quasi un mese da innocente. Ero libero e scagionato, pensavo allora, definitivamente dalla vicenda Martina Scalzi, ma non avevo assolutamente voglia di tornare a Bologna, tutta la città parlava di me – per un paio di settimane tutta *Italia* aveva parlato del caso. Ero certo che molti fra quelli che conoscevo si fossero affezionati all'idea della mia colpevolezza e alla mia neoproclamata innocenza ci avrebbero sempre creduto poco. La mia fama come presunto assassino e poi come errore giudiziario era un fenomeno la cui natura andavo scoprendo a mie spese, il più delle volte vedendola riflessa negli altri.

La prima rivelazione a riguardo l'ebbi che mi trovavo ancora in carcere. Durante una visita in infermeria mi ero trovato ad aspettare il mio turno dopo un ragazzo salentino che non doveva avere nemmeno vent'anni. Aveva i capelli rasati e un cranio che si produceva in un leggero, ma chiaramente percepibile, promontorio nella parte centrale. Un principio di klingonismo, nel senso della razza aliena di *Star Trek*. A parte questa peculiarità fisica era talmente esile che era difficile pensarlo rinchiuso là dentro per crimini violenti; al tempo stesso, l'accento pesante con cui lo sentii parlare con il medico e la limitatissima scelta di vocaboli di cui disponeva non lo facevano intuire neppure come un criminale d'ingegno.

«Ce n'aggiù dire, dottore, me dole la capu, quistu sacciu» fu il passaggio riguardante la sintomatologia, per dire.

Eppure da qualche parte mi sembrava di averlo già visto. Quando dopo la visita fu portato via, sentii la guardia pronunciare un «mena meh, Ciuffreda» di netto disprezzo, come se quell'uomo si stesse apprestando a spostare non solo uno dei tanti cani randagi del Salento ma un esemplare particolarmente stupido e rabbioso per il quale una legislazione meno retorica e animalista avrebbe previsto un rapido abbattimento, senza troppe inutili complicazioni. Ciuffreda mi passò di fianco e vidi il suo sguardo svuotato di tutto se non di una sorda, costante e aggressiva ottusità.

Soltanto quella notte, pensando non so perché alla pubblicità del Maxibon con Stefano Accorsi, mi ricordai finalmente dove avevo già visto Ciuffreda. Era stato anche lui un personaggio televisivo di un certo successo, come d'altro canto dovevo essere anch'io in quel preciso momento, anche se non con la stessa capacità di bucare lo schermo. Già, perché il crimine di Ciuffreda era di un altro livello, era stato il genere di comportamento da psicopatico indifferente che ci metteva meno di un secondo a diventare argomento di discussione in un intero arco famigliare: dalla madre in crescente apprensione per la prole al nonno che denunciava l'inarrestabile crisi dei valori della società. Nello specifico Ciuffreda aveva ucciso a pietrate in testa la sua giovane fidanzata dopo un litigio riguardo delle ricariche del cellulare (da dieci euro) e poi aveva gettato il cadavere in mare dalla costa alta dopo Tricase. Subito dopo aveva buttato il telefono e la borsetta della ragazza in un cassonetto della spazzatura di un paese a cinque chilometri dal suo e aveva infine raggiunto la sala giochi che frequentava abitualmente, dove era stato registrato dalle telecamere di sicurezza mentre scherzava con gli amici. Il frammento di video dove fingeva di lanciarsi su un suo coetaneo colpendolo con il gomito, a mo' di wrestler americano, era diventato uno dei simboli di quello che un giornalista definì «il delitto che testimonia tutta l'alienazione della gioventù italiana».

L'altro simbolo, ancor più di successo, della vicenda fu la sequenza in cui il padre di Ciuffreda riceveva la notizia della confessione del figlio dalla televisione del bar in cui si trovava a bere un caffè e rassicurava tutti che suo figlio era innocente e semmai era la sua fidanzatina a essere una poco di buono. La solita anima candida aveva filmato la reazione del genitore e poi condiviso il filmato con il mondo attraverso un post che fece oltre cinquemila fra like, faccine infuriate e sorridenti. Numeri di tutto rispetto per l'autore, uno sconosciuto di Patù, 1700 anime nella profonda provincia di Lecce, che infatti commentò tra il felice e il rammaricato «cinquemila like non li farò mai più». Il video fu ripreso da tutti i principali mezzi di informazione, che diffusero le urla e le bestemmie del padre, così come il momento in cui il suo corpo si era contratto in una piega innaturale, uno spasimo muscolare che avevo trovato singolarmente didascalico, quasi che l'annuncio del mezzo busto televisivo lo avesse colpito come un *autentico* macigno. Quella sequenza di pornografia emotiva aveva fatto il giro di tutte le chat e televisioni d'Italia.

Da allora non era passato poi molto tempo, eppure Ciuffreda, la piccola star della barbarie di provincia, era già stato dimenticato da tutti, ridotto a conchiglia vuota, a rancore all'ergastolo, a ceppo stradale di quel minimo di confidenza che prima o poi ogni guardia carceraria sviluppava con detenuti che vedeva tutti giorni: oltre quel segno – Ciuffreda, appunto – non si andava. Era troppo anche per la loro abitudine.

Il giorno seguente mio padre venne in visita e gli raccontai del mio incontro. Fino a quel momento avevo resistito a tutto, all'enormità dell'accusa, allo straniamento che provavo per la morte di Martina, alle angherie dei poliziotti, all'arroganza annoiata del magistrato, al disprezzo delle guardie carcerarie, alla mancanza di erba e di alcol, al cibo terrificante, al progressivo sbiadirsi dell'abbronzatura che a quanto ne sapevo poteva anche essere l'ultima che avrei mai preso in vita mia. Al racconto di Ciuffreda, al sentirmi cioè pronunciare quel nome – un nome che nella mente di tutti era collegato a una serie ben precisa di fatti efferati e assurdi – in una frase che prendeva in considerazione per me un destino simile, non ce la feci più e scoppiai per un momento a piangere. Ebbi giusto l'accortezza istintiva di coprirmi per non farmi vedere troppo, giacché è l'uomo già a terra quello a cui si dà più spensieratamente un calcio.

Mio padre non tentennò neppure, le sue pupille rimasero

perfettamente asciutte, mi disse di stare tranquillo, sarei uscito di lì, l'avvocato se ne stava occupando. Si trattava soltanto di avere pazienza. E poi piano piano tutti si sarebbero dimenticati di quello che era successo.

«Magari non ti chiederanno scusa, questo no, ma sarai libero e riabilitato. Stai tranquillo, Marco» concluse con una calma tale che gli credetti. E stiamo parlando di un uomo con cui da anni non facevo molto altro che litigare, una volta avevo rotto un lavandino con un pugno per quanto mi aveva fatto arrabbiare e non mi ricordo nemmeno quale fosse il motivo del contendere. Cazzate, molto probabilmente.

Mi asciugai con cura le lacrime, senza percepire per esse alcun rimprovero, il che, questo sì, mi infastidì. Nella sala colloqui mio padre sembrava persino più piccolo e mal vestito del solito, eppure dovetti constatare che rispetto a me era ancora un gigante. Fu l'ultima volta che provai quella strana commistione di protezione e impotenza che mi assaliva in sua presenza. Mi riaccompagnarono in cella. Quella sera pensai che sì, prima o poi tutti si sarebbero dimenticati di me, ma a quel punto sarebbe stato fondamentale trovarsi già da parecchio lontano da quel carcere, luogo folle e necessario, ma non certo per me.

E così quando uscii effettivamente dall'indagine e dalla prigione – mi piacerebbe poter dire con tanto di scuse ma non ne ricevetti neppure una, anche su questo il vecchio De Sanctis aveva avuto ragione – decisi che la cosa migliore da fare sarebbe stata andare lontano, farsi crescere i capelli, forse pure la barba, aspettare di diventare una notizia vecchia e poi, eventualmente, tornare, finire l'università, riprendere la vita dal punto in cui l'avevo lasciata. Mio padre non era d'accordo, tornare alla vita di tutti i giorni a testa alta, rassicurare tutti con la propria presenza, controllare, in un certo senso, il territorio, ascoltare i commenti maligni e poi scrollare le spalle lasciando gli autori a confrontarsi con la loro incapacità di ferire, tutto questo gli sembrava una scelta talmente ovvia da non essere neppure davvero una scelta.

«Li troverai comunque ad attenderti, anche se dovessi stare via anni. Tanto vale affrontarli subito.»

Invece preparai i bagagli e prenotai online un volo Bologna-Berlino con la Postepay. Mi sembrò un piano solido almeno fino a quando uscito da Schönefeld non fui investito da una raffica di vento gelido. Era fine settembre e a mezzogiorno il termometro digitale all'ingresso dell'aeroporto segnava più quattro gradi. Trassi di tasca il foglietto dove mi ero appuntato le istruzioni per arrivare alla S-Bahn e presi a trascinare la mia unica, gigantesca, valigia.

Le indicazioni me le aveva date Franco, un mio vecchio compagno di università che dopo la triennale aveva deciso di cambiare vita e si era trasferito a Berlino sfruttando il fatto che essendo nato e cresciuto a Bolzano (sua madre era una vecchia amica della mia) parlava un po' di tedesco. Lassù faceva il musicista, lavorava in un ostello a Kottbusser Tor e abitava in Wiener Strasse, a Kreuzberg. A casa sua si era liberata una stanza perché la coppia di gay con cui divideva l'appartamento ad affitto bloccato si era appena separata e il più giovane dei due se n'era andato. Mi ritrovai così in una stanza con un parquet marrone chiaro perfettamente conservato (era stato ricoperto fino al giorno prima da una moquette di lungo pelo bianco), una stufa a maiolica, la mia valigia e nient'altro. Il mio primo pomeriggio a Berlino lo dedicai perciò all'acquisto del materasso più economico che avevano in un magazzino vicino a Moritzplatz; io e Franco lo portammo a casa in metropolitana e poi su per cinque piani di scale, infine lo poggiammo direttamente sul parquet. Faceva talmente freddo che mi accorsi di non essere neppure sudato. La stufa a maiolica, dal canto suo, aveva un funzionamento del tutto incompatibile con le esigenze della vita moderna. Bisognava accendere i pellets nella camera di combustione, aspettare che gli alveoli si riempissero di fumo e l'intera superficie della stufa incominciasse a emanare calore. Una volta a regime rendeva il clima nella stanza ideale per almeno sei ore, il problema era che perché questo accadesse dovevano passare circa quarantacinque minuti dall'accensione e in genere quarantacinque minuti dopo essersi alzato un occidentale del Ventunesimo secolo sprovvisto di rendite finanziarie era già fuori di casa e ci faceva ritorno dopo almeno otto ore, quando cioè la stanza era ripiombata nel gelo più assoluto.

Non tutti i giorni furono comunque così freddi come quello del mio arrivo, né i miei orari così impiegatizi, o almeno non subito. Perso nelle folle anonime e silenziose delle U-Bahn, incominciai piano piano a riprendermi.

Mi iscrissi a un corso di tedesco, ne avevo già fatto uno durante il liceo su pressione di quell'altoatesina italiana di mia madre, che come tutti gli altoatesini di lingua italiana parlava pochissimo il tedesco ma, per effetto di una cura Ludovico messa in atto dalle autorità germanofone della provincia autonoma, predicava ai quattro venti l'utilità di quella lingua cubica anche per chi non aspirava a diventare un ingegnere della Volkswagen. Avevo ripetuto l'esperienza all'università, nella speranza di arrivare a leggere i filosofi tedeschi in originale. Il test che mi fecero alla Volkschule di Neukoln sentenziò comunque quello che in fondo già sospettavo: il mio livello di tedesco non compromesso con la metafisica non andava oltre il livello B2. Più che su parole come Grenzbegriff o Erfahrung il test ruotava attorno a vocaboli utili per la preparazione di un curriculum per un posto da autista di autobus. I tedeschi avevano le idee molto chiare su quali posti della loro società spettassero agli immigrati.

Certe sere Dimitri, il terzo inquilino – il gay ucraino fresco di divorzio – invitava a casa degli amici, omosessuali come lui. Bevevano qualche Beck's o del vino cileno e poi si mettevano a cantare assieme, spesso abbracciati. Avevano voci profonde e intonate. Uno di loro, un mezzo tedesco mezzo sudamericano di nome Jürgen, scriveva canzoni d'amore in spagnolo, sempre dedicate a delle donne. Per andare in bagno passavo davanti alla stanza di Dimitri e dalla porta aperta vedevo questi quattro uomini che si sbronzavano e poi cantavano serenate dedicate a improbabili Marie e Lucie di continenti lontani. Pensavo che doveva essere abbastanza scomoda, questa cosa che (almeno allora) non si usasse mettere una persona dello stesso sesso come oggetto d'amore in una canzone, ma parlando con Jürgen mi resi conto che lui neppure si poneva il problema.

Altre volte, ben oltre la mezzanotte, mentre dal mio materasso appoggiato sul pavimento guardavo lo streaming pirata di un episodio di "Boris" ripetendomi che sarebbe stato l'ultimo per quella sera, sentivo Dimitri sgattaiolare furtivamente verso il Görlitzer Park, dove si era appena dato degli appuntamenti con Grinder. Il mattino dopo quelle fuitine mi accoglieva in cucina con un radioso «Hallo Marco!» e mi versava il caffè preparato con la Bialetti di Franco. Era pimpante e rilassato, un altro uomo rispetto alle cupe colazioni in hangover che seguivano le uggiose nottate dei canti sudamericani di gruppo.

Quest'altro aspetto della vita gay di Dimitri, quello di guardiano notturno dei parchi, non mi sembrava scomodo per niente. Giusto un po' pericoloso, forse. Ma certo anche stare a sentire una completa imbecille per delle ore per poi rimediare una sega fatta male non era uno dei piaceri della vita e, prima o poi, nella vita di un etero cose del genere capitavano. Ogni stile di vita aveva costi e benefici.

Franco mi presentò ai suoi amici, passavamo almeno tre o quattro notti a settimana a ballare la techno nei club del quartiere. La domenica, finché il clima non divenne troppo proibitivo, raggiungevamo in S-Bahn gli open air ai margini della città; indossavamo vestiti sdruciti, facevamo riscaldamento con qualche Jever, poi scolavamo bottiglie su bottiglie di Grasovka mischiata al Club Mate, alternandole a canne di whitewidow a cui io partecipavo di rado e sempre con un inedito timore. Franco ogni tanto pippava e metteva un po' di MDMA nell'Apfelschorle. Io in tutta sincerità non me la sentivo. Sotto cassa un po' di erba non mi dava problemi, mi scioglievo nei terzinati della techno, seguivo sinuoso l'andamento del basso. La qualità media degli impianti audio a Berlino era semplicemente eccezionale. Non so se avesse a che fare con l'ossessione dei tedeschi per l'ingegneria o con il fatto che lassù, in quella tundra dove era per me del tutto comprensibile come a qualcuno fosse venuto in mente di fondare una città, la rievocazione artificiale del ritmo originario avesse un'urgenza maggiore che nel più naturalmente musicale Mediterraneo. Può darsi pure che, in maniera più banale e immediata, la legge tedesca fosse molto più permissiva in fatto di decibel. Sta di fatto che un camioncino che vendeva Bratwurst a Berlino aveva in genere un impianto audio che superava sia in potenza che in qualità del suono quello di un locale italiano di medie dimensioni. Dentro quel flusso sonoro made in Germany era difficile farsi raggiungere dallo *spleen*. Il problema con l'erba si poneva una volta arrivati a casa dove, sopraffatto dal vuoto nordico di bianco, legno e silenzio della mia stanza, più di una volta mi avvitai su me stesso ed ebbi dei principi di attacchi di panico. Mi tornavano alla mente il carcere, l'isolamento, la paura che non sarei uscito mai più, il terrore di fare la fine di un Ciuffreda, seppellito con ignominia, ma da innocente. Non che qualcuno ci avrebbe creduto. Affiorava in superficie la consapevolezza che Martina Scalzi – una ragazza che in fondo non conoscevo quasi per niente ma con la quale avevo passato una delle mezz'ore più piacevoli della mia vita e sembrava felice, dolce e anche sveglia – era morta e il suo cadavere in quello stesso momento era in un avanzato stato di decomposizione.

Ridussi drasticamente le canne, fino a smettere del tutto, aumentai l'alcol, la droga più stupida del mondo ma proprio per questo anche la più rassicurante. Dall'Italia arrivò finalmente il gigantesco scatolone rinforzato che avevo preparato prima di partire chiedendo ai miei di spedirlo appena mi fossi sistemato. C'erano dentro i miei Technics mille e due, il Serato, il mixer e un caricatore di 7 pollici giamaicani. Negli interstizi i miei avevano inserito pacchi di pasta Barilla, pezzi di parmigiano e bottiglie di passata di pomodoro. Era un bel gesto e non me la sentii di dirgli che nel Ventunesimo secolo erano tutte cose che potevo trovare identiche anche nel supermercato in fondo alla via. La disponibilità globale delle merci era il tratto definente della mia epoca, non della loro.

Montai la console su un tavolo improvvisato con delle cassette della frutta che avevo rubato di notte a uno Spätkauf all'angolo fra Wiener e Forster Strasse e ripresi in fretta la mano. Trentatré giorni dopo il mio arrivo feci il mio primo dj set: erano mesi che non facevo ballare qualcuno e tornare dietro i piatti mi fece sentire molto meglio. Il locale era l'Hopetosse, un barcone a ruota simile a quelli che nell'immaginario collettivo viaggiano sul Mississippi, ormeggiato però sulla Sprea poco lontano dal Club der Visionaere. Era una domenica, tradizionalmente la più scarica delle notti della settimana e la serata era gestita da un russo che selezionava solo reggae roots, niente bashment, e lo faceva accelerando parecchio tutti i dischi per poi metterli a tempo uno dopo l'altro, senza ausili digitali di alcun tipo e rapido come un treno. Era semisconosciuto ma nel suo genere era uno dei migliori dj che avessi mai sentito. Il pubblico era composto al 90% di africani, la maggior parte dei quali erano spacciatori che durante la settimana avevo visto lavorare in altri locali; quella doveva essere la loro serata libera.

Una decina di minuti dopo aver incominciato il mio set, infilai una serie di pezzi melodici di Capleton su etichetta African Star e i neri presero in massa a urlare e rompere bottiglie di birra per terra per comunicare la loro approvazione. Come in quasi tutti i locali della città anche lì c'era un sistema di cauzioni, per cui la bottiglia vuota valeva un euro; ebbi una reminiscenza universitaria riguardo Georges Bataille e il dispendio improduttivo nelle società gloriose poi però mi concentrai più che altro sul nascondermi dietro la console per evitare le schegge di vetro che volavano in ogni direzione.

Dopo i pezzi del Profeta passai a una sequenza di Sizzla da *Rise to the Occasion* a *Solid a Rock*, poi, sul primo ritornello di *Praise Ye Jah*, l'allegra compagine africana quasi affondò la nave. I due camerieri bianchi continuarono impassibili a servire birre.

Il pezzo successivo, sempre un Sizzla (*Take Myself Away*), fu praticamente come fumare una sigaretta dopo il sesso. Riemersi da dietro i giradischi e cantai il ritornello a squarciagola con i pusher.

Anche se il pubblico non arrivava a cento persone fu una delle serate più divertenti della mia carriera. Nei giorni seguenti andai a bussare a tutti i club della città, contattai vari sound system, sfoderai mixtape e referenze di club dove avevo suonato e artisti e sound system con cui avevo condiviso il palco. Trovai altre date, il reggae e la dancehall a Berlino erano però generi ancillari, il pubblico non superava praticamente mai le trecento persone. La cosa positiva era che anche se poco l'ingresso si pagava sempre, quindi dei soldini per il dj uscivano ogni volta: lassù, al contrario che nel Paese Più Bello Del Mondo, gratis non era una parola contemplata.

Nello stesso periodo vedevo su Facebook le immagini delle serate dei dj che conoscevo in Italia, anche lì ormai il movimento reggae aveva imboccato una rapida parabola discendente ma nei centri sociali più importanti del Nord e a Roma si potevano ancora fare alcune migliaia di persone con una line-up nemmeno troppo prestigiosa. Di fronte a quelle fotografie di pubblici infervorati con in prima fila schiere di giovani studentesse con corpi sodi sotto i vestiti ariosi, provavo sincera invidia. Mi sarebbe piaciuto ricominciare a calcare quei palchi, al tempo stesso non ero ancora pronto a confrontarmi con una folla di persone fra cui si potesse spargere in fretta, di bocca in bocca, la mia storia. Odiavo l'idea di poter essere l'aneddoto strano che a un certo punto un ragazzo racconta alla ragazza con cui è uscito quella sera per la prima volta, un po' per l'oscuro e inconfessabile legame che corre fra sesso e violenza, un po' perché in quel momento specifico è rimasto a corto di argomenti.

Oltre alle serate presi a fare un po' di notti all'ostello dove lavorava Franco, i viaggiatori erano quasi tutti stranieri per cui potevo cavarmela con l'inglese. La vita a Berlino costava talmente poco – per l'affitto della stanza deserta pagavo centocinquanta euro, un kebab costava due euro, due e cinquanta con un po' di scharfe Käse – che arrivai in fretta a mantenermi e ad avere comunque un sacco di tempo libero.

Mancava solo una cosa: una donna. Mi ero preso un po' di tempo, ma era arrivato il momento di rientrare anche in quel gioco. Elena, la mia ragazza prima dei fatti del Salento, non l'avevo più sentita. Non ce n'era bisogno, il distillato del suo odio puro arrivava comunque alle mie orecchie grazie alle nostre conoscenze in comune. Fra le cose che diceva in giro di me ce n'erano di inaccettabili e vigliacche, e con il senno di poi non ero per nulla certo che lei non mi avesse fatto le corna a sua volta; non mi sarei cioè stupito se tutta quell'intransigenza fosse derivata, come talvolta accade, da una gigantesca coda di paglia. Ciononostante non riuscivo davvero a essere arrabbiato con lei: considerata la maniera in cui aveva reciso ogni legame nel momento di gran lunga peggiore della mia esistenza, il sentimento che provavo nei confronti del non vederla più era soprattutto sollievo. La nostra era comunque una storia finita da tempo, si era trascinata così a lungo soltanto per reciproca inesperienza.

Le donne però erano la vita, bisognava prendere provvedimenti. In quella nuova città per me era più facile a dirsi che a farsi: il mio tedesco, per quanto in rapido miglioramento, era ancora a un livello poco evoluto e questo era un handicap mortale perché storicamente la mia tecnica di seduzione si era sempre basata sul far ridere le donne fin sulla soglia della camera da letto e possibilmente non oltre. Il mio umorismo paradossale tradotto nel tedesco di un bambino di quattro anni però non funzionava granché; è probabile che nei continui errori di declinazione di articoli e aggettivi si perdesse il fascino di un certo modo controintuitivo di stare al mondo. Con l'inglese andava meglio ma m'intestardivo nel non usarlo con i tedeschi nella convinzione che altrimenti non avrei mai imparato davvero la lingua del Paese dove bene o male ormai vivevo e chissà quanto a lungo sarei rimasto. Inoltre i miei tratti somatici avevano una certa somiglianza con quelli turchi – spesso capitava che i kebabbari e i negozianti del quartiere mi si rivolgessero in prima battuta nella loro lingua.

Lo stesso equivoco sulla mia nazionalità aveva coinvolto anche Burak, uno dei trainer della palestra dove con estrema indolenza cercavo di ritrovare la forma fisica. Metà dell'abbonamento – comunque irrisorio, ventidue euro al mese – lo pagavo giusto per il piacere di percorrere le vie del quartiere con una borsa sportiva e coltivare la sensazione di aver ripreso, dopo anni, confidenza con l'idea di avere un corpo che ogni tanto meritava delle attenzioni che non fossero sesso, droghe o alcol. Il fatto che fossi italiano metteva Burak un po' in difficoltà: da un lato gli era fin troppo chiaro che gli stranieri erano – già allora – la causa dell'aumento degli affitti nel quartiere dove era cresciuto, dall'altro, l'Italia gli stava simpatica e ai Mondiali di calcio tifava per gli Azzurri, godendo come un riccio quando battevano la Germania. Questo nonostante fosse nato e cresciuto a Berlino e in Turchia ci fosse stato giusto in estate quand'era bambino e non ci facesse ritorno ormai da anni.

Parlava in dialetto tedesco berlinese, ma né lui, né i suoi amici frequentavano mai i locali che negli ultimi anni avevano reso famosa la città presso i giovani occidentali. Ogni tanto gli chiedevo se sarebbe passato a sentire Modeselektor al Maria o a farsi un after con me, Franco e altri amici al Bar25, ma lui rideva e diceva che in quel posto c'erano troppi Schwuchtel e inoltre la musica non gli piaceva. Al Berghain poi non ci avrebbe messo piede nemmeno pagato.

«Quelli si mettono tutto il braccio nel culo» spiegava disgustato, e in effetti nelle dark room succedeva di tutto, per non parlare delle leggende che circondavano l'Ostgut, il locale che aveva preceduto il Berghain, e in particolare la sua piscina senz'acqua. Burak ascoltava solo rap – in tedesco o in turco –, cercava su AutoScout.de delle Porsche Boxster usate – comunque per lui irraggiungibili – e cazzeggiava sotto la palestra con i suoi amici che parcheggiavano sul marciapiede BMW Serie 3 con alettoni impossibili o Cayenne con dei rotori argentati sul mozzo dei cerchi. Prima delle elezioni mi chiese se per caso ero residente e votavo poi, senza lasciarmi il tempo di rispondergli, mi allungò dei volantini dei Verdi.

«Come i Verdi?» gli chiesi ridendo.

«Qua si vota così.»

Belle macchine, gli dicevo comunque, tacendo quello che pensavo su quel genere di tuning indecoroso. Burak rispondeva: «Deutsche Kohle Brudah», più o meno «Soldi tedeschi, fratello». Qualche volta dopo allenamento mi sedevo con loro a bere del Club Mate – cosa che li faceva sempre ridere – o della birra e loro mi facevano sentire delle canzoni rap dall'impianto di un Q7 arancione che aveva nel bagagliaio un subwoofer di un metro e mezzo di diametro. Si assicuravano che capissi le parti in slang, cosa che richiese un po' di allenamento. Se poi però gli tiravo fuori uno di quei versi nel contesto giusto se la ridevano, specie se era un commento greve su una Olle che passava di lì; l'unica accortezza da usare era che la femmina in questione non fosse turca. Questo comunque non mi impediva di prendere Burak in giro quando eravamo in palestra, dicendogli che doveva farmi conoscere qualche sua cugina. Ogni giorno vedevo ragazze turche sulla U8: erano o troppo truccate o coperte con il velo, pochissime vie di mezzo. Ciononostante nella prima categoria alcune avevano un loro perché.

«Le turche ai turchi, yalla» rispondeva allora senza troppa ironia Burak, e poi aggiungeva che con la pigrizia con cui mi allenavo non ero abbastanza «*fit*», sarei andato bene giusto per qualche tedesca. La mia impressione invece era che per le tedesche fossi un po' troppo turco. Quando ci sono tanti gruppi diversi pensare che le cose si facciano più semplici per gli outsider è una pia illusione: il più delle volte è vero l'esatto contrario.

Portai a casa una sudcoreana che frequentava la mia stessa classe di tedesco alla Volkschule ma fuori dall'aula si esprimeva solo in inglese. A ogni blandissima allusione – roba che non avrebbe fatto nemmeno battere ciglio alla più casta delle italiane – si metteva a ridacchiare coprendosi pudicamente la bocca e ripetendo: «You are so naughty, hihihi». Quando per fumare una sigaretta andò a nascondersi nell'angolo più remoto del terrazzo perché di fronte a un uomo non stava bene mettersi delle cose in bocca, ebbi l'esatta percezione della mole di fatica che avrei dovuto sobbarcarmi per colmare quella sterminata distanza culturale e giunsi alla conclusione che non ne valeva la pena.

Fu così che la ragazza che mi riportò a contatto con il lato sopportabile dell'esistenza fu una tedesca, sì, ma che parlava perfettamente italiano, essendo sua madre di Brescia. La incontrai una sera, in un bar di Reichenberger Strasse dove Franco si esibiva con microfono, chitarra e una serie di effettiere a pedale. Era bionda, con i capelli a caschetto, i tratti del volto gentili e un corpo che non si notava da chilometri di distanza, ma da vicino, una volta messo a fuoco sotto il maglione grigio scuro, emanava una sorta di magnetismo animale. Osservai la sua pelle bianchissima e immaginai l'odore di bucato pulito con una nota di latte fresco che doveva avere. Si chiamava Claudia ed era amica di una ragazza del giro di Franco. Appena scoprii questo fatto dell'italiano non la mollai più. Nel suo modo di parlare una lingua diversa dal tedesco c'era solo un leggerissimo accenno d'insicurezza, come di chi si muove in un territorio che non conosce fino in fondo, ma proprio perché era una preoccupazione del tutto immotivata questo non faceva che renderla più attraente. Finimmo la serata sul Fraenkelufer, la baciai dopo che aveva detto: «Che carino quel cigno» indicandone uno particolarmente piccolo e scuro che caracollava per il canale in quel momento. Mi avvicinai e sentii esattamente l'odore che mi ero immaginato: la sua bocca era morbida e sapeva invece appena di cannella. Pensai che tutto sommato si poteva anche ricominciare a vivere.

Fu proprio in quei giorni che mi decisi a inserire il codice della mia Postepay sul sito di Aruba per saldare la ventina di euro che mi garantiva la proprietà del dominio www.enterthedistopianow.org. Che qualcuno avrebbe poi effettivamente letto quello che mi apprestavo a scrivere là sopra non era affatto scontato ma in ogni caso decidere di fare quel passo – tornare, almeno simbolicamente, alla vita pubblica, dopo tutti quei mesi di latitanza autoimposta – fu una decisione tutt'altro che semplice. Con il senno di poi, credo che fu proprio quella notte con Claudia a fornirmi l'iniezione di fiducia necessaria a compiere quel passo.

Fu in quel momento che si decise non solo il mio destino con il Mastro ma anche che un giorno ci saremmo conosciuti. Quello che acquistai era di fatto il dominio più idiota che ero riuscito a farmi venire in mente, la trovai una cosa divertente almeno finché non scoprii che, con un nome del genere, era pressoché impossibile che qualcuno arrivasse da un motore di ricerca sulle mie pagine e che sui social gli account del sito erano scambiati il più delle volte per delle pagine complottiste. Ogni tanto ricevevo dei messaggi ma sempre da persone convinte dell'esistenza delle scie chimiche o che mi chiedevano se avevo visto su YouTube un documentario intitolato "Zeitgeist". Era chiaro che non avevano nemmeno provato a leggere i testi, si erano limitati al nome del sito e poi con la compulsione tipica di chi cerca compagnia o qualche forma anche minima di riconoscimento su internet si erano messi a scrivere il messaggio.

D'altro canto non mi importava granché, in quel periodo stavo concludendo a distanza i miei studi in filosofia (e non in scienze politiche come avevano riportato – guarda un po' sbagliando – le varie gazzette durante la vicenda di Martina) e mi ero concentrato sulla filosofia della tecnica, mi serviva giusto un posto dove appoggiare i testi intrisi di luddismo terminale che scrivevo allora, di notte, quando rimuginando sui problemi più vari – compresa la fascinazione dei migranti di seconda generazione per i più ingombranti fra i prodotti dell'industria automobilistica tedesca – non riuscivo a prendere sonno e allora riaprivo il Mac e incominciavo a far volare come un invasato le dita sulla tastiera. Le prime cose che produssi erano papelli filosofici scritti con l'incartapecorito antistile dell'accademia italiana, roba che nessuno avrebbe mai affrontato, specie essendo io un emerito signor nessuno.

Claudia la rividi solo un'altra volta, mi disse che in quel periodo aveva altre preoccupazioni (*andere Sorgen*) per la testa, intuii l'antifona al volo e le dissi che capivo benissimo, in modo da tagliare corto ed evitare a entrambi tutta l'abituale sequenza di cazzate che si usano in casi del genere. Era, lo ripeto, davvero bella ma c'era qualcosa di freddo e insondabile in lei che permetteva di perderla senza dolersene troppo. Comunque grazie Claudia, non credo saprai mai il ruolo che tu, il tuo seno sodo, le tue labbra morbide e la tua pelle dall'odore così simile alla mia immaginazione avete avuto nel riportarmi alla vita.

Dopo quasi un anno a Berlino tornai in Italia e per un po' mi dimenticai del sito, in pochi mesi preparai la tesi e mi laureai con il tanto famigerato 110 e lode che chiudeva almeno una prima quota parte dei conti freudiani che avevo in sospeso con mio padre. Il mio relatore non mi propose alcun dottorato ma era anche colpa mia – lo avevo scelto solo perché mi permetteva di laurearmi in fretta; avrei avuto qualche chance in più con un ordinario che mi aveva suggerito una tesi di ricerca lunga un anno e mezzo su un tema mortalmente noioso che serviva a lui come parte del suo prossimo libro. In fondo, meglio così, il dottorato avrebbe solo posticipato il problema: le possibilità di rimanere nel dipartimento di filosofia sul lungo periodo sarebbero rimaste comunque pari a zero.

Incominciai a guardarmi attorno in quel paesaggio lunare che era il mercato del lavoro per un laureato specialistico in filosofia, o meglio "scienze filosofiche", come con notevole *wishful thinking* il ministero aveva rinominato il corso. Mi ero anche presentato ad alcuni colloqui con l'alterigia piena di insicurezza di chi è disposto a fare qualsiasi cosa ma solo a patto di sottolineare continuamente la transitorietà della sua condizione, dato che ben altri sarebbero stati i lidi a cui anni di superiore formazione umanistica lo avrebbero, come per effetto di una legge immutabile della fisica, prima o poi condotto. Chi, d'altro canto, non aveva bisogno di un rapido consulto su Kierkegaard prima di uscire con una ragazza, una spolveratina di Nietzsche prima di un colloquio con il suo capo o una ripassata sul dialogo fra orizzonti contrapposti in Gadamer prima di andare in curva al derby?

Il risultato fu che non venni nemmeno convocato per la seconda tornata di colloqui – e stavamo parlando di un posto da educatore, sostanzialmente un pascolatore di bambini poveri. Certo, poteva essere che il mio caso giudiziario avesse influito – le assoluzioni lasciano comunque una macchia che diventa particolarmente visibile in presenza di minorenni – ma alle volte mi veniva il dubbio che fosse comodo pensarla così e la realtà dei fatti fosse che semplicemente avevo buttato anni e soldi non miei in un percorso formativo del tutto privo di una reale utilità occupazionale.

Alla sovraintendenza scolastica il funzionario mi spiegò che sarei finito nella graduatoria di terza fascia per le supplenze di storia e filosofia, terza fascia perché sprovvisto di SSIS (l'abilitazione nella lingua del ministero dell'Istruzione), un titolo che non avrei potuto ottenere visto che la scuola che lo rilasciava era stata abrogata e mai rimpiazzata. Con un dito l'uomo del sistema indicò il punto della graduatoria dove grossomodo sarei andato a collocarmi con il mio solo voto di laurea, quand'ora avessi firmato i vari moduli, incluso quello per la privacy. Prima del dito c'erano talmente tanti nomi che osservai: «Se ci fosse un conflitto nucleare e gli unici sopravvissuti fossimo io e una classe di ragazzi potrei forse riuscire a tenere una supplenza».

«Grossomodo è così» convenne il funzionario, senza neppure prodursi in quel sorriso che sarebbe stato l'unico premio di consolazione per l'ingenuo giovane che aveva creduto nelle promesse della sua nazione sul futuro, ignorando scioccamente il potere dei sindacati degli insegnanti.

Uscito dall'ufficio, tolsi il telefono dalla modalità aereo e presi a cercare nella rubrica il numero di Gianni, l'ultimo dei tanti contatti che avevo avuto negli anni per comprare erba all'ingrosso. Ex operaio della Lamborghini, malato di serpenti (aveva una casa piena di quegli orridi rettili), era in grado di procurare grossi quantitativi di ganja olandese a prezzi concorrenziali e comodamente confezionati in cuscinetti da mezzo chilo. Era il contatto posto all'apice di un percorso dentro il traffico d'erba cittadino che avevo iniziato diversi anni prima, il pomeriggio in cui un amico con cui fumavo hashish da qualche settimana mi aveva venduto un grammo per una manciata di personal della buonanotte da fumare affacciato alla finestra della cameretta. Da allora avevo risalito la filiera con pazienza e quel tipo di abilità che sgorga spontaneamente dal fare un lavoro che si ama. Nonostante ormai non fumassi praticamente più, ero pronto a chiamare il vecchio Gianni e rimettermi in quegli affari che avevo abbandonato dopo la storia di Martina. Non vedevo alternative economicamente sensate di fronte a me. Stavo per cliccare sul simbolo della cornetta verde quando sul display comparve la scritta MAMMA. Risposi.

Mia nonna era appena stata dichiarata morta. Un'ora prima le era venuto un infarto sul divano di casa dei miei, dove stava prendendo un caffè. Le prime, infamissime, parole che opposi alla voce di mia madre rotta dai singhiozzi furono «ma che cazzo dici?» come se ci fosse stata una possibilità in questo universo che una come lei si mettesse a scherzare su una cosa del genere. Con quella voce, poi.

Idiota.

Di quello che seguì ricordo solo un paio di particolari. Il primo è che quando venne il prete a casa feci finta di non notare l'assoluta mancanza di fede sul volto di mia madre (a cosa erano servite dunque tutte quelle domeniche mattina regalate al Signore?) e quando quell'uomo vestito come fosse carnevale e alcuni miei parenti si misero a pregare in salotto avvertii l'urgenza irresistibile di andare in bagno a farmi una sega. Era l'ora del pomeriggio in cui una raspetta bene o male ci scappava sempre e mi sembrava disonorante non dimostrare che la vita continuava e che al mondo c'erano ancora degli eredi di mia nonna che invece che in inutili canti liturgici erano in grado di prodursi in ciò che gli antichi idoli votivi certificavano essere il più inattaccabile degli inni alla vita: un'erezione.

La seconda cosa che ricordo è che decisi di prendere la scomparsa di mia nonna, a cui avevo voluto molto bene, come un presagio. Così, quando venni a sapere che io e le mie sorelle avevamo ereditato cinquemila euro a testa provenienti dalla pensione di reversibilità che la mia progenitrice aveva conservato con formichesca parsimonia, non pensai neppure per un momento di investire il grosso della mia fetta in un chilo di erba e rivenderlo in un paio di settimane a etti e mezz'etti. Il che avrebbe significato circa quattromila euro di guadagno netto, per certi versi quindi la più naturale delle decisioni.

Rimaneva da capire cosa farne, di quei soldi. Fu bevendo Negroni sbagliati al Baby Bar con Roberto, un vecchio amico, che fui visitato dall'idea successiva. Ero in preda all'urlante tempesta cerebrale che coglie il consumatore di quel cocktail nato per uccidere, qualcosa di simile all'avere dentro la testa un migliaio di scimmie che sbraitano in lingue diverse, e mi appoggiai con la testa alla parete vicino alla finestra, in cerca di un momento di tregua. Rimasi lì, forse persino ancheggiando sul ritmo di *Disperato erotico stomp* che usciva flebile dai miseri altoparlanti del bar, fino a quando non mi resi conto di avere la fronte adesa al manifesto di una serata in uno dei club più famosi della città. Taccio il nome del locale per carità di campanile. Mi allontanai dal foglio quel tanto che bastava per percepirne la povertà grafica, la passatezza della line-up, la disarmante estetica anni Ottanta a cui ammiccava il nome della serata. Sarà stato l'occhio berlinese, ma quello che vidi fu una possibilità.

«Dovremmo organizzare eventi» informai Roberto, dopo essere tornato ad assumere una posizione compiutamente eretta. Fu un colpo di fortuna, o un cenno benevolo del destino, che quella sera fossi uscito proprio con lui.

Originario di Reggio Emilia, Roberto aveva la fibra lavorativa tipica di quelle zone e quando si trattava di fare era forse un po' sparso e arruffone ma anche incessante. Insomma, se si assumeva un compito lo portava sempre a termine, magari compiendo rotte inedite e a tratti circonvolute, ma a termine. Ed era sempre aperto a nuove avventure, a doppi, tripli lavori, con cui si finanziava lunghi viaggi, ristoranti e bottiglie, soprattutto francesi, una nuova passione con cui aveva gradualmente sostituito l'MDMA per il sollievo della sua nuova ragazza molto a modo e di cui era innamoratissimo. Ma non era solo una questione di soldi: gli piaceva tenersi impegnato, così come amava ballare (per altro malissimo, sembrava un orsetto ubriaco) e fare l'alba, altro requisito fondamentale. E in più aveva un buon primo lavoro e in passato aveva fatto anche lui dei movimenti per cui aveva dei soldi da parte. Come ho detto, era perfetto.

Fu così che decisi di sfidare il buon senso e l'alta redditività del traffico di droga e di tentare piuttosto un salto di livello nell'attività nei locali, mettendo a frutto quel paio di cose a riguardo che avevo imparato a Berlino. Non sarei stato più solo un dj ma anche organizzatore, un promoter, cioè. Influì in questa decisione anche il fatto che quando hai assaggiato la galera, per quanto ingiustamente, non ci vuoi certo tornare, specie se sei un ometto tutto sommato per bene come me e non, come i frequentatori abituali di quel genere di residenze, una bestia in perenne balia del testosterone che si affanna dentro quelle ruote per criceti che sono gli ambienti disfunzionali.

Insomma, con il commercio di sostanze psicoattive avevo chiuso – credevo allora – per sempre. Incominciai così l'attività di promoter in alcuni dei più importanti club di Bologna assieme a Roberto. Chiamammo la nostra serata Groove: lui si occupava di tutte le questioni amministrative, io della direzione artistica e della comunicazione.

Incominciammo un processo di tentativi ed errori, oltre che una guerra inaspettata. Sulle prime solo un club ci diede fiducia e a condizioni da rapina, gli altri diedero mandato ai loro attacchini di strapparci i manifesti. Roberto si occupava dei permessi, passava da un ufficio all'altro nei ritagli di tempo e in più di un'occasione sembrammo sul punto di non farcela – si era dimenticato di un adempimento fiscale o di un modulo SIAE – ma ogni volta riusciva rocambolescamente a convincere chi stava dall'altra parte a concedergli regolarizzazioni dell'ultimo minuto. Per effetto di questo genere di miracoli di empatia commerciale, all'apertura delle porte del locale avevamo sempre le carte in regola.

Dal canto mio pensai a una proposta che attraversasse tutto l'ampio spettro della musica nera ballabile, quindi elettronica con pesanti influenze reggae e dance hall, hip-hop, dubstep, drum'n'bass fino un certo tipo di house alla Carl Cox. Inizialmente questa poliedricità si attirò molte critiche dei puristi ma riuscii a gestire la cosa utilizzando locali con più sale e differenziando gli eventi – attraverso due sottomarchi – in modo che i generi proposti in una singola serata fossero fra loro contigui. Certo eravamo anomali e questo ci rendeva più ambiziosi della maggior parte delle altre serate, che in genere si limitavano a darsi un'identità più chiara possibile, fare il minimo indispensabile e incassare i soldi.

Il mio compito era soprattutto individuare gli astri nascenti della scena internazionale un attimo prima di quel genere di botto vero che avrebbe reso inaffrontabili i loro cachet e annacquato le loro produzioni con il pop. Il momento ideale era quello in cui il nome passava di bocca in bocca fra gli addetti ai lavori, c'era almeno un singolo che aveva fatto breccia nel pubblico – importante era infatti anche non farsi pugnette da soli – e stava per uscire l'album che si riteneva della consacrazione. Esistevano anche diversi altri indicatori ma non voglio farla troppo lunga. Ogni tanto, ma molto meno spesso, se mi veniva proposto un buon prezzo "bookavo" anche una vecchia gloria ormai non più sulla cresta dell'onda nei Paesi più avanzati nella musica da club ma che sapevo – avendo ascoltato online i suoi set recenti – avere ancora parecchio mestiere dietro i giradischi. Questo genere di serata andava solitamente bene in termini di pubblico ma era sempre un po' deprimente incontrare queste vecchie glorie della console, di solito più grassi e con più rughe rispetto alle foto che i loro agenti ci mandavano via mail per le grafiche dei manifesti. Il più delle volte avevano un'indole da impiegati di lusso: pura routine, parecchia stanchezza. D'altro canto quelli che a una certa età giravano ancora per club delle nostre dimensioni – e non si limitavano quindi a qualche megafestival ogni tanto – erano in genere molto abili come dj e poco dotati come musicisti. Il trucco di trasformarsi in autori di colonne sonore o produttori per pop star non gli era riuscito, i loro figli però mangiavano due volte al giorno come quelli degli altri, così gli toccava ancora prendere l'aereo e uscire dal Baglioni all'una di notte per salire sull'NCC con cui li facevamo arrivare al club. Il più delle volte non si facevano nemmeno portare al Diana la domenica a pranzo (un'incursione psicoattiva nel regno della Bologna bene che personalmente ritenevo impagabile), erano già ripartiti con voli a orari impossibili del mattino. Cosa ci fosse di così urgente da fare a mezzogiorno di domenica a Manchester o Stoccolma da saltare i tortellini e il bollito rimarrà per me sempre un mistero.

Nel giro di sei mesi Groove comunque era diventata una solida realtà della night life bolognese, con un rodato sistema di prevendite che da solo copriva i costi già diversi giorni prima dell'evento. In questo modo la notte prima dell'apertura delle porte riuscivo persino a dormire nonostante a quel punto avessimo investito anche venticinque-trentamila euro in una singola serata, cifre che allora per noi erano semplicemente enormi. La sera della festa ci rimaneva soltanto da sperare che la SIAE non mettesse le tende davanti alla cassa obbligandoci a sbigliettare oltre il consueto 20-30% degli ingressi, che nessun buttafuori massacrasse di botte qualche scoppiato e che i dj non arrivassero in console troppo devastati. Se queste stelle si allineavano, e con un po' di attenzione in genere si allineavano, quello che ci rimaneva da fare era giusto scoprire quanto ci eravamo messi in tasca. Di solito facevo anche io la mia parte in console, o subito prima o subito dopo l'ospite principale. All'alba, pagati tutti quanti, tornavamo a casa con pacchi di contanti nelle tasche dei pantaloni e delle giacche e, sul tappetino del passeggero, un paio di sacchetti di plastica della Coop pieni di monete che da soli valevano cinque o seicento euro l'uno. Il mio socio li agitava e copriva lo scroscio del metallo con l'urlo alcolico «la Coop sei tu!» che di solito risuonava quando il sole su Bologna era ormai già alto. Divenne in fretta il nostro segnale di fine delle ostilità.

Non avevo mai visto tutti quei soldi tutti insieme e contandoli nella piccola cucina fumosa di casa del mio socio, poco lontano da porta San Felice, ripensavo alle decine di curricula che avevo mandato senza ottenere risposta per ottocento puzzosissimi euro, visualizzavo la faccia del funzionario che sentendomi evocare eccidi nucleari come condizione per ottenere un lavoro dopo diciotto anni di studi rispondeva «grossomodo è così», e non dimenticavo neppure i tizi che non mi ritenevano degno di un secondo colloquio per un posto da educatore. Che andassero a fare in culo tutti quanti.

I contanti poi, con la loro rassicurante materialità, i loro colori sfavillanti che assumevano (giallo e viola) una volta che li convertivamo in banca in biglietti più facilmente archiviabili, erano più che affascinanti: erano i nostri preziosi pesci rari. Ogni tanto ne prendevo un mazzetto, ci appoggiavo di fianco il passaporto e contemplavo per un po' quell'immagine stereotipata e perfetta, da film anni Ottanta su Italia 1. A pensarci ora erano quattro soldi ma assieme a un documento buono per grossomodo tutto il pianeta rappresentavano una promessa di orizzonti sconosciuti e di infinite esistenze parallele pronte a dischiudersi davanti a un bagaglio a mano e una vita priva di legami. Sensazioni che oggi anche un milione di euro non è in grado di darmi, neppure lontanamente. Per regalare quel grado radicale di libertà il denaro deve essere in contanti, non troppo e guadagnato da giovani. Oggi solo a pensare ai contratti in corso che dovrei chiudere prima di partire per qualche angolo remoto del pianeta mi passa la voglia, rimane più pratico il suicidio. E poi ho già visto metà del mondo e, come diceva qualcuno, viaggiando si scopre che tutti i popoli sbagliano a modo loro. Non mi aspetto quindi più grandi sorprese dall'ignoto.

Ma questo, appunto, adesso. Allora invece la nostra vita era trovarsi in lista in tutti locali di Bologna (gli stessi che all'inizio ci sabotavano), sapere che anche in altre città si parlava di noi, che i promoter più famosi d'Italia ci proponevano di dividere i voli in business di artisti che arrivavano dall'altra parte del globo. Insomma, salivamo in fretta. E non era male svegliarsi a mezzogiorno sapendo di avere da parte del contante che metteva una salutare distanza fra sé e i mestieri da cameriere o da impiegato. Non era male, ma già allora, contemplando da dietro la console la folla che ondeggiava a tempo nella semioscurità, avevo incominciato a chiedermi quanto, in fondo, ci fosse di *davvero* divertente in quel rito a cui partecipavo da anni. Non sarebbe stato meglio ritrovarsi in un ambiente arioso, magari comunicante con delle terme, bere del vino, fare due chiacchiere e poi abbandonarsi a una lunga e suadente orgia collettiva? Sarebbe andato bene anche abbandonarsi direttamente all'orgia in un condominio del Pilastro, per quanto mi riguardava. Certo quando, dopo una ventina di secondi di soli hi-hat o di una parte vocale a cappella, nei subwoofer rientravano il giro di basso e il beat si provava un certo piacere, specie se a quel punto della serata si aveva raggiunto uno stato in cui i sensi erano sufficientemente alterati. Ma, sinceramente, avrei preferito il miglior set del miglior dj suonato sul migliore impianto del mondo a, diciamo, un pompino doppio? Magari fatto da una bella bionda e da un'affascinante mora? Non scherziamo. Il solo paragone era una cosa ridicola. Eppure l'intera faccenda si basava su due promesse: la disponibilità di droghe a prezzi tutto sommato affrontabili e un'indefinita promessa di sesso. La prima prospettiva però finiva statisticamente per mangiarsi quasi sempre la seconda, il che era anche una dimostrazione della superiorità pratica del mercato sull'amore.

Vista dall'alto la nightlife era soprattutto un piccolo atto di masochismo collettivo, un attentato portato ai propri corpi nella speranza di provare un po' di piacere al momento dell'esplosione. Molto sforzo per un risultato tutto sommato dubbio. L'intera faccenda del ritmo primordiale, del battito del cuore rimontato da sequencer e campionatori e poi sparato fuori enormi sound system arrivò a sembrarmi un lungo antipasto per delle portate principali che non arrivavano *quasi* mai e anche quando si scopava, perché comunque alla fine alle volte si scopava, lo si faceva in maniera accessoria, in bagni sporchi, in macchine fredde, in letti sfatti quando fuori ormai albeggiava e si era ballato per ore e ore e si era ormai stremati. Una trafila che solo l'ingenuità della gioventù poteva portare a sobbarcarsi.

Forse stavo semplicemente diventando troppo vecchio per quel genere di cose, come recita l'adagio popolare. Per alcune donne, quelle *almeno* carine, tutto il processo forniva se non altro il piacere aggiuntivo dell'essere costantemente desiderate. Il costo da pagare era però proprio il fratello gemello di quel piacere: l'essere sottoposte a continui tentativi di abbordaggio alla lunga poteva risultare irritante, senza considerare che quella sovrabbondanza di offerta non aiutava né la modestia, né la bontà d'animo, né tanto meno l'equilibrio mentale. Da una prospettiva maschile l'intera faccenda mi sembrava a ogni modo sensibilmente più dispendiosa e meno invidiabile, ma va detto che comunque avere uno status dentro l'ambiente semplificava parecchio le cose.

Durante il periodo di Groove ad esempio finii a letto con una dj e due PR. In particolare con una delle due PR, Lucia, la cosa si ripeté diverse volte, era sesso abbastanza piacevole, anche se appena finivamo di scopare, intendo proprio *l'istante successivo*, era già attaccata all'iPhone per controllare le notifiche di WhatsApp, Instagram e Facebook. Moretta, tettine piccole, Lucia aveva una certa ammirevole energia che le attraversava il corpo. Era ossessionata dal sentirsi al centro di quella che, pur in mancanza di una parola chiara per definirla, era la vita che valeva la pena di essere vissuta, una vita fatta di minime esclusività, entrate in lista, after party sui colli, coca un po' meno tagliata del solito, migliori amiche specialissime che diventavano acerrime nemiche e poi di nuovo migliori amiche specialissime. Sarda, era arrivata a Bologna per frequentare l'università ma non l'aveva mai finita. A parte arrotondare con noi, lavorava nell'ufficio di una ditta di costruzioni ma passava praticamente tutto l'orario di lavoro su Facebook, la lucetta verde di fianco al suo nome nella chat era perennemente accesa e le notifiche certificavano come commentasse ogni polemica online rilevante in quel momento in Italia. Le posizioni che esprimeva su internet non presentavano alcuna sorpresa, era genericamente di sinistra, molto pro LGBT, sostenitrice senza se e senza ma delle occupazioni, astrattamente a favore dell'immigrazione (come pressoché unica fonte sull'argomento aveva un'amica cara che lavorava nell'accoglienza a Villa Aldini e aveva complicate storie d'amore con gli africani), nutriva un intenso odio per Salvini a cui dava sfogo pubblicamente ogni volta che il politico della Lega veniva a prendersi un po' di visibilità mediatica a Bologna e i collettivi abboccavano alla provocazione come polli regalandogli quel tipo di schismogenesi che lo avrebbe portato lontano. Non ricordo di aver mai visto Lucia esprimere un'idea un minimo controversa o non in linea con quello che ci si sarebbe aspettato da lei, ma c'è da dire che non seguivo la sua intera produzione online: era sterminata. Nella vita normale, quando cioè l'architettura di Facebook non la spingeva a sentenziare su questioni di cui con evidenza ignorava anche i fondamenti, era una persona per nulla estrema e anche parecchio simpatica. Il suo problema, ma lei non l'avrebbe vista così, era semmai che saltava istintivamente di festa in festa, di evento in evento, in cerca di qualcosa che sembrava non trovare mai. O forse al contrario lo trovava eccome ed era proprio quell'essere desiderata, per quanto superficialmente e in maniera perfettamente intercambiabile.

A tenerla in movimento c'era naturalmente anche la droga – o meglio, la sua scarsità. Cocaina, MDMA e qualche canna nei tempi morti aggiungevano velocità cinetica alla sua vita perché da sola non sarebbe mai stata in grado di permettersi le quantità che consumava. Perciò si muoveva rapida come un piccolo aspirapolvere da tavolo, di bar in bar, di salotto in salotto, di cazzo in cazzo. Prometteva, adulava, sculettava, talvolta si spogliava ma quasi mai per riconoscenza, più spesso per una sorta di contorto bisogno di espiazione, quindi in genere al cospetto dei peggiori esemplari della specie, fra i quali, in quel periodo, mi mimetizzavo abilmente, anche grazie alle luci basse e alle macchine del fumo. Il mio non fu perciò mai per lei il campanello da suonare in cerca di sostanze, semmai quello che si suona da strafatta. Un venerdì sera si presentò ubriaca persa alla mia porta dopo un aperitivo musicale in Montagnola che si era sentito fino da me, in via Galliera. Entrò in casa e mi spinse sul letto a forza, strappandomi praticamente i pantaloni di dosso. Il giorno seguente suonò uno dei vicini – un cinquantenne baciato da un'idiozia di proporzione auree – chiedendomi di firmare una petizione contro i rumorosi aperitivi musicali del venerdì sera alla Montagnola. Gli scoppiai a ridere in faccia.

Anche se, ammettiamolo pure, Lucia era un po' fulminata, era ancora giovane abbastanza da avere cellule in grado di tenere botta di fronte ai maremoti di droga e gli insalubri pasti fuori orario che la investivano ogni finesettimana. In altre epoche umane quello sarebbe stato il surplus di energia fornito dalla natura per badare a neonati piangenti nel cuore della notte, nella nostra splendida decadenza lo stesso patrimonio di forza biologica veniva sfogato sul dancefloor e in camere da letto messe in sicurezza dal lattice. Ero chiacchierato abbastanza da poter essere fra i beneficiari dell'ultimo, animalesco, sussulto di femminilità giovanili di quel tipo. Erano incontri fra egoismi opposti che mi lasciavano comunque un certo senso di esattezza e, almeno le prime volte, il bisogno di farmi due o tre seghe il giorno seguente, nei momenti più improbabili della giornata, come un sedicenne arrapato.

Anche se avevo segnato un inatteso gol da fuori area alla conclamata inutilità pratica dei miei studi, una parte della mia vita precedente mi mancava, più precisamente quella in cui il cervello non veniva usato solo per fare soldi, procurarsi del sesso senza conseguenze o individuare il bancone più vicino dove ordinare da bere. Oltretutto, anche se non avevano battuto ciglio quando gli avevo consegnato ventimila euro in contanti dentro una techetta di plastica azzurra perché me li conservassero in cassaforte, i miei genitori disapprovavano quella vita, le mie sorelle si chiedevano esattamente quali fossero i miei piani per il futuro e anche a me sembrava evidente che quella che in quel momento era una professione accettabile a quarant'anni sarebbe stata più che altro triste, a meno di non evolversi in promoter di eventi dalle dimensioni oceaniche, il che però avrebbe comportato mettere in piedi una struttura talmente complessa che non si sarebbe più potuto far finta che non si trattasse di un lavoro vero. Sempre poi che l'aumento di scala riuscisse felicemente, il che era tutt'altro che scontato, e senza considerare il rischio concreto di trovarsi un giorno a organizzare un concerto di Fedez o di SferaEbbasta solo per fatturare abbastanza da tenere in piedi la baracca.

La mossa del filosofo, in questi casi, è rinchiudersi in speculazioni autoreferenziali, per cui lasciando irrisolto il dilemma del mio futuro occupazionale finii per ricordarmi del blog che avevo aperto quando ero a Berlino, recuperai la password e ci rimisi mano. Mi sembrava evidente che l'unico tema in grado di meritarsi sforzi speculativi continuasse a essere la tecnologia, così ripulii il sito delle cose che non mi piacevano più – l'avvenuto distacco dall'accademia rendeva ora evidente la natura di inequivocabile tortura di molti dei miei saggi brevi – caricai un template meno datato e ripresi a scrivere di intelligenze artificiali, scenari futuri e umanità in affanno, cercando al contempo modi per fare maggiori concessioni al pubblico. Mi erano ad esempio sempre piaciute le operette morali del Leopardi, incominciai così a esporre in forma dialogica i problemi sui cui lavoravo. Dopo i dialoghi mi dilettai con la forma del romanzo epistolare: le "Lettere d'amore di Wozniak a un calcolatore di nome LISA" furono la prima miniserie di post che ottenne un certo successo, venne letta in tutto da cinquemila persone. La cosa mi stupì e mi lusingò. Guardavo la schermata dei Google Analytics, studiavo i tempi di permanenza in pagina, incrociavo i dati con le città di provenienza (in cima c'erano ovviamente Milano e Roma, ma per qualche motivo misterioso ero molto letto ad Asti). Al di là delle sottigliezze, provai per la prima volta il piacere del numero, del consenso muto, avvertii l'enorme potere sull'ego di quella sequenza di bit che genera l'alzarsi di un pollice su Facebook. Un pollice era niente, cento erano qualcosa, da mille in su si incominciava a respirare quell'aria rarefatta che doveva allietare la quotidianità degli oligarchi. La prima volta ci arrivai con la serie "Confessioni di Steve Jobs", dove misi in scena uno Steve Jobs grottesco, rapace e goffo. Il pezzo che ruppe il muro dei mille like lo ritraeva impegnato a spiegare a un operaio cinese che assemblava iPhone dodici ore al giorno, soffriva la fame e meditava il suicidio che doveva "pensare diversamente" dato che l'azienda dove lavorava aveva installato delle reti antisuicidio sui tetti. Privo di grossi spunti teorici, era tutto sommato un pezzo abbastanza scontato, non certo il mio migliore.

Partì subito a razzo. Fece 1457 like e 15 mila lettori unici il primo giorno, poi venne ripreso su Facebook da un attore che aveva vinto il David di Donatello e su Twitter da un famoso fumettista, il che portò i lettori unici a 60 mila.

Da lì in poi, la serie "Confessioni di Steve Jobs" divenne la mia hit, con 85 mila lettori unici di media. Ogni volta che cliccavo "Pubblica" – rigorosamente negli orari in cui il traffico sui social era maggiore – passavo dei minuti di autentico terrore davanti agli analytics: a quel punto aveva incominciato a importarmi che le cose continuassero ad andare bene. Al momento della pubblicazione sul sito e sui social di un nuovo post, da tre-quattro lettori la pagina saliva immediatamente a trenta-quaranta lettori al secondo. Questa situazione durava un paio di minuti. Se rimaneva tale, o, orrore, incominciava a diminuire era finita, il post sarebbe stato irrimediabilmente un insuccesso. Ma se il numero saliva allora il pezzo sarebbe diventato virale.

L'andamento era quasi esponenziale: cento lettori al secondo dopo cinque minuti dalla pubblicazione corrispondevano alla fine ad almeno mille like, duecento a circa diecimila, una volta raggiunsi i quattrocento lettori/secondo con "Steve Jobs e Casaleggio in trattoria" e dopo tre giorni il social ranking del pezzo segnava 187 mila like e 700 mila lettori unici. In quel periodo il "Corriere della Sera" e "la Repubblica" messi assieme arrivavano a circa 500 mila copie.

Mi accorsi abbastanza in fretta che non contava granché se ci fosse o meno sostanza speculativa dietro le storie, i dialoghi e le situazioni surreali che inventavo. Quello che agevolava la diffusione dei pezzi era l'umorismo, sì, ma soprattutto la veemenza: più l'attacco personale che portavo avanti nel testo era acuto, impietoso, diabolico, più gli utenti unici accorrevano, si scambiavano il link raccomandandosi attenta lettura. Certo, esisteva una nutrita schiera di fan che apprezzava anche il sottotesto filosofico, intraprendeva ardite esegesi dei riferimenti, scavava alla ricerca delle citazioni nascoste. Ma la realtà dei fatti è che gli stessi concetti quando venivano espressi senza spargimento di sangue non viralizzavano mai, sotto nessuna circostanza. Il pubblico agognava il pestaggio.

Questa scoperta al tempo stesso mi spaventò e mi esaltò. Intuivo il lato nero di quel nuovo potere, ma non potevo che essere affascinato da come il suo segreto mi si fosse rivelato in tutta la sua chiarezza. Facevo parte della generazione che era cresciuta sotto lo strapotere ottuso della televisione e anni prima l'avvento di internet era parso ai più di noi come un momento d'infinita liberazione, un evento di portata tale da autorizzare le speranze più ingenue. Se l'antidoto all'utopia è la storia, di storia, mentre internet arrivava nelle nostre case, ne avevamo alle spalle molto poca, il che, credo, risultò decisivo nel nostro non riuscire a prevedere come sarebbe andata a finire.

La prima cosa che vidi su internet fu un video del gol di Ravanelli nella finale di Champions del '96 Juve-Ajax, quindici secondi a una definizione infima che ci misero cinque minuti buoni a caricarsi con un modem a 56k.

Da lì in poi fu amore, il tipo di passione istintiva e non mediata che si può provare per un inaspettato aumento delle proprie facoltà. Cose che non si potevano fare prima, come procurarsi gratuitamente una canzone, ora erano a portata di mano: con Napster in una cinquantina di minuti si poteva scaricare un MP3, un tempo che oggi sembra una barzelletta ma allora era un salto nel futuro. La mia prima volta fu con un brano di Method Man e Capleton, fu facile più o meno come aprire un rubinetto e aspettare che la bottiglia si riempisse.

Col peer to peer anche il porno era comodamente disponibile a casa e gratis. Il mercato nero preadolescenziale dei giornaletti orrendamente unti era finito per sempre. Il video del bukake di una giovane americana sul litorale romano mi sembrò l'annunciazione di una nuova era: un nuovo mondo si stava dischiudendo davanti ai nostri occhi, le possibilità erano infinite, sempre che durante la rivoluzione fossimo riusciti a non perdere la vista. Scoprii poi che il video in questione conteneva un virus, ma la sostanza non cambiava. A casa c'era solo un computer, per cui dovetti imparare come rendere invisibili alcuni file a un utente primitivo come mio padre ma, ehi, internet spiegava anche quello.

Furti di arte e di porno a parte, quello che vedevamo davanti a noi era anche un intero mondo pieno di informazioni dove non c'era posto per Berlusconi, Bruno Vespa o Serena Dandini e gli altri ingombranti monoliti televisivi, i boss mediatici che avevano anestetizzato le vite dei nostri genitori costringendoli ad ascoltare in silenzio, alla stregua di muti esseri inferiori. Internet invece eravamo noi, chiunque poteva scrivere, chiunque poteva essere il media.

Capire, diversi anni dopo, come quell'infrastruttura a metà fra il pirata e il rivoluzionario si fosse trasformata in un'arena dove l'odio era la moneta forte fu perciò una specie di trauma. Certo, avevo già fatto esperienza della sanguinosa anteprima dei forum online di musica, dove giusto il tempo di due o tre post e all'interno di ogni thread e si assisteva invariabilmente a un aggregarsi per bande, all'instaurarsi di feroci gerarchie e al manifestarsi, ugualmente sfacciato, di servilismo e aggressività. In quel contesto pionieristico avevo avuto un saggio della torbida materia di cui le persone si rivelavano essere fatte quando si proiettavano in un mondo fatto di 0 e di 1. Oltre, naturalmente, al proverbiale tizio che apriva una discussione che esisteva già in svariate forme nell'archivio, prototipo di un nuovo tipo di uomo che scriveva compulsivamente senza mai peritarsi prima di leggere, neppure la riga immediatamente sopra lo spazio dove sarebbero apparse le sue parole. Lo stesso tipo di uomo che un giorno mi avrebbe chiesto se per caso avevo visto *Zeitgeist*. Ma lì c'era, che si trattasse di un forum di dj o di amanti dei trenini elettrici, l'apparente scusa del settarismo. I social riguardavano invece il mondo intero ed erano ingegnerizzati appositamente per massimizzare – a qualsiasi costo – il tempo speso online. Erano una questione di tutt'altra magnitudo.

L'altra cosa che mi stupì fu scoprire che più nuovi lettori conquistavo, più spuntava qua e là anche uno sparuto numero di personaggi che mi odiava, e non parlo dei fan delle figure che attaccavo nei miei articoli – il loro disappunto era logico, era nell'ordine delle cose – ma di persone apparentemente insospettabili che, almeno da quanto emergeva da una rapida analisi dei loro profili social, sembravano in realtà a me abbastanza simili: odiavano le persone e le cose che odiavo io – condividevamo cioè la matrice più profonda dell'identità – e avevano più o meno i miei stessi interessi. Quasi tutti inoltre, in una forma o nell'altra, scrivevano, o quanto meno ci provavano.

Questi haters si distinguevano però da me per due tratti fondamentali e ricorrenti: sembravano privi di qualsiasi forma di autoironia, erano cioè il genere di persona che si prende mortalmente sul serio, e non godevano di alcun tipo di successo. Ingenuamente avevo sempre pensato che dalle persone che riuscivano in qualcosa ci fosse solo da imparare ma dopo quest'esperienza arrivai, in un momento di estrema onestà intellettuale, a chiedermi se questo, in passato, fosse stato davvero il mio approccio, o se invece fosse solo un atteggiamento che ora, protetto dalla rinfrescante ombra del mio piccolo successo, facesse comodo pensare di aver avuto. Non seppi, o non volli, darmi una risposta.

In certi momenti dentro il cono blu e bianco di Facebook mi sembrava che non ci fosse posto per altro che l'idolatria sperticata o, sull'altro lato, per l'invidia e il rancore. Incominciai a percepire internet come un gigantesco laboratorio sul rosicamento. Era un mondo radicalmente diverso da quello in cui ero vissuto fino a quel momento, ogni sentimento e ogni reazione erano deformati in maniera grottesca (spesso però anche molto divertente), tutto era estremo, polarizzato, privo di empatia e di sfumature. Niente era serio, mai, su qualsiasi cosa aleggiava lo spirito di una violenza distruttrice agevolata da uno schermo che spersonalizzava sia la vittima che l'aggressore. Dietro la perpetua autocelebrazione e la ferocia di branco si respirava un tipo di nichilismo cupo, brutale e di nuova generazione. E se – autentico momento di terrore – una parte almeno della vis polemica che utilizzavo nei miei post contro la mia vittima di turno fosse stata alimentata a sua volta dall'invidia? Magari Bill Gates era una persona splendida che aveva lavorato duro e avuto molta fortuna, potevo escluderlo con certezza? Naturalmente no.

Non persi però troppo tempo a rifletterci sopra, non in quel momento almeno. Il potenziale del mezzo era incredibile, potevo scrivere quello che volevo e raggiungere milioni di persone in pochi minuti da un computer appoggiato sul mio letto sfatto, proprio sotto manifesti di Groove appesi alle pareti. Milioni perché proprio da quando l'odio scorreva potente nelle vene della rete tutti sembravano fare a gara per farne parte, i tempi della nicchia visionaria erano finiti da parecchio. E chi non passava il proprio tempo a odiare sembrava comunque ritenere di fondamentale importanza condividere la foto della pizza che stava mangiando o dei figli che sguazzavano al mare e quindi era comunque là dentro, lasciando i Bruno Vespa sempre più soli, in compagnia di un declinante pubblico di ottuagenari. Lo stesso avveniva con i giornali, che a intervalli regolari aumentavano la grandezza dei caratteri con cui venivano stampati per venire incontro all'incipiente geriatrizzazione degli ultimi lettori rimasti. E quando succedeva – di farsi leggere dai milioni direttamente dal letto di casa – potevo quasi sentire la dopamina fluire nel cervello portando con sé una sensazione di benessere e di potere che si trasformava in ansia e presagio di sventura quando invece il miracolo non aveva luogo. Un'altalena che non aiutava certo la lucidità, ma la lucidità – attenzione, aforisma in arrivo – era nemica mortale della felicità. Incominciavo forse a intuire che prima o poi avrei dovuto fare i conti con tutto questo, ma in quel momento ero troppo impegnato a guardare la mia vita cambiare, in meglio, sotto i miei occhi.

La soddisfazione che provavo per il successo del blog era tutt'altra cosa rispetto a quello, economicamente ben più remunerativo, di Groove. Questo era un successo personale e pubblico, non, cioè, nascosto dietro le quinte e per di più avveniva all'interno di un ambiente in cui essendoci in palio solo l'attenzione degli altri la competizione era spietata. Il mondo della notte al confronto era roba da educande. Certo, internet non mi faceva guadagnare denaro ma dal punto di vista dell'autostima non c'era paragone. Ma, appunto, non è che ci riflettessi sopra troppo: dovevo lavorare. Oltre a occuparmi di Groove ora dovevo produrre sempre nuovi contenuti da dare in pasto ai lettori, un compito sfibrante, mai finito, un tributo che andava però pagato se volevo che quest'incredibile novità, quella cioè di avere una prospettiva nella vita oltre ad alzare soldi in nero nei locali, non sfumasse dall'oggi al domani. Era evidente che mantenendo quel genere di impatto sul pubblico qualcosa di buono sarebbe successo, anche se non mi era chiaro cosa.

Fu a quel punto che il Mastro mi scrisse.

Venenum in auro bibitur.
SENECA

Giovanni Taddei, detto "il Mastro", disse di essere un appassionato di tecnologia che provava a dare una mano ad alcune startup italiane e di divertirsi un mondo con i miei pezzi. Più di tutti gli era piaciuto quello in cui Peter Thiel faceva il maestro psicopatico in una scuola elementare della campagna austriaca. Non era chiaro se avesse colto il riferimento a Wittgenstein ma mi invitò a visitare l'acceleratore che aveva aperto a Milano. Disse che spesso passavano di lì blogger, scrittori, giornalisti, youtuber, artisti.

Riflettei per un po' su quella sequenza, al tempo ancora abbastanza anomala: poteva anche darsi che quel tizio fosse un millantatore. Lo googlai e scoprii che anche se incarnava tutto quello che stigmatizzavo quando scrivevo, tanto scemo non poteva essere. Mi ripromisi di andare a trovarlo la prima volta che passavo per Milano.

Ricerca, pensai. In quel momento il 75% dei miei lettori era di sesso maschile, una percentuale schiacciante. Ma, come avrei scoperto, il 25% rimanente di lettrici aveva delle caratteristiche interessanti. La principale era che molte di loro erano studentesse o laureate in ingegneria, matematica, informatica, donne che al contrario delle loro colleghe umaniste quando si mettevano in testa di andare a letto con qualcuno in genere non la tiravano troppo per le lunghe. Ci misi un po' a capirlo, si trattava di un mondo a me del tutto sconosciuto. Diverse ragazze mi avevano scritto dei messaggi pieni di complimenti al profilo Facebook del blog, avevo risposto educatamente ma senza mai considerare approcci del genere un potenziale viatico per del sesso privo di complicazioni.

Fu un viaggio a Torino per andare a trovare degli amici e ascoltare il set di un dj che stavo valutando di invitare a Groove a farmi ricredere. Appena usciti dalla stazione sotterranea di Bologna notai che la ragazza seduta di fianco a me leggeva ridendo a crepapelle un pezzo della serie "Bill Gates-filantropo", così le dissi che quell'articolo l'avevo scritto io. In effetti non ho ancora detto che enterthedistopianow.org era un blog anonimo, non appariva da nessuna parte il mio vero nome, né tantomeno una mia fotografia. Di fatto nessuno, a parte i miei coinquilini, sapeva che l'autore ero io.

La tizia mi squadrò dall'alto in basso, poi disse: «Sì, come no».

Allora tirai fuori il computer e feci il login al sito su Wordpress. Le mostrai la schermata, ci mancò poco che non si mettesse a urlare. Di solito viaggio sempre sulle Frecce ma quella volta avevo trovato un'offerta conveniente su un Italo, così una ventina di minuti di conversazione più tardi quando lei mi propose di prendere un caffè ci ritrovammo di fronte a una di quelle assurde macchinette automatiche che su quei convogli sostituiscono la carrozza bar. Fu un bene, perché finito il caffè la ragazza, che nel frattempo avevo scoperto chiamarsi Simonetta, mi spinse con un sorriso nel bagno. Fra le diverse cose che successero lì dentro ricordo un fotogramma in cui lei aveva il mio cazzo in bocca e io pensavo: "Ma figlia mia, non ti sembra un entusiasmo un tantino esagerato?".

Mentre il treno entrava a Rogoredo tornai al mio posto con le gambe molli, riflettendo sul fatto che sì, certo, senza le parole e il loro sapiente uso non sarebbero mai esistite città, nazioni, testi sacri, guerre e riti propiziatori, non sarebbero esistiti la scienza, gli antibiotici e la NBA, ma il vero potere supremo della lingua, una manifestazione accecante nella sua benigna imprevedibilità, lo avevo appena scoperto. Non mi erano mai mancate le donne, ma in tanti anni di serate da dj non mi era neppure mai capitata un'esperienza sessuale così gratuita e indolore nei preliminari. Mi fu chiaro che i miei post avevano già fatto tutto il lavoro, una cosa che mettendo dischi non accadeva mai: anche avendo appena finito di far ballare mille persone ed essendo un volto noto nel giro, un minimo sindacale bisognava comunque pasturare. Il testo scritto invece lavorava in contumacia e consegnava direttamente la sentenza positiva, portata a mano da delle graziose sconosciute. Il problema semmai era il contrario: essere all'altezza di aspettative inevitabilmente sovradimensionate. Anche qui comunque una soluzione c'era: dileguarsi prima dell'apparire dei dubbi. In quei giorni mi sembrò di essere vicino a capire il senso di internet.

Fu così, comunque, che finii a Milano. Per la precisione seguii le molliche di pane di un messaggio che avevo ricevuto su Facebook fino ad arrivare a un condominio vicino a Porta Genova, dove rimasi per un po' su un divano a righe bianche e blu a sentire una studentessa che si lamentava del fatto che il mio "Elon Musk in acquascooter a Pozzuoli" fosse decisamente troppo maschilista e gretto, salvo poi prendermi per mano e portarmi nella sua cameretta dove mi chiese di urlarle all'orecchio insulti da lupanare mentre la prendevo da dietro. Poco dopo se ne andò al suo lavoro part-time e io non avevo tutta questa voglia di tornare immediatamente a Bologna. Mi ricordai del tizio che mi aveva scritto quella mail e una mezz'ora più tardi un tram mi scaricava a pochi metri dall'ingresso dell'ex mattatoio.

L'architetto che aveva curato la ristrutturazione sapeva il fatto suo. Il capannone era di un bianco accecante, con travi d'acciaio nere a vista e tavoli circolari di legno chiaro attorno ai quali sedevano i gruppi delle differenti startup dell'incubatore. Personalmente odio gli open space – tutta quella vicinanza fra esseri umani è la garanzia assoluta che in quei luoghi non sarà mai prodotto nulla di rilevante – ma quello, bisognava riconoscerlo, era particolarmente riuscito. Mi presentai alla ragazza all'ingresso e dopo un paio di minuti il Mastro uscì da una sala riunioni seguito da un gruppo di ragazzi più giovani. Tutti, lui compreso, indossavano felpe, alcune con il logo dell'acceleratore, un Leonardo stilizzato e sorprendentemente ben riuscito, altre avevano in bella vista i nomi di startup che non avevo mai sentito nominare. Il Mastro era sulla cinquantina, alto almeno un metro e novanta, non particolarmente magro, aveva una lunga barba un po' hipster, e ciononostante ispirava naturale simpatia.

«Il grande Distopia, è un onore» disse con una voce profonda e un sorriso più sincero di quanto ci si potesse aspettare dopo un'affermazione così fuori misura. Parlammo per una decina di minuti, poi il Mastro si interruppe e mi chiese preoccupato se mi avessero già dato la password del wi-fi. Non vedevo cosa c'entrasse in quel momento e comunque mi toccò rispondere di no. Ebbi l'impressione che considerasse quella dimenticanza una forma di maleducazione davvero intollerabile, molto peggio del non offrire il caffè, gentilezza analogica che comunque non era venuta in mente a nessuno. Una volta comunicata la password – cosa che fece scomparire l'inquietudine che si era addensata sul suo volto – mi chiese se volevo fargli compagnia in un posto dove doveva andare da lì a un quarto d'ora. Disse che mi sarebbe sicuramente interessato. Prima però doveva finire un attimo un brief con i ragazzi di Little Panda (scoprii poi sul sito dell'acceleratore che Little Panda era una mappa crowdsourcing degli spot per la pesca con la canna, in acqua salata e dolce), tanto ormai avevo il wi-fi, giusto?

Sì, avevo il wi-fi ma come talvolta accade quando si ha una connessione internet non sapevo bene che farmene. Passai perciò i quindici minuti successivi a osservare i ragazzi che come piccole api operaie si affaccendavano attorno ai loro Mac. La maggior parte di loro non aveva certo lo sguardo deciso che ci si immagina debba avere un imprenditore, alcuni, non tutti, sembravano addirittura autenticamente scemi.

Uno in particolare, con un paio di occhialini tondi, la testa enorme e le lentiggini, mi sembrava l'esatta personificazione della sfiga. Pensai che delle quaranta persone che c'erano là dentro forse due o tre avrebbero avuto successo, i restanti si sarebbero dovuti trovare un altro lavoro: era esattamente il tipo di mercato a lotteria di cui parlavo con infinito sarcasmo nei miei pezzi. Visti da vicino però quei ragazzi ispiravano soprattutto tristezza, una larga parte di loro era stata chiaramente strappata dallo spirito del tempo al rassicurante destino di posto fisso statale per cui erano stati cresciuti dai loro genitori.

Quindici minuti di orologio dopo il Mastro, sempre in felpa, stava togliendo la catena a un vecchio Kymko 250cc. Guardai il parafango scheggiato dello scooter taiwanese e mi ricordai che secondo uno dei tanti siti che fanno questo genere di calcoli più o meno affidabili, il net worth del Mastro era trecentotrenta milioni di dollari.

Parcheggiammo poco lontano da Palazzo Marino. Il centro ribolliva di passanti, dirigendoci verso il Comune il Mastro mi indicò la Scala: «Ci sei mai stato? È divertente, è come andare al museo di storia naturale. Senti, invece, conosci Matteo Renzi?».

Dissi di no come se mi stessi riferendo a una persona che frequenta gli stessi posti che frequenti tu ma com'è, come non è, non hai ancora avuto il piacere di conoscere. Tutto quel sesso regalato aiutava parecchio l'autostima.

«E allora te lo faccio conoscere io, fra venti minuti dobbiamo presentare un libro assieme.»

Lo intercettammo al piano terra di Palazzo Marino, dove era appena intervenuto a un incontro fra sindaci di grandi città italiane. Stava provando ad avvicinarsi alle scale ma continuavano a fermarlo a ogni metro per stringergli la mano e dirgli cose come "Sei l'unica speranza", "Mi raccomando, non mollare". Lui ringraziava, faceva battute leggermente autoironiche ma subito dopo prometteva impegno.

«Devi vedere i messaggi sulla sua pagina Facebook» disse sornione il Mastro intuendo i miei pensieri.

Una volta raggiunte le scale un vigile urbano gli creò un po' di spazio attorno e così gli riuscì di avvistare il Mastro. Gli corse subito incontro a braccia aperte.

«Grandissimo Mastro, il numero uno» disse, e lo abbracciò con forza, poi prima che avessi tempo di dire qualcosa mi aveva già stretto la mano e aveva detto: «Piacere, Matteo».

Una parte di me pensò: "Minchia, un professionista", l'altra: "Però, che simpatico".

Aveva delle scarpe eleganti nere e lunghissime, decisamente sproporzionate. Seguimmo queste calzature giganti fino all'ascensore: erano i giorni dell'elezione della presidenza della Repubblica che si risolsero con l'inusuale seconda nomina di Napolitano, il telefono di Renzi suonava in continuazione.

Ignorò una chiamata di Calabresi, prese quella di Gian Antonio Stella. «Gian Antonio mio» disse, ed era già fuori dall'ascensore.

La presentazione del libro fu praticamente un one man show, né l'autore del libro, né il Mastro parlarono granché, dopo aver tenuto banco per mezz'ora Renzi sparì, avvolto da un nugolo di cronisti che tentavano domande sulla corsa al Quirinale. Una volta uscito fu come se nella sala ci fosse stato un calo di tensione.

«Che ne pensi?» mi chiese il Mastro.

«Sembra alla mano. In generale non mi fa impazzire ma mi sembra il meglio sulla piazza.»

«Ha talento, invece. E soprattutto ascolta. Almeno per il momento.»

Annuii. Avrei potuto produrmi per ore in distinguo di vario tipo – a casa io, Emanuele e Mauro guardavamo i dibattiti delle primarie come delle persone normali guardano il posticipo di Serie A – ma d'un tratto, di fronte a tutta quella concretezza fisica, a quella presenza a portata di mano, mi sembrò una cosa sciocca.

«Io e te comunque dobbiamo parlare» disse il Mastro.

Mancavano ancora un paio di ore all'ultima Freccia per Bologna, così andammo a bere in un bar di Brera. Il banco delle spine era lunghissimo, ordinare una birra era un'operazione che presentava un'infinità di variabili. A un tavolo vicino scherzava il gruppo di startuppari che era venuto ad ascoltare il capo alla presentazione, avevano ancora indosso le felpe d'ordinanza. Visti in quell'ambiente, con un bicchiere davanti, sembravano decisamente più simili a dei ragazzi con un minimo di sangue nelle vene. Pensai di essere stato ingiusto e affrettato nel giudicarli. Mi chiesi che figura avrei fatto seduto ai tavoloni dell'acceleratore con indosso una di quelle felpe. Misera, sospettai.

Il Mastro aveva insistito per andare a prendere le birre per entrambi, così mentre era in coda mi misi a scambiare due chiacchiere con Diego, il ragazzo con gli occhialini tondi e la testa enorme che avevo già notato alla sede dell'acceleratore. Aveva fondato una startup che si occupava di hardware, strumenti di misurazione digitale nell'ambito dei trasporti – sorveglianza per flotte aziendali, soprattutto. Si chiamava Pascal perché il matematico francese era stato anche l'inventore di uno dei primi registratori di cassa, costruito per il padre commerciante. Non fu una grande conversazione, Diego era visibilmente invidioso dell'entusiasmo che il Mastro mostrava nei miei confronti, doveva essersi sudato la sua vicinanza al capo e trovava con ogni evidenza inconcepibile che il primo venuto ricevesse tutte quelle attenzioni.

Quando il Mastro tornò con *due* birre e con un cenno mi indicò un tavolo poco lontano, vidi Diego iniziare quasi a dire qualcosa, salvo poi lasciare che le parole gli morissero nella bocca già semidischiusa. Mi fece pensare a Grimmione, il memorabile personaggio di puntata dei Simpson: lavoratore integerrimo, preparato e competente ma anche pedante e parecchio triste, soprattutto l'unico in tutta la storia del cartone animato capace di accorgersi dell'ovvio: Homer non ha assolutamente idea di come svolgere il suo lavoro di addetto alla sicurezza della centrale nucleare. Grimmione però sta antipatico a tutti e finisce per morire sul lavoro dopo essere impazzito proprio a causa di Homer. Devo aggiungere tuttavia che la competenza del mio simil-Grimmione era del tutto presupposta; per quello che ne sapevo io poteva anche essere, più banalmente, un petulante nerd la cui massima qualità fosse quella di vendersi bene.

Una volta rimasti soli, il Mastro cominciò a parlare dei miei pezzi, citava a memoria dei passaggi, ridendo fino a ridurre gli occhi a strette fessure. Una risata educata ma sincera. Quando venne il turno della serie-romanzo epistolare fra Wozniak e il calcolatore mi disse di aver conosciuto il co-fondatore della Apple di persona.

Gli chiesi di prodigarsi in più dettagli possibile, pensando a come avrei potuto usarli per rendere più credibile e informato uno dei miei post futuri. I lettori si concentravano sempre sulle battute ma era almeno altrettanto importante fare in modo che l'intero impianto del testo comunicasse competenza, facesse intuire un livello non comune di conoscenza dell'argomento. Era fondamentale per raggiungere un climax che poi la battuta avrebbe fatto deflagrare. Lo stesso *joke* detto dall'uomo della strada o da qualcuno che aveva appena dimostrato di essere un fine conoscitore della materia era una cosa radicalmente diversa. Questo comportava una quantità di lavoro molto superiore ma era necessario prendere con la massima serietà le costruzioni dell'inconscio e le aspettative che erano in grado di generare. Qualcuno di cui ora non ricordo il nome ha detto che solo le persone serie sanno ridere. Aveva ragione, gli altri si limitavano a sghignazzare delle sfortune altrui, ridere è un'altra cosa, ha a che fare con l'universalità della farsa dove siamo stati gettati il giorno della nostra nascita.

Mi feci così portare dal Mastro all'interno della Singularity University, la scuola fondata da Ray Kurzweil, un istituto che come ragione sociale si proponeva di dare una mano a chiunque avesse un'idea potenzialmente applicabile ad almeno un miliardo di persone.

«O almeno questa è la teoria. Comunque mi invitarono come relatore poco dopo l'IPO di Imaginez. Le lezioni duravano tredici ore al giorno con delle pause per lo yoga dopo i pasti. È stato lì che ho provato a praticarlo per la prima volta, non è male ma la vela rimane un'altra cosa.»

«Meglio?»

«La vela è una disciplina più completa – è sia teorica che pratica. Senza considerare la poesia e il fatto che in caso di catastrofe climatica una barca a vela d'altura è uno dei posti più sicuri al mondo. Però è da quelle lezioni di yoga che poi mi sono avvicinato al buddhismo.»

Feci sì con la testa, non avevo esperienza diretta di nulla di ciò di cui mi stava parlando.

«Fra gli alunni c'era gente che in certi campi stava una o due deviazioni standard avanti, in più si dopava per studiare e dopo le tredici ore di lezioni si metteva a lavorare nel workshop che ci avevano messo a disposizione nella sede Google, lì di fronte. Quasi tutti prendevano Ritalin o altri farmaci nootropici. A vent'anni sono stato vicino per un periodo all'ambiente dei tekno rave, non troppo perché altrimenti non sarei qui, però insomma, abbastanza da averlo assaggiato, diciamo. Ogni tanto lì in California avevo l'impressione che fosse la stessa cosa, ma perfettamente rovesciata. Il contrario dell'edonismo, gente che si droga per studiare di più, per lavorare di più. Di base lì tutti pensano che non ci sia mai abbastanza tempo, che sia sempre troppo tardi, e soprattutto lo vedi che si chiedono "Com'è che uno intelligente come me non ha ancora fatto i billions?". Infatti poi molti li hanno fatti.»

«Pure te non scherzi» feci notare.

«Guarda, la birra te la offro volentieri ma rispetto ad alcune delle persone che ho conosciuto lì io sono a livello negozietto all'angolo. Dormivamo in queste casette anni Cinquanta della NASA, superspartane, gli alunni in due per casa, io invece da solo perché ero un relatore. Feci amicizia con un gruppo di ragazzi israeliani, tutti ex militari del reparto 8200, gente in gamba ma con anche troppa chutzpah...»

Qui avevo annuito, un po' come sulla questione se conoscevo o meno Renzi. Due ore più tardi, in treno, avrei cercato quel termine sbagliando diverse volte la grafia e individuandola infine solo grazie ai suggerimenti di Google. Si trattava di una specie di cazzimma ebraica.

«La notte siamo entrati di nascosto nell'HangarOne, ancora non lo avevano smontato, ma era già chiuso al pubblico per via dell'amianto. Una cosa così enorme non l'avevo mai vista, ma al tempo stesso era anche molto più vecchia e cadente di come me l'ero immaginata. Quasi tutto in America è più vecchio e decrepito di come uno se lo immagina, a parte qua e là queste oasi di tecnologia assoluta, anche se poi anche lì il prodotto è quasi sempre migliore del contesto, che il più delle volte sono capannoni e uffici in cartongesso. Il "vecchio" loro non è che sia mai particolarmente affascinante, è più che altro una cosa industriale scaduta, da cambiare, che non conservano mai e alla fine è giusto così. Le residenze private, o le sedi delle corporation con dimensioni finanziarie irreali, quelle possono essere davvero splendide ma diciamo che non c'è un amore diffuso per il bello, per il fare le cose, anche quelle più piccole, a modo. Ma sarà che essendo italiano queste cose le noto troppo. Comunque ti stavo dicendo: Wozniak. Bastano i particolari?»

«Non bastano mai.»

«Insomma una sera sempre con gli israeliani decidiamo che

ci siamo rotti del cibo ipersano che ci davano, una tristezza di piatti che non ti dico. Così prendiamo una macchina e scappiamo di nascosto. Non è che fosse proprio vietato uscire ma manco una cosa che si faceva. Voglio dire, stai lì, fra la NASA e Google, nel post graduate più esclusivo del pianeta, tutto attorno per chilometri non c'è praticamente nulla di interessante, dove vuoi andare? Alla fine troviamo questo In-N-Out sulla statale, è tardi e c'è pochissima gente. Al tavolo dietro di noi c'è il tipico obeso che t'immagini di trovare in un fast food. Una scena quasi classica, me la ricordo ancora, guarda... questo omone seduto ai tavoli bianchi e rossi con le palme disegnate sulle piastrelle...e però la faccia mi dice qualcosa. Da come buttano lo sguardo gli israeliani mi sa che non sono l'unico. Fossimo stati a Sesto San Giovanni dici, vabbè, è un vecchio obeso che assomiglia a Steve Wozniak, ma in California a due passi dalla Singularity University, Google e la NASA il dubbio ti viene. Così dico a Aaron, uno degli israeliani: "Ask the guy if he's Wozniak". Quello dà un morso al suo Double-double... vuoi sapere cosa c'era dentro il panino?»

«No, non esageriamo.»

«Non si sa mai... artista al lavoro! Comunque Aaron si gira e gli fa "'scuse me, sir..." e gli chiede se è Steve Wozniak. Già solo quando si volta del tutto verso di noi, mostrando a pieno questa mascella lunga tondeggiante, quasi deforme, penso, è veramente lui, magari adesso ci dice di no, ma è lui. Per forza. E invece lui tranquillissimo dice: "Yes, sure, how are you doin', guys?"»

«Come in Italia.»

«Uguale. Ma sai gli americani sono così, dei bambinoni gentili, *until they are not*. E niente, in pratica era stato da Kurzweil e il giorno dopo sarebbe venuto a sorpresa anche nella nostra classe. Voleva vedere questa famosa Singularity University e si era fermato a mangiare un boccone tornando verso l'albergo. Mangiammo assieme e chiacchierammo un po' ma non era né il contesto né soprattutto l'ora per grandi discussioni teoriche. Lui fu gentilissimo, io comunque mi ricordo soprattutto che beveva da questo bicchiere di Coca-Cola enorme, sarà stato almeno da un litro. Io la Coca non la bevo mai ma, credimi,

Distopia, dopo due settimane di alghe morte suicide o quello che era il cibo che ci davano, vedere l'uomo che aveva creato il primo computer della Apple mangiare un baconburger a mezzanotte bevendo una tanica di Coca-Cola fu una cosa che mi scaldò il cuore. Alla fine ci disse: "Cercate di non mettere i soldi sempre al primo posto" perché, sai, lui è un po' così. Il mattino dopo con gli israeliani ci siamo detti adesso ci facciamo due risate quando ci riconosce davanti a tutti, noi, *i vecchi amici di Woz.* Invece non avevamo considerato che» e qui fece un segno in mia direzione «è affetto da prosopagnosia e quindi non sa riconoscere le facce. Comunque ci ha salutato nel discorso, ha detto "anche se non li riconosco, saluto quelli di voi che ho incontrato ieri sera all'In-N-Out".»

La prosopagnosia era stata in effetti uno dei fili conduttori della mia serie di post "Lettere d'amore di Wozniak a un calcolatore di nome LISA". L'idea di base della storia era che il giovane Wozniak non riusciva a trovare una donna per il semplice fatto che non era in grado di distinguere le une dalle altre. Ciò che invece riusciva benissimo a identificare erano i computer, perciò usava tutte le sue energie per costruirne di sempre più avanzati. LISA è il primo computer che incomincia a dialogare con lui, gradualmente fra i due nasce una sorta di tensione erotica, prima fra le righe, poi sempre più esplicita. Un giorno però Woz scambia un Commodore 64 per LISA, sembra una semplice distrazione ma più Woz si rende conto di aver incontrato il primo amore corrisposto della sua vita, più errori del genere diventano frequenti, fino a quando, all'apice del sentimento, si rende conto di non riuscire più a riconoscere LISA e finisce per vagare in mezzo a una miriade di calcolatori senza volto. LISA è là in mezzo da qualche parte, ma lui non la rincontrerà più. I più nerd fra i miei lettori sottolineavano divertiti come gli errori di riconoscimento di Woz fossero davvero marchiani (a un certo punto Woz insidia un Olivetti P101, sorta di anziano per antonomasia del mondo dei personal computer) e va detto che il finale della storia aveva un pesante tono farsesco. Ciononostante mi colpì come la parte più tecnicamente preparata del mio pubblico sembrasse, nei commenti e nelle mail, non cogliere mai la dimensione tragica della storia. Si producevа invece in risate puerili a spese di una patologia fra le più paradossali.

«Comunque quando ero al fast food che parlavo con Woz» continuò il Mastro «a un certo punto l'ho visto pulirsi uno schizzo di ketchup dalla barba e in quel momento, non so come dirti, ma per un istante ho scorto il codice sorgente: un uomo ormai quasi anziano, grasso, bonario, irrimediabilmente goffo e incapace di riconoscere i volti delle persone. Figurati se quello poteva fondare la Apple da solo. Eppure tutta la parte tecnica all'inizio l'ha fatta lui. E allora inevitabilmente rifletti sulla grandezza di uno Steve Jobs, e però Jobs è anche un personaggio che se l'avessi preso e spostato in Italia o gli mettevi come cognome Agnelli o durava due settimane. Troppo aggressivo, troppo impietoso, troppo maleducato. Ho conosciuto un tizio che aveva lavorato con lui alla Pixar, quando gli ho chiesto com'era mi ha detto: «Un uomo dotato di sonar», e con questo voleva dire che Jobs mandava continuamente segnali in giro e quando quello che gli tornava indietro indicava una qualche debolezza attaccava senza pietà. Sempre. Così penso: Steve Jobs lasciamolo perdere che non è fattibile, qui te lo ritrovi incaprettato nel bagagliaio di una macchina abbandonata sull'Aspromonte. Però il punto da tenere a mente è quanto sia importante comunicare. Senza comunicazione Woz non sarebbe stato lì con noi quella sera, al fast food a dirci di non mettere i soldi al primo posto, avvolto dall'aura del mito. Anche se ti sembrerà assurdo – perché appunto abbiamo un enorme problema di comunicazione – ma sul prodotto siamo già *abbastanza* bravi. I problemi maggiori sono la dimensione degli investimenti e la comunicazione.»

Così, alla fine della seconda Ipa artigianale del Lodigiano, il Mastro fece la sua proposta. Mi spiegò che i caporedattori di mezza Italia gli chiedevano continuamente di scrivere articoli su questo o quel tema riguardante lo sviluppo digitale del Paese, lui però non aveva né il tempo, né riteneva di avere le capacità necessarie. In più fino a quel momento non gli era sembrata una cosa strategica, raggiungeva più persone con un uso oculato dei social e dei siti specializzati in innovazione. Ora però Renzi gli aveva chiesto di fargli da consulente sui temi della tecnologia e una presenza sui giornali si era resa necessaria.

«Ci sono degli equilibri politici nel circolo di gente attorno a lui, gente che se ti legge su un giornale può ancora pensare che tu sia importante. E che lo pensi ha un suo peso, perché voglio davvero fare qualcosa di utile con questo incarico. Per quanto riguarda la comunicazione vera e propria, quella diretta al pubblico, facciamo dei contenuti ad hoc per i social, mettiamo i testi sul mio sito e poi al limite puntiamo alla televisione.»

Spiegò che se doveva firmare un editoriale voleva che fosse scritto non solo bene, ma anche nella lingua di internet, non in quella democristiana e polverosa dei giornali italiani. Gli sarebbe piaciuto qualcosa d'ironico, informato, intelligente e, sostenne, io potevo dargli tutte queste cose.

«Però ovviamente ricordati il discorso su Steve Jobs in Italia: Aspromonte, incaprettato. Quello che cerco io è l'ottima comunicazione che sono convinto saresti tranquillamente in grado di darmi, ma nessuna complicazione né ambizioni di conquista del mondo tipo Jobs. Così, per essere chiari. Ma ci possiamo divertire comunque.»

Provai a fargli notare che anche ammesso che la mia penna avesse davvero tutte quelle qualità c'era il piccolo problema che io ero fondamentalmente un luddista, tutto il mio umorismo si basava sul male che le macchine, i computer, gli algoritmi stavano facendo all'umanità, un tema su cui, ne ero convinto, quello che avevamo visto fino a quel momento era solo l'inizio. Dopo tutto, sostenni, la singolarità tecnologica non era poi così lontana e quel giorno le probabilità di sopravvivenza della specie umana sarebbero state residuali. Questo era il punto della discussione in cui in genere i miei interlocutori o cambiavano argomento (i miei amici) o chiedevano di più su come l'Intelligenza Artificiale avrebbe potuto distruggere i suoi creatori (sempre i miei amici, ma altri), oppure, se conoscevano l'argomento, si affrettavano a scivolare con me lungo una spirale sempre più vertiginosa di pessimismo malcelatamente compiaciuto (i miei lettori).

Il Mastro non utilizzò nessuno dei tre approcci.

«Sì» disse, «io però ti sto offrendo la possibilità di fare qualcosa di concreto. Problemi ce ne sono, ma va bene perché a me interessa anche sapere cosa hai da dire, prima di scrivere i pezzi parliamo e mi riporti il tuo punto di vista. Poi troviamo una sintesi. Dato che le cose stanno come stanno, cosa ha più senso fare? Lamentarsi e basta? O provare a fare qualcosa? Ho il sospetto che i problemi non si risolveranno da soli.»

Era, in poche parole, uno scontro fra visioni. Fino a quel punto praticamente quasi tutta la mia formazione era passata attraverso l'opera di filosofi, scrittori e artisti che predicavano assoluti, irridendo l'idea stessa del compromesso. Ogni impegno diretto era, almeno in teoria, una forma d'irredimibile corruzione, roba da gente che non poteva arrivare a capire le più alte vette della speculazione intellettuale e quindi, poverina, agiva, sbagliando inevitabilmente. Ora questo ricco – ma simpatico – sconosciuto, non solo si prodigava in complimenti ma mi offriva un piccolo ruolo nel Grande Gioco. Prospettava una politica di passi graduali, sì, ma mossi in un luogo privilegiato, dove con il giusto volano a fare da moltiplicatore chissà quanta influenza si sarebbe potuta avere.

Non si poteva negare che la proposta fosse interessante. C'è comunque da dire, anche se questa evidenza allora non era nemmeno un germe nella mia coscienza, che il tipo di formazione astratta, massimalista e retorica che avevo ricevuto nelle scuole e nelle università dello Stato italiano non era solo opposta all'approccio del Mastro ma era di base incompatibile con ogni possibile impiego remunerato nella società del Ventunesimo secolo.

Fu perciò soltanto due ore dopo, sulla seconda rampa di scale automatiche della stazione di Bologna, mentre me ne stavo in piedi alle spalle di una turista giapponese vestita Gucci dalla testa ai piedi, che ammisi a me stesso che non sarebbe stata una decisione semplice. La cosa, lo ricordo con chiarezza, mi stupì.

La sera seguente andai a cena con degli amici di Emanuele, tutta gente che a trent'anni inoltrati tentava in qualche modo di entrare dentro l'università o era ancora impegnata nel dottorato, rigorosamente senza borsa, al contrario di Emanuele. Nessuno di loro, tranne uno che ogni tanto faceva la guida turistica, aveva mai lavorato in vita propria, tutti, senza eccezione, erano elettori di quei partiti di sinistra che cambiavano nome a ogni tornata elettorale ma prendevano sempre percentuali ridicole, nomi che poi sparivano nelle nebbie del tempo e la cui rievocazione diventava di per sé un atto impietoso: Comunisti Italiani, Sinistra Critica, Rivoluzione Civile con Ingroia, Sinistra Ecologia e Libertà, l'Altra Europa con Tsipras e così via all'infinito. Nei rispettivi campi la maggior parte di loro era competente, altri – in particolare un omosessuale vanesio erede di una dinastia del prosciutto di Parma – erano semplicemente vacui.

Tutto sommato li avevo sempre giudicati una compagnia accettabile, l'importante era vederli una volta ogni tanto e riuscire a mantenere il discorso su temi culturali o comunque di carattere generale. Se per caso si finiva invece sulle lotte interne al dipartimento per questo o quell'assegno di ricerca (che di norma avevano decine di pretendenti) l'unica cosa da fare per evitare di tagliarsi le vene – e indurre così una più scenografica, ma comunque preferibile morte per dissanguamento –

era infilare la porta. Non c'era nemmeno bisogno di simulare malanni o improvvise stanchezze perché in quei discorsi, gli unici dove si avvertiva dell'autentica e sincera foga, nessuno si sarebbe accorto della dipartita di un estraneo a quei giochi come me. All'occorrere della parola "concorso" assumevo infatti il dono dell'invisibilità.

Quella sera però fu più o meno all'inizio del secondo, uno spezzatino al sugo, che arrivai al limite della sopportazione. Si parlava di politica, con il solito sarcasmo, la solita ironia di chi ha capito tutto e fu prendendo un pezzo di pane dal cestino in mezzo al tavolo che venni colpito da una profonda sensazione di disagio. Chi eravamo esattamente per esprimere tutti quei giudizi sprezzanti? Un gruppo di aspiranti accademici senza stipendio ma con i primi capelli bianchi, di cui forse il dieci per cento – una stima ottimistica – sarebbe arrivato dopo i quarant'anni ad avere un impiego (malamente) retribuito e un laureato in filosofia che per campare faceva il dj e organizzava serate. Tutto sommato nessuno lì sembrava avere carpito anche solo superficialmente il segreto di una vita felice, lasciamo perdere di successo, tutto quello che avevamo dalla nostra parte era una serie di elaborate spiegazioni, in parte ideate da filosofi francesi tendenti alla supercazzola, sul perché il mondo era ingiusto e una lista di colpevoli ricorrenti, tra i quali capitalismo, neoliberismo, berlusconismo, grillismo. Bestie deprecabili, per carità, ma esattamente cosa avevano fatto le persone in quella stanza a parte godersi incapacità e fallimenti sotto la rinfrescante ombra degli -ismi ostili e incaponirsi nel tentare un percorso professionale con ogni evidenza anacronistico? Io almeno un lavoro ce l'avevo, ma a quale scopo avevo buttato cinque anni della mia vita (ok, sei) per prendere due lauree in filosofia, cioè, pardon, in "scienze filosofiche"? Fu mentre a capotavola qualcuno ironizzava sull'evasione fiscale – che visto il contesto era un po' come se un vegano si fosse messo a discutere di metodi di cottura del maiale – che si formò nella mia mente l'inedita consapevolezza di come un nemico potesse anche diventare il più potente degli alibi. O forse, chissà, era stato vedere le lunghe scarpe nere di Renzi così da vicino.

Sta di fatto che me ne andai a casa prima di tutti. Bevvi una Moretti da sessantasei sul terrazzo ad asola dell'appartamento che dividevo con Emanuele e Mauro. A parte un tavolo in plastica, sul terrazzo c'era solo un cartello di divieto di accesso che avevo divelto una notte, da sbronzo, dall'incrocio fra via Riva di Reno e una piccola strada laterale. Osservai le luci nelle case oltre il cortile del mio palazzo, vidi una ragazza che si cambiava rimanere per qualche secondo con indosso solo il reggiseno e poi spegnere la luce. Rimasi a guardare i tetti, intuii il profilo di un gatto, ma sparì in fretta anche lui. Appena appoggiata sopra Bologna c'era quell'aria umida che ancora non è nebbia ed è carica dell'energia della città, delle luci delle strade, dei fari delle auto, delle masnade in giro per le strade decise a bere, a drogarsi e a trovare entro l'alba un po' di calore umano. Mi resi conto che volevo davvero bene a quella città e che era arrivata l'ora di espandere i propri orizzonti. Scrissi al Mastro dicendogli che potevamo fare un tentativo.

A Roma non c'è posto per altro futuro che quello segnato dal calendario appeso in cucina.

EDGARDO BARTOLI

Scrivere per il Mastro non fu esattamente l'attività collegiale che mi aveva prospettato ma devo essere onesto, non fu del tutto colpa sua. All'inizio gli chiedevo di mandarmi via mail qualche suo pensiero sparso ma non lo fece mai, non amava scrivere, neppure semplici appunti, preferiva mandarmi messaggi vocali o chiamarmi su WhatsApp perché il Mastro era fra le altre cose anche un early adopter di qualsiasi tecnologia, per cui non prendeva neppure in considerazione l'idea di utilizzare la linea telefonica ora che era possibile parlare usando quella dati. Oltretutto WhatsApp era criptato e intercettabile solo installando un trojan sul telefono e dopo anni di fatti privati, non penalmente rilevanti e talvolta umilianti, spiattellati sulle prime pagine dei giornali italiani, questo rappresentava una tranquillità aggiuntiva.

In un modo o nell'altro comunque io e il Mastro discutevamo, non posso negarlo. Se il mio contributo ai suoi testi si risolveva quasi esclusivamente in un miglioramento stilistico dipendeva dal fatto che ogni volta le mie idee si schiantavano sulla stessa frase con cui mi aveva reclutato: «Questa cosa verrà fatta comunque, non sarebbe meglio cercare di migliorarla?» normalmente seguita da un «mh?» che incominciai in fretta a temere. Lo stesso amichevole *Mh* figlio dell'understatement doveva senza dubbio aver rappresentato l'ultima parola in un'infinità di riunioni e conversazioni con i giovani in felpa delle startup che finanziava. Segnalava insomma che la discussione era finita ed era arrivato il momento di scattare, ma non lo faceva con un'affermazione, bensì con una domanda abbozzata.

C'era senza dubbio del progresso. Eppure questo sarebbe ancora stato puro gioco delle parti, il Mastro oltre a prestarmi casa mi pagava di tasca sua, pure molto bene, e nella mia visione non particolarmente urbana dell'esistenza questo gli dava un certo diritto a mheggiare. Il problema era un altro, ben più grave, e cioè che non c'era neppure bisogno di rivendicare da parte sua il diritto padronale all'ultima parola, perché mi resi conto in fretta che le mie obiezioni massimaliste incontravano molto prima dei grossi problemi, problemi insormontabili. E sì che nell'assenza di ostacoli tipica della speculazione intellettuale le mie idee mi erano invece sempre sembrate perfettamente sensate, dialogavano anzi molto elegantemente con il contenuto dei più critici fra i saggi e gli articoli scritti sugli argomenti che di volta in volta affrontavo. Le mie teorie erano tutto un *dover fare*, un imporre al mondo intero delle linee guida etiche assolutamente logiche, praticamente ovvie. Quello e una tonnellata di sarcasmo rivolto verso tutti coloro che non lo capivano. Se avessi messo nero su bianco quei miei pensieri livorosi, aggiungendo solo una punta di retorica e di millenarismo, e poi consegnato il manoscritto a un editore, avrei potuto tranquillamente girare tutti i festival culturali d'Italia ricevendo standing ovation da folti pubblici di insegnanti e pensionati armati di Nokia 3310, forse avrei potuto pure ottenere anche una rubrica fissa su una rivista e, con l'ausilio di qualche hashtag furbesco, vendere un numero interessante di copie.

Rimaneva però il fatto che mi sarei sentito un po' un vigliacco a prendere una strada del genere, considerato dove mi trovavo a quel punto della mia storia. Ero cioè lì dove potevo incidere davvero, per farlo però c'era bisogno di partire dalla considerazione che il meglio era nemico del bene e mettersi a studiare parecchio, perché un conto era tratteggiare a piacere nell'aria i contorni di una perfetta società inesistente – magari fra un drink e l'altro – tutto un altro paio di maniche era cercare di far funzionare quella che avevamo effettivamente a disposizione, un'organizzazione sociale da cui dipendeva ogni giorno la vita di sessanta milioni di persone.

Dopo i primi articoli il Mastro vide il modesto Airbnb alle spalle di via della Giuliana dove mi ero sistemato e mi offrì le chiavi di un suo pied-à-terre a Trastevere, cinquanta metri quadrati più terrazzo di ottanta; a Roma aveva anche un palazzetto dietro piazza Farnese e disse che per il momento l'appartamento non gli serviva. Premeditando un possibile divorzio sua moglie aveva assoldato un investigatore privato, uno costoso ma non bravo a sufficienza da sfuggire al capo della sicurezza del Mastro, un ex Tuscania che era stato caposcorta dell'ambasciatore a Kabul. Per un po' il Mastro avrebbe perciò dovuto usare qualche precauzione in più ed era meglio se non metteva piede in quel posto.

Forte di quella sistemazione presi a passare a Roma almeno cinque giorni a settimana. Ricevetti un tesserino che mi permetteva di entrare e uscire da Palazzo Chigi; all'ingresso i carabinieri di guardia mi salutavano con un "dottore" per nulla ironico e ogni volta mi tornava in mente mia madre che per anni – gli anni in cui avevo sfoggiato occhi rossi a qualsiasi ora del giorno e nessun piano credibile per il futuro – aveva colto ogni occasione, comprese quelle più improbabili e remote, per parlare dei successi professionali di ex compagni di liceo o dei figli delle sue amiche che erano stati assunti in una qualche azienda di meccatronica dopo una triennale in ingegneria. Tutta roba più che dignitosa, si capisce, ma a cui io, vista la natura di poligono irregolare del mio cervello, avrei preferito una lenta morte per disidratazione. Ripensando a tutto questo lì, davanti al carabiniere ossequioso, sentivo esplodermi dentro una serie di luminosissimi fuochi d'artificio e mi veniva quasi voglia di abbracciarlo, mi fermava solo la consapevolezza che nessuno avrebbe mai potuto capire la remota radice punk di quel gesto.

Con il Mastro andavamo spesso in un bar di piazza di Pietra e lavoravamo ai tavoli, esposti alle diverse manifestazioni di un sole comunque mai inclemente. Il Mastro mi aveva sì accreditato come collaboratore ma ci teneva molto al fatto che nessuno sapesse che ero io l'autore degli articoli che firmava sui giornali e sul suo sito. Quale fosse il mio compito rimaneva quindi per tutti una cosa abbastanza fumosa, di certo non potevo essere il consigliere di un consigliere (a parte l'assurdità della carica, ero comunque troppo giovane) e al tempo stesso il Mastro aveva già una assistente.

Quello che si poteva dire apertamente è che mi occupavo della revisione del materiale prodotto dall'infinito numero di addetti stampa degli infiniti uffici con cui avevamo a che fare nel tentativo di digitalizzare lo Stato italiano, gente che di norma scriveva in una lingua burocratica o sciatta, spesso entrambe le cose. Quanto senso avesse un ruolo del genere nell'era della democratizzazione della scrittura è una domanda che nessuno sembrò mai porsi, ma è anche vero che l'inutilità di un determinato posto di lavoro è un problema che in tutto il tempo in cui ho vissuto a Roma non ho sentito mai sollevare da qualcuno.

La casa del Mastro mi piaceva, a parte la posizione tutti gli arredi erano nuovi e giustapposti con un sapere di cui potevo intuire solo i contorni esterni. Dubitavo al contempo che si potesse usare lo stesso sostantivo per nominare la cucina marca Dada di quell'appartamento e quella vecchissima e perennemente piena di piatti sporchi che condividevo a Bologna, né mi sembrava di aver mai dormito su un letto così comodo quanto quel Flou a due piazze e mezzo (che il Mastro fosse un porco sarebbe dovuto esser chiaro sin da allora). Qualche perplessità in più me la forniva lo strano quadro-scultura appeso vicino all'ingresso, una piccola composizione in pietra raffigurante due pesci che si baciavano e un piccolo maialino d'oro posizionato nel punto di unione delle due bocche, così come mi sembrava strano che in quello che doveva chiaramente essere il suo scannatoio, il Mastro avesse deciso di appendere una grande fotografia della sua prima, amatissima, barca, un Pogo 8.50 verde ramarro di cui ancora parlava spesso. Io non avrei messo mai nulla di così intimo e legato alla mia gioventù in un luogo deputato a del sesso occasionale, ma forse, invece, il punto per lui era proprio quello.

Complessivamente quella piccola appendice dell'impero

immobiliare del Mastro era una sistemazione da giovane diplomatico o da manager sulla rampa di lancio, un ambiente a cui mi abituai con sorprendente rapidità. Sul terrazzo, seduto a un incongruo tavolaccio Ikea trattato in autoclave, cercavo di venire a capo oltre che agli articoli del Mastro (in quel periodo stavamo propiziando il piano per la banda larga e l'identità unica digitale) anche al molto materiale istituzionale che passava per le mie mani. Il che significava ad esempio revisionare le sceneggiature di una serie di spot Rai che avrebbero dovuto accompagnare il popolo italiano nel futuro. Nell'introduzione veniva chiarito che il target primario delle pubblicità erano "i maturi". Nel linguaggio Rai "i maturi" erano sostanzialmente i vecchi, che però, assicurava il documento, "preferiscono questa definizione a quella di anziani".

Personalmente se mi fossi dovuto basare sui vecchi che avevano popolato la mia infanzia avrei usato "fermentati" al posto di "maturi", ma non era quello il modo in cui a Prati vedevano il mondo. Una sceneggiatura tipo poteva ad esempio essere la storia di un anziano pugliese (poi cambiato in un vecchio siciliano dopo un grave incidente di treni vicino a Bari) che su un regionale incontra un vecchio compagno di scuola perso di vista da decenni. I due si scambiano un po' di mezze verità sui destini dei figli, uno dei due tace all'altro (cosa che avrei potuto rendere evidente con un breve cambio di scena) che uno dei suoi maschi, quello che vive a Milano, è diventato una drag queen (questa svolta nella trama me l'ero davvero appuntata, poi avevo alzato lo sguardo sul terrazzo che sarà valso da solo millecinquecento euro di affitto al mese e l'avevo cancellata), i due, a conferma della vocazione surrealista dello sketch, *non* fanno alcuna osservazione sugli immigrati, poi il treno arriva a Giovinazzo (successivamente Ragusa) dove abita Maturo 2. I Maturi si salutano e Maturo 1 si rende conto che non ha preso il numero di telefono di Maturo 2 e lo urla all'amico ormai lontano.

«Cercami su Facebook!» risponde allora l'altro, che la sa lunga.

Alla voce «scopo» lo specchietto sinottico riportava "*incentivare l'uso dei social network nella popolazione dei maturi*".

Era più o meno a questo punto che l'idea di una Cool Italia Digitale andava rovinosamente in frantumi e si mostrava per quello che probabilmente era: una spolverata di Silicon Valley su un programma elettorale del PD. In realtà vedevo benissimo il seguito della storiella: Maturo 1 si faceva un account Facebook e come prima cosa mandava una richiesta di amicizia a Maturo 2, salvo rendersi conto abbastanza in fretta di non avere più nulla da dirgli. Allora mandava altre richieste di amicizia a figli (escluso drag queen) e nipoti, ed entrambe le categorie sbuffavano all'apparire della piccola immagine profilo del nonno – inutilmente seriosa e accigliata – in un ambito che immaginavano felicemente libero dalla sua presenza. Seguiva una discussione durante il pranzo di una festa comandata, con la nonna che prende in disparte la nipote e le dice, sottovoce per non essere sentita dal marito, «Dài, su, accetta il nonno su Facebook». Alla fine il patriarca viene accettato a malincuore da tutti, salvo scoprire che non ha granché da dirsi neppure con la nipote di quattordici anni. A quel punto Maturo 1 incomincia a studiare i profili delle amiche della nipote e potete immaginare come va a finire. Tempo un anno e Maturo 1 viene portato via in ceppi, con i carabinieri che lo difendono da una folla che vuole linciarlo, una folla dove, tocco d'autore, c'è naturalmente anche Maturo 2. Segue la notizia data in apertura del Tg1, eccetera eccetera. Era questa la responsabilità che mi stavo prendendo?

Certo, c'era anche una seconda possibilità (ce n'era, invero, una moltitudine, ma diciamo un'altra categoria di possibilità, quelle positive): a Maturo 1 non piacciono le minorenni, ma una volta entrato nel magico mondo del digitale si lamenta con un coetaneo, precedentemente convertito alla rete da un altro dei nostri spot, del fatto che questi social network gira che ti rigira sono abbastanza noiosi. L'amico sorride di malcelato compatimento e gli consiglia di farsi un giro su Escort Forum. E così grazie alla sua nuova confidenza con il mezzo internet e al suggerimento di un amico ("metodo di avvicinamento 3b" secondo lo specchietto sinottico), Maturo 1 scopre che proprio a Catania, proprio quella settimana, è in tournée Milly D'Abbraccio. Certo, costa un po' cara, ma, come assicura la descrizione, "vivrai un sogno a occhi aperti". Maturo 1 spiega alla moglie che è inutile cambiare il frigorifero solo perché fischia e ronza un po', l'importante di un frigo è che tenga freddo e questo che hanno già senza dubbio raffredda.

«Ma se di notte si sente fino in camera da letto» prova a opporsi la moglie. Il dado però è tratto e Maturo 1, con le tasche foderate di contante e il cuore in gola come quando aveva quindici anni, si presenta nella hall di un certo albergo...

Questa era una storia migliore, tanto che riflettei se non fosse il caso di parlarne con qualcuno a Rai Cinema, di sicuro il Mastro aveva dei contatti. Certo, era un po' spinta... forse però si poteva sostituire Milly D'Abbraccio con un'anziana scrittrice, Maturo 1 con un anziano giornalista di provincia e il sesso a pagamento in una camera d'albergo con una lunga e soddisfacente relazione platonico-intellettuale. Insomma, i miei pomeriggi passavano così.

Ogni tanto mi capitava di ricevere richieste di intervista riguardo Enterthedistopianow e se i richiedenti (altri blogger, talvolta qualche giornalista) acconsentivano a svolgere il tutto via mail di solito accettavo. Declinavo solo con complottisti e deliranti conclamati.

In quel periodo arrivò però alla casella del blog una proposta anomala. Iniziava con un "Caro Marco" che non andava bene per niente: il mio era un blog anonimo. La persona che scriveva, una donna, diceva di lavorare per un grande giornale – che nominò. Una rapida ricerca su Google mi confermò che esisteva effettivamente una giornalista trentacinquenne con quel nome. Anche l'indirizzo email, il classico cognome seguito dopo la chiocciola dal nome della testata, sembrava plausibile.

Declinai la richiesta e, senza confermare né smentire il nome, mi firmai con il nick un po' arrogante di Distopia. A mio discapito va detto che i primi a usare una parte del nome del sito come fosse un nome proprio erano stati i miei lettori, un'usanza che era venuta naturale anche al Mastro.

Quella mail era preoccupante ma erano già successe cose simili in passato, alcune persone mi avevano mandato foto di donne mezze nude spacciandole per autoscatti, immagini che a un rapido controllo sui motori di ricerca inversi si erano rivelate prese da cataloghi di intimo o da siti porno. Probabilmente speravano di pubblicare una mia eventuale risposta arrapata. Altri ancora mi avevano già chiamato con nomi propri di persona, tirando a indovinare o pensando che io fossi un loro amico. Forse anche questa tizia aveva semplicemente fatto la stessa cosa ed era stata solamente più fortunata.

Quando il Mastro non era in città e non lo dovevo seguire, il lavoro non mi prendeva mai più di mezza giornata, il resto del tempo salivo sullo scooter che avevo affittato con tariffa mensile e facevo lunghi giri per quartieri di Roma che non conoscevo – una maggioranza dei quali si rivelò una lunga sequenza di condomini cadenti assediati da un traffico impossibile, alla faccia della *Grande bellezza* – oppure andavo a correre a Villa Doria Pamphili, visitavo musei, sedevo al tavolo di un bar di piazza San Cosimato. Lì leggevo i giornali, un'attività che data la mia età mi forniva una piacevole allure di stramberia, e osservavo i vari gruppi sociali di Trastevere aggirarsi per il quartiere. C'era la componente volatile di turisti americani, in larga parte ragazze giovani decise a sbronzarsi ogni sera; poi c'era una sorta di ceto semistanziale più o meno intellettuale composto da registi, scrittori, giornalisti di un certo successo e da membri bohémien di ricche famiglie romane di altre zone della città; infine c'erano gli inamovibili, i trasteverini di lunga data, personaggi che il più delle volte sfoggiavano facce e modi da galera. Uno storico negoziante di piazza della Malva aveva rilasciato un'intervista alle pagine locali di un quotidiano nazionale dicendo che si stava meglio quando c'era la banda della Magliana e che oggigiorno era uno schifo perché tutti stavano piegati sui cellulari. "Non come ai vecchi tempi quando si spacciava eroina e si sparava per strada" pensai finendo di leggere l'intervista. «Nun hai capito, je devi dì a quello che deve da esse qua fra dieci minuti, artrimenti so cazzi sua. M'hai capito?» disse una vecchia seduta a un tavolo di fronte a me al solito bar di piazza San Cosimato. Settant'anni almeno, portava una giacca bianca senza maniche, una maglia rossa e grandi orecchini d'oro tondi, poteva aver parlato con il suo amato nipotino in ritardo come con la moglie di qualcuno a cui aveva prestato dei soldi o venduto della droga a credito. Era impossibile saperlo con certezza.

"Forse con il tempo..." pensai, rabbrividendo subito dopo. La donna era in un gruppo di cinque o sei simili a lei, le loro voci erano le uniche fonti sonore nei dintorni ad avere un volume più alto dei loro cellulari, attrezzi che suonavano in continuazione, come in una specie di centrale di controllo. Erano loro, quei personaggi eterni sul confine tra il folclore e il borseggio, i veri padroni del quartiere.

Quando avevo finito di osservare la nobiltà di strada pagavo una sciocchezza per il mio cappuccino e me ne tornavo alla mia vita in affitto dentro il lusso di qualcun altro. Come avrei scoperto qualche mese dopo si poteva stare sul terrazzo anche in autunno, bastava giusto l'accortezza di una giacca leggera.

Ripetevo sempre al Mastro che per scrivere in un modo che lo rappresentasse il più possibile dovevamo frequentarci. Altrimenti, tanto per fare un esempio, non avrei mai potuto inventarmi una battuta che avrebbe potuto fare anche lui.

La cosa più naturale per il Mastro fu quindi invitarmi in barca. Non essendoci mai stato e non sapendo se mi sarebbe piaciuto o meno patteggiai una gita giornaliera. Per incominciare. Così volai a Olbia e poi presi un NCC fino a Palau. La statale si snodava deserta fra curve, ulivi e fichi d'India, l'autista disse che era sempre così a inizio stagione: poco movimento. «In mare, però» concluse, «è già un'altra cosa.»

Mi aggirai per i pontili finché non vidi il Mastro fare grandi cenni di saluto dalla poppa del *Galatea*. Veleggiammo fino a Bonifacio, oltre al marinaio che si occupava della manutenzione della barca e aveva il mio stesso nome, Marco, a bordo conobbi Santo, un amico di lunghissima data del Mastro: i due avevano condiviso molto, tra cui un ultimo banco al Parini e la scuola velica a Caprera. Uscito dalla marina lo Swan si mise a filare veloce. Con il vento in poppa la mia prima impressione fu che andare a vela fosse un'attività divertente ma non meritevole di tutta la dedizione che gli tributava il Mastro. Seduto nel pozzetto lo osservavo dare con una voce calma e decisa comandi ai suoi due marinai, anche volendo non avrei potuto contribuire visto che non capivo granché di quello che diceva.

«Mi sembra un po' escludente come linguaggio» dissi giusto per non sembrare troppo compiaciuto di quello status di passeggero in panciolle. «C'era davvero bisogno di inventarsi tutte queste parole specifiche? Davvero "cazzare"? Non si può dire "tirare"? E non si può usare "destra" al posto di "dritta"?» Qualcosa – ben poco in realtà – andavo infatti intuendo dei significati di quella lingua parallela.

«Questa è una passeggiata, ma quando sei in mare aperto, o nell'oceano, ogni comando deve arrivare preciso, senza possibilità di errore. Se hai un marinaio a prua e ti arriva metà della parola che ha detto, allora vedrai che è un problema che *de-stra* e *sini-stra* finiscano alla stessa maniera. La precisione è una delle cose che preferisco della vela» spiegò il Mastro, con una calma nella voce ancora maggiore di quella che aveva a terra.

Per il resto di quella navigazione mi persi in una silenziosa analisi comparata fra ciò che mi pareva di capire di quel linguaggio e quello che sarebbe stato l'equivalente in un italiano meno settoriale. Quando arrivammo in prossimità della rocca di Bonifacio avevo visto un paio di delfini saltellare a poppa e capito che a bordo c'erano molte vele – ognuna divisa in diverse parti –, un'infinità di corde, parecchi anelli dove farle passare e tutta una serie di anfratti, legni e pulegge a cui assicurarle attraverso l'uso di nodi i cui nomi avrebbero meritato, da soli, un'appendice dedicata. Insomma, mi ero ormai quasi del tutto rassegnato all'effettiva necessità di quella lingua iniziatica, che ciononostante continuava a sapermi di esclusione e – come tutte le lingue iniziatiche – ispirarmi una naturale antipatia.

Andammo a pranzo in una piccola osteria vicino alla scalinata del re di Aragona, un posto abbastanza cencioso la cui vista mise di ottimo umore sia il Mastro che Santo.

Il mio omonimo invece non parlava granché e rimaneva imperscrutabile. Avevo capito solo che era sardo, viveva a Genova per attendere alla barca e l'aveva portata a Palau con una navigazione notturna in solitaria. Il Mastro abbracciò Baptiste, il cinquantenne proprietario del locale, e si assicurò che avesse preparato azziminu di capicorsu – la zuppa di pesce corsa che prevedeva l'uso di almeno sette tipi diversi di pesce. Si trattava di pura ritualità visto che, come scoprii poi, il Mastro gli aveva telefonato il giorno prima proprio per questo motivo. L'azziminu si dimostrò effettivamente buono ma negli elogi esagerati in cui si produssero il Mastro e Santo vidi soprattutto i lineamenti di un loro mondo fatto di porti, marine, rotte, bettole segrete alternate a grandi ristoranti e ville con moli privati. Il sardo dal canto suo disse solo che la zuppa gli ricordava quella che faceva sua nonna, a parte lo zafferano che era una variante francese e che in effetti Baptiste confermò venire dalla bouillabaisse.

«Anche il pastis al posto del vermentino» notò il Mastro. Santo doveva quel suo nome così poco lombardo a una madre siciliana ed era – per parte di padre – l'erede di un marchio di arredamento di design. Il suo cruccio principale sembrava essere quello di essere stato colpito da quella che tutti e tre mi descrissero come la peggiore disgrazia che potesse accadere a un velista: una moglie a cui non piacevano le barche. Il che era ancora più grave considerato che la famiglia di Santo possedeva un vecchio Sciarelli costruito da Sangermani, uno scafo elegantissimo – di cui il Mastro era un fervente ammiratore – ma, come tutte le barche d'epoca, anche molto scomodo. C'erano quindi scarsissime possibilità di patteggiamento fra Santo e la moglie e lo Sciarelli rimaneva quasi sempre ormeggiato a Genova. L'ultimo grande viaggio Santo glielo aveva fatto fare qualche anno prima, quando con il Mastro e altri due amici avevano navigato fino a Madera. Anche se il Mastro sosteneva la necessità di altri viaggi nell'oceano per onorare una barca come quella mi sembrò che Santo parlasse di quella rotta come una specie di cerimonioso funerale. Scoprii più tardi, cercando su internet il nome dello scafo, che la barca era in vendita ma Santo non aveva avuto il coraggio di confessarlo al Mastro.

Risalendo a bordo il marinaio sardo mi indicò con orgoglio le saldature impeccabili e le viti tutte, nessuna esclusa, con i filetti orientati per essere perfettamente paralleli alle mura dello scafo. «Marco, vedi, questa è la Bentley dei mari.»

Il Mastro assistette a quello scambio e quando fummo rimasti soli commentò: «La tiene come fosse sua. È prezioso, Marco».

Tornammo indietro con dei bordi di bolina. Quando la barca si inclinò per la prima volta provai un brivido che si trasformò in fretta in una sensazione di leggera euforia. Gli schizzi d'acqua lambivano la falchetta sottovento e mi sembrò di incominciare a capire.

Mi sdraiai puntando i piedi su un avvallamento della vetroresina e mi rilassai. Ogni tanto davo uno sguardo al Mastro: in tutta la giornata non aveva mai controllato il telefono, non lo avevo mai visto concentrato così a lungo su una singola questione, la barca era davvero il suo yoga. Finito di manovrare, Santo mi raggiunse e indicò l'isola di Lavezzi, disse che nelle sue acque si trovava un santuario per le cernie, un punto a quindici metri di profondità dove una colonia risaliva abitualmente dagli abissi e non sembrava conoscere la paura degli esseri umani.

«Se ti immergi le puoi guardare in faccia e mamma mia se sono brutte» aggiunse ridendo. Scrutando l'isola vidi dei turisti che tornavano a piedi, scarpinando sotto il sole, verso i barconi che li avevano scaricati ore prime su quell'isola disabitata. Riappoggiai la testa sul ponte di teak assemblato a mano in Finlandia e lasciai che il sole e il vento si fondessero in una sensazione di benessere.

Quella sera, mentre sul bordo della marina aspettavo l'NCC, vidi una coppia di mezza età fotografare con lo smartphone le barche più grandi e lussuose. In tutta quella giornata spesa a bordo del *Galatea* non avevo scorto nessuno scattare delle fotografie con il cellulare, non sulle barche ormeggiate a Palau o a Bonifacio, né su quelle – ed erano molte – che avevamo incrociato da vicino in navigazione, né, ancora, su quelle ancorate nella caletta di Budelli dove c'eravamo fermati per un bagno prima di rientrare in porto. Le uniche persone che avevo visto con il telefono ben stretto in mano e affannosamente impegnate a certificare la loro presenza in uno degli arcipelaghi più belli del Mediterraneo erano i turisti sui bastioni di Bonifacio e quelli che scarpinavano accaldati sulle rocce di Lavezzi. Oltre al sottoscritto, naturalmente. Venni colpito con una certa intensità – dovuta anche al fatto che si trattava di un'ovvietà che per tutto il giorno avevo avuto sotto gli occhi senza per questo notarla – dall'evidenza che le foto con lo smartphone erano la pulsione elettiva di chi voleva dare un'immagine cosmetica della propria esistenza, persone per le quali aggirarsi attorno alla Maddalena aveva carattere di eccezionalità. Chi godeva di un'autentica consuetudine con il privilegio non sembrava sentire il bisogno di metterne a parte il resto del mondo; semmai, anzi, preferiva nascondersi. Il selfie era una dichiarazione di minorità, una lampante autocertificazione di povertà. Il suo vero messaggio era: tutto questo per me è strano, inconsueto ed episodico, facciamo una foto per celebrarlo.

Questo significava tra le altre cose che niente di quello che avevo visto e sentito quel giorno fosse utilizzabile, neppure come aneddoto introduttivo, per un'efficace comunicazione online. Neanche le cernie, perché a Lavezzi bisognava sempre arrivarci e serviva una barca, o almeno un gommone, oltre all'attrezzatura da sub e un brevetto per le immersioni. Se i pezzi firmati dal Mastro dovevano finire sui social i riferimenti alla vita reale andavano tarati su possibilità di spesa minime, nell'ambiente digitale ogni riferimento al mondo che viaggiava a più di milleduecento euro al mese sarebbe stato accolto con risentimento. Ironicamente quella sarebbe stata la reazione anche delle persone che andavano ben oltre quegli angusti limiti salariali, ma, forse perché terrorizzate dall'idea di farsi scoprire, si fingevano tribuni del popolo fra i più severi. Quella grammatica dei social, quel clima cioè di terrore, finiva per legarmi parecchio le mani dal punto di vista creativo.

Fu davanti alla gigantografia pubblicitaria di un Rolex Yacht-Master II da quarantaquattromila euro appesa sopra l'ingresso dei controlli di sicurezza dell'aeroporto di Olbia che capii che per salvare qualcosa di una giornata come quella avrei dovuto abbandonare del tutto il dettaglio e provare ad astrarre. Ricavare cioè qualche schema di carattere generale. Potevo ad esempio prendere il discorso della precisione della lingua della vela – evitando accuratamente ogni menzione a winch, vang, scotte e gomene – e spostare lo stesso concetto nel mondo dell'innovazione. In un Paese in cui i vecchi venivano rietichettati come maturi e i romanzi erano ricchi di peni e scarsi di cazzi, c'era senz'altro molto spazio per un appello in favore di una lingua più precisa e sincera: il mondo dell'innovazione non doveva fare eccezione.

Passai la settimana successiva a fare delle ricerche e delle brevi interviste ai membri del team digitale ed entrambe finirono per confermare questa ipotesi. Il terzo giorno scrissi "Non tutto il mondo è startup", un divertente e irato articolo dove stigmatizzavo tutta una serie d'imprecisioni abituali nel racconto di quel settore dell'economia.

Il Mastro lo lesse, poi alzando gli occhi dal tablet osservò: «Vedi che avevo ragione a volerti qui?». Poi prese una chiamata sul cellulare e uscì dalla stanza cercando campo come un rabdomante cercava l'acqua. Rimasto da solo, rilessi per l'ennesima volta il pezzo. Quando l'ebbi finito mi sorpresi a chiedermi se il Mastro avrebbe potuto definirmi "prezioso".

Quel pezzo fece capire davvero al Mastro cosa intendevo quando dicevo che dovevamo passare del tempo assieme se dovevo scrivere con una voce che ricordasse almeno un po' la sua. Finii così per conoscere giornalisti, addetti stampa, imprenditori, manager, funzionari di ogni tipo – compreso un pezzo grossissimo della Silicon Valley che ci parlò soltanto delle galline che aveva a casa per farsi le uova *organic*. Amava davvero quei volatili. Alle cene il Mastro mi presentava sempre come blogger, cosa che non ho mai capito se mi desse fastidio o meno. Questo mi permise comunque di essere testimone in prima persona di un mutamento d'epoca, vidi cambiare sotto i miei occhi le reazioni delle persone a cui venivo presentato con quel titolo. Dall'oggi al domani si passò da: "sorrisino di compatimento" a "questo meglio ingraziarselo".

Nello stesso periodo giornali e tv si riempivano di web star, i TG incominciavano a trasmettere schermate tratte da Twitter, i figli della migliore borghesia facevano i trapper, incassavano milioni di visualizzazioni e ogni tanto si facevano arrestare per spaccio, al cinema uscivano ogni mese dei film con protagonisti degli youtuber, gli editorialisti prendevano a usare per i loro articoli formule che su carta risultavano anche più grottesche che su internet, cose come "i tre motivi per votare la fiducia". In pratica si era passati dallo scherno della rete – percepita come roba da ragazzini – alla sottomissione canina nel momento in cui ci si era resi conto dell'ovvio, ovvero che dietro ogni like c'erano una persona, un voto, uno spettatore, un consumatore. Il tutto era avvenuto in un lasso di tempo ridicolo. Sprovvista d'idee proprie, Roma annusava il vento come un cane da caccia che utilizza il suo fiuto per individuare non la preda ma il padrone migliore.

Una sera, in un ristorante vicino a piazza di Montevecchio, stavo affondando una forchettata in un dolce da ventidue euro (pagava il Mastro) quando una torinese sui cinquanta, capo del marketing di una grossa società semipubblica, attaccò a spiegare che la sua strategia principale era far affiggere le pubblicità sulla strada che l'amministratore delegato faceva per andare da casa all'ufficio. Non aveva la minima idea di cosa fossero anche solo i Google Ads e scolandosi il secondo Ben Rye proclamò che la pubblicità online non avrebbe mai e poi mai superato quella dei giornali e della tv.

Il Mastro, seduto a fianco a me, continuò a mangiare il suo fazzoletto di pasta di mandorla e ricotta, imperturbabile. Era ovvio che avrei dovuto imitarlo, invece mi lanciai a spiegare quello che sicuramente anche l'ultimo dei sottoposti della donna doveva sapere benissimo: l'advertising online era *già* il presente e fra una pubblicità online e quella su di un giornale c'era la differenza che correva fra lo sparare a un pesce chiuso dentro un acquario oppure sorvolando l'oceano con un aereo.

Il viso dell'assistente della donna, un trentenne in giacca e cravatta, fu attraversato da un lampo che mi parve contenere un ghigno faunesco, bloccato solo da un impressionante sforzo nervoso. Nessuno a parte me lo notò, ma io e il giovane uomo ci scambiammo uno sguardo fugace e nei suoi occhi vidi la riconoscenza guardinga dell'animale in gabbia.

Quella sera comunque finì male, perché la donna era ubriaca e siccome io sono un cacciatore seriale di mulini a vento non lasciai cadere la cosa finché lei, priva di argomenti, non finì per insultarmi. Fossi stato in uno dei tavoli che ero abituato a frequentare a quel punto sarei partito alla carica come un bisonte, utilizzando le sue stesse parole per costruire un argomento finale umiliante, e dopo quella *fatality* avrei sparso il sale grosso del sarcasmo sulle rovine fumanti del nemico sconfitto. Tale e tanta era l'ignoranza della donna e la sproporzione – almeno nella mia ingenua testa di allora – rispetto al ruolo che ricopriva. Ma lì, in quel ristorante di lusso nel centro di Roma, decisi di godermi il silenzio che la sfuriata aveva fatto scendere per un momento sulla tavolata. Mi tirai appena indietro, con un sorrisetto da sberle che stava a dire "come volevasi dimostrare". Mi sentivo non solo vincitore, ma civile come non ero mai stato in vita mia. Almeno finché la persona che avevo di fronte, tale Falzone, un siciliano molto simpatico e alto funzionario di Invitalia, non mi chiese con un sorriso sornione:

«Da quanto tempo hai detto che sei a Roma, Marco?»

Eccomi derubricato all'istante a contadino in trasferta, o, nella migliore delle ipotesi, a giovane di provincia che ancora non sa che nelle occasioni sociali si parla rigorosamente del nulla, soprattutto con le donne, le stesse di cui poi bisogna sottolineare la spiccata intelligenza, come fossero dei bambini un po' speciali. Sarà stato l'essere in minoranza assoluta (se si escludevano i segreti pensieri assassini dell'assistente) ma nonostante avessi appena vinto per ko uno scontro dialettico mi sentii di colpo un completo imbecille. Fu quello il momento in cui realizzai definitivamente in che città di cortigiani mi ero ficcato, un angolo di spazio e di tempo dove la logica era solo una funzione dei rapporti di potere. Non mi sarei stupito di scoprire che in romanesco non esisteva una parola per "argomentazione".

Il mattino seguente stavo facendo colazione sul terrazzo, masticando ancora amaro per l'epilogo della serata, pensavo che forse da lì in avanti mi sarebbe convenuto non bere, quantomeno in occasioni come quella, quando suonò il telefono. Era il responsabile per il digitale della grande società semipubblica. Diceva che gli ero stato segnalato dalla capa della comunicazione come la persona giusta per una consulenza per il rinnovamento del sito. In quel momento le chiome degli alberi sul lungotevere furono attraversate da un fremito di vento, mi sembrò che Roma stesse ridendo bonariamente di me, della mia ridicola pretesa di sapere come sarebbero andate a finire le cose.

Ascoltai con attenzione la voce dell'uomo, non c'era traccia di alcun tipo di giudizio, chissà quante volte gli era capitato di fare chiamate come quella, specie se per la donna alzare il gomito era un'abitudine. Capii quanto ero fortunato a non essere lui e per questo provai una profonda, incontrollata, sensazione di gratitudine. L'uomo assicurò che c'era un «buon budget». Appoggiai gli occhiali da sole sul tavolo, mi presi il beneficio di una piccola pausa in cui strinsi per un momento il pollice e l'indice all'inizio del naso, infine risposi: «Credo che la cosa migliore sarebbe incontrarsi».

Terminata la telefonata, aprii la mia casella mail. C'era un nuovo messaggio: era della giornalista che sembrava conoscere il mio nome. Il tono, pur sforzandosi di mantenersi nel campo semantico della professionalità, era ora apertamente minaccioso. Questa volta oltre al nome aggiunse anche il mio cognome. Mi informava che se non avessi risposto alla sua intervista avrebbe pubblicato un pezzo in cui avrebbe rivelato entrambi.

Un giornalista politico, nel nostro paese, può contare su circa 1500 lettori ... il resto non conta.

ENZO FORCELLA

La prima cosa da capire era come avesse fatto quella giornalista – tale Luisella Minardi – a scoprire la mia identità. Chiamai Guido, un mio amico nerd che a tempo perso faceva anche il dj e a cui avevo appaltato le aperture nella sala di Groove dove si suonava l'elettronica più pesante. Sapevo che lavorava da remoto, senza cioè muoversi da casa sua a Bologna, come tecnico informatico per una grande agenzia di comunicazione di Milano ma dalla voce stanca e impastata sembrava che si fosse appena svegliato ed erano le quattro di pomeriggio di un giovedì lavorativo. A ogni modo rimase ad ascoltare il mio problema, poi mi chiese di aspettare un attimo. Passò una ventina di secondi in cui sentii solo il ticchettio delle sue dita sulla tastiera e un ruminare lento e metodico, probabilmente delle chips.

«Mh, ecco, sì. Non hai coperto il nome durante la registrazione del dominio. Basta fare un who.is e viene fuori di chi è il sito con tanto di indirizzo. È un procedimento molto semplice. Hai visto quanto ci ho messo.»

Non capivo. Dopo aver pubblicato "Steve Jobs incontra Casaleggio in trattoria" ero stato oggetto delle ire di centinaia di grillini che avevano scritto più di 1500 commenti di insulti, dai classici "Chi ti paga" fino alle accuse riguardanti l'anonimato. Io non masticavo quel tipo di tecnicalità, non allora, quantomeno, ma era mai possibile che nessuno fra gli infoiati supporter di quello che si autodefiniva il partito di internet avesse avuto il minimo di capacità tecnica necessario a una ricerca gratuita che prendeva in tutto venti secondi? E non era solo una questione di grillini, anche un giornalista di un quotidiano si era molto indispettito quando, durante il nostro scambio di mail per un'intervista, mi ero tassativamente rifiutato di dirgli il mio vero nome. "Guarda che io so chi è Elena Ferrante" fece, come a dire che quindi non fosse concepibile che non sapesse chi ero io, merdina qualsiasi. Resistetti alla tentazione di scrivergli "E sti cazzi" e optai per un più morbido "Salutamela tanto" e gli negai l'intervista. Insomma, mi sentivo sicuro. Ora scoprivo che ero stato esposto tutto quel tempo.

«Ma scusa, non c'è un rimedio?»

«Ah sì, quando compri il dominio basta aggiungere l'opzione anonimato, costa sui dieci euro in più, ma molti provider in Italia non te la propongono neanche. Forse è illegale, non so. Comunque a te non te ne frega niente perché basta comprarlo in Nevada per gli stessi soldi e lì la protezione da who.is la maggior parte delle volte è inclusa.»

Guido accettò un po' a malincuore di curare lui stesso il passaggio del sito su un server che offrisse quel tipo di servizio. Dissi che avrei aggiunto i costi dell'operazione al suo compenso per la serata successiva di Groove. Per tutto il tempo della nostra conversazione, a intervalli irregolari ma molto ravvicinati, era risuonato un suono digitale, come di notifica di una chat, ma di un tipo che non conoscevo.

Mi salutò con un certo sollievo.

Mi rimaneva da decidere cosa fare, con il Mastro che se andava in giro presentandomi come "blogger," il numero di persone che sapevano chi fosse "Distopia" era aumentato parecchio ultimamente, anche se, certo, solo a Roma e solo in un certo tipo di ambiente. Vederlo scritto su un giornale, che poi di sicuro avrebbe messo l'articolo online, sarebbe stato un altro paio di maniche. In maniera del tutto anomala la giornalista non aveva nominato la vicenda di Martina Scalzi, che mi avesse preso per un Marco De Sanctis qualsiasi? Non c'erano molte altre tracce di altri De Sanctis online, a parte un piccolo produttore di calzature di Casarano, in provincia di Lecce, e un avvocato di Genova, presumibilmente figlio a sua volta di un immigrato salentino.

Comunque, una volta uscito l'articolo con il mio nome che qualcuno facesse due più due, costringendo probabilmente il Mastro a fare a meno dei miei servigi o quantomeno a tenermi lontano da Palazzo Chigi, sarebbe stato inevitabile. Mi ero appena sistemato in quella casa e non avevo voglia di tornare in pianta stabile a Bologna. Con tutti i difetti che gli intuivo sotto la sua superficie di cupole e tetti antichi, Roma rappresentava comunque il livello successivo. Il Tevere era in piena, la settimana precedente aveva diluviato senza sosta, attraverso le fronde degli alberi vedevo come la massa di acqua marrone si fosse mangiata del tutto i camminamenti sotto l'argine. Mi chiesi come facessero i barconi-ristorante più a nord sul fiume a non venire travolti da piene come quelle. Sull'ultimo taxi che avevo preso mi era toccato stare a sentire la lugubre risata soddisfatta dell'autista mentre raccontava di una Mercedes parcheggiata sotto l'argine a Roma nord che era stata ritrovata, dopo tre giorni consecutivi di pioggia, cinque chilometri più a valle, completamente distrutta.

Messa in prospettiva l'insistenza da parte de La Giornalista era anomala. Ero molto letto, ma non ero una star, la mia fama viveva solo dentro un certo tipo di bolla, non era per nulla mainstream, né si incrociava granché con il pubblico del quotidiano per il quale mi aveva chiesto l'intervista.

Tornai al computer e digitai di nuovo il suo nome su Google. Cliccai su "immagini". Bella non era bella, non in senso stretto quantomeno, e in ogni caso niente di paragonabile a Elena, a Martina o a Claudia, l'italo-tedesca. Troppo segaligna e linee tra loro poco coerenti. Tutto quell'interesse nei miei confronti, così come quella sgraziata aggressività, non era però del tutto privo di fascino: in genere le donne bruttine ma motivate sapevano regalare un certo tipo di soddisfazione, oscura quanto si vuole ma pur sempre soddisfazione. Studiai con attenzione una certa foto della giornalista, impegnata a ridere tirandosi indietro i capelli durante l'intervento a un festival. Rideva così tanto che si vedevano bene i denti, perfettamente dritti e bianchi, una dentatura di buona famiglia. Da un video su YouTube appresi che aveva un forte accento milanese. A quel punto dovetti constatare un certo principio di formicolio nelle parti basse. Chiamai una mia cugina che faceva l'avvocato a Torino e le chiesi un rapido consulto. Subito dopo scrissi alla giornalista dicendole che acconsentivo all'intervista, avremmo però dovuto vederci di persona. Io stavo a Roma e lei?

Fissammo su sua proposta da Settembrini. Arrivò avvolta in un trench e intuii nei suoi occhi il sollievo di una delusione scampata. Ma davvero non aveva idea di come fossi fatto? Poteva non aver capito che *ero* quel Marco De Sanctis che aveva occupato i giornali solo qualche anno prima? Ora ero molto più presentabile, certo, ma quel mancato riconoscimento continuava a sembrarmi anomalo. La profezia Ciuffreda sembrava andare avverandosi.

Come prima cosa le dissi che avevo acconsentito all'intervista solo per cortesia, dato che il mio anonimato era protetto dalla legge sugli pseudonimi, che puniva – blandamente, ma questo l'omisi – il loro disvelamento contro la volontà dell'autore. Aggiunsi che il problema del who.is era stato risolto. Lo definii un bug e da come lei non mosse un muscolo capii che non aveva alcuna competenza tecnica. Questo mise l'incontro su dei buoni binari. Lei si scusò, disse che ci teneva davvero molto a questa intervista e che aveva pensato che quello fosse l'unico modo per ottenerla. Era stato un suo amico informatico a darle l'idea di usare il who.is.

«Avresti potuto chiedermela senza ricatti, te l'avrei concessa subito.»

Mi guardò con occhi privi di intelligenza, era chiaro che non mi credeva affatto. Quella donna stimolava in me un forte istinto punitivo, le cui ragioni molto probabilmente andavano ben oltre quel suo maldestro tentativo di ricatto e affondavano le radici nell'amorevole massaggio shiatsu a cui la stampa italiana mi aveva sottoposto ai tempi del caso Scalzi. Quali che fossero le implicazioni autobiografiche comunque se avessi potuto l'avrei presa e scopata lì sul tavolo. Tirò fuori un quaderno in carta riciclata marrone e una penna di Muji e incominciò con l'intervista. Le domande erano banali ma quel che è peggio è che vedevo come si stesse segnando solo le parti più irrilevanti delle risposte. A un certo punto glielo feci notare, lei rispose piccata che sapeva fare il suo lavoro e di lì in avanti prese a scrivere in modo del tutto incomprensibile. Dubito che poi lei stessa sia riuscita a capire i suoi appunti. Alla domanda su quale fosse il mio mestiere risposi che mi occupavo di informatica, lei annuì compita e disse: «L'avevo immaginato». Spiegai che nonostante la mia formazione tecnica avevo sempre avuto una passione per le storie.

«Ad esempio?»

«"Topolino", ma solo le storie di paperi. Il topo-sbirro con le orecchie tonde non mi è mai piaciuto.»

Lei rise, come trovandosi di fronte a un buffo selvaggio. Io risi con lei pensando alle ghignate di secondo livello che si sarebbero fatti i miei lettori davanti a quell'intervista. Il fatto strano è che pur avendomi letto in lungo e in largo lei non capisse che la stavo prendendo in giro. Un altro mistero.

«E i riferimenti filosofici?» chiese.

«Wikipedia.»

Finita l'intervista mi misi seriamente in caccia. La feci parlare di lei, era il tipo di milanese entusiasta di Roma che accoglieva di buon grado la milionesima spiegazione burina che al ristorante scatta in automatico riguardo carbonare e cacio e pepe appena un accento viene indentificato come privo di "Aò". A me quel genere di strapaese e quelle due fregnacce in croce spacciate per misteri iniziatici avevano rotto le palle dopo circa due settimane. A parte questo, ricordo con chiarezza che già la prima volta mi disse che sì, lavorava al grande giornale, ma sognava la televisione. «Non è facile, però.»

Quando il giorno dopo vidi il pezzo che aveva scritto pensai invece che fosse alla sua portata. Nel testo il mio tono di voce era inesistente, sembrava un'intervista a un attore di soap opera. Era un'autentica campionessa dell'omogeneizzazione e dello stereotipo, ogni traccia di autenticità spariva nel suo racconto delle parole altrui. Era, insomma, televisiva in essenza, altroché. Le righe che mi fecero più incazzare furono queste:

«"Il fumetto 'Topolino', ma solo le storie di paperi. Il topo-poliziotto con gli orecchioni non mi è mai piaciuto."

«Ma che è "con gli orecchioni"?» le dissi al telefono usando una per me inedita costruzione trasteverina della frase. «Sembra che abbia una malattia.» Il congiuntivo non mi era ancora riuscito di eliminarlo del tutto.

«Ma scusa, è la stessa cosa.»

«No che non è la stessa cosa, un'espressione può indicare anche una malattia infettiva, l'altra no. E poi senti com'è più bello e preciso "orecchie tonde"? Anche se elimini la possibile accezione medica, "orecchioni" fa comunque schifo. La precisione, cazzo, la precisione.»

«È uguale.»

«Non è uguale proprio per niente. E anche "il fumetto 'Topolino'" ma perché? "Topolino" è "Topolino", cosa deve essere? La raccolta di endecasillabi Topolino? L'antico papiro funerario Topolino? È un fumetto, è ovvio.»

«Mica tutti lo sanno.»

«E poi Topolino non è neppure un poliziotto, è un investigatore privato che collabora con la polizia.»

«Vabbè anche questo è uguale.»

Provai fortissima la tentazione di spaccarle il telefono sul cranio, ma eravamo appunto al telefono, e lei non era a portata.

«Io non so come si faccia a essere così sciatti, ma perché vuoi fare questo mestiere se lo fai in questo modo?»

«Ma cosa dici, ma quale sciatteria. Chi vuoi che si accorga di queste cose? Il mio capo è stato contentissimo del pezzo.»

«Se io scrivessi su internet con la stessa mancanza di attenzione mi leggerebbero in tre.»

La sentii ridere. «Sì, come no, su internet. Guarda che questo è un giornale, una cosa seria.»

La sera prima ero stato ad ascoltarla un'ora buona dopo la fine dell'intervista e ne avevo ricavato giusto un limone, poi aveva fatto la pudibonda e se n'era tornata a casa. Roba che manco in *Dawson Creek*.

«E poi comunque» aggiunse «stiamo parlando di "Topolino", *dei fumetti per bambini*!»

Qui faticai davvero a contenermi. Che si potesse mettere in secondo piano la grandissima tradizione italiana di sceneggiatori e disegnatori Disney era un colpo al cuore insopportabile.

«Cosa fai stasera?» chiesi con il respiro quasi spezzato.

Qualche ora più tardi, nel suo appartamento a San Giovanni, non mi riuscì ancora di metterglielo nel culo persbaglioapposta ma mi tolsi comunque più di qualche soddisfazione. Nel mentre mi chiedevo, socraticamente, cosa stessi facendo di preciso. Per quella donna provavo solo repulsione e non mi era mai capitato in vita mia di infilarmi in vicoli ciechi del genere. Certo, qualche ragazza non particolarmente bella mi era capitata, e durante delle sbronze indecenti anche un paio di molto più brutte di lei. Ma tutte, pur nel breve tempo di frequentazione, avevano dimostrato almeno qualche bagliore di umanità, un sentore d'intelligenza, un mezzo grammo scarso di brillantezza. Io di norma amavo le donne, e non tanto per dire. Erano davvero l'unica cosa che separava la vita dall'insensatezza più totale e non solo per via del sesso che ci si poteva fare, anche se, certo, quello contava parecchio. Questa storia della giornalista mi rimaneva quindi un mistero: mi era scattato dentro un impulso di violenza quando aveva provato a ricattarmi e non si era spento più. Anzi, cresceva. La cosa straordinaria è che più la insultavo più lei pensava che scherzassi e che quello fosse il mio modo di essere ironico e sciocchino, e dico "sciocchino" perché è una di quelle espressioni idiote che avrebbe potuto usare lei.

«Non so se mi piace questa cosa che mi stai facendo fare» disse interrompendo il flusso dei miei pensieri.

«Te non ti preoccupare, vedrai che poi in retrospettiva ti piacerà un sacco.»

Mi guardò dubbiosa per un istante ma poi si rimise giudiziosamente al lavoro.

Presi persino a frequentarla in pubblico e con notevole sadomasochismo a seguirla in certi ariosi saloni di Prati dove di fronte a mozzarelle aversane e grechetti di Sergio Mottura i suoi colleghi discutevano se questo o quel provvedimento del governo potessero dirsi di sinistra (unica risposta ammessa: no, ma ne discutevano comunque per ore). Dico i suoi colleghi perché lei non è che avesse grandi idee da esprimere, seguiva quelle degli altri, e in particolare ripeteva a pappagallo le frasi di un conduttore di talk show che quando non era in onda aveva una sciarpa leggera perennemente annodata al collo. Lavorare per lui come inviata era il suo sogno più grande. Gli inviati di Sciarpetta facevano cose come collegamenti da Rosarno quando una baraccopoli piena di africani prendeva fuoco, o dalla Basilicata se per caso era crollata una scuola per il mancato rispetto delle norme sismiche, oppure ancora si fiondavano in Piemonte se un treno merci deragliava – e poi esplodeva – causando morti fra gli abitanti dei palazzi attorno alla stazione. Qualsiasi disgrazia di una certa gravità capitasse entro i patri confini durante la settimana gli inviati erano lì, con un faro puntato in faccia, una folla inferocita alle loro spalle e in cuffia proprio Sciarpetta che gli giocava sovente scherzi da caserma e li trattava sempre alla stregua del membro scemo della servitù. Da quella scomoda posizione non aggiungevano alla situazione informativa riguardo alla tragedia mai nulla che non fossero comunicati stampa o le dichiarazioni in presa diretta di questa o quella autorità locale, personaggi di norma o in evidente affanno o assolutamente incoscienti. Gli incoscienti davano l'impressione di essere in grado di gestire la situazione e incontravano quindi maggiormente i favori del pubblico.

La specialità della casa da *chez* sciarpett era comunque la conta dei morti e dei feriti, l'apoteosi assoluta per loro era qualche decesso particolarmente telegenico, come un bambino ritrovato abbracciato al peluche di una scimmia dai grandi occhi dopo che il tetto gli era crollato addosso, o dei neopensionati che morivano lasciandosi alle spalle stuoli di nipoti inconsolabili e almeno una ventina di anni di idealtipica nullafacenza italiana. Insomma, tragedie universali. Quel fare da istigatore di grottesco e parafulmine umano era la massima aspirazione de La Giornalista e per me andava benone, aiutava a giustificare tutto quello che le facevo e le facevo fare. Per la prima volta in vita mia avevo accesso all'habitat naturale delle persone che non ci avevano pensato un minuto prima di crocifiggermi da innocente e non posso nasconderlo: ne ero disgustato e attratto al tempo stesso.

La Giornalista diceva con il broncio – nel suo caso non bellissimo – di chi denuncia una terribile ingiustizia che il giro degli autori tv era molto chiuso, sarebbe stato bellissimo entrarci ma era praticamente impossibile. Però dopo un periodo da inviata... chissà. Nel dubbio, forse intuendo inconsciamente di essere del tutto priva di talento, non dedicava nemmeno un minuto al giorno allo studio, leggeva solo Instagram, gli hashtag del momento su Twitter e gli articoli delle persone che conosceva sulla rassegna stampa della Camera grazie all'account che le aveva dato un portaborse del PD con cui era andata a letto un paio di volte. Mai, in nessuna circostanza, leggeva un libro. In redazione razziava comunque dagli invii stampa i titoli scritti dalle persone che conosceva, o le sarebbe potuto capitare di conoscere, e li metteva in bella vista in salotto dopo aver comunque studiato con attenzione le quarte di copertina. Della letteratura conosceva titolo e tema (a grandi linee) dei libri che avevano vinto i due o tre premi più noti. Faceva grandi pianificazioni strategiche riguardo contatti, incontri, cene, feste in terrazza, e pur tenendosi buoni i colleghi al giornale cercava di espandere la sua rete relazionale nel mondo della televisione e io ben volentieri talvolta l'accompagnavo come in una sorta di lungo preliminare per il sesso distorto che ne sarebbe seguito.

La Giornalista faceva una corte particolarmente serrata a una riccia autrice cinquantenne che rideva con sadismo di cose irrilevanti, come il fatto che Renzi durante un discorso avesse messo il cantiere del tunnel del San Gottardo in Italia quando in realtà i lavori erano sul lato svizzero (in un'altra occasione avevo sentito lei confondere, senza battere ciglio, il lago di Garda con quello di Como, oltre che Trento con Trieste). In generale era tutto un florilegio di battutine tratte dalla schiuma del dibattito politico, pettegolezzi di letto, piccole miserie personali e ossessioni linguistiche come quella del vicedirettore di settimanale che ripeteva a ogni minima tensione "stai sereno", talvolta mimando addirittura l'hashtag con un dito, o l'inviata di fresche simpatie grilline che sogghignava parecchi "ciaone", termine che era stato al centro di uno scontro fra PD e Movimento 5 Stelle durante le elezioni municipali di Roma. Solo la moglie dell'ex ministro Brunetta, beccata a criticare il governo con un account finto su Twitter, aveva messo d'accordo tutti nel dileggio.

«E poi chiamarlo "Beatrice Di Maio"! Che tocco di classe»

rise lo stesso caporedattore che quando era stata eletta Virginia Raggi, futuro peggior sindaco del globo terracqueo, aveva titolato *Giovane madre al Campidoglio*, intravedendo una qualche occulta correlazione fra il semplice fatto di mettere al mondo un bambino e l'essere per ciò stesso in grado di governare una città di tre milioni di abitanti senza farla scivolare nel kaos. Incrociando un po' d'informazioni raccolte con estrema discrezione scoprii essere la stessa persona che durante il caso Scalzi si trovava a capo delle grandi cronache del quotidiano che era stato più duro nei miei confronti. Anche lui, incomprensibilmente, non mi riconobbe mai. Forse avrebbe dovuto vedermi con indosso una felpa degli Orlando Magic. Durante una festa in un grande attico ai Parioli lo vidi fumare da solo sul terrazzo. C'erano cinque piani fra lui e l'asfalto. Se ne stava assorto nella sua sigaretta e non si accorse che ero fermo alle sue spalle. Dopo una decina di secondi me ne andai mormorando fra me e me diverse volte la frase «Spacciatore assassino», uno dei titoli che quel brav'uomo mi aveva dedicato.

Quasi tutti in quell'ambiente avevano una cosa in comune: un'estrazione borghese idealtipica che non avevo mai incontrato prima, anche perché non ero mai stato non solo parte, ma neppure attratto da quel mondo. Anche se non ero certo nato in una favela, nella mia famiglia bastava tornare indietro di un paio di generazioni per trovare contadini e operai, forse anche per questo a me di norma piaceva la gente con un po' di sangue nelle vene, gente che all'occorrenza rideva sguaiatamente, s'infervorava fino all'improperio, gente che trovava il modo di cavarsela su questo pianeta estremamente complicato usando il cervello o le mani, ma era comunque obbligata dalla lotteria della nascita a muovere i piedi per rimanere a galla. Persone a cui il mondo il più delle volte si presentava in forma di antitesi e non di giardino fiorito. Una volta avevo avuto una specie di breve storia con una ragazza smodatamente ricca ma figlia di imprenditori di origine contadina, gente pragmatica che pur essendo seduta su patrimoni che la mia nuova cerchia romana poteva solo sognare mi risultava sempre distante ma comunque un po' più affine. Di fronte a me ora c'erano persone che avevano il più delle volte due atteggiamenti soltanto: il disprezzo del conte del Grillo e il finto senso di colpa del nipote brigatista del conte del Grillo. È una descrizione un po' sommaria, e forse neppure di grande originalità, ma la città che andavo conoscendo mi appariva ogni giorno più simile alla sua caricatura, in una sorta di gioco di specchi deformanti. Questa era probabilmente la sua caratteristica più peculiare: far sembrare il grottesco delle tante satire in cui era stata ritrattata come ricavato per sottrazione, cercando cioè di ridurre l'assurdo, non di moltiplicarlo. Una scoperta, questa, che mi lasciò per un certo periodo letteralmente senza parole.

La Giornalista fumava incessantemente Camel Lights, le distribuiva a chi era senza, più raramente le chiedeva in prestito, soprattutto prendeva molto sul serio tutte le chiacchiere che risuonavano in quelle stanze. Decisamente troppo, tanto che mi ritrovai, chissà perché, a consigliarle di non essere così servizievole, sostenni che facendo la brava scolaretta milanese non si arrivava da nessuna parte – specie con una faccia e un corpo come i suoi, ma questo lo omisi. Meglio tirarsela almeno un po', non aver paura di essere ostile con qualcuno scelto a caso, anche se importante, bisognava insomma fare quello che facevano gli altri. Chissà se fossero buoni consigli da dare a una comunque del tutto priva di soffio divino. Probabilmente no.

A parte qualche moglie e qualche marito strategicamente acquattati negli anfratti della grande macchina pubblica romana, io ero uno dei pochi in quel giro a non fare di mestiere il giornalista e anche questo contribuiva al fatto che non attirassi in alcun modo l'attenzione, un po' come ai tempi delle cene con gli amici aspiranti accademici di Emanuele, solo che qui l'autoreferenzialità raggiungeva livelli da primato mondiale e il più delle volte venivo immediatamente assimilato all'arredamento. Sapevo che la giornalista sarebbe voluta saltare fuori e dire "Anche lui scrive in realtà, ed è molto letto" ma glielo avevo proibito nel modo più assoluto. Al di là dei rischi riguardanti il mio vero lavoro, era già sufficientemente umiliante che le persone mi collegassero a lei, per me l'ideale era che subito dopo avermi conosciuto si dimenticassero della mia esistenza. Mi interessava solamente osservare da vicino quel mondo ancora per un po', sapevo bene che un giorno tutt'altro che lontano sarei sparito nel nulla e sarei rientrato in quel magma irrilevante di esseri umani che quel genere di persone concepiva solo sotto forma di flussi elettorali, macchiette e stereotipi. Alla casalinga di Voghera si era sostituito il nordico razzista in rivolta contro fisco e immigrazione e il meridionale disoccupato vittima delle mafie e dei politici corrotti, e questo era più o meno quanto, riguardo le idee che quelle persone avevano nei confronti di quell'ampia distesa inutile attorno a Roma e Milano indicata sugli atlanti con il nome di Italia. Una volta vidi il marito avvocato di una giornalista sbroccare da ubriaco dopo che per tre quarti d'ora buoni tutti i presenti avevano parlato solo degli ultimi post di Salvini e della sua ridicola passione per le felpe con i nomi delle città.

«Ma vi rendete conto quanto siete alienati?» chiese l'uomo, esasperato. Per qualche motivo la presero tutti come una battuta, l'uomo scrollò le spalle e si riempì di nuovo il bicchiere mentre poco lontano sua moglie avvampava. Il massimo che mi poteva succedere è che mi chiedessero ogni tanto un parere in stile "uomo della strada", al che dicevo esattamente quello che volevano sentirsi dire, talvolta tentavo anche il colpo del campione e facevo notare che a ben guardare tutto, compreso Renzi, era il frutto malato del berlusconismo. Incassavo una serie di «eh sì, senz'altro» e tornavo nel mio cono d'ombra.

La cosa più vicina a un interessamento che ricevetti fu uno scambio di battute con un autore paffutello, un omosessuale che indossava occhiali tondi con la montatura gialla e usava di frequente "cazzo" e altre parole simili. Quasi nessuno lì si esprimeva in quel modo, ma occhiali gialli era considerato un eccentrico quindi nel suo caso era un segno di distinzione positiva. Soprattutto occhiali gialli era un feroce teorico del fatto che in televisione qualsiasi discorso oltre i 45 secondi risultasse troppo lungo: il pubblico si annoiava e cambiava canale. Questa cancellazione del logos dalla storia prendeva in lui le sembianze di un inequivocabile moto del polso seguito dall'etichetta – che i suoi collaboratori sapevano equivalere a sentenza di morte – di "*pippe*". Argomentazioni, sfumature, concatenazioni logiche, scampoli di verità controintuitivi, persino banali dati di fatto, insomma tutto l'armentario con cui da qualche millennio provavamo con un certo affanno a distinguerci dalle scimmie antropomorfe veniva in lui ridotto a *pippe*, e pippe detto e ripetuto con l'orgogliosa sicumera dell'autentico barbaro inconsapevole. Quando gli rifilai la storia che lavoravo con i computer catturai per un momento la sua attenzione. «Dicono che un giorno i computer ci sostituiranno tutti, ma secondo me sono tutte cazzate» si infiammò, «potrà mai un computer leggere tutti i giornali, seguire con la *mia* memoria storica dell'attualità italiana e poi pensare a delle domande adeguate? Sarebbe capace di sussurrare nell'auricolare di – *sciarpetta* – cosa rispondere a questo o quel politico *e* al contempo tenere anche presente lo share? Ma vaffanculo, l'essere umano è insostituibile e poi anche questa esterofilia è *insopportabile*. Che ci manca a noi, che questa è la più bella città del mondo. Altro che San Francisco, che è una noia mortale.»

Detto questo – erano già passati 45 secondi? – si girò verso un altro tizio seduto sullo stesso divano e prese a prodursi in ironie sui politici che aveva avuto in trasmissione quella settimana. Lui e i suoi colleghi giocavano agli adulti girandosi in bocca le parole dei grandi, vedevo retroscenisti che fra un drink e l'altro mandavano su WhatsApp messaggini servili alle loro fonti, se li leggevano l'un l'altro ridacchiando di se stessi, poi commentavano sardonici le risposte, le stesse che però se non fossero arrivate – a quel punto ormai lo sapevo – li avrebbero lasciati alle prese con una palude di dubbi interiori. Rimanevo stupefatto dal loro cercare di creare un clima di confidenza con la fonte di turno parlando male di qualcuno che avevano ragione di ritenere stesse antipatico all'interlocutore del momento, come se non sarebbe stato evidente anche a un osservatore posto su stazione orbitale che alla prima occasione utile avrebbero parlato altrettanto male di quest'ultimo per ingraziarsi l'altro. La cosa comunque il più delle volte funzionava, il che non smetteva mai di destare in me meraviglia. Andavo imparando che all'adulazione non si richiedeva di essere originale, né tantomeno credibile, l'importante era l'inginocchiamento.

In quel periodo avevo preso a leggere nella solitudine del mio miniattico in prestito autori come Kahneman, Taleb e Harari, oltre a una selezione aiutata dall'algoritmo di Amazon di libri sulle ultime teorie sulla coscienza, sulle AI, sulla singolarità, sull'automazione. Ascoltavo podcast in inglese, dialoghi che spaziavano dalla teoria delle stringhe alla biologia evoluzionistica e potevano durare tranquillamente tre o quattro ore di intenso piacere intellettuale. Il contrasto fra quello che arrivava dalle ultime frontiere della scienza e dalle analisi più lucide del nostro tempo e quello di cui invece si discuteva nelle alte sfere dell'opinione pubblica italiana era semplicemente deprimente. Non so trovare altri termini. I barbari potevano anche essere alle porte ma quand'anche fossero riusciti a far breccia dentro le mura non avrebbero trovato granché da distruggere, a parte un residuo di superficiali buone maniere, un fastidio fariseo per le parolacce e la mancata consapevolezza che la volgarità non è quasi mai nei fatti, quanto negli occhi di chi la vede ovunque. A ben vedere questo era buona parte del motivo per cui la gente nuova sarebbe riuscita a entrare nelle stanze del potere con la facilità di un coltello caldo che affonda nel burro.

Se era vero che distorsioni cognitive come la tendenza a semplificare il mondo e ridurre tutto a storie o a essere compiacenti verso il nostro clan e sensibili prima di tutto alle sue parole d'ordine sono la materia stessa di cui è fatto l'uomo, qualsiasi uomo, compreso questo lamentoso autore, era altrettanto vero che lì, nella sala comandi dell'opinione pubblica praticamente nessuno sembrava avere idea dei saperi – a tutti gli effetti rivoluzionari – che andavano sviluppandosi nello strato più profondo del cervello dell'Occidente. Le abilità pressappochiste di un'intera categoria di persone erano invece basate su un misto di lontane reminiscenze universitarie, intuizione e consolidate usanze di gruppo. Le mode del momento, insomma. Tutte cose che spiegavano il mondo con molta meno precisione dei dati, ma i diretti interessati tardavano a rendersene conto. Non che fosse un grosso problema visto che il pianeta diventava ogni minuto più complicato, popolato e povero di risorse mentre enormi moltitudini di uomini uscivano dalle risaie e chiedevano il loro posto al sole.

Insomma, eravamo fottuti.

Quando, dopo una di quelle serate, lasciavo La Giornalista a curarsi le ferite che le avevo pazientemente inflitto, levavo la catena all'Honda SH che mi ero comprato e mi avviavo verso casa, pensavo spesso alla vecchiarda trasteverina che ordinava rappresaglie al telefono davanti a un cannolo *co'a ricotta*. Una di quelle notti l'avevo sognata mentre diceva: "Ma che mo me stai a rompe er cazzo che c'hai er pass pe' Palazzo Chigi? Ah cojone!".

Tutto sommato per quanto fosse deprecabile la preferivo, non per una specie di gusto *camp* che avrebbe certo entusiasmato l'autore tv con la montatura gialla ma perché almeno lei godeva di un suo egoismo primordiale, feroce ma a suo modo spontaneo. Guidavo per le strade finalmente deserte e magnificenti della Roma notturna – l'unico momento della giornata in cui la città era ancora all'altezza della sua fama – e immaginavo eserciti di vecchiarde come quella mettersi alla testa delle loro famiglie di mezzi delinquenti, allearsi con i bori – come li chiamavano – di Ostia, con gli zingari di Roma est e soprattutto con le migliaia di assenteisti delle municipalizzate e tutti assieme calare sui quartieri alti dove, riconoscendo per la prima volta in maniera esplicita la loro natura di potere forte, non si sarebbero più accontentati di arraffare con sorda concupiscenza tutto quello che cadeva dalla tavola ma avrebbero incominciato a tagliare teste e bruciare tutte le Lucie Annunziate su cui fossero riusciti a mettere le mani finché non avrebbero preso il controllo della città e del Paese. Di lì a poco si sarebbe creato uno scenario simile al film *Idiocracy* di cui la giunta Raggi, le voragini nelle strade e i rifiuti ammassati a fare da hub aeroportuale ai gabbiani erano solo una piccola anticipazione. Sarebbero scoppiate epidemie, si sarebbero rotte le fogne, l'acqua sarebbe diventata imbevibile e in città non sarebbe più arrivato abbastanza cibo. Piegavo a 80 km/h sul curvone in discesa davanti al Teatro Marcello, schivando a memoria gli avvallamenti mortali nascosti nel tessuto dei sampietrini, e quella serie infausta di avvenimenti che andavo profetizzando mi sembrava inevitabile, forse non giusta, ma esatta e consequenziale. E io? Cosa avrei fatto? Mi piaceva pensare che sarei fuggito da qualche parte in Abruzzo, ai bordi di un paese in via di spopolamento, e avrei usato quel poco di intelligenza che avevo per costruire trappole con cui catturare animali e difendermi dai miei simili.

Io e l'umanità non eravamo poi in così buoni rapporti.

Al lavoro andava un po' meglio. Forse perché oltre che chiacchierare, provavamo a fare anche qualcosa di concreto. Non mancavano inoltre alcuni personaggi interessanti, ho già citato Falzone, il dirigente siciliano di Invitalia, uomo ironico, inutilmente colto – rispetto cioè al suo incarico e a molti dei suoi omologhi – e dotato di una certa sensibilità. Con il senno di poi la battuta che aveva pronunciato al ristorante, a un volume tale che avevo potuto sentirla giusto io e forse il mio vicino, sembrava più un motto di affetto che una cattiveria tagliente. Sarebbe stata un'esagerazione dire che mi avesse preso sotto la sua ala protettrice ma di certo era una persona da cui si potevano imparare delle cose su come sopravvivere in quell'ambiente mantenendo un residuo di dignità. Il trucco sembrava nascosto in una danza ben alternata di disillusioni e gentilezze che pur apparendo perfettamente spontanea tradiva a uno sguardo più attento lunghi anni di pratica. Altro aspetto positivo di Falzone è che non andava lanciando ironie in ogni direzione come una mina antiuomo o una vecchia signora inacidita, bensì selezionava i suoi obiettivi.

Una sua vittima di elezione era ad esempio Luigi Marcianise, un tizio che proveniva dall'ambiente dei motori (prima rally poi una scuderia minore in MotoGP) e si era riciclato come "apostolo del digitale". La manovra gli era riuscita e ora la sua esse leggermente sibilante e il suo fisico massiccio e untuoso facevano capolino praticamente in ogni evento riguardo l'innovazione tecnologica che potesse vantare una qualche, anche minima, bollinatura istituzionale. Abbracciava in favore di fotocamera giovani e vecchi startupper ponendo nessuna attenzione ai loro prodotti o ai loro business plan e concentrandosi soltanto sulle loro storie personali e sulla generica spendibilità delle loro idee presso i giornalisti. Aveva ad esempio ottenuto un buon posto nella home di "Repubblica" per un ex cassaintegrato della FIAT che assieme al nipote diciassettenne aveva creato una startup per mappare le piste ciclabili. L'app in questione era una tragedia, l'implementazione complessiva disastrosa e a ben vedere anche l'idea non era poi tanto migliore; di lì a tre mesi la startup aveva chiuso e chissà che fine aveva fatto il povero cassaintegrato, evidentemente digiuno di ogni nozione necessaria a reinventarsi nel mondo dell'innovazione. Lo immaginavo ancora alle prese con conoscenti che vedendolo al bar gli chiedevano «come va con la startup, quella del giornale?» dandosi di gomito. Nelle nostre segrete stanze l'interessamento di Marcianise veniva perciò chiamato "abbraccio della morte", ma proprio in virtù dei criteri con cui li metteva in piedi, i suoi eventi godevano di una copertura mediatica senza pari e questo in fondo era il loro unico scopo. Marcianise a un livello istintivo, quasi animale, era fra i più profondi conoscitori dei criteri di "notiziabilità", annusava il momento e non si faceva scappare nessun possibile "gancio con l'attualità" utile a ricavare spazio mediatico a costo zero. Nel farlo lasciava dietro di sé un lungo cimitero di fallimenti altrui ma incassava metri e metri quadrati sui giornali per il suo faccione, ben conscio che alla fine della sbornia digitale tutta quell'onnipresenza lo avrebbe catapultato da qualche parte. Dava l'illusione ai vecchi media di poter parlare del futuro senza abbandonare i codici del passato e quelli non chiedevano di meglio. Marcianise portava insomma il presenzialismo a nuove, ineffabili vette. Fece di tutto, compreso aspettare per due ore in piedi in corridoio per ottenere un selfie con Tim Cook alla fine di un incontro a cui non aveva nemmeno preso parte. Fu una cosa parecchio triste.

Renzi però invece che cazziarlo per la figura da pulcinella che aveva fatto fare a tutta la delegazione colse l'occasione per scattarne uno anche lui con l'americano. Ovviamente all'incontro aveva presenziato un fotografo ufficiale ma il primo ministro voleva proprio l'inquadratura da selfie. Nei giorni seguenti Marcianise si vantò dei 500 like che aveva preso con la sua foto rubata e Falzone commentò: «Lo sai che la notizia

della presentazione del primo iPhone uscì sui giornale lo stesso giorno dell'arresto di Rosa e Olindo per la strage di Erba?».

Prenderlo in giro come faceva Falzone, seppur con sottigliezze che quello arrivava a capire forse una volta ogni due, era comunque usanza poco diffusa perché l'apostolo del digitale aveva eccellenti rapporti con l'AS Roma, una vicinanza che gli permetteva di gestire un piccolo giro di biglietti gratuiti o fortemente scontati per quelli che rimanevano esclusi dal giro degli omaggi del CONI. In genere quindi seconde linee ma che potevano tornare sempre utili. Un commercio che oltre a essere un volano fondamentale della sua strategia comunicativa lo aveva reso, anche a palazzo, un personaggio di un certo peso, di quelli che si salutavano sempre con una deferenza appena camuffata dal buon umore.

Il Mastro lo odiava dell'odio profondo dell'uomo che ama davvero la tecnologia e il progresso che le macchine possono regalare all'umanità ma non poteva farci molto perché Marcianise sembrava stare molto simpatico a Renzi, presso il quale un'elevata presenza mediatica era un valore di per sé, non aveva alcuna importanza come fosse stata ottenuta. Non essendoci quindi la possibilità di rendere inoffensivo Marcianise con un algoritmo, una piattaforma di machine learning o l'implementazione di metodi Kanban, il Mastro mi chiedeva di scrivere pezzi contro quel tipo di personaggio, pur senza nominarlo. Io vergavo con infinita violenza quelli che erano di gran lunga i migliori articoli che avrei mai scritto per lui, il Mastro rideva, si esaltava, e poi non li pubblicava. L'atteggiamento del Mastro da questo punto di vista tendeva al bipolare: da un lato chiedeva di più, dall'altro, ogni volta che provavo ad alzare la posta in palio lasciava i file al sicuro nel suo computer. Ricordavo il discorso su Steve Jobs incaprettato ma rimanevo dell'idea che avremmo potuto osare di più.

Dopo una decina di eventi sociali, fra aperitivi, cene e feste mi resi conto di aver visto già tutto quello che si poteva vedere nel mondo de La Giornalista e che da lì in poi ci sarebbero state solo variazioni su un tema francamente insopportabile e decisi di porre fine a quel rapporto malato di cui ogni giorno mi vergognavo un po' di più. Oltretutto quella donna sta-

va rendendo sempre più evidente ai miei occhi la sua natura di persona fondamentalmente cattiva. Non riusciva mai a ordinare un singolo piatto senza chiedere alla cameriera di cambiare almeno due ingredienti, chiedeva sconti ridicoli e umilianti, faceva sfoggio di miseria umana nei confronti delle sue amiche, amiche di cui sparlava continuamente alle spalle e che cercava grossolanamente di mettere l'una contro l'altra. Quanto era zerbinesca al cospetto delle persone che voleva ingraziarsi tanto era invidiosa, rancorosa alle loro spalle, oltre al fatto che, come detto, era profondamente inetta. Sotto la facciata di donnina inutile ma tutto sommato innocua c'era in realtà una bestiaccia ben misera che meritava esattamente quello che aveva, anzi, probabilmente qualcosa in meno.

La goccia che fece traboccare il vaso fu quando nel suo ambiente capitò un infiltrato del mio. Era chiaro che sarebbe successo, era solo questione di tempo ma quando successe lo presi comunque come un segnale. Al tempo stesso però questo avvenimento risolse anche alcuni dei miei dubbi intellettuali. La cavia fu un giovane stagista dell'AGID – fresco di laurea proprio in scienze filosofiche e nipote di un caporedattore di media fama che faceva parte del giro de La Giornalista – il quale, complice un paio di bicchieri di troppo, si avventurò in una discussione sul fatto che la prima grande fake news della storia fosse il concetto stesso di Dio, e che la scissione fra la cosa e la sua rappresentazione stava alla base del pensiero occidentale, non l'aveva mica inventata Donald Trump. Stava insomma tentando di introdurre un pensiero che non fosse una figurina, la cui comprensione necessitava della capacità di traslare un concetto da un ambito a un altro e vedere in che rapporto stava con il nuovo contesto.

Era un tentativo onorevole ma senza alcuna speranza di successo. Mi guardai bene dall'intervenire in suo aiuto quando incominciarono tutti a prenderlo in giro come ripetenti impuniti. Non potevo comunque fare a meno di pensare che lo stavano in ogni caso trattando meglio di come avrebbero trattato me. Pur nello scherzo gli tributavano cioè il rispetto che si deve al giovane parente di qualcuno dell'ambiente, un ragazzo per bene che con la giusta pazienza un giorno si farà. Un

po' diverso dall'atteggiamento che si può tenere nei confronti di uno come me, che ancora non si è capito esattamente che cosa ci fa lì e a chi appartiene.

Ciononostante quando il giovinastro tirò fuori Nietzsche e poi subito dopo – da non crederci – Goffredo Parise, un corto circuito allucinatorio si fece largo nel mio cervello e la platea di volti cadenti e sornioni davanti allo stagista si trasfigurò per un momento in una specie di quadro horror di Francis Bacon. Per sua fortuna occhialetti gialli, particolarmente di buon umore per lo share sopra la media dell'ultima puntata del suo talk (Alessandro Di Battista gli aveva fatto l'onore di concedergli un'intervista senza contraddittorio), deviò in maniera tranchant il discorso su quale fosse il miglior metodo classico italiano: un Franciacorta, un Trento doc o qualche inaspettato outsider?

«Giusto per fare dei discorsi un po' proletari e ricordarci che siamo di sinistra» specificò con compiaciuta autoironia sottintendendo ciò che tutti stavamo pensando in quel momento: le uniche bolle che ha senso classificare abitano a est di Parigi.

Vidi parecchia delusione negli occhi del ragazzo, oltre a un ostentato disprezzo per la superficialità dell'uomo con gli occhialini gialli e per estensione di tutti noi. Di fronte a tutto quell'idealismo non potevo certo spiegargli che, per come la vedevo io, quando si trattava di giornalisti di quel tipo era inutile provare a cambiare uno stato di cose che aveva l'inevitabilità di una legge della fisica. Ma con un discorso del genere c'era il rischio di non schiodarselo più di torno per cui tacqui e poi, al momento giusto, dissi che il Giulio rimaneva imbattuto ma che una menzione d'onore la meritavano anche il Contratto, un antico metodo classico piemontese e, nel campo dei naturali, i vini di Nicola Gatta. Questa mossa mi valse un paio di occhiate rispettose.

Più tardi quella stessa sera spiegai a La Giornalista che la nostra frequentazione era da considerarsi irrevocabilmente conclusa. Lei inizialmente sembrò reputarlo uno scherzo, quando però capì che dicevo sul serio prima tentò la carta della dolcezza poi passò in fretta a insultarmi senza alcun ritegno.

Girai sui tacchi e mentre stavo uscendo dalla porta la sentii dire che avrebbe scritto l'articolo dove rivelava la mia identità. Dubitavo che il suo capo le avrebbe fatto scrivere un altro pezzo sul mio conto – davvero, non ero poi così importante – ma tornai indietro comunque, tirai fuori l'iPhone e le mostrai un video che era stata proprio lei a chiedermi di girare. La Giornalista tentò di strapparmi con violenza il cellulare di mano per cancellarlo. Mi toccò tirarle uno schiaffo. Chiusi la porta alle mie spalle e dopo aver regolarizzato il respiro sbottai: «Ma anvedi sta scema aò».

Guidando verso casa riflettei a lungo sul fatto che l'accento romano mi era uscito perfetto, cosa che non succedeva praticamente mai.

Quelli in chi prevale il sangue o la malinconia
o la flemma o l'umor collerico,
è molto indisposto a dissimulare.

TORQUATO ACCETTO

Anche se con me non fu mai meno che gentile, sentivo che ogni giorno che passava il Mastro diventava più insofferente all'immobilismo della casa di carte dove ci muovevamo. Si lamentava di aver messo in *hold* il suo lavoro, affidandolo quasi integralmente ad alcuni fidati collaboratori, non riceveva per il suo incarico di consigliere alcuna retribuzione, sosteneva anzi alcune spese (quelle di viaggio, ad esempio, o il mio compenso), e, cosa ben più grave, per tutto il periodo del mandato il suo network di startup doveva rinunciare a commesse governative di qualsiasi tipo, oltre a quelle che si sarebbero materializzate di lì a poco se il nostro lavoro fosse andato a buon fine. In pratica stava creando gratis delle opportunità per la concorrenza.

Nello stesso momento in cui noi affondavamo dentro queste sabbie mobili amministrative mi era estremamente chiaro che un ampio numero di opportunità stava invece nascendo ogni giorno nel campo della scienza applicata al mondo, il che nella nostra epoca significava prima di tutto una cosa: digitale. In fondo io ero arrivato fino a lì scrivendo su internet, mica facendo un concorso nella pubblica amministrazione o scoprendomi figlio illegittimo di qualche deputato di seconda fila. Mi resi conto che anche se dovevo tutto a internet mi ostinavo a cercare un senso in quel vecchio mondo che moriva felicemente asfissiato dai frutti della sua stessa cornucopia. Non era forse tutta questa irriconoscenza nei confronti del progresso lo stigma perfetto della mia generazione? E in più scrivere era una delle cose meno remunerative in assoluto fra quelle che si potevano fare sulla rete. A emanciparsi da certi residui di umanesimo decadente il potenziale era virtualmente infinito. C'era però un problema, e non da poco. Cosa sapevo fare io esattamente? A parte osservare con infinito sdegno la melassa dove venivano a morire le intelligenze italiane, intendo.

Falzone ogni tanto mi trascinava a bere un aperitivo nell'ultimo chiosco sulla spiaggia di Fregene, al limite del villaggio di pescatori dove, sosteneva, per un periodo aveva vissuto Ennio Flaiano.

«Ti vedo afflitto» osservò un giorno mentre nel mare camminava un omaccione che con una specie di argano dragava frutti di mare fuori dalla sabbia.

Non sapevo manco da dove incominciare a spiegare, ma sentivo che stava scemando l'euforia per quanto di assurdo era successo alla mia vita dal giorno in cui alla sovraintendenza mi avevano detto quello che in fondo avrei dovuto già sapere – ovvero che la mia laurea era del tutto inutile per guadagnarmi da vivere – fino a quello in cui ero entrato a far parte dello staff della presidenza del Consiglio grazie a dei testi divertenti che avevo pubblicato su internet. In maniera poco lineare provai a descrivergli la complessa nebulosa di preoccupazioni da cui mi sentivo avvolto.

«E poi non riesco a immaginare cosa succederà dopo» dissi infine, «al contrario di molti altri consulenti come me non ho una cattedra, non ho mai pubblicato un libro, né scritto su un giornale. Ho solo un sito che non aggiorno da un sacco di tempo. Se torno a Bologna mi ritrovo in una situazione che non sono sicuro mi piacerebbe ancora. Anzi, sono quasi certo del contrario.»

«Pecchi di pessimismo. D'altro canto ti manca ogni fiducia nell'essere umano e se da un lato questo dona una certa qualità alla tua scrittura dall'altro ti fa vedere le cose in modo decisamente troppo cupo.»

Stese le gambe e si infilò le mani nelle tasche della giacca.

Con gli occhiali da sole seduto a quel tavolo di plastica rossa sembrava un cantautore di mezza età che flirtava con l'estetica indie per la copertina del suo nuovo album.

«Considera» continuò «che ormai il più per te è fatto. Il grande passo, quello di norma quasi impossibile, è già stato compiuto. A questo punto ti basta rimanere coerente a due o tre slogan, simulare interesse per cose noiose, fingere entusiasmo di fronte alle mediocrità di successo – ma ti puoi sfogare con le altre, è pieno anche di banalità che si pensano geniali e perseguitate e vengono invece ignorate con perfetta cognizione di causa. Ti toccherà anche trattare bene la gente che vai conoscendo. Fai questo e probabilmente tutto filerà liscio.»

«Be', figata.»

«Mamma mia, che orribile termine nordico questo che hai usato. Però pure tu, figlio mio, cosa vuoi esattamente? Non è che il mondo sia il paradiso in terra. Preferisci andare a lavorare alla cassa di un supermercato? Qua ti si offre la concreta possibilità di far parte della componente benestante della capitale più decaduta di Occidente. Proprio Flaiano la chiamava "la più europea delle capitali africane" e a quel tempo era un fiore a confronto a come è oggi. Sta di fatto che rimane però ancora un buon posto dove vivere se si hanno due lire per le cliniche private, non si hanno strane idee di sviluppo e di futuro e si evita di cadere dentro una buca. Occhio alle buche, dico davvero. Per il resto, gioca bene le tue carte e il dilemma sarà decidere fra Ponza e l'Argentario, con tutto quello che ne consegue, perché a Roma sono queste le vere scelte di vita.»

«Tu cosa preferisci?»

«Argentario ma più per mia moglie, per me… sai che io mi adatto. Lato Toscana hanno letto due libri in più ma hanno in testa una quantità di minchiate… senso di colpa principalmente… ma stiamo deviando dal discorso.»

«Mi sa che la stai facendo troppo facile.»

«E perché mai? Nel tuo caso la chiave è limitarti, la difficoltà sta tutta lì. Mai sentito la teoria dei Bozo? Di Steve Jobs?»

«Ancora Steve Jobs, sempre lui.»

«Che ci vuoi fare, ogni epoca ha i suoi pensatori, la nostra ne è un po' povera, ne convengo. Comunque in questo caso specifico c'è della sostanza. La teoria del Bozo prevede che un'organizzazione diventi disfunzionale quando si incominciano a mettere dei cialtroni nelle posizioni apicali. Questi fanno disastri, non tanto, o non solo, perché sono appunto dei cialtroni, ma perché sotto di loro tendono a mettere solo gente *peggiore di loro*, detti Bozo, per evitare il rischio di venire scavalcati. Ora, di Bozo in Bozo quando arrivi in fondo alla scala quello che hai ottenuto è Roma.»

«Poi sarei io quello pessimista.»

«Certo, perché non capisci che un mondo di Bozi – o Bozos? – comunque un mondo del genere partendo da dove stai ora è un'opportunità. Basta che non rompi troppo la minchia.»

«Non mi piace.»

«Ecco, vedi, stai rompendo la minchia. La sai la storia di Napoleone che va a caccia con Talleyrand al Bois de Boulogne?»

«No.»

«Talleyrand disse alla servitù di dipingere un maiale di nero e poi lo fece portare sul luogo della battuta di caccia. Quando i cani lo individuarono a Napoleone fu lasciato l'onore di uccidere il pericoloso cinghiale. Cosa di cui lui poi si vantò lungamente.»

«Quindi?»

«Quindi lascia che qualcuno ti dipinga la scrofa e ringrazia, perché tutto sommato non sei proprio Napoleone.»

«In cambio di?»

«Un po' di fedeltà, ma alle volte basta anche solo stare simpatici. Guardati attorno, però, perché è chiaro che il tuo Mastro non reggerà molto.»

«Senti, non è nemmeno un problema morale, questo almeno l'ho capito. Mi terrorizza questa idea di stasi assoluta, di involuzione felice. E poi ho proprio un problema genetico a stare zitto di fronte alla stupidità.»

«Capisco. In questo caso però c'è una cosa che devi fare: assicurarti con assoluta certezza di non essere tu, lo stupido. Perché sai, anche questa è un'eventualità da prendere sempre in considerazione quando ci si sente così tanto superiori e mi sa che tu la lasci un po' inesplorata. E poi sottovaluti il potere della letterina.»

«Cioè?»

«Questa è una città che se ne frega sempre di tutto, ma in realtà è un'eccezionale produttrice di letterine. Gli italiani nascono, crescono, lavorano, si sposano, fanno figli, muoiono e da qui, e nello specifico proprio dalla gente che tanto disprezzi, partono le letterine che rendono possibile tutto questo. Soprattutto, da qui partono quelle letterine che possono complicare o distruggere un'esistenza. Un giorno te ne arriva una, fra una bolletta e una pubblicità: è un vecchio, piccolo, contributo di cui ti eri dimenticato; peccato che quando nella città delle letterine se ne accorgono, ormai è diventato grande. Perché una delle magie delle città delle letterine è che la sua lentezza la pagano sempre i destinatari, non certo i mittenti. Così puoi decidere di ignorare la letterina, e lei non se la prende affatto. Anzi, quasi festeggia: è la natura della letterina, l'unica cosa rimasta in Italia che non guarda all'oggi ma sempre al domani. Dopo un po', infatti, di letterina ne arriverà un'altra, per definizione peggiore della prima. E poi un'altra ancora, e così via all'infinito. Metti pure che tu decida di rispondere, di obbedire, chi decide allora se la letterina di risposta è conforme e puoi smettere di riceverne altre? Ma i signori delle letterine, ovviamente. E tu puoi sentirti intelligente, brillante e originale come nessun altro, ma di fronte alla letterina, credimi, ti piegherai come si piegano tutti gli altri. Ora si stanno pure spostando online, stanno diventando delle pec.» Esitò un momento. «Questo toglie un po' di sacralità, ma cosa ci vuoi fare, è il progresso. Comunque, Marco, sarà anche tutto molto noioso e intellettualmente poco stimolante, come dici, ma non c'è molto da prendere per il culo i signori delle letterine. Se però proprio non lo vuoi capire, puoi sempre risuscitare il tuo sito, dicono che al giorno d'oggi l'attenzione delle persone sia il vero oro. Andiamo, e visto che ti devo insegnare tutto, anche le basi, pago io.»

Continuavo ad avere sentimenti contrastanti nei confronti di quel gigantesco organismo disfunzionale e arreso alla storia che era Roma, ma almeno quella città aveva dalla sua il pregio dell'inesplorato e tornare a Bologna incominciava a pesarmi. Le strade mi sembravano piccole, il centro microscopico, la tangenziale degna di una casa di bambole. Con Groove non andava molto meglio: origliando i commenti sarcastici di un paio di ragazzi al bancone del club mi resi conto di aver suonato per la quarta volta la stessa scaletta. Non mi era mai successo prima. Ascoltare le nuove uscite, individuare i possibili collegamenti con i pezzi che avevano già provato il loro valore era il bello del fare il dj. Presentarsi, specie poi da resident, sempre con la stessa scaletta, era l'anticamera della fine, lo sapevo benissimo. Tuttavia non avevo mai neppure pensato di portarmi i giradischi a Roma, né di comprarmi una di quelle nuove console digitali che erano sì un po' tristi ma mi avrebbero permesso di preparare dei nuovi set anche dal miniattico di Trastevere.

Non erano neppure gli unici segnali che era meglio non ignorare. La redditività delle serate si stava abbassando, la SIAE piantava le tende all'ingresso – la sede di Bologna aveva un nuovo direttore con dei conti personali da regolare con le proprietà di alcuni club della città, tra cui i due dove si svolgevano le nostre serate –, l'età media del pubblico si era ridotta, diminuendo così drasticamente anche il consumo al bar. L'effetto novità del nostro format andava a sua volta scemando. Non era irragionevole pensare che di lì a poco saremmo andati solamente in pari, forse persino in territorio negativo. Avremmo potuto rilanciare bookando dei nomi più grossi ma a quel punto un eventuale fallimento sarebbe potuto risultare disastroso per le nostre tasche. Incominciai ad accarezzare l'idea di lasciar perdere. Con Lucia, la PR, non scopavo più, la cosa aveva perso gradualmente trazione per via delle mie prolungate assenze romane e senza bisogno di dirci niente eravamo rimasti amici senza benefit, il che era la certificazione che a nessuno dei due era mai importato molto l'uno dell'altra. Il suo viso aveva perso freschezza, alla fine la giovinezza aveva consegnato le armi e lo aveva fatto in maniera sorprendentemente repentina. Bevendo una birra in un bar di via Mascarella mi raccontò che si era messa con una ragazza di nome Sonia.

«Quella mi fa rigare dritto» spiegò con un'espressione che ricordava quella assieme allarmata ed eccitata della moglie di un macellaio manesco. «Le donne sono i nuovi uomini di una volta» aggiunse e ne ridemmo assieme.

L'unica cosa che rimpiangeva apertamente della nostra frequentazione era il non aver saputo, quando ancora andavamo a letto, della mia fama su internet. Emanuele se l'era fatto sfuggire di recente – mannaggia a lui mannaggia – un venerdì notte in cui c'eravamo incrociati per caso durante il rito del bicchiere della staffa al Barazzo, tutti e tre – anzi quattro perché c'era Giada, la fidanzata ufficiale – sbronzi come cantucci intrisi nel vin santo. Passando tutte le sue giornate su Facebook, Lucia prendeva estremamente sul serio l'effimero star system della rete e anche se degli argomenti di cui mi occupavo io lei non sapeva assolutamente nulla, né le sarebbe interessato saperne, capiva bene i numeri e i miei numeri, disse, erano sexy.

«Zitta va', se no la tua ragazza mi picchia» replicai sapendo che in quelle condizioni bastava un attimo di distrazione per ritrovarsi a limonare sotto il portico e alle due e mezzo di venerdì notte fuori dal Barazzo c'è tutta la Bologna che conosceva Lucia e il rischio poi sarebbe stato quello di tornare a casa dopo un mese passato a Roma – quindi mentalmente dentro tutt'altro mondo – e trovarsi davanti al portone una lesbica con una lama in mano.

Lucia mi incitò comunque a continuare a scrivere online – aveva notato, come tutti i miei lettori, che i miei post si erano diradati parecchio, fino praticamente a scomparire. Certo, il lavoro per il Mastro e quello per Groove messi assieme mi prendevano parecchio tempo, avrei potuto accampare questa scusa e sarebbe suonata credibile. Ma la verità era che da qualche mese ogni volta che chiudevo i file di lavoro e aprivo una pagina bianca su Word quello che ne veniva fuori mi sembrava inautentico, forzato, e, peggio ancora, ingiusto. Stavo perdendo il controllo sull'esattezza della mia violenza, il *mio personale cinismo* mi stava sfuggendo dalle mani. Non era un problema irrilevante perché ogni uomo che vuole combinare qualcosa nella vita deve essere ciecamente convinto della bontà dei propri errori, non concedere il beneficio del dubbio a quelli che elegge istintivamente a propri nemici.

Invece la nuova vita colpiva con durezza le mie credenze di lungo corso. Praticamente qualsiasi cosa si stava rivelando più complessa e sfumata rispetto a come l'avevo sempre vista. Nonostante tutti i miei sforzi nell'ostentare disprezzo e distanza dal nuovo contesto, volente o nolente interpretavo una parte che un tempo avrei potuto annoverare fra quelle dei nemici, il che mi obbligava ad ammettere che anche loro potevano avere dalla loro parte qualche oscura ragione. L'intera questione dell'amico e nemico a ben vedere vacillava, la via dell'azione si dimostrava assolutamente incompatibile con quegli assoluti che invece si intonavano perfettamente a una vita passata a commentare quella degli altri da dietro uno schermo. Il problema, piuttosto, era che vivere senza la protezione del massimalismo era forse un po' più onesto intellettualmente ma anche parecchio più faticoso.

Mi rifugiai quindi in vecchi riti. Anche se il Mastro mi pagava con bonifici online prelevavo un po' di contante e lo custodivo dentro una copia dell'*Ulisse* di Joyce in cui avevo ricavato un alloggiamento tagliando la parte centrale di alcune centinaia di pagine con un taglierino. Questa cosa di avere una partita IVA, ricevere versamenti tracciati, pagare contributi esosissimi, zampate di anticipi e botte irreali di tasse mi metteva una tristezza infinita. Non ero mai stato così vicino a sentirmi un'inutile formichina vessata dalla regina e dal suo establishment. Perciò per rilassarmi alle volte ripescavo l'irlandese dalla libreria, sfogliavo le banconote e non pensavo più, come nella mia vita precedente, a fughe esotiche o a cambi radicali di esistenza, fantasticavo al contrario il ritorno a casa, a una vita svolta sotto la protezione di una spiegazione semplice, di un nemico comune, del caldo abbraccio di una fazione in guerra. Immaginavo un ritorno non tanto verso l'ignoranza assoluta, quanto alla comoda riserva indiana di chi sapendo quattro cose in croce si ritiene superiore a tutto il resto del mondo, il recinto di chi sentenziava sull'umanità non prendendo mai su di sé l'onere del lavoro e del rischio.

Naturalmente era un'illusione: a quel punto avevo visto cose a sufficienza per diventare irrevocabilmente un senza terra. Ero, e capivo bene che sarei sempre rimasto, diverso dagli autentici ricchi, per estrazione e mancanza di supponenza (ok, va bene, diciamo per un grado minore di supponenza), ma al tempo stesso vedevo ormai chiaramente anche il lato oscuro nascosto nel rancore di chi a staccarsi dalla mera sussistenza non ci aveva manco provato. Insomma, odiavo i ricchi, mal sopportavo i poveri e quanto a me non è che mi guardassi allo specchio con particolare piacere. Non soffrivo le terrazze romane ma quando stavo in via Mascarella, sorbendo una birra artigianale malfatta in mezzo a gente malvestita che ostentava ristrettezze nella maggior parte dei casi farlocche e ripeteva a pappagallo discorsi vecchi di quarant'anni almeno, mi rendevo conto che mi mancavano le auto blu e il Billecart-Salmon.

Insomma, ero fottuto.

Avevo fatto una piccolissima scalata sociale in tempi in cui non c'erano grandi speranze per gli outsider che, come me, avevano studiato scienze dei bagigi. Ero cioè un'anomalia, un umanista salito senza nemmeno farlo apposta sul carro del futuro. Nonostante, anzi, avessi appeso pubblicamente le mie tesi contro di esso. Peggio ancora, erano state proprio quelle tesi ad aprirmi le porte del mondo che criticavo. Ancora non avevo trovato il modo di rendere profittevoli le scienze dure – coltivavo a riguardo solo un'ingenua intenzione – il che comportava il rischio di ricadere nella povertà e nell'assenza di prospettive: il governo non sarebbe durato per sempre e il fatturato di Groove ho già detto come andava. Il pomeriggio prima di un evento stavo controllando che tutto nel club fosse in ordine e soprattutto che la console fosse stata allestita dal fonico secondo i desiderata dell'ospite principale – un discreto spaccamaroni francese il cui rider tecnico era lungo tre pagine piene di vezzi, come del Cremant Triple A al posto del solito Veuve Clicquot – quando decisi di raccontare a Roberto almeno una parte dei miei patemi esistenziali.

Il mio socio, che non era uno scaricatore di porto ma aveva una laurea in scienze politiche inutile grossomodo quanto la mia, sgattaiolò al di là del bancone, tirò fuori due Heineken dal frigo e disse: «Quindi riassumendo: la gente che conosci a Roma ti sta sulle palle ma quando torni qua ti annoi». La seconda parte del problema l'avevo infatti un po' edulcorata per ovvie ragioni di amicizia.

«Più o meno è così, sì.»

«Gran problemoni, vez. Si vede che stai facendo i soldi. Scolta mo', vuoi sentire un problema vero? L'hai letto oggi il giornale?»

No, non lo avevo letto. Quel giorno avevo rubato una manciata di Ritornelli del Mulino Bianco dallo scaffale di Emanuele e non ero sceso al bar a fare colazione.

«Eh, l'avevo ben capito che non l'hai letto.»

Fu così che mi annunciò che il giorno precedente gli era arrivata la polizia in ufficio. Ho già accennato al fatto che Roberto aveva un buon lavoro, più precisamente si trovava nella posizione ideale per approfittare del boom turistico che Bologna stava conoscendo negli ultimi anni. Frutto di un progetto delle locali autorità ex comuniste e della naturale imprenditorialità degli emiliani, l'impennata nelle presenze di stranieri prendeva le mosse da alcune considerazioni decisamente pragmatiche: con tutto quello che può visitare un barbaro quando viene in Italia, Bologna è una città a cui ha senso dedicare al massimo un giorno. Non di più. E anche per quel singolo giorno c'è comunque da baciarsi i gomiti che l'alta velocità passi di lì. Come fare però perché quel singolo giorno non diventasse *nessun giorno*? Il centro storico medioevale, benché largamente finto – essendo stato ricostruito in buona parte tra la fine dell'Ottocento e l'inizio del Novecento – fornisce un piacevole colpo d'occhio ma si trova pur sempre a un centinaio di chilometri da Firenze e centocinquanta da Venezia, di per sé quindi non giustifica la deviazione se non per qualche cristiano rinato del Texas davvero motivato a vedere l'affresco con Maometto all'inferno dentro San Petronio. La pinacoteca di via delle Belle Arti per quanto notevole è ampiamente ignorata, ché non son certo i dipinti dei Carracci a smuovere le masse.

Si era quindi deciso di investire sul turismo culinario: tortellini, tagliatelle, prosciutti e parmigiano, e sfruttare la pubblicità fornita nel mondo da un piatto che non esiste: la famigerata pasta alla bolognese. La cosa stava funzionando alla grande, anche troppo, se è vero che il centro assomigliava sempre di più a un'unica grande trattoria senza soluzione di continuità. In tutto questo Roberto era il rappresentante cittadino di una multinazionale inglese che gestiva in tutto il mondo immobili di lusso per affitti di breve e medio periodo e aveva in portafoglio una cinquantina di appartamenti high-end nel centro, case di proprietà di grossi imprenditori, professionisti ed ex calciatori del Bologna. Gli affittuari erano principalmente manager che scendevano in città per le fiere e milionarie americane con *italian heritage* che dedicavano un mese della loro vita a imparare a tirare la pasta dalle sfogline o a fare il gelato. Principalmente. Perché quello che ora sosteneva un pubblico ministero – come Roberto aveva scoperto dal giornale quella mattina, giacché i poliziotti durante la perquisizione erano stati piuttosto abbottonati – era che nella lista dei clienti ci fosse anche un broker di prostitute d'alto bordo.

«Che cazzo ne sapevo io che questo subaffittava le case a delle puttane?» mi disse Roberto prima di prendere un sorso corrucciato di birra. «Comunque guarda qua» sibilò tirando fuori il cellulare e mettendomi sotto gli occhi la home page del "Carlino", «nome e cognome sul giornale, indagato a piede libero per sfruttamento della prostituzione.»

«In quanto a sputtanamenti, scusa il gioco di parole, anche io ne so qualcosa.»

«Ah sì, è vero. Be' ora ti capisco. Ma sai la cosa che mi fa incazzare di più qual è? C'hanno un tono 'sti articoli che manco un prete e poi li sfogli un attimo quei giornali e dentro ci trovi decine di annunci di accompagnatrici. E una volta ne avevano pagine intere, ci hanno fatto i soldi per decenni. Chi è che sfrutta la prostituzione? Io che affitto casa a uno che senza dirmelo le riaffitta a chi non dovrebbe o loro?»

Era una buona domanda.

«L'avvocato dice di stare tranquillo, intanto però il mio nome è là sopra e tutti i proprietari degli immobili che gestiamo oggi mi hanno chiamato. Trentacinque telefonate per spiegare che non sono un magnaccia. Fortuna che i miei a casa leggono la "Gazzetta di Reggio". Speriamo che almeno stasera non passino quelli della SIAE.»

Naturalmente si presentarono a mezzanotte, puntuali come una carestia, e non se ne andarono prima delle tre e mezzo. Roberto, che di solito li intratteneva con mestiere, non riuscì nemmeno a fare buon viso a cattivo gioco. Aveva le palle troppo girate, fra la faccenda delle puttane e quei droidi protocollari che nei momenti di massima affluenza ci costavano più di cento euro al minuto.

Io ebbi anche il mio bel da fare perché Guido, che doveva fare l'apertura di una delle sale, non si presentò e non rispose neppure alle mie chiamate. Mi toccò improvvisare un warm-up e poi fare comunque il mio set di chiusura nella sala principale. All'alba tornammo come sempre a casa assieme.

Roberto alzò il sacchetto con le monete, molto più vuoto del solito. «Mi sa che oggi la Coop non siamo noi» osservò, stanco e mesto.

Avevamo messo assieme circa millecinquecento euro di guadagno in tutto. Settecentocinquanta a testa, decisamente troppo pochi se si considerava il capitale investito e il lavoro. Bisognava proprio finirla lì. E però serviva anche un modo per dirglielo, sapevo quanto Roberto ci tenesse a Groove e sapevo che come io non sarei mai stato capace di svolgere la sua funzione amministrativa, gestire i fornitori, i baristi, i buttafuori, la burocrazia, lui non sarebbe stato in grado di organizzare la comunicazione né tantomeno di muoversi in quella trappola multistrato che era il mondo del booking degli artisti. Le agenzie con cui avevo a che fare appena annusavano una qualche debolezza di preparazione nella controparte gonfiavano i cachet in maniera indecorosa e facevano di tutto per piazzare degli astri nascenti che si rivelavano inevitabilmente dei gran pacchi. Insomma, bisognava avere una conoscenza dell'argomento che non s'improvvisava da un giorno all'altro. Avevo pensato di dirgli che avrei cercato un sostituto che potesse svolgere degnamente la mia funzione, un paio di nomi li avevo anche già in mente, ma si trattava di persone con cui non ero certo che si sarebbe trovato bene.

Rimuginavo tutto questo nella mente ormai gelatinosa delle sette di mattina quando lo sentii dire: «Sto pensando da un po' che forse dovremmo smettere ora, finché le cose vanno bene».

Raccontò che un suo amico enologo di Firenze lavorava per una cantina vicino a Bolgheri e gli aveva proposto di comprare con lui un mezzo ettaro ben esposto che era miracolosamente in vendita a un ottimo prezzo e di cominciare assieme una piccolissima produzione in proprio, con l'idea di espandersi gradualmente. Insomma, Roberto era pronto per cambiare side business.

«Non vorrei rischiare di bruciare i soldi che abbiamo fatto fino adesso» spiegò, «ho già abbastanza casini. Secondo me qui non ci sono grandi prospettive.»

Non c'erano in effetti.

«Dagli etti agli ettari. Sai che non è una brutta idea? In bocca al lupo, fratello.»

Ci organizzammo per chiudere l'associazione che avevamo aperto e tornai a Roma. Un mese dopo consegnai le chiavi al nuovo inquilino della mia stanza a Bologna, non aveva più senso continuare a pagare un affitto. Entrando in autostrada con la Polo di mia madre piena fin sul sedile del passeggero di vestiti, libri, lampade, appunti e cianfrusaglie provai un sentore di paura che a Sasso Marconi si era già trasformato in euforia.

Quel repentino e inaspettato mutamento di umore mi ricordò il momento in cui la barca del Mastro si era inclinata fra scricchiolii e lamenti dei materiali fino a sfiorare paurosamente la superficie dell'acqua e intraprendere in un silenzio maestoso la prima, rapida, andatura di bolina della mia vita.

Poi, e fu quasi una delle grandi date della loro vita, scoprirono il *marché aux puces*.

GEORGES PEREC

Fu sentendo Falzone discutere con competenza del suo nuovo completo di Battistoni con un funzionario dell'INPS prima del solito tavolo tecnico che mi stufai di essere sempre quello peggio vestito dentro Palazzo Chigi. Per non sembrare l'addetto alle pulizie decisi perciò di comprare un completo da Zara. Una settimana dopo, per non sembrare l'addetto alle pulizie che compra una giacca per confondersi con gli altri, andai da Boggi e ne comprai un'altra. A quel punto potevo permettermelo, ma il momento del saldo fu comunque un piccolo shock.

Nel salotto di casa mi misi ad analizzare le differenze di materiale e di taglio fra i due capi e mi resi conto di quanta crassa ignoranza c'era stata nella mia vita, quando, ridendomela della grossa, sostenevo – sulla falsariga di una puntata di "Report" che avevo visto anni prima – che il lusso era soltanto una questione di marketing. Quali altre cose del genere potevano essermi sfuggite senza che ne avessi neppure il sospetto? Mi resi conto che per la prima volta in vita mia avevo un po' di soldi da parte – e ancora non si erano conclusi i procedimenti contro i giornali che avevano usato illegalmente le mie foto tratte da Facebook – e potevo spenderli. Sembrerà assurdo ma fino a quel momento non ci avevo pensato, limitandomi al piacere di fare la spesa senza perdere tempo a riflettere sull'opportunità di prendere il parmigiano al posto del grana o a quella di entrare in libreria e comprare tutto quello che mi sembrava interessante senza guardare il prezzo di copertina. Mi resi conto che tutto sommato potevo permettermi di più, ad esempio procurarmi autonomamente quei vizi e quelle mollezze che nella mia nuova vita romana mi venivano continuamente offerti. Ristoranti e bottiglie, in primis. Senza saperlo avevo appena iniziato quella discesa a spirale verso l'agiatezza che si sostanzia prima di tutto nella capacità psicologica di spendere per l'acquisto di beni non essenziali cifre di denaro che fino a un momento prima si sarebbero ritenute immorali, o quanto meno sciocche, mentre in realtà erano prima di tutto indisponibili. Una volta imboccata la china della naturalezza di fronte alla spesa eccessiva, trovare il modo di sostenere il vizio continuando a guadagnare a sufficienza diventa una faccenda secondaria: una via per fare denaro si finisce per trovarla, come un corso d'acqua prima o poi arriva sempre al mare. La maggior parte delle persone concepisce il processo come esattamente inverso e forse per questo finisce per non arricchirsi mai.

Se non basta questa motivazione a metà fra l'estetica e l'atto di fede, va considerata la decisione che avevo preso di abbandonare il mondo della superstizione in cui mi ero formato per abbracciare il vero sapere. Quello scientifico, concreto, redditizio, pratico. Misurabile. Questo mi avrebbe reso inevitabilmente ricco, o quantomeno a prova di giacche dai tessuti gentili e di bolle amiche della fermentazione in bottiglia e nemiche mortali delle autoclavi. O se non altro questo era il piano. Restava comunque il fatto indubitabile che imparare a distaccarsi dal denaro con una certa classe era un percorso lungo, inevitabilmente più graduale di altri. Ad esempio dopo aver avuto la rivelazione sulla pregevole fattura del completo di Boggi non avrei mai potuto nemmeno immaginare che due anni dopo – quando, cioè, avevo scoperto ormai da tempo che Boggi era una specie di Zara per gente che sapeva vestirsi – avrei percorso altri trecento metri su via del Babuino e mi sarei comprato da Armani un altro completo quattro volte più costoso. L'idea stessa mi sarebbe sembrata oltraggiosa, immorale, preoccupante. Da questo punto di vista infatti non si imparava mai. Allo stesso modo quando, tempo dopo, affittai per la prima volta un appartamento tutto per me (millecinquecento euro al mese) passai la prima notte fra le nuove mura senza riuscire a chiudere gli occhi per il terrore di non potermi permettere a lungo termine un affitto del genere. Riuscii a addormentarmi solo alle sei di mattina, alla seconda pastiglia di Tavor orosolubile da mille milligrammi. Non potevo immaginare che qualche anno dopo i costi fissi che sarei arrivato a sostenere ogni mese, praticamente senza neppure accorgermene, sarebbero stati diverse volte quella cifra e la paura sarebbe diventata un sentimento da associare a tutt'altri numeri.

Come in una nuova educazione ci voleva, insomma, del tempo, specie per chi come me era nato privo della protezione fornita all'aristocrazia romana dalla laboriosità di gruppi di inquilini che pagavano più o meno regolarmente gli affitti di interi palazzi non frazionati. Con decine di persone a darsi da fare come leali formichine era decisamente più facile ostentare socratico distacco dalle faccende terrene e dal vil soldo. Ma che si guardasse la faccenda da un punto di vista ultraprotetto o meno, imparare davvero a guadagnare e a spendere il denaro era in ogni caso *il* sapere centrale della civiltà in cui vivevo. Era singolare, me ne rendevo conto soltanto ora, che nei diciotto lunghi anni del mio percorso all'interno dell'istruzione pubblica a nessuno dei miei insegnanti fosse mai venuto in mente anche solo di menzionare la cosa. In fondo il denaro era la trama più complessa fra quelle che innervavano la nostra epoca ed era anche un reagente straordinario e un formidabile strumento d'indagine: se volete davvero capire cosa pensa una persona – mettiamo un opinionista, un politico, un prete o uno scrittore – non dovete fargli domande di carattere generale su come sarebbe dovuto essere governato il mondo, dovreste chiedergli come e dove ha investito i suoi soldi.

Al tempo stesso, però, il denaro è anche un sapere che si sviluppa con la pratica e per esercitarsi a un livello meno basico, meno assediato dalla necessità – mortale nemica della lucidità – serve un certo flusso di cassa. Lo zero è un magnete che tiene attaccato al fondo, ma per chi riesce ad allontanarsene la forza di risucchio diminuisce gradualmente fino a trasformarsi in aliseo ascensionale. In altri termini, piove sempre sul bagnato o, per dirlo come è scritto nelle parole di Gesù: "A chi ha sarà dato, a chi non ha sarà tolto anche quello che ha" (Marco 4:25). La maggior parte delle persone ignorava quindi gli usi più complessi di quella specie di codice sorgente della realtà (per usare invece un'espressione del Mastro) che è il denaro per il semplice fatto di non aver mai potuto esercitarsi oltre i comandi basici. Nascere ricco aiutava ad accostarsi a questi segreti, ma ancora meglio era aver conosciuto sia la scarsità che la, relativa, abbondanza.

«Bel completo» disse Falzone, causandomi un certo inaspettato orgoglio. A palazzo rimanevo comunque ai piani bassi della classifica dell'eleganza, di certo fuori dalla zona coppe. Surclassavo giusto lo stagista dell'AGID, quello di Nietzsche e Parise, che per qualche motivo si aggirava continuamente per le nostre stanze, con questo o quel documento da firmare, con questa o quella brochure da mostrare perché noi delle *operazioni speciali*, come eravamo soprannominati con un'ironia che comunque non cancellava il nostro elevato grado nella gerarchia, esprimessimo un parere.

«Capisco che Pistoia» ovvero il capo del ragazzo «sia fermo agli anni Sessanta ma il ragazzo non sa che abbiamo degli indirizzi email?» chiedeva il Mastro e poi però proponeva anche una teoria alternativa, tutto sommato plausibile nella sua semplicità: lo stagista era inviato come spia dietro le linee nemiche.

Fra tutti i funzionari con cui avevamo a che fare Pistoia era forse quello meno in cattiva fede ma anche quello più irrimediabilmente ex comunista, con tutto ciò che ne conseguiva, come ad esempio una spiccata tendenza a invocare inutili ed estenuanti tavoli di discussione per qualsiasi cosa, oltre a essere affetto da un ideologismo che copriva ogni aspetto della sua vita, pubblica e privata. Era di quelli che prendono la canzone di Gaber su destra e sinistra come una lista di precetti, tanto per capirsi. Leggere le proposte che di volta in volta ci faceva pervenire e coglierne l'assoluta irrealizzabilità pratica era stata una delle tante cose che mi avevano confermato la bontà della scelta di lavorare con il Mastro. La risposta di Pistoia a qualsiasi problema era sempre proporre nuove tassazioni, ma anche ammettendo che fosse la decisione giusta e talvolta

– considerando le strategie di elusione sul genere "sandwich olandese" messe in piedi dai colossi del digitale – poteva esserlo, bisognava sapere come farlo, ovvero era necessario agire quanto meno su scala europea. Pistoia invece spingeva per un decreto nazionale che gli ingegneri finanziari delle big company avrebbero impiegato forse un quarto d'ora ad aggirare. Il risultato a ogni modo era che il ragazzo Nietzsche-Parise, che di nome faceva Giuseppe, svolazzava come un calabrone nelle nostre segretissime stanze.

Un po' a sorpresa, un mattino, dopo aver letto un'intervista di Pistoia sul "Corriere della Sera" e prima di sparire per una lunga serie di telefonate, il Mastro mi chiese di invitare lo stagista a pranzo. Voleva evidentemente tastare il terreno e forse anche mandare dei messaggi di fumo al sacerdote dell'altra parrocchia. Informai il ragazzo e all'ora di pranzo ci avviammo assieme verso il ristorante, il Mastro ci avrebbe raggiunto direttamente lì.

Nell'atrio al piano terra incrociammo il gruppo della settimanale visita guidata al palazzo. Svicolando in mezzo a veneti e piemontesi pieni di un mal riposto timore reverenziale nei confronti delle istituzioni, pensai che le falde svolazzanti della mia nuova giacca dovevano darmi un certo aspetto cinematografico, d'istinto cercai persino lo sguardo dello stagista per inscenare un walk and talk da serie tv di Aaron Sorkin. Magari potevo sussurrare anche "Niente, allora è deciso, si invade la Libia" che messo su Twitter da uno di quei turisti dei palazzi del potere avrebbe potuto deflagrare in fretta in crisi istituzionale. Una voce interruppe quei miei pensieri antisistemici.

«OH DESA!»

Era Mauro.

«Oh vez, cazzo ci fai qui?» dissi facendo alzare un sopracciglio a un vecchio con indosso una giacca di tela da grande magazzino. Riprovaci quando avrai un completo di Boggi, vecchiaccio.

Il mio socio era sceso da Bologna per scrivere per "La Stampa" un reportage sulle visite turistiche nei palazzi delle istituzioni, da quando era uscito il suo primo romanzo alcuni quotidiani avevano incominciato a proporgli lavori del genere. Lo ascoltai spiegare tutto questo – comprese le parti di cui già ero a conoscenza e non ci sarebbe stato bisogno di ripetere – e nonostante gli apparenti sforzi di understatement si vedevano tutte le sue piume impegnate a farsi ruota. Anzi, più si sforzava di fare finta che l'intera faccenda fosse cosa di niente più sembrava tronfio e gongolante. Nei mesi precedenti avevamo festeggiato la pubblicazione del suo libro in ogni suo passaggio: dalla firma del contratto all'arrivo della prima parte dell'anticipo, a quello delle copie in libreria. Ogni occasione, e in special modo l'ultima, era stata buona per farci il Pratello in lungo e in largo e tornare a casa ribaltati ma ora vederlo lì, spedito da un quotidiano nazionale a Roma da Bologna, era la certificazione che quel libro a cui aveva lavorato per anni magari non l'avrebbe reso ricco ma quanto meno non era caduto nell'oblio istantaneo che accoglieva il 95% dei titoli che arrivavano sul mercato. Per la prima volta i pezzi del grande ingranaggio si stavano allineando nel modo giusto e piano piano se ne stava rendendo conto anche lui. E se a me un destino non troppo dissimile era capitato sostanzialmente per caso, senza cioè che avessi messo in campo ambizioni e piani strategici per perseguirlo, per Mauro quello che stava avvenendo in quei giorni era il lento avverarsi del progetto di una vita, un sogno a bassissime chance di realizzazione, per altro. Forse per questo non avevo mai visto tutti quei sorrisi su un volto solitamente abbonato a un ghigno pieno di pessimismo cinico che sapevo essere solo in parte di maniera.

Ero contento per lui ma anche un po' invidioso, se devo dirla tutta. In particolare la copertina Mondadori di *Vertigine*, con una foto in bianco e nero di piazza delle Erbe a Padova, deserta all'alba di una domenica di nebbia, mi aveva fatto un po' soffrire. Il che era un sentimento abbastanza singolare perché, ehi, io facevo parte dello staff della presidenza del Consiglio. Non proprio un fallimento, ma mi sa che le gioie in potenza sono sempre più belle di quelle vissute in prima persona.

«Scusa e non mi dici che scendi a Roma?» obiettai.

«Mi hanno chiamato ieri sera, volevo scriverti questa mattina dal treno ma mi sono dimenticato il caricabatteria e ora che siamo usciti dal tunnel a Firenze il telefono era già morto.»

Plausibile, anzi, era Mauro in purezza.

«Dopo ne compro uno da un paki e ti scrivo» promise, poi indicò il gruppo che si era appena avviato sulle scale. «Devo seguire la mandria.»

Una volta fuori Giuseppe, incuriosito dalla questione del reportage per "La Stampa", volle sapere chi era quel mio amico, così gli dissi il suo nome.

«Ma chi, quello di *Vertigine*?»

«Mh-hm. Proprio lui.»

Per poco non gli venne un colpo. Venne fuori che Giuseppe Nietzsche-Parise aveva un blog letterario dove aveva classificato il romanzo di Mauro come il migliore dell'anno.

«Certo manca ancora qualche mese alla classifica definitiva, però in ogni caso un esordio notevolissimo... non sembra nemmeno un romanzo italiano» disse con ammirazione.

«Mah, sì dài, alcune parti sono abbastanza riuscite» risposi e fui tentato di dirgli che comunque Mauro da mesi non cambiava il suo asciugamano del bidet.

A pranzo, o meglio nei momenti del pranzo in cui si degnò di staccare lo sguardo dalle notifiche che illuminavano senza sosta il suo iPhone, il Mastro si lavorò per bene lo stagista. Gli fece rivelare, senza che quello si rendesse conto della sensibilità delle informazioni che andava rilasciando, un paio di retroscena di una certa importanza riguardo l'intervista uscita quel giorno: incontri di Pistoia con altre pedine del digitale delle istituzioni, informazioni che rendevano evidente come le speranze del Mastro di riunire le banche dati della pubblica amministrazione fossero, almeno per il momento, pura fantascienza. In occasione di entrambe le rivelazioni tentai di incrociare in modo complice lo sguardo con il Mastro ma quello non mi considerò neppure e continuò a grigliare lo stagista. Il ragazzo, avvolto nelle spire di un'inedita attenzione, ricevuta poi in una fase della giornata che di solito gli riservava un panino trangugiato al volo prima di tornare a fare fotocopie e cambiare le cialde della macchinetta del caffè, si fece prendere dall'entusiasmo e continuò di buon grado con le rivelazioni involontarie.

Il Mastro mangiava del cervello fritto e ascoltava, pungolando al momento giusto e annuendo di fronte ai continui rilievi politico-morali dello stagista. Tutta roba di un luddismo radicale e tardo comunista sulla quale è anche inutile specificare come la pensasse in realtà. C'era una singolare somiglianza fra quello che stava accadendo nella discussione e quello che avveniva nel piatto di fronte a lui. Il Mastro si lamentava sempre delle manovre di palazzo ma bisognava riconoscere che ormai ci stava prendendo la mano mica male.

Tornando verso Chigi, il Mastro si allontanò per telefonare e Giuseppe, un po' rintronato dalle domande a cui era stato sottoposto, osservò: «È simpatico. Credo però che volesse farmi dire un po' di più di quello che potevo su Pistoia».

«Ma no, figurati. Quello è così come lo vedi, è un imprenditore, mica un politico.» E nel dirlo mi resi conto che quella stessa frase me la ripetevo mentalmente anche io di fronte a dubbi non troppo dissimili.

«Comunque non ho detto niente di segreto.»

«No, no, infatti.»

«Senti, se ti va questa sera c'è una festa al Pigneto, a casa di...» e fece il nome di uno scrittore che si era dato ai documentari e avevo sentito nominare un paio di volte. «Puoi portare anche Vendramin.»

Chiaro che in realtà l'invito era da considerarsi valido soprattutto se mi fossi presentato con Mauro, ma d'altro canto non avevo tanta voglia di andarci, né solo né accompagnato. Quel pomeriggio rimasi a Chigi a lavorare con il Mastro, di solito avendo un pass ma nessun cartellino da timbrare passavo lì giusto un paio di ore al mattino poi me ne andavo a casa subito dopo pranzo. Quella volta però avevamo ancora da preparare due incontri pubblici e una presenza televisiva in un talk show che sarebbe stato registrato la settimana seguente. Il Mastro quel pomeriggio era particolarmente cupo, continuava a sparire di tanto in tanto per delle telefonate misteriose, il che era strano perché di solito parlava senza problemi di tutto di fronte a me. Approfittai di una delle sue assenze per fissare un aperitivo con Mauro. Già che c'ero gli proposi anche la faccenda della festa, sicuro che avrebbe detto di no: dopo un'intera giornata in giro per Roma, città di tre milioni di abitanti praticamente priva di trasporti pubblici, il forestiero sprovvisto di un budget per i taxi arrivava a sera piegato sulle ginocchia. Io e il Mastro stavamo sistemando assieme il caotico abstract di un documento di 200 pagine sulla gig economy, quando il mio iPhone si illuminò:

MAURO CASA BOLO
Festa? Stasera? Com'è che si dice a Roma? Daje forte, diocan!

Alla festa dell'amico documentarista di Nietzsche-Parise arrivammo già sbronzi. Dopo il lavoro io e Mauro ci eravamo concessi un paio di birre, poi erano diventate una bottiglia di vino. Finita anche quella avevamo fatto un salto per delle grappe prive di alcun residuo di logica al Bar del Tempo, pregiata istituzione del centro cittadino dove eravamo stati gli unici a non unirsi alla processione verso i cessi anche se una decina scarsa di secondi dopo il nostro ingresso Mauro aveva già individuato il pusher e la tentazione gli era venuta. Sul pavé da Parigi-Dakar di piazza Venezia avevamo rischiato tre volte in pochi metri di finire sdraiati con lo scooter, ma non c'era stato niente da fare, già alla fine della bottiglia di vino Mauro aveva incominciato a chiedere insistentemente della festa di cui gli avevo parlato e appena – mannaggia li pescetti, come avrebbe detto un mio vecchio amico salentino – mi era sfuggito che Nietzsche-Parise era un suo fan quello si era immaginato per estensione un ambiente a scopata facile e da lì in poi non c'era stato più modo di trattenerlo. Fa niente che io a quel punto mi stessi invece figurando come prosieguo della serata una mezza chilata di gricia coi carciofi da Teo e poi una dormita di traverso nel mio lettone. Si può dire di no a un amico scrittore in trasferta che desidera fare una rapida abluzione nel piccolo stagno della sua gloria transitoria?

L'artista un tempo conosciuto con il nome di Mauro dimostrò di aver sviluppato delle inedite capacità durante il suo tour di presentazione del romanzo in giro per l'Italia: la rapidità con cui quella sera mise all'angolo una delle ragazze più belle della festa ebbe del prodigioso. Autostima, il carburante segreto di tutto il sesso improbabile del mondo. Da un po' di tempo conoscevo anche io il gioco. Non ero però passato a casa a cambiarmi dopo il lavoro e realizzai la gravità dell'errore già dalle scale, scorgendo fuori dalla porta d'ingresso la nuvola di fumo di sigarette – un banco tristemente privo di un'anima di marijuana – che invadeva l'atrio assieme a una canzone indie suonata da un impianto low-fi e a un vociare intenso ma privo di urla di autentica follia alcolica. Insomma, più o meno la peggiore delle combinazioni possibili. Avevo sospirato, valutando per un momento se levarmi la giacca e rimanere in camicia, ma ero giunto ben presto alla conclusione che a quel punto tanto valeva andare *all in* e tentare la carta dell'eccentricità. I vestiti conta come li si indossa.

Mauro dal canto suo si era già calato alla grande nella parte dell'astro nascente della letteratura italiana e si era lanciato dentro l'appartamento brandendo nelle sue enormi manone le quattro Peroni da sessantasei che avevamo appena comprato da un pakistano all'angolo.

«Qua li chiamano bangla» gli avevo spiegato e il giovane autore maledetto sempre attento a slang e regionalismi aveva preso mentalmente nota ringraziandomi con un cenno. Avresti dovuto vedere lo sguardo di Nietzsche-Parise quando scorse Vendramin: tale e tanto era l'entusiasmo che per un momento mi sfiorò pure l'idea che potesse essere omosessuale. Però a parte lui e un suo amico – collaboratore del blog, come venne fuori poco dopo – il nostro arrivo non generò sulle prime chissà quale immediato passaparola. Con l'occhio a mezz'asta dell'alcolemia ne approfittai allora per avventarmi su quel poco che era avanzato in salotto fra pizze, supplì e torte salate. Nel farlo quasi travolsi due tizi impegnati a ironizzare sulla svolta pop di Tommaso Paradiso e poi, una volta di ritorno, sbattei, quasi inciampando, su delle coppie che parlavano del miglior percorso da fare in America Latina avendo a disposizione soltanto tre mesi.

Sul terrazzo un Mauro ancora a stomaco vuoto stava già pontificando di fronte a un piccolo capannello di cui faceva parte anche una bionda davvero notevole. Era evidente che il mio socio di lì a poco si sarebbe liberato dei bloggettari e avrebbe tentato un isolation con tiro da nove metri, à la Damian Lillard in faccia a Paul George.

«E poi, da non crederci, questo professore di liceo calabrese che moderava l'incontro mi domanda "Quanto c'è di autobiografico in questo libro?"» fece Mauro allargando le braccia e ostentando sconsolatezza.

Quel pomeriggio avevo dato un'occhiata al blog di Nietzsche-Parise e del suo socio, il pezzo sul libro di Mauro si intitolava proprio "Vertigine *e i nuovi confini dell'autobiografia*". I due comunque abbozzarono alla grande e ostentarono nei confronti del docente calabro del distacco e della derisione abbastanza credibili. Fui comunque felice di sapere che il mio socio manteneva intatta la sua storica capacità di essere sempre splendidamente inopportuno. Mauro aveva già finito la Beck's da sessantasei che aveva agguantato dopo aver smollato le Peroni calde nel frigo della cucina e continuava a scambiare sguardi magnetici con la bionda, che però, bisognava dargliene atto, nonostante il contesto e l'abbigliamento informale sembrava una di quelle donne che anche sdraiate nel solarium di un resort a cinque stelle in Costa Smeralda avrebbero potuto mettere su una faccia *davvero* annoiata e scocciata, il che a pensarci bene era proprio il tipo di donna che Mauro prediligeva. La sua ex di fresca data – che con pochi cambiamenti, tutti in peggio, era uno dei personaggi principali di *Vertigine* – era esattamente quel tipo di persona, anche se con una certa venatura provincial-altroconsumo-bolognese che la bionda qui presente manco sapeva dove stava di casa. La vecchia ragazza era una specializzanda in anestesia al Sant'Orsola, con i genitori tra fondazione Carisbo e Mulino; la nuova, reticente, candidata era di tutt'altra pasta ma con ogni evidenza sedeva su un ramo, seppur più apicale, dello stesso grande albero dell'oligarchia.

«Bel completo» sentii dire da una voce alla mia sinistra e a quel punto ero così sbronzo che mi girai rapido e pugnace, pronto a farfugliare inacidito che almeno io un lavoro ce l'avevo e che non mi rompessero i coglioni, milionari travestiti da artistoidi, salvo però trovarmi di fronte una mora con un sorriso furbo che mi fece sinceramente allappare, spiazzato. Era molto bella e sembrava che non mi stesse prendendo per il culo.

«Grazie. È un abito di lavoro, non ho fatto in tempo a passare a casa a cambiarmi.»

«Che lavoro fai? Servizi segreti al servizio di sua maestà?»

Risi. «Più o meno» esitai, pensando al posto dove mi trovavo. Lì disprezzare i palazzi del potere e chiunque ci avesse a che fare doveva essere una sorta di scontata abitudine collettiva, una sorta di pubblica abiura delle famiglie di provenienza. E chi ero io per riuscire dove intere schiere di psicanalisti avevano fallito?

«Lavoro per i cattivi» sintetizzai.

«Almeno saprai chi sono i buoni. Non è mica semplice.»

«In effetti» osservai, spiazzato: aveva immediatamente chiamato l'idiozia della mia risposta.

«Marco.»

«Federica.»

Non indagò oltre, in compenso mi disse che suo padre era stato un sarto e che si vedeva che la giacca era di buona fattura, il taglio non era perfetto per me, ma quasi. Non male per un capo commerciale, meglio della maggioranza delle cose che si vedevano in giro, in ogni caso. Si accese una sigaretta e mitigò con un leggero sorriso la definitività delle sue affermazioni. Ho detto molto bella ma avrei forse fatto meglio a dire molto affascinante, perché pur essendo senza dubbio una bella ragazza Federica non aveva le fattezze da atleta olimpionica di certe influencer di Instagram, né la costruita fragilità al mascara di certe ordinatissime ragazze di Roma nord (così simili, senza saperlo, a certe turche di Kreuzberg), in compenso aveva splendidi occhi verdi iridescenti, un seno non enorme ma che si annunciava pieno e rotondo e anche l'imperfezione di un naso con un leggerissimo richiamo greco cospirava nel darle un fascino che sfociava nel carisma. Insomma, mi era già capitato altre volte di incontrare una ragazza e pensare che avrei fatto l'amore molto più volentieri con lei che con questa o quella modella o attrice famosa e idealtipicamente perfetta. Mai però con l'intensità che mi colse quella sera.

Federica non aveva nessuno dei possibili accenti romani, né quello di borgata, né quello del giovane borghese di sinistra che si sforza di sporcare il suo italiano con il dialetto del fattorino di Amazon, né quello strascicato e con grotteschi inserti in pseudomilanese dei quartieri nord. Federica parlava un italiano pulito e probabilmente del Settentrione.

«Torino» confermò, stupendomi perché comunque non aveva nemmeno l'accento piemontese. Era arrivata a Roma per un corso postlaurea in editoria dove aveva conosciuto sia Nietzsche-Parise che la bionda (a cui si riferiva con il nome di Cristina) che il padrone di casa, ma dopo uno stage non pagato in una casa editrice era stata obbligata a trovare dei lavori veri in alcuni uffici stampa. Disse il nome dell'azienda semipubblica dove lavorava in quel momento: era la stessa dove a capo della comunicazione sedeva la tizia che mi aveva insultato davanti a tutto il tavolo alla cena con il Mastro e Falzone. Mi brillarono gli occhi: avevamo un nemico in comune, un nemico con cui tra l'altro potevo dire di aver vinto una battaglia, anche se a dire il vero la fattura extralarge che avevo spedito dopo la consulenza era ancora da saldare e stavamo già comodamente oltre i sei mesi. Il mio commercialista al momento di pagare allo Stato l'IVA che ancora non avevo incassato mi aveva spiegato che con quel tipo di carrozzoni tempi del genere erano la norma, anzi, si era pure arrabbiato con me per aver accettato il lavoro. Un giorno, forse, parlerò del rapporto abbastanza particolare che avevo con il mio commercialista, per il momento però è meglio tornare su quel terrazzo shabby chic del Pigneto, a Mauro che sbraitava «Un film? Perché no, lo conosco molto volentieri questo tuo zio produttore» e al tumulto sessuale che nel mio cervello agevolava l'avvicendarsi di sinapsi sempre più strategiche. Su un nemico in comune si poteva costruire se non un'intera storia d'amore quantomeno del sesso appassionato. Così le raccontai l'episodio della cena tirando fuori tutto il sarcasmo di cui ero capace continuando comunque il gioco sul mistero della mia occupazione. Lei sorrise confermando tutte le inabilità del suo capo, inabilità che proprio lei era stata chiamata a contenere, occupandosi della parte digitale dell'ufficio stampa. Quindi in un certo senso quella che si annunciava come la ragazza più interessante che avevo conosciuto da quando abitavo in città doveva il suo lavoro, e probabilmente il suo trovarsi lì, davanti a me e non a una festa a Milano o a Torino, a quella donna terribile che mi aveva insultato davanti a una ventina di persone. Volsi lo sguardo oltre i bordi del terrazzo per vedere se Roma stesse facendo nuovamente uso del vento tra le fronde dei suoi alberi per ridere di me. Attorno però c'erano solo vecchi palazzi scrostati.

«Guarda che comunque non è una cattiva persona» disse Federica spezzandomi in bocca la seconda parte del racconto, quella riguardante la consulenza con cui aveva ricompensato il mio ruolo di bersaglio umano. Pareva invece che avesse fatto parecchio per diverse sue colleghe, che fosse un capo fedele ai propri dipendenti, capace di prendersi delle responsabilità e non scaricare le sue idiosincrasie e i suoi fallimenti sugli altri. «Sì, è vero, non capisce nulla di tecnologia, ma non è mica l'unica in Italia. Poi se ho capito bene quello era il periodo in cui il marito l'aveva lasciata per una di vent'anni più giovane, probabilmente è per quello che era così ubriaca. Tra l'altro tu gli assomigli pure un po', al suo ex marito.»

Fu grossomodo in quel momento che incominciai a percepire come Federica concedesse agli esseri umani tutte le attenuanti, sia generiche che letterarie, e vedesse nelle persone il buono prima di qualsiasi altra cosa. Io, animale muflone di tendenza sospettosa, avvertii immediatamente il potenziale curativo di una ragazza del genere. O meglio, forse non lo avvertii subito in maniera cosciente ma doveva esserci anche quello nella reazione chimica che mi portò istintivamente a inventare battute e riferimenti a cose che lei aveva appena detto, oltre che a guardarla negli occhi un mezzo secondo di troppo ogni volta, più in ossequio a un principio di piacere che a un calcolo strategico.

Bevemmo ancora, rifiutai, per paura di spegnermi, una canna che mi transitò davanti agli occhi (alla fine c'era qualcuno che fumava, ma, come i ragazzi per bene, solo in terrazza). Federica non aveva mai sentito nominare Enterthedistopianow e per la prima volta appresi la notizia con un certo sollievo. Utilizzare quel backstage pass per la camera da letto mi sarebbe sembrato a quel punto una sorta di mistificazione, non mi riconoscevo più granché in quella maschera di satiro senza volto e assolto in partenza da ogni colpa, che sentenziava sul mondo dall'alto di un investimento di venti euro all'anno + backup e antivirus.

Nietzsche-Parise, ormai abbandonato a se stesso da Mauro, occhieggiava parecchio nella nostra direzione, visibilmente preoccupato.

«Non è che per caso gli piaci?» chiesi a Federica e lei mi rispose con un'eloquente espressione sconsolata. Concordava con me su quanto fosse complicato e spesso frustrante per una persona nata e cresciuta al Nord vivere in quel disastro di città, anche se, mi raccontò, certi giorni finito il lavoro saliva in scooter al Gianicolo, si sedeva su una panchina e beveva una birra, incantata davanti al quadro disteso sotto il suo sguardo. Al ritorno s'intristiva sempre un po' alla vista delle persone che al chiosco di fronte all'entrata del Bambin Gesù compravano palloncini per i bambini ricoverati.

Vergognandomi un po' del contrasto le dissi che poco lontano da lì c'era anche uno dei miei posti preferiti di Roma, se non proprio quello preferito: il Carrefour di via delle Fornaci, aperto tutta la notte come una farmacia di turno, anzi, meglio perché si poteva entrarci dentro liberamente.

«Però non devi assolutamente andarci di giorno. Di giorno è solo un supermercato come un altro. È la notte che dà il suo meglio.»

«Ah sì?»

«Sì. È una cosa strana... è come entrare nell'essenza di un supermercato.»

«Addirittura.»

«Te lo giuro. C'è una guardia fuori e il più delle volte, dipende dall'ora, uno dei due cassieri ti deve aprire. Ma deve solo schiacciare un tasto e prima che tu sia del tutto entrato dalla porta scorrevole quello si è già girato e ha ripreso a parlare con il suo collega della Roma, della festa del sabato prima, della fidanzata. Un minuto e si sono del tutto dimenticati di averti aperto. La notte per loro è lunga e dilatata. In passato ho fatto il portiere di notte, so com'è: sono lavori quasi onirici.» Mi accorsi non senza un certo piacere che il mio discorso stava diventando particolarmente ispirato. «A quel punto sei del tutto libera di aggirarti per le corsie deserte di esseri umani e piene di merci, prenderle in mano, soppesarle o anche solo contemplarle. Specie le cose che di giorno non perderesti mai tempo a studiare. Tra l'altro, per essere un supermercato di medie dimensioni è singolarmente rifornito. Hanno anche dei tagli di carne di origine scozzese e argentina, per dire. Muoversi di notte là dentro è una sensazione strana e famigliare al tempo stesso, non so come spiegarti.»

«Va bene, ora puoi dirmelo: lavori per la Carrefour.»

Scoppiai a ridere. «No.»

«Per un fornitore della Carrefour?»

«No.»

Mi guardò con occhi socchiusi, in una parodia comica del sospetto. «Per la Conad?»

«No, te lo giuro. Se proprio vuoi saperlo lavoro per il governo.»

Un paio di tizi di fianco a noi si voltarono e mi squadrarono per un momento, uno alzò un sopracciglio come se avesse appena visto una merda di cane per strada, poi tornarono ai loro drink nei bicchieri di carta.

«Colpo di scena» disse lei con un sorriso. «A proposito di supermercati, vediamo se c'è ancora qualcosa da mangiare? Prima mi sono del tutto dimenticata e adesso mi è venuta un po' fame.»

In cucina però era finito tutto, c'erano solo qualche birra, una bottiglia di Absolut e una di Schweppes, ma della prima era rimasto giusto un fondo, buono per un solo drink, che dividemmo. Non era molto tardi ma la festa andava lentamente spegnendosi, d'altronde l'alcol era quasi finito. Naturalmente volevo baciare Federica, portarla a casa, fare l'amore con lei il più a lungo possibile e lei sembrava ben disposta. Il che comunque non significava affatto che non ci fosse, per me, la necessità di mettere la testa su un piano sensato. In quell'appartamento c'era ancora un sacco di gente e non ero al corrente dei confini della sua rete sociale, poteva benissimo essere che a quella festa ci fosse un ex, o qualcuno con cui andava saltuariamente a letto o che comunque non le piacesse mettersi a limonare con un ignoto pisquano in un posto dove conosceva – questa era stata la mia impressione – quasi tutti. Le complicazioni che potevano frapporsi nel cervello di una donna fra il suo desiderio di fare sesso e il momento in cui si toglieva effettivamente i vestiti erano potenzialmente infinite.

Una scelta relativamente semplice, ma comunque non priva di rischi, sarebbe stata quella di rimanere lì fino a tardi, quando poteva darsi che in un angolo del terrazzo o del salotto si sarebbe creato il giusto isolamento. Oppure offrirsi volontari di scendere dal bangla, nel momento in cui – sarebbe successo sicuramente a breve – qualcuno avrebbe fatto notare che le birre erano finite. Un bacio sul portone del palazzo con dei sacchetti pieni di Heineken in mano. Giovani, carini e moderatamente avviati alla cirrosi epatica. Una scena così sarebbe piaciuta alla Rai, peccato che non mi avessero mai fatto mettere le mani su dei progetti del genere, forse perché l'età media degli spettatori della prima serata di Rai 1 era sessant'anni. Anche per questo scenario, comunque, ci sarebbe voluto del tempo, se poi lei non mi avesse accompagnato mi sarei sentito un perfetto imbecille e una volta tornato indietro non avrei mai trovato il coraggio di fare altre mosse.

Mauro stava ancora tenendo banco, questa volta con storie mirabolanti di ubriacature, di fughe dai carabinieri in un paese del delta del Po, di violazioni di proprietà privata, di sesso spinto fatto sotto la superficie del cattolicissimo Veneto. Non sembrava rendersi conto che non tanto i racconti in sé, ma i suoi modi pieni di energia, la sua voce tonante, l'assoluta mancanza di distacco con cui raccontava le cose, *credendoci,* cioè, lo stavano rapidamente traghettando da interessante novità letteraria a oggetto di folclore provinciale. Quel tipo di Roma per bene e protetta disponeva di poche categorie per classificare le cose del mondo e non ne aveva alcuna per il racconto popolare del Ventunesimo secolo che non fosse storia di borgata o epopea di camorra. Sperai che si accorgesse di ciò che stava accadendo un attimo prima di diventare definitivamente una macchietta.

Poi però stavo di nuovo pensando a Federica: aveva appena preso l'ultimo sorso del nostro monodrink. La guardai. Vaffanculo, ci avrei provato lì, in quel momento. Era troppo carina e io troppo sbronzo per tergiversare oltre. Addio piani strategici, le cose se devono succedere succedono, il che di solito è quello che ci si ripete prima di finire le serate davanti a Pornhub. Non mi ero ancora mosso davvero ma il suo sistema limbico doveva avere intuito il significato del leggero dilatarsi delle mie pupille (i proverbiali occhi-a-cuore) perché infilò il braccio sotto il mio e mi disse: «Ti va di andarci ora?».

«Dove?»

«In questo posto che dicevi, il supermercato.»

«È lontano, ma se ti va, volentieri.»

«Dài, così compriamo anche qualcosa da mangiare.»

Fra quell'appartamento e il Carrefour notturno dovevano esserci decine di luoghi ancora aperti dove comprare del cibo. Tutto dunque procedeva per il meglio.

«Džeko per me è incedibbile» disse il cassiere più vicino all'ingresso e l'altro – praticamente sdraiato sulla sua sedia – convenne senza esitazioni. Dalla lunga fila muta di corsie spuntò un'americana in pantaloncini corti, cuffie nelle orecchie e diverse confezioni di cookies nelle braccia racchiuse davanti a sé. Federica mi guardò come a dire "Vedi che qualcuno c'è?" ma attraversando le silenziose file di scaffali ci rendemmo conto che una volta uscita la ragazza eravamo rimasti soli.

Passeggiavamo fra le corsie lasciando che fossero le cose ad attirarci a loro. Federica prendeva in mano delle confezioni – riso nero, grissini integrali, un nuovo tipo di biscotti Gentilini al cacao – e prima di rimetterle a posto studiava le grafiche e i colori, sorrideva indulgente nei confronti delle immagini di donne sulle confezioni. Increspò appena il labbro come di fronte al buffo animale di un bestiario medioevale quando su una confezione di cracker senza lievito vide una quarantenne ipertonica che esultava saltando nel vuoto, stagliandosi su uno sterminato cielo azzurro. Nello stesso scaffale c'erano cracker integrali, al farro, al rosmarino, alla pizzaiola, alle olive, e tutti desideravano il nostro affetto. Contai una cinquantina di tipi diversi di pomodoro in scatola e, più sorprendentemente, ventitré tipi di alici del Cantabrico.

«Vedi, ecco la carne argentina» dissi di fronte a una confezione al banco frigo. Scoprii quella sera che la carne che pensavo scozzese in realtà era australiana, avevo fatto confusione con le bandiere. Lo dissi a Federica, che era distratta dal vicino frigo dei latticini freschi.

«Ah sì? Anche io non le conosco molto bene.»

Girò la confezione di uno yogurt Scaldasole al pistacchio poi, come riscuotendosi, si voltò nella mia direzione. «Avevi ragione, a quest'ora è un posto notevole.»

Sorrisi senza replicare, lasciai che quella considerazione avesse il tempo di evolversi e crescere dentro il silenzio segnato solo dal ronzio sommesso dei frigoriferi e dall'elettrostaticità del neon.

«Sembra quasi di stare in chiesa.»

«Se te lo avessi detto prima di mostrartelo mi avresti preso per pazzo.»

«È vero» annuì. Fui attratto da un mestolo marchiato Carrefour con un affascinante manico in plastica nera a iniezione. Quando cucinavo paste grasse come la carbonara o la cacio e pepe usando gli spaghettoni Cavalieri (scuola Mastro), travasavo l'acqua di cottura con un cucchiaio, un procedimento penoso. Per 6 euro e 95 centesimi un mestolo come quello avrebbe reso l'intero processo un rapido piacere, migliorando nel contempo i dosaggi. Durante il giorno non avevo mai trovato il tempo, o non mi ero mai ricordato, di comprarne uno. Lo staccai dal gancio dove era appeso.

Federica camminò verso lo scaffale del cibo per animali e prese dei Catisfaction. «Il mio gatto impazzisce per questi.»

Nel reparto dolci fu colpita da una confezione stretta e lunghissima di minicioccolate Ritter. «Noooo. Questa marca la mangiavo sempre quando andavo a sciare con mio padre. La tirava fuori dalla giacca sulla seggiovia, l'apriva e la spezzava con i guanti. Sai quei guanti grandi, rigidi che si usavano una volta. Non ho mai capito come facesse a non farla cadere di sotto.»

Estrasse quella lunga stecca di cartone dal suo contenitore. «Questa sarebbe stata la dimensione perfetta...»

Studiò i gusti. «La voglio» sentenziò infine con una determinazione che finiva in un sorriso furbo, da donna che per un calcolato momento tornava bambina.

La tirai delicatamente a me e la baciai. Nell'abbracciarmi mi colpì sulla nuca – per fortuna non troppo forte – con la confezione delle cioccolate.

«Ahia» mormorai.

«Scusami» disse ridendo.

Poi ci baciammo ancora, lì, nel cuore pulsante e deserto dell'Occidente.

Perché sono tutti indifferenti
alla propria mortalità?

PETER THIEL

Più tardi Federica dormiva, io scrutavo il soffitto nell'attesa di prendere sonno quando con la coda dell'occhio vidi l'iPhone illuminarsi. Pensai a un messaggio di Mauro, qualcosa di divertente su come entrambi avevamo chiuso la serata a punti. Il buio però non faceva ritorno sullo schermo e mi resi conto che si trattava di una chiamata. Con voce roca il Mastro mi annunciò che era sotto casa mia (cioè sua), potevo forse scendere?

Per un momento valutai l'idea di essere dentro un sogno, mi era capitato di avere esperienze di sogni lucidi e di uscirne pressappoco a comando. Ci provai, non successe niente. Non mi risvegliai in nessun altro letto in nessun'altra dimensione vigile.

Forse solo perché sarebbe stato troppo lungo articolare un altro tipo di risposta convincente dissi: «Ok, dammi due minuti».

Mi aspettava di fronte al portone, appoggiato a una Porsche 911 Targa color argento che occupava quasi l'intero vicolo. Non sapevo avesse un'auto del genere: a Milano oltre che sul vecchio scooter ero salito con lui su un anonimo Toyota Rav4. Era un mezzo un po' fuori personaggio. Spiegò che ogni tanto andava a Vallelunga e si sfogava un po' sui cordoli. «Prima la portavo a Monza ma considerato quanto mi stressano qui ho capito che mi torna più utile tenerla a Roma.»

«Molto, molto bella» dissi, impressionato. Era proprio una bestia rilucente e invidiabile. «Sono sceso, però in realtà avrei in casa una persona» aggiunsi mentre mi chiedevo quanto potevano essere grandi i cerchioni. Venti pollici? Ventuno?

«Da quanto ci hai messo direi che eravate già a letto e che lei probabilmente sta dormendo. Sbaglio?»

Feci cenno di no, non si sbagliava.

«Dài, accompagnami allora, non facciamo tardi.»

«E dove vuoi andare?» chiesi quando ormai ci eravamo rinfilati nel traffico notturno del lungotevere.

«Al mare, ma ci mettiamo un attimo, non ti preoccupare.»

Dieci minuti di folle guida urbana dopo stavamo infilando l'autostrada per Fiumicino e dopo un altro minuto vidi il tachimetro segnare 260 km/h.

«Sai che di tutti i giorni in cui potevi chiedermi di accompagnarti hai beccato proprio quello in cui ho meno voglia di morire da anni a questa parte?»

Waze aperto sul CarPlay dell'auto segnalò un autovelox a meno di un chilometro, il Mastro, concentrato sulla guida, decelerò bruscamente.

«Tranquillo, è tutto automatico, ha un milione di sistemi di sicurezza attivi, anche volendo è difficile schiantarsi. Dovrebbero hackerarla per farci fare un incidente.»

«Questo mi è davvero di grande sollievo. Seriamente: non voglio morire.»

Quello però aveva già riaccelerato e l'urlo del boxer alle mie spalle aveva ripreso a coprire i miei lamenti. Forse doveva finire così, pensai. Bel rumore, in ogni caso.

Venticinque minuti di terrore e di adrenalina dopo la partenza da casa mia eravamo al castello di Santa Severa: l'unica altra volta che ero stato lì, una domenica con dei colleghi dell'ufficio, di minuti ne avevamo impiegati cinquantacinque. Quello appena compiuto era stato l'esercizio socratico di morte svolto a più alta velocità della mia vita.

Parcheggiammo davanti a un bar di surfisti che a quell'ora di notte era deserto. Era tutto cadente e abbandonato, rifiuti spuntavano dalla sabbia, una costruzione in cemento mai finita comprometteva il litorale. Dagli strapuntini della 911 il Mastro tirò fuori un piccolo zaino con dentro una bottiglia di whisky e due bicchieri. Ci sedemmo sugli scalini esterni del bar.

«Io no, ho già dato questa sera. Se tu bevi poi però guido io.»
«Ok.»
«Cosa festeggiamo?»
«Festeggiamo... niente» esitò mentre si riempiva il bicchiere senza avarizia. «Mio padre sta morendo.»
«Cazzo, mi dispiace molto» dissi meccanicamente cercando di ignorare la mia gaffe.
«Anche a me» disse, poi prese un lungo sorso. Il quarto di luna in cielo illuminava a malapena un mare gonfio, rumoroso, scuro. La schiuma bianca delle lunghe onde diagonali si intuiva appena nel buio. Il Mastro disse che era malato da tempo, lui aveva usato i suoi contatti per farlo visitare da alcuni dei migliori medici svizzeri ma non c'era granché da fare, arrivati a quel punto. Quel pomeriggio era stato tutto il tempo al telefono con una clinica di Zurigo.

Una domenica ero stato ospite a un pranzo a casa del Mastro a cui era presente anche il padre e avevo visto quanto – nonostante gli anni di scontro giovanile – quei due fossero legati. Soprattutto era il padre ad avere occhi pieni di orgoglio quando parlava del figlio pur avendocelo di fronte. Forse erano stati gli anni in cui l'aveva dato per perduto a renderlo così, forse il racconto del Mastro era infedele e quell'uomo ormai anziano non aveva mai smesso di amarlo in maniera incondizionata.
Il rapporto con mio padre era stato invece sempre più simile a quello di due mufloni che dopo una rincorsa lunga cento metri si prendevano a craniate, volendosi anche del bene, ma senza riconoscere mai la possibile bontà delle idee dell'altro. L'aderenza alle sue convinzioni e la genuflessione incondizionata a un concetto di Dio che mutava natura al cambiare dei suoi umori sarebbero sempre venute prima per mio padre, era la tara inestirpabile dei cattolici credenti. Potevo quindi provare a capire il dramma generale della perdita, ma non la specifica sfumatura.
«Secondo me è per questo che dobbiamo correre il rischio» osservò il Mastro. Non capivo a cosa si riferisse ma aspettai paziente. A quel punto un sorso di whisky l'avrei preso volentieri ma dovendo guidare una macchina che costava come un monolocale lasciai perdere.

«Molte delle cose che dici sempre sui pericoli della tecnologia non sono sbagliate. Lo so benissimo. Altre sono sciocchezze, ma ci mancherebbe anche che dicessi sempre tutto giusto.»

«Be', grazie» dissi, ironico.

«No, seriamente. Non è che io non veda» disse versandosi un altro bicchiere triplo «che il pericolo è il controllo assoluto, la tracciatura continua. Compriamo e vendiamo dati, profiliamo praticamente qualsiasi persona voglia avere un ruolo attivo in questo mondo. E questo in un certo senso è solo l'inizio. Mi rendo anche perfettamente conto che i social network stanno rendendo impossibile la vita delle democrazie, il trend è verso l'autoritarismo.»

«Già» sospirai. E mi venne quasi da ridere per tutta la situazione. Noi lì, i bicchieri di vetro e il whisky, i rifiuti abbandonati e la Porsche, l'odore di salsedine e le poche cose, forse nessuna, che dalla nostra posizione così apparentemente strategica potevamo fare davvero.

«Sai perché è nato Google?»

«Perché serviva un motore di ricerca migliore di Yahoo o di AltaVista?»

«No. È nato per raccogliere i dati e il denaro necessari a creare l'intelligenza artificiale.»

«Ah sì, l'ho sentita questa storia.»

«Personalmente penso sia plausibile.» Rimaneva ancora un goccio di whisky nel bicchiere. Lo prosciugò, poi guardò la bottiglia ma non prese provvedimenti. «E perché tutta questa ossessione per l'intelligenza artificiale, nonostante i rischi che comporta, secondo te?»

«Per i soldi. E per il potere assoluto che un'AI concederebbe al suo creatore, se riuscisse a domarla.»

«Cosa per altro quasi impossibile. Però vale comunque la pena di provarci e sai perché?»

«Soldi e potere, appunto.»

«No. Non essere così grezzo e banale: soldi e potere... Troppo marxismo ti hanno insegnato all'università. Né i soldi né il potere giustificherebbero fino in fondo l'esposizione a un rischio così elevato. Il punto è un altro: non morire. Questa è l'unica cosa che giustifica tutto.»

«La vita eterna?»

«Se preferisci. Di base altrimenti siamo tutti condannati. L'hai detto anche tu prima: non vuoi morire. Nessuno vuole morire, ma fino a ora ci siamo sempre limitati alle favolette o al cercare di non pensarci. Per la prima volta stiamo prendendo seri provvedimenti a riguardo. L'intelligenza artificiale può risolvere il problema della morte. Per me alla fine sta tutto qui, il discorso.»

Si alzò e lanciò il bicchiere vuoto lontano, rifiuto fra i rifiuti. Il Mastro era uno che di solito differenziava anche gli stecchetti di plastica per girare il caffè.

«E quello mi muore ora. Troppo presto, cazzo. Troppo presto.»

Tacque per cinque minuti buoni in cui non me la sentii di dire niente. L'idea di una vita senza più la minaccia della morte mi si stava espandendo dentro come una forma di speranza calda e accogliente che non avevo più provato da quando all'età di otto anni avevo concluso, con sommo disdoro di mio padre, che tutta quella faccenda di Gesù, di un Dio uno e trino e della madonna vergine inossidabile mi sembrava una gigantesca fregnaccia.

«Tieni, queste sono le chiavi, basta che le tieni in tasca e schiacci il pulsante d'accensione» disse infine il Mastro. Il whisky lo aveva colpito a dovere, ma sembrava anche avergli dato un po' di pace. Forse per questo tornò a discorsi più abituali. «Non so se lo hai notato ma le cose non vanno un granché bene per Matteo. Passa un sacco di tempo a leggere i commenti su Facebook e poi s'incazza. Ha sempre in mente i suoi haters e quegli imbecilli del suo partito, il risultato è che è diventato antipatico. Io per dire non riesco più a sentirlo quando fa i discorsi pubblici, figurati gli altri. I suoi gli hanno fatto una guerra senza quartiere tale che uno dovrebbe veramente essere sovrumano per sopravvivere a quel tipo di spinta distruttiva e lui evidentemente non lo è. Gli manca anche una squadra all'altezza, oltretutto. Gli è sempre mancata e quello è colpa sua. Per come la vedo io, ha davanti uno, massimo due anni. Le hai viste le analisi del sentiment sui social?»

«Alcune» ammisi.

«Allora sai già che questa faccenda del referendum è pura

follia e sai anche chi vincerà le prossime elezioni. Per come la vedo io seguirà un momento in cui i nuovi penseranno di non avere bisogno di gente come noi, dopodiché, sull'orlo del disastro – il cui avvento è l'unica certezza che abbiamo – chiunque ci sarà avrà bisogno, se non di noi, almeno di gente come noi. Lì forse si potrà incominciare a lavorare sul serio. Il conto del tempo perso lo pagheranno i più poveri ma purtroppo c'è ancora troppa gente che non vede al di là del proprio naso, il partito è un brand tossico, compromesso, quelli stanno ancora alle catene di montaggio, al Sessantotto, quando ci parli hai sempre la sensazione che da un momento all'altro potrebbero tirare fuori gli Intillimani. Sono preistoria pura. Matteo non è bastato a cambiarli, invece sono loro che hanno distrutto lui, hanno avuto la meglio. Nella distruzione, bisogna ammetterlo, sono i numeri uno al mondo. Incontrastati. Sarebbero capaci di scindere il bosone di Higgs, se ci si mettessero. Insomma, quello che ti sto dicendo è anche che fra un po' dovrai decidere cosa fare da grande.»

All'altezza di Cerveteri il Mastro si addormentò, più o meno quando stavo incominciando a prenderci gusto a guidare la 911. Pigiavo l'acceleratore e la Porsche mi calciava con violenza contro il sedile, la strada davanti a noi si accorciava con una rapidità esaltante e assieme spaventosa, come fossimo spinti da un uragano a comando. Il Mastro sussultava nel sonno e io pensavo a quelli che chiamavano con sarcasmo quel genere di auto protesi del pene: era ovvio che non ne avevano mai guidata una, era un po' come la storia del completo di Boggi. La volpe e l'uva.

Guardai l'orologio sul cruscotto: erano le cinque. Di sicuro Federica stava ancora dormendo, chissà però se era una di quelle persone che si alzava di notte per andare in bagno. Nel qual caso si sarebbe resa conto di essere rimasta da sola. Se ne sarebbe andata? Scommisi di no, e con il piede evocai un altro giro di uragano. Quando mi sarebbe ricapitato di guidare un mezzo del genere? Pilotavo quell'auto potente e fluida e mi sembrava che le idee viaggiassero a loro volta più veloci, avevo l'impressione che lo scoppiettio delle cambiate comandate dai bilancieri al volante e la risposta istantanea dell'intero telaio mi regalassero lucidità.

Il Mastro dunque era mosso da motivazioni che non avevo mai sospettato. Avevo anzi sempre pensato di essere quello più profondo dei due, mentre la radicalità dei problemi che affliggevano il Mastro era assoluta, avevano una profondità esistenziale ben maggiore dei miei scricchiolanti scrupoli morali. Probabilmente li taceva perché pensare di poterli risolvere era il genere di ambizione spropositata che stava in una sorta di angolo cieco delle coscienze, un'enormità da cui ci si proteggeva con lo scherno. Quello di cui parlava era in sostanza una nuova, scandalosa, religione. Idea senza dubbio folle ma non riuscivo a togliermi dalla testa la sensazione che tutto tornasse e che come specie fossimo nati proprio per questo: eliminare la nostra morte in una sorta di ultimo passaggio del percorso evolutivo. L'intera storia della specie era stata in fondo attraversata dalla medesima pulsione fondamentale: la sopravvivenza del DNA. Tutto il resto veniva dopo. Il rischio concreto era quello di evocare nel processo forze che avrebbero potuto, paradossalmente, condurci all'estinzione. Quello sì che era un *all in*, altro che entrare con un completo a una festa al Pigneto.

Arrivati a Roma mi fermai in un forno dell'Eur a prendere dei cornetti; lasciai il Mastro addormentato in macchina, al mio ritorno trovai un paio di pischelli che guardavano la Porsche sognando che fosse loro. Fortunatamente non erano dei delinquenti, solo del normale pischellame romano. Ripartii con i loro sguardi addosso.

Al di là degli orizzonti filosofici, all'atto pratico rimaneva un grosso insoluto nella mia vita. Cosa sarebbe successo dopo? Cosa avrei fatto da grande, appunto? Quel periodo di inedito benessere tendeva a farmi dimenticare che razza di enorme rottura di coglioni fosse di norma guadagnare del denaro per quelli che come me erano nati proprio alla fine della parabola dell'Occidente. Ero circondato da gente che dava per scontati i suoi pingui stipendi o le sue rendite o entrambe le cose. Non mi ero però del tutto dimenticato quanto potesse essere ruvida e frustrante la parte di mondo dove viveva la maggioranza delle persone. Insomma serviva una strategia di sopravvivenza: tecnologia, va bene, ma cosa esattamente?

Era una domanda che alle cinque e mezzo di mattina, e dopo

una notte del genere, sembrava inaffrontabile, ma non bisognerebbe mai sottovalutare le vie laterali attraverso cui il cervello umano è in grado di fornire soluzioni inaspettate.

Nel mio caso l'illuminazione arrivò mentre mi trovavo fermo a un semaforo sulla Cristoforo Colombo. Più precisamente quando, nel silenzio assoluto che sulle Porsche 911 fa seguito all'entrata in funzione del sistema start&stop, incrociai lo sguardo con una puttana impegnata a scaldarsi accanto a un rogo improvvisato con dei vecchi mobili abbandonati.

A questo punto del racconto del mio passato è possibile chiedersi: "Cosa mai avrà potuto ricavare dall'osservazione di una prostituta dall'abitacolo di una Porsche?" oppure: "Com'è andata a finire con Federica, e perché non stanno più assieme?". Con l'ulteriore appendice: "Cosa avrà fatto quel delinquente per spingere una così brava ragazza nelle braccia di quell'altro?" (questo nel caso in cui il lettore in questione sia mia madre). A ogni modo nell'ordine di priorità di queste due domande – prima la sopravvivenza economica o prima l'amore? – c'è un mondo, o meglio, un modo di vedere il mondo. Il che è una questione della massima importanza nella società dell'attenzione.

Dovendo scegliere cosa raccontare per primo, uno scrittore di un tempo avrebbe seguito il proprio istinto, che è un modo di dire per significare che si sarebbe fatto condizionare dalle birre che aveva bevuto la sera prima, da un insperato sole di febbraio fuori dalla sua finestra o dall'arrivo, quel giorno, di una bolletta del gas particolarmente esosa o, ancora, dalle attenzioni di un'aitante lettrice. Piccoli eventi di questo tipo avrebbero potuto farlo propendere verso una scelta o verso l'altra, lasciandogli comunque l'illusione del libero arbitrio. È lo stesso metodo che ho seguito anche io nella stesura di queste pagine. Sto da solo in cima a questa montagna (in cima si fa per dire perché in realtà mi trovo a mezza costa) e lavoro alle mie memorie, un resoconto composto da numerosi brandelli di verità alternati con quegli ampi squarci di menzogna senza i quali non si può fare letteratura, e, purtroppo, per lo scopo che mi sono prefisso serviva proprio un certo grado di letterarietà, o quanto meno un suo tentativo. Solo quella sequenza di scene, dialoghi, sentimenti, pulsazioni, sguardi, intuizioni che siamo soliti chiamare romanzo può tentare di comunicare cosa mi ha spinto a fare quello che poi infine ho fatto. Di fronte all'enormità delle mie azioni, atti che, per usare un eufemismo, non mi mettono certo sotto una buona luce presso i più avveduti fra i miei contemporanei, tentare una spiegazione razionale, strutturata, sarebbe una cosa ridicola quanto cercare di coprire il mondo con una mappa, e non per la famosa insensatezza, che pure esiste, di una mappa grande quanto ciò che vuole rappresentare, quanto per il fatto che non ci sarebbe comunque alcun modo di farla combaciare al terreno. Il discorso razionale, la mappa, vive dell'illusione di un senso, di una coerenza, di una calcolabilità estrema, sogna scopi, promette norme, lascia intuire un senso superiore mentre quello che ho da offrire io è piuttosto la confessione di un animale che ha tentato di sopravvivere. Un approccio che a ben guardare ha solo un singolo, ma decisivo, vantaggio rispetto alle ricostruzioni cosiddette razionali a cui siamo abituati: è più onesto. Tento la letteratura perché sola può provare a tenere silenziosamente assieme l'assoluto e l'indefinito proprio mentre parla sconnessamente di tutt'altro, cioè del particolare. Perché mi sia dato la briga di costruire attorno alle mie azioni una giustificazione tanto lunga ed elaborata e perché lo stia facendo da quassù, sono cose che non posso anticipare ora, ma al momento debito *tutto sarà chiarito*. Nel frattempo cammino da solo per quei sentieri che conosco sin dalla mia infanzia. Lambisco campi, attraverso boschi e nel farlo mi capita di incrociare un contadino su un trattore, un paio di pensionati in cerca di erbe aromatiche per i loro distillati casalinghi, una donna disoccupata che pascola il suo labrador. Da questo genere di incontri minimi possono saltare fuori un piccolo cenno, un'espressione del viso o l'ombra di un atteggiamento in grado di instradare i percorsi della memoria. La sera poi, quando i paesani tornano dai loro lavori sul fondovalle guidando come piloti di rally mancati i loro piccoli BMW e le Audi – unici beni di lusso in questo paese per niente turistico del Trentino dove una casa su due piani costa come un garage a Trastevere – io esco e mi avvio placidamente verso l'unico bar dell'abitato. Al bancone mi capita di udire discorsi scarni e di scambiare qualche parola di circostanza. Poca roba ma il più delle volte comunque sufficiente a mettere in moto la rielaborazione di quella corsa sfrontata che è stata la mia vita. Insomma il passato ricco e il presente minimo cospirano assieme nel dare forma alla storia.

Questa volta però, dovendo decidere cosa raccontare per primo, se l'intuizione che mi portò a stabilizzare il mio status di benestante e farlo, anzi, scollinare verso l'autentica ricchezza sfacciata, oppure partire da quella donna che tanto bene e poi tanto male mi ha fatto, ho deciso di procedere alla maniera del Ventunesimo secolo.

Mi sono quindi loggato all'IT di BEFORE, al quale ho ancora accesso, e ho caricato queste pagine all'interno della rete neurale antagonista che avevamo costruito tempo fa per vendere analisi di storie a editori e produttori cinematografici. La nostra tecnologia ha prodotto in circa mezzo secondo un'analisi del testo articolata secondo diversi parametri: ha suddiviso i temi che vengono trattati lungo tutto il libro, le emozioni che ogni singola parte del testo evoca, ha tratteggiato una rappresentazione grafica di ritmo, svolte e atti, nonché delle varie storylines, ha infine fornito una valutazione delle scelte linguistiche e creato una classifica delle occorrenze. Il sistema ha poi confrontato questa serie di dati con i valori dei best seller pubblicati negli ultimi due secoli.

Dopo quest'analisi comparativa ho interrogato i database ricavati dai lettori di ebook, apparecchi che spiano costantemente quali pagine di un libro vengono lette, su quali passaggi ci si ferma di più o vengono sottolineati, quali invece vengono scorsi solo con rapida superficialità e di fronte a che genere di sconvenienze il lettore medio abbandona del tutto un libro. Insomma ho ripetuto grossomodo il procedimento con cui le moderne piattaforme di streaming creano a tavolino i loro contenuti e con cui molto presto opereranno anche gli editori più avveduti. Chi ha la sensazione di assistere sempre a infinite variazioni della stessa storia, be' non sbaglia. Riuscire a fare un buon calcolo predittivo di quanta attenzione un grande numero di cervelli è disposto a concedere a una determinata storia dopo aver affrontato lavoro, figli piangenti e bollette, significa generare un profitto sicuro nell'ordine dei milioni, se non dei miliardi. Nel mio caso il risultato dei calcoli incrociati è stato singolarmente univoco: a questo punto della mia storia per ottenere un valore ottimale di continuazione della lettura dovrei parlare per prima cosa di Federica. Di come dopo la folle corsa nella notte con il Mastro l'avevo ritrovata nel mio letto e prima di sdraiarmi e assopirmi a mia volta l'avevo osservata per un paio di minuti con l'inedita sensazione che sarebbe potuta diventare qualcosa d'importante nella mia vita. Avrei poi scritto del risveglio, del modo disarmante con cui si era stropicciata gli occhi, come cioè una creatura fragile da proteggere, di come, quando le avevo mostrato i cornetti, aveva protestato sorridendo che avevamo già le minicioccolate. Avrei raccontato di come ci eravamo quindi divisi uno dei due cornetti assieme a una piccola cioccolata marzipan e una nugat, nudi a letto e quasi ridendo perché in quel momento la verità è che ci serviva solo un po' di nutrimento prima di lasciare che i nostri corpi si attraessero ancora l'uno all'altro. Avrei potuto scrivere dell'inganno biochimico che l'odore della sua pelle giocava al mio cervello. È da cose incontrollabili come questa che nascono i grandi amori, dicono.

Mi sono quindi segnato queste e le altre cose che avrei raccontato nel capitolo, poi però, prima di incominciare a scrivere, ho pensato che un giro al bar poteva tornare utile per preservare la mia salute mentale. È un mio convincimento che quindici-venti parole al giorno con qualche altro essere umano sia sempre meglio scambiarle e riuscirci qui dove sto ora non è scontato.

Al bancone ho trovato il Toderlo, un contadino chiamato così per via di una lontana ascendenza tedesca. Ha ereditato dal padre morto alcuni anni prima qualche ettaro di vigne, un po' più in basso sul costone rispetto al paese. Le coltiva da solo e poi conferisce l'uva a una cantina di Trento Doc, il che, ironicamente, mi fa tornare in mente occhialetti gialli e il suo piccolo circo romano. Allontanandosi dalla produzione gli uomini di solito peggiorano; è stato Cioran, credo, a dire che la civiltà va dall'agricoltura al paradosso e ormai ne ho viste abbastanza da pensare che avesse almeno un po' di ragione. Oltre al trattore anche il Toderlo ha il suo bravo BMW Serie 1 e vive nella casa che è stata del nonno. Il suo problema sono le donne. Stando ai racconti, in gioventù ne ha avute, come tutti, forse anche qualcuna in più. Girava con l'enduro per le feste dei paesi di questa valle e di quella vicina, combinava bene e nonostante bevesse come una spugna gli riuscì di non cadere mai in un fosso, tirare dritto a un tornante o incornare una corriera. Non tutti al paese furono così fortunati. Non si è però mai voluto sposare e dopo i quaranta le cose per lui si sono complicate parecchio. Ora, sulla soglia dei cinquanta, il Toderlo e le sue mani nodose frequentano solamente prostitute, dell'Est o africane. Di recente ha perso la testa per una bielorussa e la cosa lo ha messo in contrapposizione frontale con i suoi parenti. Non è chiaro se la paghi per ogni incontro considerato che vengono avvistati anche fuori dalla camera da letto in atteggiamento di fidanzati, ma la famiglia è preoccupata soprattutto per il destino della casa: non vogliono assolutamente che finisca in mani straniere, si vocifera che le sorelle stiano addirittura studiando modi per farlo interdire. È chiaro che considerano l'immobile un'eredità per i loro figli. A me il Toderlo non sembra un genio ma nemmeno un idiota e tutto sommato quello che decide di fare con una casa intestata a lui sono fatti solo suoi; l'atteggiamento della famiglia, condiviso da larga parte del paese, mi risulta quindi irritante. È evidente che il dogma dell'individualismo liberale qui non sia arrivato del tutto e questo risveglia in me una rinnovata aderenza all'ideologia urbana: ognuno fa quello che gli pare finché non dà fastidio agli altri. Sta di fatto che questa faccenda della donna controversa ristagna sempre nell'aria quando il Toderlo è nei paraggi, e anche quando parla d'altro è sempre come stesse parlando della bielorussa e della casa, una circostanza di cui credo lui sia il primo a essere consapevole.

«Ho vist l'Aldo sta mattina» disse il barista, «el ma domandá se te vegni sempre chì al bar.»

«E ti, che te g'hai dit?»

«Ogni tant' el vedo. El ma dit che te ghe dai tante preoccupazioni, ma propri tante.»

Le mani del Toderlo, mani non solo nodose, ma anche grosse in maniera quasi comica, si sono strette per un momento nell'inizio di un gesto d'ira, poi però si sono dirette verso la bottiglia e il bicchiere di marzemino.

«Scolta Tiziano, mi non so pú che dir. Prima de tutto non j'è fatti lori. E po, se devo dirte la verità, mi ogni volta che vago con na donna italiana, quela dopo do minuti la scominzia parlar de matrimonio, de robe. Ma mi go zinquanta anni zio caro, no vinti. Non me som sposà quando l'era el momento, figurarse adess. E po, a mi me par che l'è quelle là che l'è sempre drio a pensar ai soldi. E non gho miga scritto "Asen" en fronte! Miga laoro per pagarghe i vizi a una. E dopo» disse mentre indicava al barista la bottiglia vuota «mi no voi na donna che la me rote i coglioni tut el dì. Mi sto en campagna, tranquillo, drio alle me piante, e stago come en papa! A mi de quel che pensa gli altri non me ne ciava en cazzo!»

Mi sono alzato e ho lasciato una decina di euro in più, una bottiglia *di quel bon* per il Toderlo, ho spiegato.

«Va ben, dottor» ha risposto il barista.

Mi chiamano così da sempre, da ben prima cioè che rendessi chiaro a tutti il mio status economico incominciando a costruire sul costone di fronte al paese. Forse perché arrivo da Roma, forse perché l'S3 parcheggiata sotto casa lasciava già prima pochi dubbi e i provinciali rispettano poche cose quanto un'auto sportiva.

Arrivato a casa ho buttato un paio di *zocchi* nel fuoco che si stava spegnendo, ho riaperto il MacBook e ho deciso di non dare un seguito all'esperimento dei data analytics. L'insubordinazione al destino e al conformismo di gruppo – due forze così intimamente intrecciate – appena espressa dal Toderlo mi è risuonata dentro. Che cos'è in fondo il destino se non un calcolo segreto di Dio, la forma antica e prototipale degli algoritmi predittivi? Nella mia vita ho scrutato a lungo le viscere del silicio e in esse ho intuito i contorni del futuro. Rivendendo quei vaticini ho prosperato, prosperato oltre ogni ragionevole aspettativa. Avevo le mie buone ragioni, non lo nego neppure ora. Ma, giunto a questo punto, disobbedire, provare a essere l'errore che si annida nel calcolo, coltivarmi come l'anomalia mi sembra l'unica scelta in grado di soddisfare il mio intimo desiderio di anarchia, che è come dire l'ultima possibile soggettività. Se esiste una ragione puramente strumentale uomini come me esistono per disobbedirgli. Una verità che ho ignorato a lungo e che il modesto e familiare Toderlo mi ha aiutato a ricordare.

Per cui mi sento obbligato a sovvertire l'ordine che la macchina suggerisce per questo racconto e, messo fra parentesi l'amore, riprendo proprio dal momento del cedimento, da quando strinsi il mio personale patto faustiano con la tecnologia. Dal momento cioè in cui avvistai la prostituta di fronte al fuoco sulla Cristoforo Colombo, dall'idea che quella mercenaria mi ispirò, osservata da dentro il silenzio pneumatico della 911. La consapevolezza che sviluppai in quel frangente non ha nulla a che fare con l'aumentare delle disuguaglianze economiche, né una riflessione sui diversi destini che toccano a esseri viventi con un DNA altrimenti così simile. Che la vita sia un lancio di dadi cinico e ingiusto è un dato di fatto che mi sembra cortesia nei confronti dell'intelligenza altrui dare per acquisito. L'intuizione che attraversò rapida la mia coscienza lasciando dietro di sé una coda di piacevoli endorfine fu molto più pragmatica e di corto respiro. Nonché perfettamente contraria rispetto al genere d'intenzioni che rivendico adesso.

Accadde che, perso da qualche parte fra le calze a rete e il trucco ormai consunto di quella ragazza dell'Est, mi tornarono in mente le parole del mio socio Roberto riguardo agli introiti che per anni i giornali avevano fatto con gli annunci delle accompagnatrici a pagamento e di come una parte sempre maggiore di quel fiume di denaro, ormai, si fosse spostata su internet.

Ripensai anche alle tante volte in cui mi ero scontrato con il Mastro, i suoi amici e i tecnici del team del digitale per via della loro visione meramente quantitativa dell'esistenza. Per loro un maggiore consenso – o l'utilizzo di un servizio – era la forma ultima di verità. Il ristorante con la maggior valutazione su TripAdvisor *era* il miglior ristorante della città, anche fosse stato una pizzeria al taglio, come per altro spesso accadeva. Il libro con la miglior media stelle su Amazon *era* il migliore, anche se il suo tema fosse stato una dieta di dieci giorni inventata da uno youtuber, come ancora più di sovente accadeva. Tutto il resto era rosicamento o tardo sindacalismo, il che a voler essere completamente onesti aveva sempre almeno una parte di verità. Il Mastro e i suoi erano apostoli di una specie di concezione radicale della democrazia, molto diffusa fra i pionieri di internet e che si può riassumere così: il volere della maggioranza tende per definizione al bene.

Il corollario principale era che l'unico ostacolo alla realizzazione del paradiso in terra fosse la mancata circolazione delle informazioni. Ogni errore, ogni ingiustizia, ogni conflitto avvenivano secondo loro a causa di una situazione di scarsità informativa. Questo significa ad esempio che due nazioni si muovono guerra non perché almeno una delle due vuole impadronirsi delle risorse dell'altra, ma perché non sono sufficientemente al corrente delle nozioni di giustizia, equità, cooperazione che, per inciso, in questo tipo di scenario sono uguali per tutti, in ogni tempo. Un'idea del genere, per quanto sia una completa idiozia, si sposa alla perfezione con la cultura occidentale da sussidiario, che in genere è tutto quello che i tecnici delle infrastrutture digitali – come il resto della popolazione – possiedono in termini di conoscenza non specialistica del mondo che li circonda. Contestarla poteva quindi avere un senso speculativo ma assolutamente nessun senso pratico: era chiaro che l'infrastruttura tecnologica, coerente alle promesse sociali più popolari, si sarebbe mangiata l'élite e non solo perché le élite erano spesso ripiegate su stesse e viziose, ma perché erano proprio loro a predicare un verbo che stava diventando per la prima volta *davvero* praticabile.

Capirlo è un discorso, accettarlo davvero è un altro paio di maniche. Almeno per me furono due fasi separate. E fu mentre la puttana si accorgeva di me – con lentezza, ma doveva essere ormai a fine turno – che realizzai come fra l'annuncio promozionale di una sua collega e un articolo scritto da uno di quei personaggi che avevo conosciuto nei salotti, a tirare la carretta, a creare il valore aggiunto per l'editore, era stato soprattutto l'annuncio. Il diffuso errore percettivo era causato dall'impacchettamento complessivo dei giornali. Un'intera categoria aveva pensato di essere centrale solo perché all'interno di un prodotto molto più ampio dava importanza e considerazione solo alla parte di contenuto che era lei stessa a produrre. Ma in realtà, fra l'articolista amico del direttore il cui lavoro non era letto da pressoché nessuno e la mercenaria che pagava l'annuncio, era la ragazza a generare più utile, il che, considerato chi fra lei e i giornalisti lavorava più duramente, aveva anche un certo senso morale. Non che questa fosse la regola, comunque. Poteva anche accadere lo stesso con il meteo o con l'oroscopo, e poteva anche accadere che il video di un gatto che buttava un telecomando giù da un tavolo facesse dieci milioni di visualizzazioni e un'inchiesta sulla criminalità organizzata cinquemila, pur costando decine di migliaia di volte di più. L'unica costante era che l'oro stava nell'attenzione, era evidente. E se prima di internet la misurazione dell'attenzione era un'attività spannometrica, influenzata in maniera indistricabile da una serie di pregiudizi ideologici, ora l'attenzione non era più oggetto di stime, sensazioni, abitudini: era misurabile fin nella sua più infinitesima manifestazione.

Frazioni di secondo e cenni di intenzione erano in realtà polvere di euro.

Gli occhi della puttana erano piccoli e ci scrutavano come quelli di un animale che valuta se la preda che ha di fronte sia alla sua portata e non, invece, troppo grande. Sembrava indecisa se fare un cenno, qualcosa evidentemente non doveva tornarle, eppure avevo la *sua* attenzione: rappresentavo un potenziale guadagno. A bloccarla dal tentare un autentico adescamento doveva essere la corpulenta sagoma scura del Mastro addormentato sul sedile del passeggero. Sapevo dalle conversazioni con un tecnico del team digitale con esperienza lavorativa nel mondo del marketing che l'unità di misura fondamentale dell'economia dell'attenzione sono gli *eyeballs*, le paia di occhi. Ogni pubblicitario, ogni produttore televisivo, ogni broadcaster, ogni sviluppatore di app al mondo non avevano altro interesse che quello: guadagnare eyeballs e rivenderli agli inserzionisti. Non c'è niente di più importante dell'attenzione: su questo Falzone, il saggio Falzone che con il suo idealtipico aspetto da nobile siciliano sembrava tutto meno che una persona aggiornata sui segreti economici del presente, non mentiva affatto. Attira su di te un paio di occhi per un istante e hai guadagnato qualche centesimo, attirane miliardi per un lungo periodo di tempo e... be', è facile capire come andrà a finire. Perché occhialini gialli, fra tutti, garantiva la possibilità di partecipare senza contraddittorio ai suoi talk show proprio ad Alessandro Di Battista? Eyeballs facili. Lo stesso motivo delle foto di Salvini con cani e gatti o con dei tortellini al ragù di salsiccia, il genere di bestialità iconoclasta degna di un cliente danese di BEFORE. Si poteva applicare la medesima regola alle molte cose che indignavano – o sfuggivano alla comprensione – nel mondo contemporaneo e sarebbero risultate subito meno insensate.

Il problema per quanto mi riguardava era che quell'editore universale che era internet non aveva svalutato fino all'irrilevanza solo quelle chiacchiere da bar vestite a festa sulle pagine dei giornali che erano gli articoli di opinione o gli editoriali. Ciò che la puttana mi aiutò a capire fu che il contenuto era un problema la cui soluzione era talmente complicata e statisticamente sconveniente che non aveva alcun senso occuparsene personalmente. Che si scannassero gli altri a ingegnarsi in sempre nuovi modi: spogliandosi, vendendosi, gettandosi in mare con uno scooter, improvvisando grotteschi tour del Sud America sulle tracce del Che Guevara, salendo su una sedia in mezzo a una piazza, creando tramite l'ingegneria genetica un'intera cucciolata di Grumpy Cat o di Polpi Paul. Io sarei diventato un mercante di dati, avrei venduto agli inserzionisti l'attenzione delle persone, attenzione già guadagnata da altri. Avrei fatto parte dell'unica vera oligarchia di cui valeva la pena far parte: quella che non ha bisogno di mettersi uno scolapasta in testa e urlare "Guardatemi" per fare soldi. Per il resto sarebbe stato il mercato a decidere se pagare di più un banner su un sito di incontri o sotto un editoriale. In cuor mio comunque non avevo bisogno di vedere il risultato delle aste automatizzate per sapere cosa avrebbe generato più utili. Una nuova epoca stava nascendo, quella di cui avevo solo intuito i primordi durante la mia breve e travagliata frequentazione del mondo crepuscolare dei salotti.

La puttana finalmente si decise a parlare ma il lavoro che avevano fatto a Stoccarda in termini di insonorizzazione era davvero eccellente. Non sentii nulla. Scattò il verde, sfiorai appena l'acceleratore e la Porsche scivolò via. Di fronte a me ora c'erano tre corsie vuote e la consapevolezza di aver appena capito davvero di cosa si parlava quando si parlava di democrazia.

Lungo la strada che facevo per andare al lavoro qualcuno, probabilmente uno dei pischelli che la sera affollavano il baretto di piazza Farnese, aveva scritto su un muro "Siamo due ombre d'infinito / esplosioni di assoluto". Tutte le volte che ci passavo davanti riflettevo su come un poeta dilettante fosse il più delle volte anche un dittatore in potenza e mi tornava in mente Federica che alla vista di quella scritta aveva con mia somma gioia sussurrato un «Mamma mia» di divertito disgusto. La nostra idea di amore, pur rimanendo largamente indefinita, di certo non prevedeva l'uso di nessuna di quelle parole vuote che la maleducazione delle canzonette e il teatrino del melodramma avevano incistato nel cervello di tanti nostri connazionali. Io andavo anche un po' oltre, per me riuscire a dormire nello stesso letto con una donna, una cosa che non accadeva più da anni – da Elena per la precisione – era già l'anticamera dell'innamoramento e con Federica venne naturale. Fu in virtù di questa affinità chimica, di quel culetto che mi perdevo spesso a osservare come un inatteso dono del Signore e dell'umorismo spiazzante con cui di tanto in tanto Federica illuminava le mie giornate, che si misero le basi della nostra rapida convivenza.

Ci fu anche una complicità felina. Federica si fermava sempre più spesso a dormire da me, con la conseguenza che il suo gatto rimaneva senza cibo perché al mattino la sua coinquilina si dimenticava quasi sempre di riempire la ciotola delle crocchette e la bestia al ritorno serale di Federica aveva gli occhi fuori dalle orbite dalla fame.

«È che è troppo svampita» diceva Federica della sua amica, conciliante come sempre. «Comunque Pancrazio è bello grasso, di fame non muore», ma a me l'idea del micio che soffriva la fame tutto il giorno non piaceva per niente. Io avrei risolto dicendo qualcosa come "Ti metto un biglietto sulla porta così vedi se non ti ricordi di dar da mangiar a sto cazzo di gatto", ma Federica era un'altra cosa.

Finì così che quando la proprietaria dell'appartamento di Federica a Monti venne a fare un controllo dell'immobile prima del rinnovo del 3+2, il gatto Pancrazio, che da specifica clausola antianimali domestici non avrebbe potuto abitare lì, venne occultato a Trastevere. Misi il trasportino fra le gambe, sul poggiapiedi dell'SH. Sfrecciammo per le vie di Roma con il rumore del motore che si mischiava ai suoi lunghi e straziantì miagolii, ai semafori gli ripetevo «Tranquillo, Pancra» e lui rispondeva con miagolii ancora più sofferenti e rotti, lamenti da torturato che facevano voltare gli altri motociclisti. «Guarda che ti lascio a largo Argentina» lo minacciai, inutilmente. Appena arrivato a casa, Pancra si guardò attorno, annusò l'intero salotto dopodiché, soddisfatto, vomitò sul divano.

L'idea era di tenerlo al massimo un paio di giorni; finì che a Monti non tornò mai più, né Federica mise mai la sua firma in calce al +2; consegnò, anzi, la disdetta. La sera sul divano di casa ci ritrovammo così in pianta stabile io, Federica e Pancrazio, una bella convivenza tranne che quando le pomiciate s'infervoravano, Pancrazio, appollaiato sul bracciolo del divano, si voltava a guardarmi strizzandomi gli occhi nell'universale gesto di amicizia felina, a cui io rispondevo con dei rapidi colpetti di mano a indicargli il terrazzo o un più generico «Levati dalle palle».

A parte questo comunque ero stupito di non soffrire per niente la convivenza con una donna, mi piaceva anzi parecchio vedere Federica aggirarsi per casa in pigiama, con le sue già citate chiappette e il suo passo leggero. Non venni preso dal panico neppure all'apparire delle spazzole, delle creme e di tutto il suo cospicuo armamentario femminile all'interno del mio fino ad allora spartano bagno.

Ripresi in fretta la mano anche con l'idea di avere un gatto. Da bambino ne avevo avuto uno molto amato e alla sua morte nessuno in casa mia se l'era sentita di sostituirlo; quando poi ero andato a vivere da solo non me l'ero sentita io di castrarne uno, condizione imprescindibile per tenerlo in casa ma non di meno un gesto di privazione di senso a cui non me la sentivo di sottoporre un animale. Nel caso di Pancrazio però ci aveva già pensato a suo tempo Federica, per cui godevo tutta quella felinosità cuscinizzata senza provare per essa del senso di colpa.

Mi risultò presto evidente che dopo quella in cui ero cresciuto, quell'improbabile trio uomo-donna-animale era la cosa più vicina a una famiglia di cui avessi mai fatto esperienza. Il punto triplo del nostro rapporto, il punto cioè dove tutti i possibili stati disastrosi in cui la nostra unione sarebbe potuta degenerare rimanevano invece sospesi in una specie di miracoloso equilibrio positivo, stava nel fatto che da un lato Federica si divertiva molto del mio lamentarmi di tutto e di tutti – anche perché non smisi mai di mettere dentro a quegli sfoghi anche della creatività e degli elaborati piani di reazione – e dall'altro questo non inficiava il suo essere infinitamente più tollerante nei confronti del mondo, delle persone, delle cose. E specifico "cose" perché una volta mi arrabbiai con il design del tutto impratico di una tazza semiconcettuale che avevo dovuto usare per fare colazione perché tutte le altre erano in lavastoviglie.

L'unico aspetto del mio carattere che sembrava preoccuparla seriamente era quanto sarei diventato insopportabile da vecchio, il che implicava una prospettiva di lungo corso che nonostante tutto mi risultava comunque un po' spaventevole. Va detto che la prospettiva futura dell'anziano me stesso preoccupava di per se stessa anche il sottoscritto, tanto che da alcuni anni avevo una soluzione abbastanza infallibile: immaginare un suicidio glorioso fissato per un giorno preciso da lì a cinque anni, una data che giunto il momento sarebbe stata inevitabilmente spostata in avanti di altri cinque, ma che nel frattempo sarebbe servita a tranquillizzarmi perché non c'erano molti dubbi sul fatto che se mai fossi arrivato alla terza età avrei portato l'umarellismo ostile e rancoroso a nuove, ineffabili, vette. Quella cicuta spostata nel futuro non era niente più di un artificio retorico ma faceva il suo lavoro. Una sera, tornando a casa trovai sul tavolo del salotto un regalo. L'aprii: era una tazza con sul fianco l'illustrazione di un leone marino spiaggiato.

«Tu quando torni dal lavoro» disse Federica indicandomi con l'indice.

«Grazie.»

«Ma soprattutto guarda l'impugnatura: è ergonomica.»

Ci infilai dentro la mano: era effettivamente comodissima. Fui sfiorato dall'idea di smetterla con tutta quella storia del suicidio glorioso.

Federica a parte, che pure era gran cosa, il presente non forniva da par suo molti altri motivi di ottimismo. All'interno dei palazzi in cui mi muovevo con il Mastro era già un'impresa cercare di fare in modo che ogni provvedimento a cui stavamo lavorando non finisse per diventare soltanto una sommatoria, pesata con il bilancino, degli interessi particolari degli uffici coinvolti, da quello del capo di Nietzsche-Parise agli enti previdenziali, alle regioni e così via all'infinito. Eravamo, come ho già detto, in una casa di carte. Rivoluzionario là dentro era tentare di mantenere nei provvedimenti una qualche ratio esterna ai bisogni di autotutela della macchina amministrativa.

Il Mastro portò le sue lamentele a un pranzo ristretto con me e Falzone. Il funzionario prese un sorso del riesling alsaziano con cui stava accompagnando le capesante poi disse la sua.

«Quando si è insediato Renzi ha forzato i regolamenti per mettere una vigilessa al dipartimento per gli affari giuridici e amministrativi di Palazzo Chigi: in una mossa sola è riuscito a mettersi contro tutta l'aristocrazia amministrativa. Ora lui fa i proclami in televisione e quelli sghignazzando gli buttano la palla in tribuna. Doveva pensarci prima. Ha fatto il barbaro, ma senza averne la potenza militare.»

«Doveva lasciare tutto com'è?» chiese il Mastro.

«No, ma serve sempre almeno uno straccio di strategia. L'arroganza, da sola, non è una strategia. Non sono sicuro che abbia capito che questo non è il Comune di Firenze, è l'Italia.»

«È Roma» lo corresse il Mastro.

«È la stessa cosa» disse Falzone con un sorriso.

Il Mastro scoppiò a ridere, per un momento ebbi l'impressione che per quanto lui e Falzone fossero amici, lo avrebbe strangolato lì, davanti a tutti. Intravidi in quel momento, per la prima e unica volta, i tratti della polarità *Capomastro* nel suo soprannome. Esisteva, dopotutto.

Nel tempo avevo spostato un po' dei miei vecchi libri da Bologna a Roma ma mentre la migliore letteratura mi sembrava mantenere sempre un valore, le due volte in cui mi capitò di estrarre dalla libreria un classico della filosofia (l'illeggibile *Critica della ragion pura* o *Il contratto sociale*) constatai tutta l'inadeguatezza di quella disciplina nello spiegare anche solo una piccola parte del funzionamento del mondo. Lo spettacolo di tutti quei secoli, millenni a dire il vero, di affabulazioni sulla realtà che esprimevano davvero poco oltre alla volontà di potenza dei loro autori era disarmante. Una sera feci un giro su uno dei siti filosofici più frequentati, lessi commenti che si infervoravano su questioni di lana caprina e vidi in trasparenza le forze emotive, le invidie concrete e gli odi reciproci che motivavano quelle complesse argomentazioni su questioni astrattissime. La sicumera con cui quelle persone ignorate da tutti – tranne che dalla loro piccolissima cerchia in stato perenne di guerra civile – sentenziavano su un mondo che con ogni evidenza non conoscevano e da cui non erano conosciuti era comica. O almeno a me leggendo quelle cose veniva da ridere di un riso nervoso davanti allo schermo. Non tornai mai più su quel sito, né su altri simili.

In quel periodo Renzi, preso dal terrore di perdere il referendum, se ne andava in giro per l'Italia a far proclami e promesse difficilmente realizzabili e fra le tante cose che diceva saltava talvolta fuori anche qualcuna sullo sviluppo digitale, dichiarazioni non sempre concordate con il Mastro e la sua squadra tecnica. In quelle occasioni ricevevamo subito le più cordiali promesse di collaborazione da parte di chiunque – comprese parecchie figure che non c'entravano niente – poi tempo una settimana ricominciava il solito Vietnam di distinguo, procrastinazioni e cortesi ma irremovibili ostilità, richieste di pareri, rimandi ai regolamenti attuativi, o qualsiasi altro metodo della melina istituzionale.

Il padre del Mastro morì proprio in quei giorni, e la notizia uscì con diversa importanza su tutti i giornali d'Italia. Il Mastro, allertato dai medici, era volato per tempo in Svizzera ed era riuscito a vederlo per l'ultima volta. Le esequie si svolsero in forma strettamente privata. Al suo ritorno a Roma gli feci le condoglianze e chiesi se per caso quel giorno non preferiva che prendessimo una macchina e andassimo al mare a sbronzarci. Anche un bar del centro poteva andare bene.

«Bere accorcia la vita» fu il suo unico, laconico commento. Tornammo al lavoro.

Fu sempre in quel periodo che diedi inizio alla ricerca. Una volta deciso che la compravendita di attenzione umana e di dati personali sarebbe stata il mio futuro, avevo bisogno di un socio; qualcuno che ne capisse davvero di tecnologia e che fosse affidabile. Nel team digitale del Mastro c'era aria di smobilitazione per cui introdussi con circospezione il discorso ai tecnici con cui avevo legato di più ma tutti, per quanto giovani, avevano già lunghi curricula, e una volta conclusa quell'esperienza di lavoro per il governo avevano ad aspettarli compensi molto alti nel settore privato. E se anche qualcuno avesse deciso di mettersi in proprio da quelle conversazioni esplorative mi divenne chiaro che ai loro occhi da ingegneri io non sarei mai stato in grado di fornire niente di più di quello che offriva un PR o un ufficio stampa, gente che per i propri servigi non pretendeva in cambio una partecipazione azionaria. Insomma, se la ridevano, e nemmeno troppo sotto i baffi, di fronte all'idea che uno spiantato umanista come me potesse ambire a una ragionevole fetta dell'enorme ricchezza che le macchine stavano drenando dalle tasche della maggioranza delle persone per consegnarla alla cerchia ristretta dei loro progettisti. Gli sembrava del tutto naturale che la cosa riguardasse soltanto loro. Quei colloqui deprimenti mi lasciarono l'impressione di non essere l'unico a cercare vendetta.

Chi invece non sembrava aver alcuna confidenza con questo genere di concetto era Federica, che da un po' di tempo meditava di mettersi in proprio – i contatti in fondo li aveva – ma non si decideva a lasciare la sua capa – sì, sempre lei, quella che mi aveva preso a male parole identificandomi, nella migliore delle ipotesi, con l'ex marito da giovane – perché si sentiva in qualche modo obbligata nei suoi confronti.

«Scusami, ma che genere di debito vuoi avere? Loro ti pagano, decentemente ma niente di più, spesso ti lamenti di come funzionano le cose là dentro, di Luisa che parla sempre alle spalle...»

«Silvia.»

«Eh vabbè, è uguale. Comunque di Silvia che parla alle spalle, di quell'altra che non fa una mazza... e ora ti senti in difetto se ti metti in proprio?»

«Si vede che non hai mai lavorato in un gruppo» diceva a questo punto Federica fissando il pavimento, come schiacciata dalla somma di cose che non potevo capire.

In un certo senso era vero, lavoravo sì con altre persone, ma sempre come una specie di consulente esterno che rispondeva solo a un referente: il Mastro. Non avevo orari e, al netto del fatto che dovevo produrre dei testi rispettando determinate scadenze, facevo quello che mi pareva. Mi era comunque chiaro che gli obblighi di gruppo erano sì una condanna ma al tempo stesso potevano anche creare legami fra persone. Legami positivi, intendo.

«Anche se non vado sempre d'accordo con tutti comunque sono persone a cui voglio bene. Fanno anche un sacco di cose carine per me» tentò di spiegare Federica.

«Benissimo, ma non è mica la tua famiglia» replicai. Sapevo quanto stimasse la sua capa, manager da un lato, madre di tre figli apparentemente sani di mente dall'altro, una combinazione che Federica sembrava non comprendere del tutto e che in ogni caso doveva sembrarle irreplicabile. Rimanere nell'immediata prossimità di quel personaggio ebbi l'impressione che fosse per Federica un po' come partecipare a quel miracolo, forse, anzi, il grado maggiore di partecipazione che immaginava possibile per lei. Qualche volta avevo abbozzato dei blandi tentativi di *character assassination* sottolineando che con i soldi che guadagnava la sua capa tirare su dei figli non era poi un'impresa così impossibile.

«Quella gli controlla anche i compiti la sera... no, guarda, è proprio una forza della natura» aveva scosso la testa Federica. Alla fine, comunque, si decise e, come talvolta accade, proprio quando smisi di avocare con decisione quella scelta d'indipendenza.

Dopo una straziante cena di saluto con tutto l'ufficio, trovò una piccola sistemazione a Testaccio, ordinò una scrivania e un paio di scaffali sul sito dell'Ikea. La consegna al piano non era compresa nella spedizione ma non ebbi dubbi che vedendo quella ragazza minuta e indifesa il fattorino si sarebbe fatto intenerire, specie se, come quasi sempre accadeva con i terzisti di quella multinazionale, fosse stato uno straniero appartenente a una di quelle culture che non erano state ancora interessate dal fenomeno sociale del femminismo.

Così, mentre un cinquantenne dall'aspetto egiziano portava gli imballi nell'ufficio, me ne stetti seduto al bar di fronte al palazzo, bevvi un caffè dando un'occhiata sul "Messaggero" alle ultime notizie dall'Urbe. Quel giorno trovai dei furti di carburante da parte di dipendenti all'AMA e una signora costretta a pagare le spese legali per aver osato intentare causa al Comune dopo essersi rotta una gamba in una buca.

Quando il fattorino se ne fu andato, salii e incominciammo a spacchettare. Non era molta roba ma impiegammo comunque tre ore a completare il montaggio, e solo grazie a un trapano che avevo trovato nel miniattico. Di quel mattino ricordo la tenue luce arancione che entrava dalla finestra, il leggero pulviscolo nell'aria, la concentrazione di Federica nel lavorare con la chiave a brugola, tirandosi di tanto in tanto indietro il ciuffo di capelli che le finiva davanti agli occhi. Dopo aver finito di avvitare con il trapano la penultima vite della scrivania Idåsen mi fermai per un momento a osservare quella scena. Federica se ne accorse e, con un sorriso, mi chiese cosa ci fosse.

Niente, risposi.

Decisi all'ultimo minuto di tornare a Bologna per il pranzo di compleanno di mia madre, finito il quale mi resi conto che Emanuele, Mauro e Roberto erano tutti fuori città e non avevo nulla da fare; ormai però avevo una prenotazione non modificabile – per di più in business – per il giorno seguente. Mi riuscì di fissare per la sera un aperitivo con degli amici di pallacanestro che non vedevo da tempo e nell'attesa mi misi a camminare senza meta per il centro e scrivere su WhatsApp a Federica.

Mi fece ridere – da solo, come un deficiente – e anche pensare che se ormai un giorno sprecato senza far niente era una cosa che mi dava proprio fastidio, uno passato lontano da lei quando invece saremmo potuti stare assieme mi risultava proprio stupido in maniera insopportabile. Stavo perciò già controllando i treni per fare ritorno a Roma quella sera stessa quando mi accorsi di essere sotto casa di Guido, in via Sant'Isaia.

Dopo la sua diserzione all'ultima serata di BEFORE avevo provato senza successo a chiamarlo, poi avevo ricevuto un suo messaggio di scuse in cui sosteneva di non essere stato bene. Lo avevo chiamato di nuovo e a quel punto finalmente aveva risposto. Gli avevo fatto notare che avrebbe dovuto almeno avvisare e si era detto d'accordo. Non mi era sfuggito che nel darmi ragione era arrendevole e sbrigativo come qualcuno che ha una padella sul fuoco e rischia di bruciare tutto. Da lì in poi comunque non avevo più pensato a lui, né a quel suo strano comportamento.

Suonai il citofono. Mi rispose, nella versione un filo più gracchiante di quell'impianto condominiale, la stessa voce assente delle nostre ultime conversazioni. Nei primi anni dell'università suonavamo spesso senza preavviso a casa l'uno dell'altro e passavamo interi pomeriggi a fumare erba e ascoltare i 45 giri giamaicani che compravamo da Trix. Presentarsi a casa di qualcuno senza preavviso telefonico ormai era diventato inusuale, ma considerato che i modi di Guido sembravano da sempre immuni allo scorrere del tempo non credo neppure che lui ci fece caso. Quando gli dissi «Sono DeSa, fammi salire» aprì senza battere ciglio. Superata la porta dovetti scostare alcuni sacchi di plastica nera pieni di vestiti, nel corridoio erano appoggiati un mocio e una scopa. Le persiane erano abbassate a metà, l'aria stantia. Sentii una voce provenire dalla stanza di Guido.

«Oh vez, vieni pure, sono nel mezzo di una roba, non mi posso muovere.»

Lo trovai in tuta di fronte al computer, alle sue spalle il letto ancora sfatto, il lenzuolo aveva stampato sopra l'immagine di una palma su di un'isola tropicale.

«Sto facendo un raid» disse come se questo spiegasse qualcosa. «Che ci fai qua?»

«Passavo» dissi guardandomi intorno.

«Devo finire un secondo, se vuoi fatti un caffè» e detto questo si rinfilò un paio di cuffie con incorporato un microfono. Sullo schermo era in corso una specie di battaglia, mi avvicinai e vidi che il personaggio centrale, con ogni probabilità il suo avatar, era una specie di orco.

«Scusatemi ci sono… eh lo so, lo so… Dài, Mirko, non rompere i maroni, adesso li blastiamo» disse nel microfono e si mise a schiacciare tasti secondo una logica sincopata che mi sfuggiva. Tutta la scena sullo schermo era movimentatissima, c'erano decine di altri personaggi che si affannavano attorno a una specie di mostro finale, ognuno aveva sopra la testa una barretta verde che immaginai essere il livello di vita.

«Healami cazzo Sonia! Eh grazie.»

Osservai per un po', sembrava una questione destinata a non concludersi tanto in fretta. Andai in cucina. Trovai piatti sporchi, un paio di sacchetti della spazzatura da buttare, una pila di cartoni di pizza a domicilio, un posacenere pieno di mozziconi di sigarette e filtrini, una confezione di pancarrè mezza vuota e non richiusa. Aprii la finestra, l'aria fresca mi colpì come uno schiaffo. Nel frigo c'erano tre Heineken, una bottiglia di prosecco Valdo, del salame. Nient'altro. Diedi un'occhiata nelle dispense, trovai del riso Gallo, un pacco di penne Fior Fiore della Coop, un pacchetto di Macine già aperto.

«Dài, cazzo, ragazzi, i DPS ranged in fase due devono spostarsi sulla sinistra, ce lo siamo detto prima.»

Il caffè era quasi finito ma bastava ancora per una moka piccola. La misi sul fuoco poi andai in bagno. Le condizioni di pulizia si rivelarono in linea con il resto della casa, era tutto in abbandono ma non ancora in aperta putrefazione. Facile che la vecchia Rosina, la madre di Guido, riuscisse a vincere le sue resistenze e infilarsi in quell'antro ogni due-tre settimane per non farlo degenerare in uno stato di completa emergenza sanitaria. Di fianco al water c'era una copia antichissima di "The Games Machine" che recensiva una versione di *Monkey Island* e un "DJ Mag" di quest'anno. Il caffè stava salendo.

«Lo vuoi tu il caffè?» urlai.

«No, no, grazie. No, non ce l'ho con te, Giova.»

Versai il mio caffè in una tazzina ed esplorai anche il salotto. Come a casa mia non c'era un televisore ma solo un proiettore appeso sopra il divano. In un angolo se ne stava abbandonata una console da dj digitale della Vestax del tipo che avrei potuto comprare per preparare le scalette a Roma. Toccai i rotori e il fader: erano ricoperti di polvere.

Sul divano c'erano un paio di orridi fazzoletti Tempo accartocciati e l'iPad di Guido. Il codice di sblocco era da sempre 7664, la data in cui il Bologna aveva vinto l'ultimo scudetto. Diedi un'occhiata alla cronologia recente, ci trovai giusto i siti del "Corriere di Bologna" e del "Carlino", un forum di gaming e il sito PizzaBo dove Guido doveva aver ordinato del cibo a domicilio. Aprii l'app che gestiva le email. C'erano parecchi messaggi di sollecito da parte dell'agenzia di Milano per un lavoro urgente, mail che diventavano via via più irritate; curiosamente però una volta ottenuto quello che volevano non c'erano stati ulteriori scambi, segno che Guido aveva consegnato un lavoro perfetto – il che in quel campo era una rarità assoluta, specie quando con ogni evidenza il programmatore si è messo al lavoro soltanto all'ultimo. Oltre a quello trovai una ricevuta di pagamento emessa da Blizzard Entertainment. Finii il caffè e tornai in camera.

«Posso aprire la finestra?»

Guido fece un rapido gesto affermativo con la mano, poi riprese immediatamente a ravanare sui tasti.

«Dài, cazzo, Lorenzo, passagli dietro.» Si girò per un momento verso di me e alzò spalle e sopracciglia a dire: "Non ci posso fare niente".

Per una decina di minuti rimasi a guardarlo giocare e scambiarsi commenti con gli altri giocatori, poi mi alzai e gli tolsi delicatamente le cuffie.

«Che cazzo fai, vez?» chiese lui con uno sguardo che mi parve quasi spaventato.

«Guido, da quanto non esci di casa?»

Lui guardò me, poi lo schermo, in apprensione. Mi accorsi solo in quel momento che aveva gli occhi rossissimi. Visto che non rispondeva aggiunsi: «Te lo stacco, giuro».

Si tolse finalmente le cuffie e si allontanò dal computer come da un oggetto bollente. Venne fuori che non sapeva rispondermi con esattezza. Una settimana prima aveva fatto una puntata rapida al supermercato dietro casa, a parte quello non sapeva fare una stima. Sì, certo che il lavoro ce lo aveva ancora, ma per quello non aveva bisogno di uscire di casa.

«Vecchio» disse grattandosi la testa con un po' di incredulità, «mi dispiace di averti accolto così ma c'era tutta la gilda e stavamo facendo un raid in una città dell'alleanza. L'abbiamo preparato nelle chat non ufficiali, siamo andati a killargli il boss.»

«Ti giuro non ho idea di cosa cazzo stai dicendo.»

«*World of Warcraft*, vez, non lo hai mai sentito?

No, non lo avevo mai sentito. Mi spiegò che *World of Warcraft*, o come lo chiamavano i suoi adepti WOW, era un MMORPG, un videogioco di ruolo con modalità multiplayer online, e non uno qualsiasi: nella sua categoria era il più famoso in assoluto.

«Vez, è una specie di *Age of Empires* sotto steroidi e ibridato con le carte Magic, in più ci puoi giocare online con altre persone.»

Anni prima avevo passato intere nottate a costruire civiltà su *Age of Empires II* e a cercare di affondare le stramaledette navi incendiarie fenice. Solo a ripensarci mi risuonava in testa il doppio colpo di corno che, seguito dal rumore di frecce scagliate, annunciava un attacco nemico. Incominciai a intuire la portata del problema.

Quanto però fosse disperata la situazione lo realizzai solo più tardi quando, dopo essere riuscito con parecchio sforzo a trascinarlo al Mutenye, lo vidi impezzare le persone agli altri tavoli dicendogli quanto fosse fantastico essere lì, parlare con delle persone reali.

«Cioè, proprio in carne e ossa. È bellissimo, è bellissimo» ripeteva a questi sconosciuti, che lo guardavano come fossero di fronte a un pazzo. Finì che lo portai con me a Roma e mi misi d'accordo per telefono con la Rosina perché nel frattempo sterilizzasse l'appartamento e una volta che il figlio fosse tornato a Bologna lo marcasse molto più stretto. La Rosina si vergognava parecchio di tutta la situazione ma alla sesta o settima volta che ripeté che lei aveva sempre pensato che Guido il computer lo usasse per lavorare, chiusi educatamente la conversazione. Prima di partire Guido mi chiese solo di collegarsi un'ultima volta per salutare la sua gilda.

«Praticamente sono i miei migliori amici.»

«Li hai mai incontrati dal vivo?»

«Ho pensato di vedere Sonia, ma sta a Genova. E poi non l'ho mai vista, metti che... sì, insomma, è brutta forte? No, vez, too risky. Però nella gilda c'è della gente divertentissima, davvero. Mi mancheranno.»

Telefonai al suo capo e gli dissi che Guido aveva un problema serio e per due settimane almeno doveva stare lontano dal computer. A parte i primi giorni in cui dovetti sorvegliarlo da vicino, Guido sembrò comunque riadattarsi in fretta alla vita reale. Non ebbe più exploit come quelli della prima sera in cui l'avevo riportato all'aria aperta, di giorno se ne andava a piedi in giro per Roma e tornava a casa rinato come chi ha appena fatto una passeggiata lunga ore nella natura incontaminata di un bosco.

«Il punto è il loop, quando sei dentro non hai voglia di uscire. Ma una volta fuori ti rendi conto subito di cosa ti stavi perdendo» sostenne. Raccontò che durante il suo periodo di clausura aveva comunque trovato anche il modo di fare qualche soldo con WOW. Aveva programmato una piccola AI che creava nuovi personaggi e gli faceva ottenere tutti i potenziamenti che si potevano raggiungere giocando da soli. A quel punto li rivendeva a chi voleva risparmiarsi quella pena iniziale e partire già da un certo livello.

«Ci ho fatto della pilla, vez, ma a voler fare un minimo di investimento di hardware se ne potrebbe fare molta di più. Con un po' di tempo potrei creare anche un'intera gilda AI, per fare le *quest* di gruppo che ti aumentano alla grande il valore dei personaggi, ma lì la faccenda sarebbe più complicata perché c'è il rischio che comunque gli sviluppatori ti sgamano e ti chiudono i profili. Non so mica se converrebbe. Comunque randomizzando a dovere tutto, anzi semirandomizzando ma mantenendo comunque un comportamento plausibile per un essere umano, può anche essere che non se ne accorgano. Ma devi essere *davvero* bravo.»

Fu grazie a quel software che girava sempre mentre giocava che scoprimmo esattamente quante ore Guido aveva passato su WOW nell'ultimo anno. Quando vide il numero, incominciò a camminare per casa, in preda all'angoscia.

«Che coglione! Che coglione!»

Mi spiegò molte cose sul gioco, non solo la parte economica, che in sostanza era costituita dal pagamento di un abbonamento mensile agli sviluppatori di Blizzard Entertainment più l'opportunità, per chi voleva, di fare compravendita di personaggi e quella di diventare uno youtuber che si riprendeva mentre giocava. Un'idea, quest'ultima, che sfuggiva alla comprensione di Guido.

«Io non capisco che razza di deficienti bisogna essere per guardare uno che gioca ai videogiochi invece di giocarci in prima persona. Cosa c'hanno in testa sti cinni di oggi? Te lo sai? Perché io no.»

Si mise in testa di preparare dei tortellini fatti in casa per Federica, anche se non era stagione. Fu irremovibile. Girò per tutto il quartiere per procurarsi gli ingredienti, discusse lungamente con i bangla del mercato di San Cosimato perché gli dessero le verdure migliori per il bollito e in un giorno divenne più amico del macellaio di via San Francesco a Ripa – un cinquantenne baffuto che parlava trasteverino ibridato con studiata ironia dal gergo slow food – di quanto non lo fossi io dopo tutto il tempo che avevo passato nel quartiere. Sua nonna era stata una sfoglina, per cui si mise un grembiule (cosa ci facesse un grembiule nello scannatoio romano del Mastro è una cosa che non ho mai voluto approfondire), stappò una bottiglia di Montepulciano importante della mia costituenda riserva speciale e incominciò a tirare la pasta con il matterello.

«Il mattarello serve a tirar la pasta e a darlo in testa a chi usa la macchinetta» sentenziò prima di aggiungere: «Buono questo vino».

«Direi.»

«E bravo il DeSA che ha fatto i soldi! Muahuahuaha» fece echeggiando la risata fumettistica in cui, per quelli come noi, i ricconi dovevano senz'altro prodursi ogni volta che chiudevano grandi affari. In pentola cuoceva lentamente il bollito, lui si affacciava, smestolava appena appena e ripeteva: «Molto bene, per Dio, molto bene». Sporcò un'infinità di attrezzi e quando finì la cucina sembrava la rovina fumante di un forte espugnato dopo una lunga battaglia. Federica più che paste ripiene di solito mangiava insalate con l'avocado ma all'occasione sapeva apprezzare anche cibi più strutturati – era pur sempre piemontese – soprattutto riconosceva subito se una materia prima era buona o meno; possedeva un palato che umiliava sessualmente il mio, che invece era sintonizzato sulle frequenze contadine della mera sopravvivenza. Io arrivavo giusto a commestibile e non commestibile, e, forse, a livello inconscio a "ricco di saporiti grassi che mi permetteranno di non morire di freddo mentre vango la terra del mio signore"; Federica al secondo boccone di salmone avrebbe saputo dire se era norvegese o scozzese, oltre, ovviamente, se selvatico o di allevamento. Da quando si mise in bocca il primo tortellino a quando mangiò l'ultimo non smise di fare complimenti a Guido, che dal canto suo si schermì senza sosta.

«Non è niente. Il segreto è tutto nella chiusura, ce la insegnano al diciottesimo compleanno. Facciamo un sabba segreto di nonne nei boschi vicino a Sasso Marconi e veniamo iniziati ai misteri. Marco non ha fatto niente del genere perché è mezzo terrone e mezzo trentino. Può mangiare giusto canederli di cernia.»

«Veramente sono nato a Bologna e mia madre è altoatesina, non trentina.»

«Terrone.»

«Terrone» convenne Federica.

Guido le chiese di tutto, cosa faceva, da dove veniva, cosa aveva studiato, cosa le piaceva, entusiasmandosi appunto *come un Guido* a ogni risposta. Federica se la rideva di gusto. Riguardo a se stesso Guido disse solo che usciva proprio in quel momento da una seria dipendenza da gaming online.

«Per certi versi una delle malattie del futuro» disse facendo roteare il cucchiaio non senza un certo orgoglio.

«Senti, malattia del futuro, guarda che ora c'è del bollito per un battaglione di alpini. E fuori ci sono 27 gradi.»

«Ma tu invece spiegami» chiese a Federica ignorandomi «com'è che sei finita con uno come questo? Una ragazza così bella e intelligente con sta bestiaccia.»

«Me lo chiedo anche io.»

«La risposta, cari simpaticoni, è sempre la stessa: GHB» intervenni.

«Però, dài, è simpatico» osservò Federica.

«A piccole dosi.»

«Proprio come il GHB» concluse Federica.

Un pomeriggio Guido si mise a girare per il terrazzo controllando le piante, che, va detto, non erano in gran forma. Tastò rametti, voltò foglie, annusò fiori.

«Ogni quanto gli dai acqua?»

«Tutti i giorni, più o meno.»

«Ma sei *fuori*, normale che stanno di merda. Tutti i giorni solo quando fa *veramente* caldo. E comunque non a tutte le piante. Altrimenti crei le condizioni per l'asfissia radicale.»

«Eh?»

«Gli spacchi le radici, vez. C'è almeno l'argilla espansa sotto la terra?»

«Le ho trovate così.»

«Fertilizzante l'hai mai dato?»

Alzai le spalle.

«Sei un pianticida. Qua bisogna che prendo provvedimenti.»

Il pomeriggio seguente tornò imperlinato di sudore, un bustone di fertilizzante in mano e un sacco da settanta litri di argilla espansa sulle spalle. Lavorò tutto il pomeriggio. Alla fine il terrazzo era identico a prima.

«Be', sì grazie al cazzo, DeSa, ci vuole il suo tempo.»

Nel mezzo del sistemare i pochi attrezzi che aveva trovato in casa e le pagine dei giornali con cui aveva coperto il tavolaccio, si fermò come sovrappensiero.

«Che poi sai qual è il fatto? I due tizi con cui lavoro di più lì all'agenzia non li sopporto proprio. Anche per quello, sai, andare in giro a spaccar faccioni vestito da orco aveva un suo perché.»

«Posso immaginare. Per questo ho la soluzione» dissi con un sorriso che immaginai essere cinematografico. «Cosa sai del commercio di dati?»

Venne fuori che Guido di dati sapeva moltissimo, anzi, era proprio quello di cui si occupava per l'agenzia.

«Però calcola che riesco a far passare meno della metà delle idee che mi vengono in mente» disse, sedendosi in un angolo di sole del terrazzo, con la fronte ancora un po' imperlata dal lavoro di giardinaggio.

«Perché?»

«Il freno maggiore, vez, è che il cliente a cui l'agenzia vende il servizio vuole solo quello di cui ha già sentito parlare in giro, il che significa mettersi a lavorare su tecnologie ormai superate.»

Mi spiegò che di recente aveva letto dei paper sulle reti neurali antagoniste, un concetto che ancora non gli era riuscito di vendere a nessuno. Se le reti neurali erano il presente – erano la tecnologia dietro, giusto per dirne una, alle auto a guida autonoma – le reti neurali antagoniste erano il futuro prossimo dell'intelligenza artificiale.

«In pratica, le reti neurali sono una tecnologia a cui assegni un compito. Faccio un esempio: riconoscere se all'interno di una foto c'è un cane. Le educhi con un data set molto grande d'immagini, già analizzate in precedenza da un essere umano che abbia detto "Qui c'è un cane, qui invece no". La macchina studia i dati, individua i pattern ricorrenti e sviluppa così la capacità di capire da sola dove il cane c'è o non c'è. Il problema è che educarla costa un sacco di lavoro. Hai presente i Captcha dove ti chiedono di individuare in quale fotografia c'è un autobus o qualcosa del genere?»

«Sì, mi è capitato. Più con le parole a dire il vero.»

«Sì, be', quella era la fase precedente. Comunque sia che ti chiedesse di riconoscere del testo o il contenuto di una foto, reCaptcha è stato il più grande esempio di sfruttamento del lavoro dai tempi della costruzione delle piramidi, vez. In pratica quando rispondi a quelle domande stai educando una rete neurale. Gratis e senza manco saperlo stai lavorando per Google o per chiunque altro abbia messo in piedi un sistema di quel tipo. In pratica reCaptcha è stato una gigantesca appropriazione di capacità cognitive umane, una roba che di solito si paga, anzi, è più preziosa del petrolio, e che qui è stata presa gratis e di fatto di nascosto, offrendo in cambio giusto una certa protezione dallo spam.»

«Immaginati spiegarlo a un sindacalista della CGIL.»

«Lascia perdere, va'. Comunque il sistema si può battere, e ci si riesce attraverso l'uso di un'altra rete neurale, detta appunto antagonista, che molto rapidamente può imparare a rispondere correttamente alle richieste di identificazione delle immagini.»

«Quindi mi stai dicendo che i Captcha andranno scomparendo. Non mi sembra questa gran cosa.»

«A parte che significa milioni di ore di vita riconsegnate ai loro legittimi proprietari, il punto è che questo è solo uno dei possibili utilizzi di un sistema dotato di una rete neurale antagonista, e non certo il principale.»

«Ti sto ascoltando.»

«Tu devi pensare che i dati» si alzò, ora sembrava animato dalla sua stessa oratoria. Immaginai che avesse provato innumerevoli volte a fare un discorso simile anche al suo capo senza riuscire a convincerlo, «sono come il maiale, non si butta via niente. Gli usi sono virtualmente infiniti, il problema è trovare un modo efficiente di interpretarli. Il circolo del denaro oggi è: con l'attenzione ottieni dati e con i dati fai un marketing migliore, il che significa maggiori vendite.»

«Esatto, questo è quello che dobbiamo fare.»

«Ma questo, DeSa, lo fanno già in tanti. Cioè, mi dispiace che ti sei laureato in filosofia e ti sei perso il momento in cui nel mondo succedeva tutto questo, ma ormai quello di cui stai parlando è un mercato maturo. C'è però un passaggio ulteriore che ancora in pochi prendono in considerazione: con un'analisi migliore dei dati – ed è qui che viene fuori la questione delle reti antagoniste – si possono predire i comportamenti umani futuri, previsioni che valgono grossomodo tanto oro quanto pesano.»

«Ad esempio?»

«Calcola che un sistema con una rete neurale generatrice abbinata a una discriminante, che è quello che intendo quando parlo di reti antagoniste, ottiene gli stessi risultati con una frazione dei dati che ti sarebbero serviti con una rete neurale singola. E già questo è un vantaggio competitivo mica da poco, significa meno forza lavoro per introdurre i dati, meno costi di calcolo ed energetici. Ma appunto c'è di più: puoi generare anche dati credibili partendo da altri dati.»

«Non capisco.»

«Metti che hai un buon set di dati sanitari su una determinata malattia rara ma te ne servono di più: una rete antagonista te ne può produrre di attendibili. Ma se riesci ad affiancare a questo miglioramento dell'interpretazione anche una raccolta più pervasiva e completa dei dati, be', allora vez il cielo è il solo limite, come diceva Notorius BIG.»

Qui stavo incominciando a surriscaldarmi anche io. «Fammi più esempi, penso più o meno di aver capito ma non sono sicuro.»

«Uno, banale: analizzando i dati di vendita e gli ordini di cibo da asporto quartiere per quartiere puoi rendere più efficiente tutto il processo e ottimizzare i percorsi di consegna, le forniture e la gestione della forza lavoro per i ristoratori. Oppure puoi fornire analisi predittive di sceneggiature per i produttori cinematografici, o in generale fornire consulenze a qualsiasi tipo di produttore o di designer a cui torni comodo avere una previsione credibile di come il pubblico reagirà alle sue nuove idee. E non c'è solo il lato dei consumatori, anzi, prima si possono migliorare i processi di produzione, riducendo i costi per prototipi e sperimentazioni, così come si possono pianificare meglio le opere di manutenzione. Prova a pensare alla manutenzione di una diga, di una flotta di petroliere o di un intero stabilimento di produzione della FIAT. Sono tutti processi che hanno dei costi altissimi. Potremmo persino stimare i rischi di guerra civile in un determinato Paese ricco di materie prime e consigliare a una multinazionale che tipo di presenza avere su quel territorio. Poi c'è tutto il settore sanitario… Devo andare avanti? Cioè, in pratica mi stai chiedendo quanto valore economico può avere prevedere il futuro. Secondo te, vez, che valore può avere?»

Allargai le braccia, c'era solo una risposta possibile a quella domanda. «Praticamente infinito.»

«Esatto.»

«Cristo.»

Stavo allappando, letteralmente.

«Facciamolo» dissi.

«Servono i soldi anche solo per incominciare a pensarci seriamente» disse alzando le spalle. Insomma, era stato bello parlarne e prendere fuoco per un momento ma ora era meglio tornare seri. Una rapida esaltazione seguita dalla mesta accettazione di un destino mediocre.

«Troviamoli» rilanciai.

«Trovali tu, io ti ho già sistemato tutto il terrazzo» disse tornando dentro. «Si muore di caldo qua fuori.»

Capita talvolta di fare dei sogni e di dimenticarsene in fretta. Ogni generazione ha i suoi: una delle mie sorelle, adolescente a cavallo fra gli anni Ottanta e i Novanta, guardava i film di

Salvatores e sognava Chiringuiti in Sud America; i miei genitori, avvertendo la minaccia di una campagna non ancora idealizzata, avevano sognato – e poi ottenuto – il posto fisso in città; io e gli amici con cui ero cresciuto non avevamo mai concepito l'arricchimento se non in termini di quei milioni che sapevamo benissimo non avremmo mai visto davvero.

Avevamo con i guadagni futuri il rapporto di un rapper afroamericano, da un lato una quotidianità orientata alla mera sussistenza, dall'altro sogni di roghi rituali di banconote. Il nostro era il piacere istantaneo e fugace del giocatore della lotteria che si accaparra un biglietto per perdersi in qualche minuto di fantasticherie su cosa ci avrebbe fatto, con tutta quella grana. Ma non poteva essere questo il caso. Non questa volta. Sentivo che non mi sarei fermato, non a quel punto, già così inaspettatamente avanzato, del mio viaggio. Eppure, nonostante tutta questa mia motivazione da film hollywoodiano sarebbe stato invece precisamente in quel punto che mi sarei bloccato se non fosse stato per quella che presi come una compensazione benigna del fato.

Dopo diverse mattinate passate negli uffici della regione Emilia Romagna a parlare con i funzionari e compulsare i bandi per le startup innovative, avevo capito che pur essendo quella tutta roba di una certa avanguardia per l'Italia ci sarebbero voluti comunque mesi e la compilazione paziente e ossequiosa di chilometri di carta per ottenere pochissimi soldi. Soldi che sarebbero forse bastati per combinare qualcosa, ma di certo non per fare i milioni: saremmo arrivati al punto buoni ultimi e con risorse ridicole. Quello che mi si prospettava era con ogni evidenza un futuro da intervistato da Marcianise.

No, ci voleva un privato, e guarda caso io ne conoscevo uno, per giunta dei migliori. Gliene parlai in un ristorante sul lungomare di Napoli. Eravamo scesi per l'inaugurazione dell'Apple Academy, la scuola per sviluppatori di app che Renzi era riuscito a ottenere da Cook assieme al selfie quando, ormai quasi un anno prima, si erano incontrati.

Partii alla carica con la teoria sulle reti neurali antagoniste, sulle quali nel frattempo avevo studiato tutto quello che ero riuscito a trovare online – ovvero un'infinità di materiale. Feci un elenco delle possibili applicazioni ancora più esteso di quello che mi aveva fatto Guido.

Il Mastro però rimase scarsamente impressionato. Mangiava il suo sarago in crosta di sale, prendeva piccoli sorsi di Falanghina con un lieve ghigno di compiacenza che non mi piaceva per niente.

«Sì, certo» osservò, per nulla impressionato. «Il predittivo è un trend, così come le GAN.»

GAN era il nome tecnico delle reti neurali antagoniste.

«L'idea è questa» convenni.

«Quindi hai un'idea. Hanno tutti un'idea» disse il Mastro, «il punto non è mai l'idea, l'idea non vale niente, è come hai intenzione di metterla in pratica che conta, mh?» e lo disse come una cosa che avrei dovuto sapere. E in effetti lo avevo sentito ripetere quelle esatte parole non so nemmeno più quante volte, ma questa volta erano rivolte a me e la cosa mi spiazzò. Perché in effetti, nonostante tutta la mia esperienza, ero caduto nella prima fallacia dell'aspirante startupper: l'autosufficienza dell'intuizione. E ci ero cascato perché mi ero pensato diverso dagli altri. E invece era vero, a parte l'Idea, rigorosamente con la I maiuscola, non avevo nulla per le mani. In fondo un umanista ricade sempre nell'intangibile, l'unica materia compatibile con le sue confortevoli pretese di libertà assoluta.

«Non ti dico che non m'interessi, ma dovresti portarmi qualcosa di un po' più strutturato, un progetto, un'idea di monetizzazione iniziale, un business plan, una beta della tecnologia di questo tuo amico. Poi naturalmente dovrei anche parlare con lui.»

Erano tutte cose più che sensate ma mi sentivo comunque un po' tradito perché al di là di quelle parole tutto sommato inevitabili non percepivo alcun entusiasmo, nessun incoraggiamento a continuare. Chiaramente il Mastro non vedeva alcun potenziale in quel campo per il sottoscritto. Era quello che mi faceva male. Forse voleva lasciarmi nella neve fuori da Canossa e vedere quanto sarei resistito – voleva cioè mettere alla prova la mia tempra imprenditoriale – ma sul momento mi sentii come di nuovo al cospetto del funzionario della sovraintendenza che mi annunciava la necessità di olocausti nucleari perché potessi trovare un impiego retribuito. Il Mastro peggiorò ulteriormente la situazione dicendo che stava comprando una partecipazione in un giornale online e gli sarebbe piaciuto se ci avessi tenuto una rubrica come Distopia. Anzi, sarei potuto diventare il suo uomo forte in redazione. Esagerai e dissi con un certo fastidio che con la scrittura avevo finito per sempre. Lui diede segno di non credermi e riprese a parlare di quello che sarebbe successo al governo quando di lì a poco l'annunciata scoppola del referendum costituzionale si sarebbe avverata.

Mi limitai ad annuire, consumato da una bile oscura. Il problema non era tanto riuscire a mettere su quel numero da saltimbanchi che era una vita di successo, quanto continuare a mantenerla in equilibrio quando il destino aggiungeva sempre altri oggetti da tenere sulla punta del naso. La fregatura stava precisamente nel fatto che il processo non finiva mai. Forse aveva ragione Falzone, toccava accontentarsi del cinghiale dipinto e non rompere troppo i coglioni. Roma, d'altronde, era piena di maiali colorati molto succosi.

Il mattino seguente, sul Freccia Rossa che ci riportava a casa, ero immerso in questi stessi pensieri di rancore nei confronti della condizione umana, rimuginamenti malmostosi resi appena un po' più sopportabili dalle ore di sonno appena trascorse. Mi rigiravo nella testa l'ipotesi alternativa di una resa delle armi, immaginavo i vari passaggi che avrebbe comportato: lo sgomitare per ottenere un posticino dentro la grande macchina dello Stato, un paio di anni a contratto per poi blindarsi con un posto fisso. Dopodiché penna che alle cinque in punto cade dalle dita: il sogno italiano. Bastava mettere da parte ogni ambizione e gettare un po' di schiuma ritardante su quella capa infiammabile che tenevo e avrei forse conosciuto la pace.

Suonò il telefono. Era il mio avvocato, che poi sarebbe a dire l'avvocato di mio padre, un amico di famiglia.

«Caro Marco, abbiamo vinto.»

Furono quelle parole così semplici e pronunciate con un chiaro accento bolognese – come sapeva di casa in quel frangente il movimento ondivago della frase! – ad annunciarmi che di lì a poco sarebbero atterrati sul mio conto in banca 100 mila

– CENTOMILA – euro provenienti da un grosso editore del Sud che aveva replicato infinite volte su tutte le numerose versioni locali del suo quotidiano e sul suo sito internet, nonché sui suoi canali social, alcune foto rubate indebitamente dal mio profilo Facebook, compresa, naturalmente, quella con la felpa degli Orlando Magic.

«Poi arrivano anche gli altri.»

«Gli altri?»

«Gli altri editori, sai per quella faccenda dei fori competenti che ti avevo spiegato?»

«Ah, sì, certo, certo. E quanto sarà in tutto?»

«Alla luce di questa sentenza direi che una stima prudenziale potrebbe essere attorno ai trecentomila euro.»

Il Mastro, dall'altro lato del tavolino, alzò appena lo sguardo dall'iPad. Di certo non aveva sentito le parole dell'avvocato ma aveva udito la mia domanda e ora si trovava di fronte un volto totalmente in panne, sospeso fra la gioia, l'euforia e la semplice incapacità di processare l'informazione che aveva appena ricevuto. Meccanicamente mi alzai e percorsi il corridoio ripetendo:

«Ah bene, molto bene. Però… davvero molto bene!»

Dall'altro lato della cornetta l'amico di famiglia aveva incominciato a ridere come può ridere un avvocato sessantenne la cui voce propende in ogni circostanza al tono dell'arringa.

«Sì, puoi dirlo» convenne.

Lo ascoltai specificare una serie di tecnicalità su come sarebbe stata saldata la cifra, poi lo ringraziai e chiusi la telefonata. Mi ritrovai nella carrozza ristorante, a quell'ora completamente deserta. Ebbi l'istinto di dare subito la notizia a Federica, ma mi fermai all'apparire di un Pancrazio acciambellato nella sua foto profilo di WhatsApp. Meglio dirglielo di persona, avevamo in programma di vederci per pranzo al Tiberino. L'addetto stava sistemando le confezioni di piadine e panini precotti ma dopo un po' si accorse della mia presenza al bancone.

«Posso aiutarla?»

Rimasi per un momento senza parole. Mossi la mano a vuoto nell'aria: «Una bottiglietta d'acqua naturale» abbozzai, poco convinto.

La aprii, presi un sorso. Deglutii.

«Che vadano tutti quanti a fare in culo» dissi sovrappensiero, lo sguardo perso tra un pacchetto di Ritz e un tramezzino tirolese. Poi mi resi conto di aver effettivamente pronunciato quelle parole e che magari l'addetto poteva pensare che stessi parlando con lui.

«Non ce l'avevo con lei» specificai.

L'uomo alzò lo sguardo dalla macchinetta portatile con cui faceva gli scontrini. «Dottò, io lo dico ogni mattina.»

Rimasi spiazzato per un momento, poi scoppiai a ridere.

«Ma infatti» chiosai, prima di tornarmene al mio posto.

Che tempo splendido per essere vivi.

Ogni successo, in fondo, è un malinteso.
ENNIO FLAIANO

Gli anni che seguirono furono di quelli che in un film vengono solitamente sintetizzati con un montaggio musicale. Ci sarebbe stata la sequenza dove io e Guido visitavamo assieme a un agente immobiliare il primo ufficio di BEFORE – un bilocale in un palazzo abitato da sole famiglie straniere nella parte nord della Bolognina – una sequenza dove ci scambiamo indicazioni davanti allo schermo di un computer, la prima versione della nostra app sullo schermo di un iPhone, l'arrivo in un aeroporto straniero modernissimo, un nuovo ufficio più grande con dentro i primi collaboratori, qualche titolo di giornale, youtuber che parlano di noi, la demo di una nuova funzione davanti al pubblico di una fiera, la California, o meglio l'uggiosa Silicon Valley, la firma di contratti nella modernissima sede Oak Capital, Guido che si compra il prototipo di costume da orco già posseduto dal capo designer di WOW, uffici ancora più grandi a Roma e poi in altre città, io e Federica che beviamo champagne al tavolo di uno stellato parigino. Il sogno occidentale è una serie di sequenze meccaniche prive di fatica, assemblate da un montatore con un buon senso del ritmo: una menzogna con i tempi dell'abitudine cinematografica.

In realtà ricordo soprattutto le sneakers Tank Steiger a suola alta del giovane notaio, una donna di non più di trent'anni, all'atto di firma di fondazione della società. Ricordo il mio commercialista che a proposito di cosa mettere nella descrizione attività aveva detto «Tu aggiungi, sempre meglio mettere che non mettere» e la conseguente lettura degli scopi della società che il giorno della firma sembrava non finire più. Ricordo l'ansia che lentamente diventa parte dello sguardo sulle cose, si appaia al respiro, rendendo una notte di sonno ininterrotto un ricordo lontano quanto l'infanzia. Ricordo una serie infinita di problemi da risolvere, surreali colloqui con aspiranti collaboratori il cui unico interesse erano le ferie e, al contrario, incontri con persone che si sarebbero dimostrate fondamentali per il bene di BEFORE. Una su tutte, la head of finance che si frappose fra me e il timore reverenziale che provavo per le cifre imponenti di denaro al tempo: non dimenticavo mai come sarebbe stato sufficiente un piccolo segno meno messo dal destino davanti a quei numeri perché una vita venisse di fatto distrutta. Ricordo quanto festeggiammo dopo essere stati accettati al TechCrunch Disrupt a Londra, ricordo lo squallido appartamento vicino al Queen Elizabeth Park, il pullman a due piani dell'organizzazione che ci portava fino al convegno, gli altri startupper che con il migliore dei sorrisi cercavano di capire cosa facessimo e se non emergeva nessun possibile match fra le rispettive attività aziendali mettevano da un momento all'altro fine alla conversazione. Ricordo le ondate di blogger, tutti da trattare bene perché fra di loro poteva essercene anche uno da centinaia di migliaia di contatti sfuggito ai nostri radar. Ricordo le domande insidiose dei potenziali investitori, ricordo Guido che si era voluto far fotografare in una varietà di pose su un finto trono di "Game of Thrones" allo stand di Sky Atlantic. Ricordo la cinquantenne norvegese sovrappeso della startup con lo stand di fianco al nostro – sviluppavano un'app che calcolava l'apporto nutrizionale dei centrifugati – che ripeteva sempre lo stesso pitch a chiunque le arrivasse a tiro: «Do you know that an healtier life is just an app away?», ricordo il suo volto distrutto all'ora di chiusura, il suo vestito verde, il suo fisico ricoperto di grasso insalubre, da nordica frequentatrice della costa spagnola. A fine giornata c'eravamo scambiati uno sguardo esausto, lei aveva abbozzato un sorriso, avevo ricambiato e anche da quella distanza avevo notato una certa imperlatura *sulle guance.* Ricordo come il mattino seguente, questa volta annunciato, era spuntato Mauro, in missione per "la Repubblica", al collo portava un enorme pass con il nome della testata.

«Pensano tutti sia un giornale spagnolo o sudamericano» aveva detto soppesando per un momento il cartoncino plastificato. «Vabbè sti cazzi.»

A quel punto viveva a Roma da un paio di mesi.

«Come va?» chiese.

«Molte chiacchiere e poca sostanza per il momento.»

«Dài, io sicuro ne scrivo; vi do un bello spazio.»

Dopo questa promessa si era fatto dare un paio di dritte sulle cose più interessanti da vedere poi era sparito, durante la giornata lo avevo scorto a intervalli irregolari mentre intervistava decine di persone diverse. Spuntava ogni tanto con degli Oculus in testa, o brandendo i prototipi della zona hardware: speaker parlanti per la domotica, droni per le pulizie domestiche, barboncini androidi per anziani che volessero evitare la passeggiata della versione biologica.

A pranzo mi ero lamentato con un altro startupper italiano – un milanese del settore fintech – dello scarso interesse dei media italiani.

«Ma scusa, cosa te ne frega dei giornali? Devi fare contenti i tuoi genitori o aumentare gli utenti? Se sei B2C usa youtuber e influencer, zio. Non perdere tempo.»

La sera io, Guido e Mauro avevamo cenato in un ristorante libanese. Alla seconda bottiglia di vino Mauro prese a parlare dei possibili registi per *Vertigine* – in quel periodo stava lavorando alla sceneggiatura – ma fantasticava soprattutto su quale attore avrebbe interpretato il suo alter ego: il protagonista del film.

«Luca Marinelli sarebbe l'uomo perfetto.»

«Non vi assomigliate per niente.»

«A parte che non è vero, poi camminiamo proprio allo stesso modo. Comunque non è importante. Sarà un grande film.»

Poi si era allontanato per rispondere alla chiamata di Cristina, li avevo sentiti discutere, già allora discutevano continuamente.

Del ritorno all'appartamento in cui dormivamo in quei giorni ricordo le tasche piene di biglietti da visita, il pavimento in legno che si imbarcava camminando verso il bagno, l'alito d'aglio libanese, le orecchie infiammate dalla stanchezza prima di andare a dormire.

Poggiata la testa sul cuscino feci per l'ennesima volta il calcolo di quanto ci era costata quella trasferta, aggiornato al costo del ristorante. Era incredibile quanto in fretta andassero via i soldi quando si provava a fare un minimo d'impresa.

Ricordo quando uscì il reportage di Mauro su "Repubblica": si apriva con la storia dei giovani aruspici italiani che divinavano il silicio. Nonostante la sfiducia del collega milanese il pezzo sul giornale ci diede una credibilità che contribuì alla chiusura dei primi contratti come piattaforma di scambio di pubblicità, il che ci permise di incominciare a raccogliere dati e fatturare in dosi però ancora pressoché omeopatiche.

Soldi veri e fondamentali per lo sviluppo di BEFORE li facemmo invece creando una pagina Facebook chiamata VideoLOLZ, dove pubblicavamo rimontaggi di video rubati da YouTube e dallo stesso Facebook. Riproponevamo, remixati, tutti i grandi classici della viralità online, da Thug Life con gli animali a Hold my Beer, passando per grandi gesti di altruismo o semplici pallonate nelle parti basse. In un anno facemmo duecentomila euro di ricavi pubblicitari a fronte di un investimento di dodicimila per pagare un ragazzo a partita IVA che si occupava – peraltro in meno della metà del tempo in cui lavorava per noi – di scaricare i video e di rimontarli con un tool primitivo.

Quando vedemmo le revenue pubblicitarie generate da "Courageous Raccoons", io e Guido provammo un sincero smarrimento. Era forse quello il nostro futuro? Ci fermò solo la consapevolezza che Facebook poteva da un giorno all'altro chiudere i rubinetti sui video senza copyright. Di fronte ai 180 milioni di visualizzazioni – e conseguenti ricavi pubblicitari – che fece "Minorenni americani condannati all'ergastolo" ripensai ancora una volta a come ero stato trattato quando cercavo lavoro dopo cinque anni di formazione universitaria. S'imponeva con sempre maggiore urgenza l'accettazione di un concetto adattivo di intelligenza.

Decidemmo comunque di continuare a credere in BEFORE e reinvestire presso broker di dati i proventi di quelle operazioni pirata. A quel punto stavamo uscendo dalla fase "fake it 'till you make it" ed eravamo davvero pronti per incominciare a predire una parte di futuro, iniziando dalla nuova sezione consegne di cibo a domicilio. Serviva un lancio serio e avevo rimasticato a lungo le parole del collega di Milano. Io non potevo usare il mio sito per farmi pubblicità perché dopo tutta quell'ironia, quell'aggressività e quel luddismo che avevo sparso a destra e a manca i miei lettori non mi avrebbero mai perdonato il fatto di essere diventato un soggetto propositivo. La cosa più carina che mi avrebbero detto sarebbe stata che ero un venduto.

Finii così proprio a Milano nello studio di un gruppo di youtuber. Federica – la cui carriera da libera professionista incominciava rapidamente a ingranare – mi aveva messo in contatto con il loro agente. Federica conosceva sempre tutti. Gli youtuber che avevo scelto si rivolgevano invece a un pubblico pop, impegnato a vivere la vita piuttosto che, come il mio, a criticare qualsiasi cosa, nei loro video si mostravano come un gruppo di amici che vivevano assieme, due erano del Sud, con i pacchi di cibo sempre in arrivo dalle cucine materne, e due del Nord. Da questa accoppiata geografica derivava il nome del gruppo Calogilla ovvero "Calogero + Brambilla", idealtipica unione di Sud e Nord. Uno dei ragazzi interpretava un nerd preso in giro da tutti, ovviamente del Nord, mentre gli altri tre rispecchiavano diverse sfumature dell'ideale generazionale del ragazzo orgogliosamente inadatto alla vita contemporanea, quindi sornione, pigro e un po' paraculo su quello che riguardava se stesso, tranchant e giudicante sulle cose degli altri, oltre che modaiolo – per una sorta d'istinto innato più che per una dichiarata progettualità – allergico a qualsiasi lavoro che non fosse quello dei suoi sogni e dipendente dai social network. Bisogna dire che i Calogilla avevano il giusto bilanciamento di empatia e derisione, quindi alla fine le persone oggetto della satira, a tratti spietata, non si sentivano offese ma, anzi, finivano per idolatrarli.

Quanto fossero lontani dai personaggi che interpretavano

lo capii dal piglio da imprenditori di lungo corso con cui mi accolsero nel loro studio a NoLo e dalla dovizia di particolari con cui mi illustrarono gli analytics e le demografiche del loro pubblico.

«Lo zoccolo duro è circa il 70% e va dai venti ai trentacinque anni, e quello è praticamente garantito, il resto dipende molto dal tipo di video» disse lo spilungone dei quattro, un salentino con i capelli lunghi.

«L'oggetto fa molto.»

«Minchia se fa, quando abbiamo pubblicato la cosa su Sanremo abbiamo imbarcato una quantità di over 40 assurda» disse il piccoletto milanese, non il nerd, l'altro, quello che nei video sognava di scrivere serie tv e nel frattempo passava le giornate sul divano a fumare erba.

«Ci sono stati dei rilanci social pesantissimi...» specificò il salentino «dipende molto anche dal tipo di delivery che vuoi dare al video, se vuoi una cosa secca, un minuto, allora è un po' più mirata ai fan come target, mentre invece con il corto dai tre ai cinque minuti hai più possibilità di rilanci nella home dei giornali e comunque poi ti dura di più. Può avere una coda lunga per assurdo anche di tre-quattro settimane perché la gente se lo gira su WhatsApp ma poi deve anche avere il tempo di vederlo così tutto il ciclo si dilata. E quando è finito rimane comunque a disposizione dei fan per i momenti di secca, lo lasciamo sul nostro canale e il catalogo ha sempre numeri in movimento.»

«Dal punto di vista creativo c'è anche l'opzione miniserie, idealmente quattro-cinque short di trenta secondi dove magari – dico per dire – sviluppiamo quest'idea della pizza che arriva prima ancora che tu abbia finito di pensare che la volevi» disse il piccoletto milanese.

«Su una cosa così io spingerei proprio per la miniserie, mi sembra la sua dimensione naturale» disse l'altro ragazzo del Sud, un napoletano con occhi azzurri e rapidi. «Ti costa un po' di più perché la scrittura è più complessa ma la retention è molto più alta, gli ribadisci il concetto in momenti successivi, ti studiamo un tormentone ad hoc e può veramente diventare il talk of the day della rete.»

«Tieni presente che complessivamente sulle tre città che ti interessano per il lancio, Roma, Milano e Bologna, noi facciamo circa il 40% del pubblico» continuò il salentino.

«E negli ultimi due anni non abbiamo mai fatto meno di 400k visualizzazioni anche su cose di un brandizzato che c'era quasi da vergognarsi.»

«Quasi» convenne il nerd e tutti quanti sorrisero.

«E 400k è il limite basso, per i biscotti abbiamo fatto quattro milioni. Per un brandizzato sfacciato sono cifre... be', non c'è bisogno che te lo dica.»

«Comunque poi ti mandiamo tutti gli analytics che hanno fatto queste diverse opzioni in passato così vedi un po' i dati» concluse il napoletano, sicuro della forza dei suoi numeri.

«E quanto mi costerebbe, tanto per capire, la miniserie?» chiesi.

Venne fuori che il teatrino a cui avevo appena assistito e soprattutto le 400k visualizzazioni come limite basso costavano cari: settantamila euro chiavi in mano. Poteva essere che ne valesse la pena ma non avevo alcuna intenzione di dargli una cifra del genere. Proprio per una questione di principio, oltre che per il fatto che mi avrebbero quasi svuotato le casse. Così dissi che ci avrei pensato e mentre mi avviavo all'uscita accompagnato dallo spilungone salentino ripescai un tono da terra paterna e feci la mia controproposta: «Cumpà, e se facciamo 10k, giusto per mettere qualcosa nel contratto, più tre chili di erba olandese?».

Economicamente era un accordo scandalosamente vantaggioso per me ma contavo sul fatto che mi erano sembrati tutti ragazzi per bene che non si erano comprati mai più di cinque grammi alla volta e che quindi gli dovesse sfuggire il valore preciso dell'erba all'ingrosso. E poi c'era anche la comodità di non doversi sbattere per più di un anno a cercarla, forse pure due anni se non erano grandi fumatori, più la sensazione malavitosa di trovarsi dentro a un grosso traffico di stupefacenti. E poi, dài, erano quattro cazzo di video di trenta secondi l'uno. Il salentino si mise a ridere, solo quando vide che non mi univo capì che non stavo scherzando.

Tornai da Gianni, l'uomo dei serpenti in fondo a San Donato. Mi sembrò invecchiato di vent'anni, i serpenti invece erano sempre orribili allo stesso modo. Osservandolo mentre ricaricava un RooR incrostato misurai tutta la distanza che avevo messo tra me e quel genere di situazione. Fu cioè proprio mentre ci ricascavo dentro per un momento che ringraziai il Signore di essermi allontano da quel mondo. Il paradosso rimaneva quindi uno dei miei modi di elezione per percepire la realtà. Lo so, mi ero ripromesso di non avere proprio più niente a che fare con certi traffici che potevano condurre in luoghi oscuri, ma ormai ero determinato a fare di BEFORE un'azienda di successo.

Questo tuttavia non significava che fossi disposto a correre gli stessi rischi di un tempo. Fui scrupoloso. Reclutai un vecchio amico del basket, un barista sempre in cerca di lavoretti per arrotondare. Gli scaricai Waze sul telefono per i posti di blocco, sovraintesi all'occultamento nelle portiere dell'auto dei sacchetti messi per due volte sottovuoto e poi ricoperti di cera, dopodiché, siccome fidarsi della tecnologia è bene ma solo fino a un certo punto, gli feci coinvolgere un amico che avrebbe fatto da vedetta a bordo di un'altra auto. Gli procurai persino, tramite un vecchio compagno di classe che era diventato medico al Sant'Orsola, delle blande benzodiazepine da prendere prima della partenza per mantenere una calma olimpica nel remoto caso che fosse comunque incappato in un controllo casuale. Per uno spostamento di droga *una tantum* come quello erano davvero troppe precauzioni, ma, come detto, fui scrupoloso. L'unica possibilità che ci beccassero era che l'uomo dei serpenti fosse nel frattempo diventato un informatore. Non fu così e io risparmiai poco meno di cinquantamila euro.

I video raggiunsero complessivamente 2,4 milioni di persone solo nelle prime due settimane. Erano effettivamente divertenti e giocavano sul fatto che la pizza arrivava appena veniva pensata. Erano rimasti con la prima idea, forse una pigrizia indotta dall'erba o dal fatto di non essere stati pagati in pieno. Comunque la gag del nerd nordico inseguito dalle pizze e costretto ad andare in analisi per riuscire a non pensare più a Margherite e Quattrostagioni divenne in fretta un tormentone diffuso in tutta Italia. «Oh, no, ho pensato pizza!» era la frase precisa che risuonava nei bar e, soprattutto manco a dirlo, ai tavoli delle pizzerie al momento in cui arrivava il cameriere con in mano i piatti. E giù risate.

Il numero di utenti registrati al nostro servizio esplose. Letteralmente. Così come le richieste dei locali di utilizzarlo. E fu un bene perché per garantire che i locali non cazzeggiassero sulle consegne, bruciando tutto il vantaggio competitivo che gli forniva la nostra analisi dei dati e compromettendoci così il brand sul nascere, introducemmo contratti sempre più a nostro favore. Se ad esempio dai dati dell'app emergeva una discrepanza eccessiva fra la consegna prevista e quella reale potevamo rescindere il contratto, in alcuni casi addirittura richiedere una penale. Era un primo inizio dell'effetto rete, un fenomeno che potremmo definire come l'esatto contrario del sindacalismo: più una piattaforma tecnologica aumenta il numero dei suoi utilizzatori, più il suo costo – seppur spesso indiretto o comunque nascosto – diventa elevato fino all'arbitrarietà, perché alle pecore torna molto utile stare in compagnia dei loro simili e quest'utilità ha un prezzo salato. È una tendenza, quella al gregge, che finisce per costare molto, molto cara. *Imitazione*, mi sembra se non sbaglio di averlo accennato un duecentocinquanta pagine fa.

Fu così che incominciammo a fare utile, un utile invero sproporzionato per una startup. Sei mesi dopo sia Deliveroo che Foodora avrebbero licenziato in tronco i loro responsabili per l'Italia, prima ancora però il Mastro fece quello che nemmeno troppo segretamente mi auguravo. Mi portò a Fregene, nello stesso chiosco che piaceva tanto a Falzone, ordinò una bottiglia di Weiss macerato sulle bucce di Marto Wörner e si mise a imitare una delle gag del video:

Non voglio più pizze!

Ok, ma per dire che non la vuoi più non hai pensato all'immagine della pizza, vero?

Ahhhhhhhh!

Con il suo accento milanese più altolocato di quello del ragazzo dei Calogilla, la scena assumeva una tonalità nuova, e in generale sentirla recitata con accenti e dialetti diversi mi dava una certa sensazione di potere. Credo che sia questo che si intende con l'espressione "essere sulla bocca di tutti".

«Bello, fa veramente ridere. Come sono i numeri?»

«Esplosi. Esplosi, cazzo» dissi controllando le mail sull'iPhone. Rispetto all'ultima volta che ero stato in quel posto tutta l'incertezza nei confronti del futuro era scomparsa. In compenso a quel punto mi sembrava di stare perdendo un sacco di tempo a trovarmi su una spiaggia il tardo pomeriggio di un giorno lavorativo. Dovevo LAVORARE. A Federica quando andava bene dedicavo due sessioni da due ore a settimana, chiacchiere comprese. Avevo la costante sensazione che il tempo non bastasse mai e comunque non fosse usato al meglio, non importava quante cose riuscissi a fare in una giornata. Il Mastro che aveva scollinato da anni la fase ansiosa della sua carriera imprenditoriale mi guardava con un tipo di ghigno sorpreso.

«Non ci credevo, sai? Non mi sembravi il tipo... sai come sono gli artisti di solito.»

«Non credo di essere un artista.»

«Spesso a me sembra così, quando ti leggo.»

«Mah sì, forse, può darsi... È importante?»

«Se non lo è per te...»

Il Mastro condusse allora, seppur in forma rapida, una delle sue istruttorie da investitore ma i numeri a quel punto parlavano da soli. Facevamo utili, e pure tanti, una cosa che alle startup riesce una volta ogni mai. Avevamo il coltello dalla parte del manico: con quel segno più davanti al bilancio qualsiasi quantità di azioni avessimo deciso di cedere sarebbe valsa molto, molto di più rispetto a qualche mese prima.

«La cosa importante è stabilizzare il tasso di crescita che avete» concluse il Mastro. «Questa cosa dei Calogilla è stata un bel colpo ma dovete evitare di perdere l'abbrivio. Perciò ti offro una specie di seed tardivo da un milione per arrivare col vento in poppa al vero round A.»

Riapparve il tizio che dragava frutti di mare, mi resi conto di essere ormai sbronzo.

Fui lì lì per dire al Mastro: ma come, ora non vuoi più vedere il business plan? Parlare con Guido?

Non c'era nient'altro che la domanda e l'offerta, davvero. Era quello l'unico fenomeno degno di nota del nostro tempo. Potete chiamarle anche tecniche di seduzione, se siete di quelli a cui tutto questo parlare di soldi fa arricciare il naso. Il concetto di fondo è lo stesso. Solo a ciò che già si desidera si riconoscono dei diritti, tutto il resto è una scocciatura fra una mail di quelle a cui proprio non si può non rispondere e l'altra.

«La vita è quello che ottieni nei momenti in cui riesci a tirarti fuori dal rumore di fondo» sentenziai e l'alcol me la fece sentire come una frase di una profondità inedita. Annuii alle mie stesse parole, per dire come stavo messo.

Naturalmente dissi di sì all'offerta, con l'unica condizione che l'equity da cedere non fosse eccessiva. Del numero esatto discutemmo a lungo nei giorni successivi ma alla fine trovammo quello che ritengo ancora fosse un buon accordo, il che significa che il Mastro mi aveva voluto usare una gentilezza, forse persino farsi perdonare l'iniziale mancanza di fiducia.

Da lì in poi BEFORE fece davvero il salto di qualità. Aprimmo il primo, microscopico, ufficio di rappresentanza a Mountain View e affittammo la sede attuale della ricerca e sviluppo sotto le due torri. Rimaneva da capire dove aprire l'amministrativo per l'Europa. Il Mastro spingeva per Londra o al massimo Milano. Volai in Inghilterra e visitai diverse possibili soluzioni in zone della città ricche di startup, perché anche se il segnale di internet ormai arriva persino in cima ai ghiacciai chi lavora con la rete e le sue infinite propaggini tende comunque a concentrarsi in poche aree urbane ristrette e ben definite. Niente di quello che vidi a Shoreditch o Canary Wharf però mi convinse davvero: il cielo plumbeo e il silenzio nelle strade mi davano l'idea di una città interamente dedita a un commercio impersonale, asettico, razionalizzato fino al parossismo. Camminavo per quel luogo tanto ricco da essere inaccessibile alla maggioranza degli abitanti del resto della nazione dove si trovava – un luogo pulito ma pieno di omini grigi, obbedienti e soli – e quello che sentivo crescermi dentro era un inaspettato sentimento di mancanza e una sorta di distorto attaccamento filiale nei confronti di quel disfunzionale anacronismo da tre milioni di abitanti che condivideva, per un curioso caso di omonimia, lo stesso nome della città che in tempi antichi aveva governato il mondo: Roma. Fu lo sguardo arreso di una barista con i capelli stoppacciosi a Heathrow a convincermi in maniera definitiva. Pensai alla sua indisciplinata e indomabile controparte a Fiumicino, una qualsiasi delle ragazze con i capelli e le unghie sempre curate che a un bar vicino ai gate Vueling – dove la macchina delle spremute era fuori servizio da almeno un anno – annunciavano con un sorriso indisponente vecchio di almeno un paio di millenni che *proprio quella mattina* il macchinario si era rotto.

Fu così che decisi che la sede sarebbe stata fra Testaccio e Ostiense, poco lontano dall'ufficio di Federica. Questo significò accettare in blocco anche le infinite lungaggini, le surreali inefficienze, i lamenti qualunquisti pronti a mutarsi alla prima occasione nella più prona delle obbedienze servili oltre che naturalmente la costante disillusa sciatteria e la ferocia travestita da ironia. Tutto il pacchetto della romanità, certo, ma lo feci come una sorta di inno alla vita che resiste al regno dei numeri. E la vita si sa, non è certo perfetta, specie quando si svolge in maniera consistente nello stesso luogo da quasi duemilaottocento anni. E poi la mia azienda si occupava di mettere fuori mercato il congetturare senza alcun metodo scientifico sul futuro, una delle attività più umane *in assoluto*, e io, credo ormai che si sia capito, ho una certa affinità elettiva nei confronti degli aspetti ironici dell'esistenza.

Con l'entrata in società del Mastro imparai parecchie cose nuove. La prima lezione me la impartì quando, seduto alla scrivania del suo silenziosissimo ufficio con vetrate sulla Unicredit Tower, riscrisse da zero il business plan di BEFORE nel giro di una quindicina di minuti. Mi dimostrò, per una sorta di puro piacere pedagogico, che anche in quell'ambito era possibile creare versioni cosmetiche della verità, l'importante era non farlo con le parole – che nessuno lì sembrava prendere sul serio – ma utilizzando i numeri. Le sue dita scorrevano sulla tastiera come nel loro elemento primigenio e le cifre di BEFORE, già eccellenti, diventavano clamorose.

Gli incontri nelle settimane successive dimostrarono che il

Mastro aveva ragione: interlocutori che si erano rivelati assolutamente refrattari, quando non apertamente annoiati, di fronte alle sfumature positive di qualsiasi tipo di racconto verbale – anche il più onesto –, credevano invece con sorprendente facilità a qualsiasi stima, per quanto irrealistica, se solo si aveva l'accortezza di esprimerla attraverso numeri e tabelle Excel. Esisteva, appresi, una moderna retorica delle formule in colonna. *Let's crunch the numbers* era la frase con cui il Mastro poneva fine ai miei discorsi inutilmente studiati fino al singolo avverbio e cambiava l'atmosfera nella stanza. Da quel momento in poi potevi sentire montare *l'energia*.

Non ho mai capito con esattezza quale fosse l'algoritmo mentale che quelle cifre erano in grado di mettere in moto in quegli uomini in giacca e cravatta; forse diventava per loro più facile e immediato calcolare a quanto sarebbe ammontato il bonus di fine anno, se quelle previsioni di bilancio si fossero avverate. Un inganno istantaneo, cioè, della dopamina. Oppure era semplicemente una questione di seppellire le criticità dentro una formula dove non sarebbero saltate all'occhio. Quale che fosse la risposta, mi tenni stretta la consapevolezza che il mistero si era ripresentato in un regno dove l'avevo pensato assente e assomigliava sempre più a un destino. La possibilità di raccontare storie truccando i numeri esisteva comunque con molti interlocutori ma non con tutti: con i pesci grossi a cui puntava il Mastro per dare a BEFORE una crescita internazionale anche le cifre dovevano essere definite al millimetro e fu con quel grado di precisione che le presentammo.

Arrivò quindi il round A e, grazie all'iniezione di soldi, alla fiducia e competenza del Mastro, fu trionfale. Oak Capital nella persona del Michael Grant, un cinquantenne con un curriculum lungo pagine, condusse le danze e ne uscimmo con una valutazione post-money di cinquanta milioni di euro, un numero senza precedenti per una startup italiana in quella fase di sviluppo. Alla ripartizione degli utili dell'anno mi concessi due regali. Ottenere il primo, benché avessi i soldi, fu più complicato del previsto. Visitai un concessionario dell'Audi a Roma deciso a sostituire la Golf GTD che mi ero comprato dopo le sentenze sul furto delle fotografie, me ne andai però dopo aver perso trenta minuti del mio a quel punto già preziosissimo tempo ad aspettare che la persona addetta a prendere i miei soldi mi facesse l'onore di presentarsi.

Risolsi tutto a Bologna un paio di settimane dopo, quando nel giro di un'ora permutai la Volkswagen e acquistai pagandola sull'unghia un'Audi S3 semestrale d'importazione. Appena arrivarono le targhe percorsi l'autostrada fra Bologna e Roma in un tempo che mi vergogno anche a mettere nero su bianco. Diciamo solo che benedissi la sentenza che aveva fatto spegnere i tutor su tutte le autostrade d'Italia. La nuova belva non era poi molto più lenta della 911 del Mastro, in compenso dava molto meno nell'occhio, il che per quanto mi riguardava andava benissimo.

La seconda cosa che mi concessi fu un weekend lungo a Parigi con Federica. Non solo passavamo poco tempo assieme ma eravamo entrambi sempre sotto pressione per via delle nostre nuove carriere. Federica se la cavava bene, il suo giro era in espansione ed era già stata costretta a dire di no a diversi incarichi; sembrava però soffrire lo stress persino più di me. Arrivati in aeroporto le avevo imposto di spegnere il telefono di lavoro e di programmare la risposta automatica di assenza nella casella email. Mi ci volle un po' per convincerla.

«Ok, ok. Lo spengo. Vorrei una spremuta, a te va?»

«Mi sa che la macchina si è rotta questa mattina» le dissi, poi sorrisi quando mi guardò con la faccia di chi non capiva.

Avevo a mia volta staccato il push dalle email e silenziato WhatsApp, e dopo qualche ora passata vagando per Parigi in modalità analogica ebbi l'impressione che dei sensi ormai atrofizzati stessero riprendendo le loro funzioni. Capacità percettive che il giorno prima non ricordavo neppure di avere avuto. Mi sembrava di sentire i miei pensieri in maniera più chiara, i colori degli eventi periferici nel mio campo visivo sembravano più vividi, i contorni più netti. Mi venne più volte voglia di scattare una foto ma riuscii sempre a contenermi e, un po' a sorpresa, il momento successivo ero vivo comunque. Ero inseguito dalla stanchezza dei giorni precedenti ma anche invaso da un inedito senso di positività. Un ottimismo olistico: mi piacevano gli alberi, mi piacevano i palazzi, mi piacevano persino i lampioni. Che fosse autocondizionamento o meno, non era male affatto.

Nel tardo pomeriggio rimanemmo un paio di ore sul bordo di canal St. Martin a bere birre e osservare l'incresparsi dell'acqua al passare di un battello bianco e blu chiamato Ville-de-Montereau. Guardavamo, senza capire, quei sessantenni che in visita a Parigi decidevano di fare un tour in barca delle chiuse di un canale nemmeno troppo famoso, e loro ci fissavano di ritorno, forse chiedendosi come mai quei trentenni bevevano birre seduti sul cemento invece di farsi un bel giro in battello. La vita era soprattutto questo: un intreccio inestricabile di piccole e grandi incomprensioni. Nel gazebo dall'altra parte del canale suonavano dei fiati sincopati e aprendo con l'accendino la terza bottiglia di una birra non filtrata della Normandia tutto quel placido benessere mi fece pensare a un'esistenza parallela in cui i miei ritmi fossero rimasti sempre quelli rilassati degli anni senza prospettive. Certo, sarebbero state Peroni in piazza Santo Stefano invece che microfiltrate a Parigi, ma molto più frequenti e alla fine la birra era birra. Avere avuto la fortuna di attrarre l'attenzione, e soprattutto i soldi, di investitori importanti era un privilegio ma aumentava anche la pressione. Ero sempre in prossimità di una scadenza. Mail, chat, telefonate scandivano un ritmo in perenne difetto, ero in cima a una piramide di responsabilità che cresceva a ritmi da cartone animato.

«Sono sempre in ritardo su qualcosa, è come se ci fosse in ogni momento una finestra sul punto di chiudersi. E non siamo solo noi, è tutto il nostro ambiente a essere così» mi sfogai con Federica. «Un giorno sono i dispositivi per la realtà virtuale, il giorno dopo la blockchain, l'altro le reti neurali. Per un po' ci sono queste grandi opportunità, poi due o tre servizi finiscono per prendersi dei monopoli e tutti gli altri in quel settore vendono o muoiono. Dopo di che si passa ad altro. Parte una nuova lotteria. E nei campi chiusi non c'è più spazio per altre imprese e neppure per il lavoro umano perché non serve più a niente. Ogni giorno si automatizza qualcosa. Noi partecipiamo alla gara per non finire nella massa di sfigati che senza manco saperlo rimarranno senza niente in mano: niente soldi, nessuna prospettiva, nessuno scopo.»

«Non sei un po' esagerato?»

«Forse. Ma non troppo.»

«Io non lavoro in un ambito del genere e le cose mi vanno abbastanza bene lo stesso.»

«Perché sei brava, ma la tua è comunque una nicchia. Anche questo quartiere pieno di ristoranti, bar, concept store, librerie è una nicchia. Probabilmente durerà a lungo, forse chissà persino per sempre: piccoli, costosi e affascinanti recinti per l'attività umana. Dei villaggi a tema, praticamente.»

«Non ti piace qui?»

«Molto.»

«E allora?» Federica appoggiò la sua birra, guardava di fronte a sé, assorta nel ragionamento. «Secondo me sbagli su alcune cose. È un po' che volevo dirtelo. Primo, non puoi fare discorsi così generali e certi sul futuro. Non puoi sapere come andranno le cose, non puoi nemmeno sapere cosa succederà fra qualche mese. Non ti offendere ma forse è un po'... boh, egocentrica, quest'idea di poter capire tutto il mondo e metterlo dentro una teoria dove ci sta qualsiasi cosa.»

Feci un disonesto gesto di circostanza con la mano a dire "Può anche darsi".

«Se non ti piace il lavoro che fai, alla prima occasione buona vendi la società. Ma secondo me non ha molto senso convincersi che quello che fai lo fai perché è il destino della razza umana. Se ti fa star male fai altro. In generale ti consiglierei di non prendere sulle spalle tutto il peso del mondo. Penso che neppure al mondo interessi.»

«Guarda, capisco quello che dici. Ma per continuare a fare questo tipo di vita che facciamo non ci sono alternative. Io almeno non ne ho.»

«Io potrei vivere anche con molto meno, non sarebbe un problema.»

Era una frase almeno parzialmente vera. Pur venendo da una famiglia che aveva avuto un certo successo economico, all'occasione Federica sapeva essere decisamente spartana. Se potesse esserlo anche sul lungo periodo rimaneva invece una domanda aperta.

«Ma non è manco solo una questione di soldi. A me piace applicare l'intelligenza a problemi concreti» ripresi, «fare cose, cazzo. A parte il fatto che dovrei vivere di aria, non ho nemmeno voglia di tornare a speculare sul sesso degli angeli. Dal punto di vista evolutivo fare il pensatore isolato dal mondo è una strada chiusa. Significa condannarsi all'irrilevanza.»

Federica fece un sorriso amaro e poi prese un respiro più lungo del solito. «Per preoccuparsi della prospettiva evolutiva bisognerebbe prima riprodursi. O Darwin l'ho capito male?»

Più tardi andai da solo a visitare il museo delle arti e dei mestieri (commento di Federica: «Che barba, vai tu, io mi riposo»), in serata avevamo una prenotazione in uno stellato al Marais. Federica indossava un vestito bianco e si era tirata i capelli indietro con uno chignon. I suoi occhi – che si notavamo molto di più con quella pettinatura – avrebbero messo in uno stato di profondo disagio e contrizione un uomo a cui fosse stato annunciato con certezza irrevocabile che quelli non sarebbero mai stati gli occhi della sua donna. E questo anche se in quel momento erano più nervosi che felici. Sebbene l'indole di Federica fosse generalmente improntata alla bontà d'animo, a una sensibilità quasi eccessiva nei confronti di tutto ciò che c'era al mondo di piccolo, indifeso, goffo e inadatto, e fosse dotata di un istintivo senso di giustizia che proprio perché istintivo e non frutto di estese letture era molto più preciso, chirurgico e resistente all'inganno del mio, nonostante tutto questo, dicevo, conosceva anche dei momenti di radicale scoramento in cui diventava inavvicinabile. Succedeva di rado, una volta al mese, forse anche meno, e difficilmente durava più di un paio di giorni, ma durante quelle fasi niente sembrava in grado di rallegrarla e passava il suo tempo libero sul divano, fissava il soffitto o si anestetizzava con il bingewatching di vecchie serie di catalogo su Netflix. Cose anni Novanta, su tutte l'infinito "Friends" o il gradualmente declinante "How I Met Your Mother".

Se la cosa all'inizio mi era sembrata solo la manifestazione di tristezza di un animo per altri versi troppo bello per essere vero, ora ero già arrivato al punto di temere *tout court* quei momenti perché per quanto non desse mai apertamente in escandescenze rimaneva comunque impossibile interagire con lei durante quegli attacchi di inquietudine. Il massimo che se ne otteneva erano strascicati monosillabi di assenso o, più di frequente, un nervoso e irritato dissenso.

L'idea che stesse entrando in una di quelle fasi proprio nel mezzo del primo viaggio che facevamo dopo le ferie estive troppo brevi in Grecia mi preoccupava. Se le cose stavano così saremmo risaliti sull'aereo prima che si fosse ripresa. E al di là di tutti i miei dubbi esistenziali volevo davvero essere felice con lei almeno per un po', prima di tornare a quel gioco per bambini di una certa età che è il fare aumentare in maniera indefinita gli utili di un'azienda.

«Forse dovrei prendere una collaboratrice e fondare uno studio vero e proprio» disse spalmando il foie gras su una fetta di pane bianco.

«Forse. Oppure potresti semplicemente far aumentare le tue quotazioni e rimanere una singola professionista ma sempre più desiderata» dissi, sottolineando con gli occhi l'ambivalenza dell'espressione e non era piaggeria dettata dal timore di rovesci nervosi: la desideravo davvero e ultimamente non facevamo più l'amore come un tempo.

«Mettere in piedi una struttura è praticamente un destino» aggiunsi. «Ma non si era detto di non parlare di lavoro?»

Prese un respiro lungo. «Hai iniziato tu, questo pomeriggio.»

«Hai ragione, scusami.»

«C'è un altro motivo per cui potrebbe non avere senso fondare uno studio.»

«Quale?» chiesi mentre cercavo di capire quanto burro mettere sul pane, da esponente della civiltà dell'olio d'oliva non ne avevo idea. Federica mi guardò come incitandomi a dare la più ovvia delle risposte, ma quando si rese conto che non c'era niente di ovvio e incominciò piuttosto a scorgere del colpevole panico nella mia espressione le sue labbra si contrassero in una composizione di disappunto e delusione.

«Tu non vuoi proprio avere figli, eh» osservò appoggiando di nuovo sul piatto la tartina che aveva preparato.

Fu il mio turno di prendere un respiro più lungo del solito. Pensai di dirle: "Mangia, su", nella casa dove ero cresciuto l'eco della fame atavica dell'Italia agricola non si era ancora spento del tutto e il cibo era considerato una specie di unguento magico capace di risolvere ogni problema. Fame? Mangia. Mal di testa? Mangia. Stanchezza? Mangia. Insanabili conflitti di coppia e visioni inconciliabili attorno al senso della vita? Mangia. Volsi lo sguardo verso la vetrata, ai piccoli alberi perfettamente potati nel giardino. Non ero mai stato prima in un ristorante stellato. Se almeno avesse addentato quella tartina tutto sarebbe rimasto comunque in equilibrio sul bordo dello sfascio ma per un momento almeno mi sarei sentito a casa. La stessa da cui era una vita che fuggivo e che ora mi sembrava comunque preferibile a quei problemi da vita adulta e rarefatta. Per cui: mangia, dài. Invece dissi: «Forse, non lo so. Te l'ho già detto».

«Secondo me tu non vuoi e non vorrai.» Federica prese di nuovo la sua tartina e finalmente la mise in bocca senza apparentemente badare al sapore. Meglio di niente.

«Dovresti avere il coraggio di dirlo.»

«Può essere» convenni. «L'introduzione di una piccola condanna urlante in una vita già molto, *molto*» dissi in corsivo «complicata, al momento non mi attrae per niente.»

C'erano parecchie altre cose da aggiungere su quell'argomento ma ebbi la certezza che da quel momento in poi lei avrebbe percepito, di ogni parola, soltanto la parte negativa. Perché in effetti tutte le cose che avevo da dirle sull'argomento erano in ultima analisi negative e lei stava virando verso uno stato d'animo in cui un'argomentazione smette anche di essere sentita per quella che è, nella sua complessità, nei suoi gradi intermedi, nel suo procedere logico, e l'unica cosa che si percepisce è accettazione o respingimento, empatia o distanza, resa senza condizioni o guerra. Era il territorio mortale del "tono". E da un lato rimanevo sempre in quota di battaglia, pronto a snocciolare quelle che mi parevano evidenze incontrovertibili ma dall'altro ero anche perfettamente conscio che se avessi detto davvero quello che pensavo dei bambini in quel momento sarei finito giusto un gradino sopra gli infanticidi. Era insomma la tipica strada senza uscita, un'occorrenza frequente nella planimetria della vita di coppia.

«Ho davvero mal di testa» disse Federica.

«Mi dispiace.»

«Quante portate sono?»

«Sette o otto, non mi ricordo» risposi.

Mi guardò come una condannata a morte. Aveva questo territorio negativo profondo, insovvertibile e, se mi è permesso, un po' ottuso. Arrivava inaspettato, come una tempesta che radeva al suolo gli alberi di un placido bosco di montagna, lasciando una dorsale brulla, inospitale e fredda in cui non si ritrovava più. "Ma è lo stesso posto?" ti chiedevi guardandoti attorno.

«Io non so se riesco a farle tutte, forse a un certo punto vado in albergo» sembrava esausta. Troppa tartina, forse.

«Puoi anche non farne nessuna» osservai, piatto.

Di certo in casi come quello pregarla non serviva a niente, anzi. Mi abbandonò alla terza portata. Pensai: "Giusto in tempo per farmi pagare l'intero menù" ma ovviamente non dissi niente, mi avrebbe guardato come un bieco bottegaio e il mio fastidio sarebbe arrivato in territori pericolosamente contigui allo scatto d'ira.

Il giorno seguente il suo umore non era cambiato e avendo sentito al telegiornale – Federica parlava perfettamente francese, al contrario di me che lo capivo a malapena – che ci sarebbero stati scontri fra polizia e Gilet gialli non si fidava a uscire dall'appartamento – un quadrilocale decisamente esagerato nel 15esimo, ma quando si festeggia… «Mi faccio un bagno» annunciò, la sua attività preferita durante le lune essendo lo sguazzare in vasca persino più che guardare le serie tv. Non le dissi che una delle cose meno igieniche in assoluto era farsi il bagno in un appartamento affittato, invece mi misi la giacca e uscii, lasciandola in balia dei batteri da ceramica.

Seguii i rivoli di persone che camminavano verso gli Champs-Élysées. I manifestanti erano tutti visibilmente provinciali, erano la mia versione francese. Si scambiavano battute, insulti a Macron, bevevano birre, uscivano dai pochissimi Monoprix aperti con le bottiglie di vino già stappate. Erano giovani e di mezza età: la ragazza con l'aria di commessa, il trentenne con il giubbotto da motociclista che immaginavo meccanico al suo paese di origine.

All'ingresso degli Champs-Élysées passammo attraverso un blando controllo di polizia, io solo, con le mani in tasca e la faccia da Nord Africa, non attirai più attenzione di altri. All'estremità del viale opposta all'Arco di Trionfo tutto sembrava tranquillo, il giornalista giapponese che indossava un elmetto da soldato con la scritta PRESS appariva ancora perfettamente ridicolo. Più avanti osservai un paio di scontri con i poliziotti assiepati nelle vie laterali, ascoltai canti la cui natura ingiuriosa era chiara anche senza conoscere bene la lingua. Mi misi in piedi su una panchina, da lì potevo godere di una vista privilegiata su quei primi strattonamenti interlocutori. Attorno a me non c'era traccia dei professionisti delle manifestazioni, quel genere di cittadino che in Italia poteva presentarsi anche in tre generazioni contemporaneamente: nonno partigiano, figlia insegnante, nipote studentessa o disoccupata per poi mettersi a ballare nel grande piazzale dove sfociava il corteo qualche musica etnica, irlandese o salentina. Mancava cioè l'ossatura portante di tutte le manifestazioni a cui avevo preso parte nel mio Paese.

Era una manifestazione di popolo, la prima, mi resi conto, a cui assistevo in vita mia. E il popolo quando passava da concetto ad atto pratico perdeva molti dei suoi tifosi teorici. Non c'erano studenti ma commessi, nessun artista di successo ma con ogni probabilità parecchi tassisti. Una signora sui cinquanta e un po' in sovrappeso passò davanti alla mia panchina con degli occhiali da sci sopra la testa e una maschera antigas a tracolla. Più andavo avanti più incrociavo uomini fra i trenta e quaranta che indossavano protezioni da motociclista, imbottiture di fortuna fissate con lo scotch da pacchi, caschi rubati a tipi diversi di lavori di fatica. Non c'era nessuna organizzazione, nessun servizio d'ordine. C'era in compenso un generale buonumore che in un attimo mutava in nervosismo e in elettriche scariche di violenza, un lungo flusso di persone per un istante assumeva, come un pesce in movimento, un riflesso argentato e poi ritornava scuro. Un ragazzo mulatto alto come un giocatore di basket urlò «Allah Akbar» e poi scoppiò a ridere, seguito dalle persone attorno a lui. Nell'arco di cento metri vidi poliziotti annoiati starsene appoggiati agli scudi antisommossa e scherzare con i manifestanti e altri, poco più avanti, menare manganellate del tutto gratuite. Sembrava una strana danza in cui – almeno in quella fase – nessuno pareva ancora prendere le cose troppo sul serio, neppure i manganellati. Ebbi l'impressione che una cosa del genere in Italia sarebbe stata impensabile, le contrapposizioni erano crepacci scavati nei decenni, erano affari di famiglia, echi genetici di quell'odio di campanile che è per definizione inestinguibile e radice ultima di ogni italianità. Il mio era il Paese dei fascisti e dei comunisti, in un'epoca in cui nessuna delle due ideologie poteva ancora vantare alcun punto di contatto con la realtà.

Più mi avvicinavo all'Arco di Trionfo, più l'aria diventava aspra, i volti coperti dalle maschere e dalle sciarpe. Con un doppio *Bop* che trovai piuttosto disonesto nella sua fiacchezza, due lacrimogeni presero a veleggiare nella mia direzione, appena sopra le teste delle persone che avevo davanti. Un alzo di sparo nervoso e non era nemmeno mezzogiorno.

Poco dopo accadde di nuovo e questa volta la nube maligna mi raggiunse agli occhi e alla gola. Mi allontanai seguendo il moto della folla, fino a uscire dal grande viale.

Trovai un Monoprix aperto, comprai una Beck's che mi aiutasse a mandare giù i lacrimogeni. Camminai per un po' controcorrente, finché non finii in un viale deserto, poco lontano dal museo Jacquemart-André, riconobbi la zona perché il giorno prima con Federica eravamo venuti a visitare una mostra sul Caravaggio. Il panorama era spettrale, nell'aria il ricordo recente di altri lacrimogeni, nessuna auto parcheggiata e nessuno – proprio nessuno, me ne rendevo conto in quel momento – in vista, solo il lamento lontano delle sirene e il battito attutito delle pale di un elicottero.

Da una laterale spuntò un ragazzo su un motorino, una specie di Califfone come quelli che si vedevano in Italia negli anni della mia infanzia. Si fermò, il motore girava al minimo, il ragazzo indossava un giubbotto di pelle nera, il volto coperto da un casco integrale dello stesso colore, nere erano anche le mani sul manubrio. Era magro, magrissimo, e non avrà avuto più di sedici o diciassette anni. Mi fissava. C'eravamo solo io e lui in tutta la strada.

Alle sue spalle una filiale del Crédit Agricole con i vetri rotti, i pannelli protettivi di legno sradicati, una scritta a spray viola MACRON=ROTHSCHILD. Il ragazzetto non smetteva di fissarmi. Tante cose erano cambiate nella mia vita, ma non mi ero dimenticato che in casi come quelli la cosa da fare è sostenere lo sguardo senza sfida ma anche senza paura. Con indolente lentezza e senza voltare la testa il ragazzo diede un filo di gas e se ne andò. Sul boulevard l'allarme di un Monoprix sventrato suonava senza sosta e senza che nessuno ci badasse. Il saccheggio doveva essere finito da tempo. Su un davanzale del palazzo di fianco qualcuno aveva abbandonato delle caramelle gommose a forma di coccodrillo, erano tutte di colori diversi, ma nessuna ricordava il cobalto screziato di quel cielo di nubi, fumo ed elicotteri della polizia.

Non so bene quanto vagai – qualche ora di certo. Ogni volta che mi decidevo a rientrare a casa poi tornavo sui miei passi attratto come da una sorta di magnetismo animale, il tipo di eccitazione che si prova quando allo stadio si entra in curva dopo tanto tempo. Più passavano le ore, più ogni via che attraversavo sembrava aver subito saccheggi e devastazioni, apparivano altri giovani a bordo di vecchi motorini. Simili a cavallette dovevano arrivare dalle banlieue, le loro pelli avevano colori diversi, erano nere, marroni, bianche ma erano tutti asciutti, rapidi nei movimenti, elastici come Parkour, giocavano con ogni evidenza una partita loro, del tutto autonoma dai provinciali con i gilet gialli.

In prossimità di un incrocio fui sorpreso dall'arrivo di una banda di motociclisti con targhe di distretti lontani, moto di grossa cilindrata, qualche maxiscooter. Fecero rombare i motori, suonarono i clacson, i Gilet gialli appiedati si misero a urlare, come ululando a una luna di idrocarburi. Mentre tutti fissavano le moto mi voltai e vidi un arabo sulla cinquantina camminare sul marciapiede con un grosso crick nella mano destra. Guardava dritto davanti a sé e senza badarci, meccanicamente, spaccava le vetrine che si presentavano al suo fianco, una dopo l'altra, con un movimento sempre uguale del gomito. Le moto rombavano più forte, e approfittando dell'eccitazione generale un gruppo di giovani cavallette prese d'assalto un negozio di telefonia sull'altro lato della strada. Sradicarono le protezioni di legno con un piede di porco, spaccarono i vetri e saltarono dentro. Uscirono con le confezioni dei telefoni in mano, infilate nei tasconi delle loro felpe con cappuccio o pressate, non so come, nel girovita degli skinny jeans. In un paio di minuti non c'era più niente da prendere.

Camminai sui resti liquefatti dell'arredamento di uno Starbucks, in una nuova via deserta trovai una Passat abbandonata con la portiera aperta, la freccia inserita e sul parabrezza il diorama lasciato da un sampietrino. Rimasi a guardare per un po' quella scena, ascoltai il rumore ritmico della freccia, il vento portò una brezza di lacrimogeni, poi vidi l'ombra di un gruppo di cavallette addensarsi all'altra estremità della via. Tornai a casa.

Federica era preoccupata, aveva visto la televisione, perché non le avevo risposto, il mio telefono non prendeva. Mi resi conto solo in quel momento che sempre dal mattino non avevo più tolto la modalità aereo. Ero sinceramente dispiaciuto, le chiesi scusa. Lei si accoccolò appoggiando la testa sulla mia spalla.

«Scusami, non so cosa mi prende ogni tanto, sono solo triste.»

«Non ti preoccupare» dissi e le diedi un bacio sulla fronte.

Il volo di ritorno atterrò a Roma con un quarto d'ora di ritardo. Aveva incontrato una serie di turbolenze abbastanza intense, per cui nessuno applaudì l'equipaggio. Tolsi il telefono dalla modalità aereo e presi a leggere la pagina sulla NBA del sito di ESPN.

Il banner pubblicitario a metà pagina ritraeva la spiaggia di un cayos cubano e recitava:

RESORT CHILDREN FREE – IL PIACERE DEL SILENZIO

Un brivido mi passò lungo la schiena. A quel punto sapevo molto bene che c'era davvero poco che non si potesse desumere dalle tracce che ognuno lasciava online. Ma sapevo anche di aver usato il mio iPhone il meno possibile mentre mi trovavo a Parigi, e per quanto ora che ne leggevo il concetto mi fosse istintivamente chiaro – anzi, la trovavo un'idea interessante – non avevo mai fatto ricerche riguardanti villaggi o località turistiche interdette ai bambini. Fino a quel momento non ero neppure al corrente della loro esistenza, a dire il vero. Naturalmente pensai subito che quella pubblicità derivasse da uno spionaggio vocale; c'erano, d'altro canto, delle app a cui avevo dato l'autorizzazione all'uso del microfono del mio iPhone, altrimenti non avrei potuto utilizzarle.

Appena arrivato a casa mi chiusi in studio e chiamai Guido, che mi tranquillizzò. Probabilmente la mia storia di navigazione, i miei acquisti, i miei itinerari su Google Maps, i testi dei miei messaggi in chat e mail erano più che sufficienti per una targhettizzazione di quel tipo. Certo, il tempismo era inquietante, ma statisticamente prima o poi succedeva. Non notavo, concluse, con altrettanta chiarezza tutte le volte – la maggior parte – in cui le pubblicità non erano poi così a fuoco. Le cose dovevano stare effettivamente come diceva, ma Guido non poteva sapere che per tutto il volo di ritorno avevo riflettuto se non fosse poi il caso di metterlo davvero al mondo, un piccolo De Sanctis.

Avevo applicato alle mie credenze sull'argomento un metodo di analisi *contrarian*, provando a rovesciarle una per una. E mi ero, lo giuro, quasi convinto. Non voglio dire che quella sera avrei provato a mettere incinta Federica, ma, insomma, l'idea non mi sembrava più così assurda come prima. Di recente avevo anche letto un paper scientifico che paragonava il cervello dei bambini a quello degli adulti sotto l'effetto di allucinogeni, la tesi era che entrambi – i primi perché non avevano ancora avuto il tempo di formarle, i secondi perché con l'LSD o la psilocibina andavano incontro al fenomeno della dissoluzione dell'ego – erano privi di quelle euristiche cognitive che portavano a vedere il mondo sempre nello stesso modo e smettere di percepire quelle informazioni che l'abitudine aveva contrassegnato come inutili ai fini della sopravvivenza. Questo paragone, l'idea cioè di avere in giro per casa un piccolo essere umano in trip, metteva la paternità sotto tutta un'altra luce. Poi però quella pubblicità nel pre-roll del video di Giannis Antetokounmpo che schiacciava in testa a Joel Embiid aveva evocato l'immagine del silenzio di una spiaggia bianchissima, di fronte a un mare trasparente, rotto dal pianto insistente, acuto e inarrestabile di un bambino nel pieno di una crisi di nervi. Ed ecco che ora in quella fantasia appariva una famiglia che caracollando faceva ritorno verso la macchina dopo una lunga giornata di mare, il bambino che piange (sempre lui), la bambina che si lamenta, borse e borse di giochi, cambi di vestiti, cibo. La madre sudata, con le smagliature ormai bianche del parto e priva di ogni attrattiva sessuale, il padre stempiato e con una pancia incipiente, anche lui non proprio un bel bocconcino. Entrambi esausti, i genitori (perché quello erano diventati, più di qualsiasi altra cosa), si dividevano i compiti per riuscire finalmente a mettere tutto in macchina e partire. Non che a casa comunque ci fosse ad attenderli alcuna prospettiva di piacere personale: erano diventati macchine per l'accudimento. Forse, era un dubbio lecito, più che i bambini temevo la vecchiaia, ma in questo caso quello che contava è che mai prima di allora una pubblicità mi era parsa un oracolo. Perché, cazzo, era evidente che mi stavo prendendo in giro da solo: non volevo fare la fine della famiglia in spiaggia. E il mio telefono in quel momento lo sapeva meglio di me.

La cosa mi destabilizzò. Tutta la mia diffidenza nei confronti della sorveglianza digitale derivava in fondo dall'idea che un enorme potere esterno avesse la capacità di modificare il comportamento delle persone deviandolo per fini commerciali. Le inducesse cioè a comprare cose di cui non avevano bisogno e farle lavorare di più perché potessero permettersele. E se invece tutte quelle informazioni fossero servite in realtà a scoprire il proprio *vero* io? Se tutta quell'infrastruttura di spionaggio, seppur mossa indirettamente dalla ricerca del profitto, non facesse in ultima analisi altro che aiutare le persone a perseguire la propria idea di felicità in un mondo privo di vincoli ma anche di istruzioni per l'uso? Quell'idea estemporanea, lo ripeto, mi destabilizzò. Tra l'altro implicava che potessi forse persino arrivare ad amare il mio lavoro, non solo farlo per denaro e perché volevo risolvere problemi complessi. Poteva addirittura *piacermi*? Non era una brutta prospettiva.

Con questo tarlo nella testa fui molto meno tollerante del solito nei confronti del lungo strascico di inquietudine che Federica portò a casa da Parigi. Forse, semplicemente, non eravamo compatibili. Non era colpa di nessuno. Lei non toccò più l'argomento figli ma uno strato di nervosismo risentito si adagiò sui suoi gesti come polvere, coprendone la spontaneità, la dolcezza, l'umorismo. Prese a far pesare ogni azione che faceva in casa e a lamentarsi continuamente del suo lavoro. Vedevo con chiarezza il piano scosceso verso il quale, con piccoli e ben assestati colpetti, mi stava spingendo: l'idea che i sacrifici si facevano prima di tutto per lasciare un giorno qualcosa a qualcuno. Altrimenti sembravano inutili in maniera intollerabile. Lo vedevo ed evitavo accuratamente di imboccarlo.

Ma ormai non potevo più ingannarmi: non stavo bene.

Potendo prevedere tutti i rischi, il gioco perderebbe ogni interesse!

ANDRÉ GIDE

Prima di partire per Parigi avevo ricevuto una mail dalla facoltà di economia dell'università di Bologna: mi invitavano a parlare di BEFORE agli studenti del primo anno. La cosa aveva solleticato il mio ego, specie considerato che i miei anni universitari, almeno fino ai fatti del Salento, li avevo trascorsi fumando canne e passando da una festa all'altra, alle volte per settimane intere, ignaro di quanto lavoro ci sarebbe poi voluto per emendare tutto quel fancazzismo.

La facoltà di economia era separata da quella di filosofia solo da una piccola piazza porticata ma durante i miei anni da studente avrebbe potuto anche essere in un altro continente. Accettai, e subito dopo incominciai a preoccuparmi di cosa avrei detto. La mia formazione economica era in divenire, lacunosa ed episodica, nel senso che sapevo giusto quello che avevo imparato sul campo e non era affatto detto che l'avrei saputo spiegare ad altre persone.

Ne parlai con il Mastro. Lui ripeteva sempre che fare il nostro mestiere aveva molto poco a che fare con l'aver studiato dei manuali e molto con l'essere gettati in una situazione che tentava costantemente di stritolarti: chi ne usciva vivo si poteva definire un imprenditore. Quella volta a conclusione dell'argomento citò un modo di dire degli istruttori del suo centro velico, che per via della filiazione della scuola bretone Les Glénans era *Démerde-toi*, ovvero "arrangiati". Dopo di che si mise a ridere della sua solita risata bassa, simile al rumore al minimo di un grande motore, un motore enorme, come quelli che venivano montati nudi alla fine della street rave parade a Villa Angeletti. In quelle albe psichedeliche d'inizio millennio, migliaia di persone stavano a sentirne gli scarichi, con pupille che arrivavano fino al bianco degli occhi. Ecco, io che sapevo cose del genere perché le avevo viste, e avevo cofinanziato la mia azienda con il traffico di droga, seppur leggera e seppur una tantum, oltre che con la sistematica infrazione di copyright video (ma insomma, ci sarebbe stato qualcuno fra quei diciannove-ventenni disposto a considerare un reato l'appropriazione di video altrui?), ero stato invitato dall'università più antica del mondo a parlare alle sue matricole.

Decisi che l'avrei buttata sul motivazionale.

In quel momento, poi, un paio di giorni a Bologna, lontano da Federica, poteva aiutare in molti modi.

Le matricole mi sembrarono giovanissime, tanto da farmi dubitare ancora una volta dell'essere mai stato così piccolo, esile e inesperto. Mi sono fatto l'idea che fino almeno alla vecchiaia e al decadimento radicale chiunque tenda a considerare quella in cui si trova come l'età perfetta. Sì, il cazzo non tira più immediatamente al cospetto di ogni ragazza in costume che si piega a raccogliere qualcosa ma vuoi mettere la saggezza? Per amor proprio fermai lì il ragionamento. Questi nuovi giovani oltre a essere fisicamente minuti avevano in larghissima maggioranza proprio delle facce da bravi ragazzi, pulite, appagate. Secondo me, pensai con sospetto, questa è gente che va d'accordissimo con i propri genitori.

Feci loro un discorso vago, largamente disconnesso – non poteva essere altrimenti vista la quantità di fatti fondamentali che non potevo citare. L'unico passaggio di cui fui orgoglioso fu quello in cui dissi che magari non avrebbero realizzato i sogni che avevano in quel preciso momento ma se fossero stati sufficientemente coraggiosi, determinati e fortunati un giorno ne avrebbero fatti altri e quelli forse si sarebbero realizzati. Scendendo dal podio pensai che io alla loro età un messaggio del genere lo avrei rifiutato con sorda rabbia. Molti di questi nuovi universitari – universitari, va detto, iscritti a economia –

mi chiesero invece di fare delle foto. Ne scattammo anche una di gruppo. Le ragazze, alcune delle quali erano toniche, senza dubbio capaci di dare a un uomo grandissime soddisfazioni, mi venivano vicine, sorridevano all'obiettivo, poi appena scattata la foto pronunciavano un rapido e bambinesco grazie che manco mi vedeva più e se ne andavano contente senza proferire altro verbo.

Declinai l'invito a pranzo del professore che aveva introdotto la mia prolusione e uscii da solo. Attraversai la piazzetta porticata ed entrai al civico 38, la sede del dipartimento di filosofia. I manifesti delle serate nei club erano stati in larga parte sostituiti da proclami politici e pubblicità di collettivi. Trovai la cosa decisamente deprimente. Sulle scale antincendio vidi un ragazzo mal vestito che, da solo, stava squagliando del fumo, mentre l'aula principale andava riempiendosi.

Uscii di lì quasi di corsa. Mi fermai, ancora in preda a una certa inquietudine, alle Scuderie a prendere un caffè. Controllai su Instagram le fotografie pubblicate dai ragazzi. I commenti andavano da «Hai pensato pizza?» a «Si vede che lui sta pensando pizza».

Mi ero fatto girare la fotografia di gruppo dal professore e la postai a mia volta:

Oggi a #Bologna con le matricole di Economia.
Grazie ragazzi e in bocca al lupo! @unibo

Mi beccai una selva di

E le ragazze non le ringrazi?

oltre che di

Non si dice in bocca al lupo, porta sfiga.

Poco dopo ricevetti anche uno dei tipici messaggi di Emanuele. In genere erano screenshot del suo ultimo articolo riguardo temi a me del tutto ignoti e, considerato il jargon specialistico con cui li scriveva, destinati a rimanere tali per sempre.

La parte interessante erano però i commenti, cose come: "Tienilo da parte per l'intervista che ti faranno dopo che avrò vinto il Nobel" o "Dopo questo articolo Lévi-Strauss sarà solo una marca di jeans". In questo caso si trattava della locandina di un convegno di studi girardiani all'archiginnasio di Bologna.

Ho visto che sei a Bologna, passa oggi a questo altro Grande Evento: il Maestro torna nella città dove si è formato.

Risposi:

Bello. Peccato che questo pomeriggio mi sia già organizzato per andare in via Petroni a guardare gli spacciatori. Ci vediamo questa sera?

Ci accordammo per un bicchiere all'Enoteca Favalli dopo cena.

Arrivai che Emanuele era già lì e stava giochicchiando con il cellulare.

«Ho la vice, come la chiami tu, in crisi» esordì.

«Ah sì?»

«Sì. Non mi risponde più al telefono» disse picchiettando appena il cellulare sul tavolo.

«Addirittura.»

«Devo specificare che potrebbe essere colpa mia.»

«Non capisco come sia possibile.»

Era una di quelle ventilate sere di maggio in cui Bologna dà il meglio di sé, l'apice vibrante della primavera. Dal nostro tavolo volgendo lo sguardo in qualsiasi direzione si incontravano gonne e vestitini leggeri, tacchi risuonavano sul selciato al ritmo di passi minuti, l'atmosfera era carica di una fiducia e di un'energia di cui Roma doveva aver fatto esperienza l'ultima volta secoli, se non millenni, prima.

«E sentiamo, cosa hai combinato questa volta?» dissi anche se avrei voluto chiedergli se gli mancava mai quella città – domanda un po' scorretta perché in quel preciso periodo dell'anno solo un pazzo poteva non amare Bologna; più aperta alla diversità delle opinioni sarebbe stata la stessa domanda posta a dicembre, quando il cielo era un monoblocco di calcestruzzo, o ad agosto quando l'aria era una sorta di panno bollente appoggiato sopra la faccia.

«Qualche mese fa le ho detto che avevo lasciato Giada.»

«Perché?»

«Hai presente quei momenti in cui vuoi renderle felici? Vuoi vedere nei loro occhi quel tipo di abbandono che le donne ti regalano solo di fronte a grandi gesti d'amore?»

«Serve un grande gesto d'amore, però.»

«Un uomo di mondo come te. Mi stupisci. Sai che a me del sesso me ne frega poco, ma dovevi vedere com'era riconoscente... Eravamo a Napoli per il weekend, a un certo punto si è messa a piangere dalla gioia di fronte al Cristo velato. "Sono così felice, così felice" ha detto. Ah, DeSa, sono i momenti per cui vale la pena vivere.»

«Non è che aveva scambiato l'MDMA con l'Oki?»

«Non ti credere, non la usa più quella roba.»

«Mh.»

«No. Davvero. Il giorno dopo poi siamo stati a Pompei. E anche lì... un finesettimana così finisce in quelle dieci-venti cose davvero notevoli che uno si ricorda da vecchio.»

«Dici prima di nominare la badante romena nuova vice-fidanzata?»

«Non mi prendi sul serio.»

«Dovrei?»

«Non hai mai capito che razza di grandissimo romantico io sia. Sei un moralista amorale.»

«È possibile. Comunque, mi dicevi, ti ha beccato.»

«Sì, non ho capito come» ripeté «se n'è tornata a casa, tra l'altro facendomi fare una discreta figura di merda con i colleghi della scuola specialistica di Città di Castello. Ora è dai genitori, a Recanati. Non risponde alle chiamate, ai messaggi su WhatsApp, su Facebook e neppure su Instagram.»

«Hai provato con un pallone meteorologico?»

«Non ti sopporto, giuro.»

«Ma senti, perché non la lasci perdere, questa poverina, e se proprio ci tieni te ne trovi un'altra? Oltre un certo limite l'accanimento diventa tortura.»

«Tu sei come quell'altro, il gretto scrittore veneto, non capite che l'amore è anche sofferenza, scontate irrimediabilmente il vostro essere nordici. E comunque sono io quello che soffre di più da questa situazione. Perché in questi giorni ho capito che è lei quella che amo davvero. Giada... non abbiamo più nulla in comune, è una storia conclusa.»

«Ma certamente.»

«Ho un piano.»

«Sentiamo.»

«L'altro ieri avevo un'altra conferenza a Pisa, per cui mi sono fatto prestare una macchina da un collega e sono salito con quella, perché altrimenti in treno arrivare fino lì sarebbe stato un incubo. In questo Paese appena esci dalle tratte dell'alta velocità sai quando parti ma non sai quando arrivi.»

«Ecco una cosa su cui possiamo finalmente dirci d'accordo.»

«Ora io con questa macchina...»

«Scusami, ma tu da quando sapresti guidare?»

«So guidare *abbastanza*, il che però non fa che aggiungere eroismo al mio piano. Perché domani andrò a Recanati e non tornerò indietro se non con Sara.»

«E come pensi di fare a convincerla?»

«È una settimana che non dormo per preparare il discorso. L'intervento di oggi e quello di Pisa li ho scritti nei ritagli di tempo. In un certo senso sarà il mio capolavoro.»

«Sei tremendo. C'è davvero bisogno che te lo dica? Non te ne frega niente di quella poverina, ti manda solo via di testa che ti abbia lasciato lei. La riconquisterai e poi tornerai immediatamente da Giada.»

«NO, ti dico. Con Giada è tutto finito.»

«Glielo hai detto?»

«Non ne ho ancora avuto l'occasione. Non senza una certa ironia ora anche lei è dai suoi. Suo padre non sta molto bene ultimamente, poveraccio. Comunque, appena torna provvedo.»

«Ah! Figurati se la lasci, con suo padre che sta male, poi.»

«Tu davvero non capisci l'amore.»

«Può darsi. Te però ti capisco benissimo.»

«Ricordami, perché siamo amici?»

«Perché ti voglio bene?»

«Mah. C'è un solo problema nel mio grandioso progetto. La

persona che mi ha imprestato la macchina ha bisogno di riaverla indietro domani sera a Roma. Io però una volta riconquistata Sara la devo riportare a Città di Castello e passare qualche giorno lì con lei.»

«Per ricevere i benefici del "grande gesto".»

«Vecchio, ogni spettacolo vuole il suo lungo applauso.»

«E come pensi di risolvere il problema della macchina?»

«Hai da fare domani?»

L'automobile che un collega aveva imprestato a Emanuele con sprezzo del pericolo o più probabilmente con cieca ignoranza era una Golf 2.0 TDI; la versione un po' meno potente della GTD che avevo comprato dopo aver vinto le cause con i giornali per le foto rubate da Facebook. Un mezzo comunque più che sufficiente a causare disastri se messo nelle mani di Emanuele. Che fosse arrivato da Roma fino a Pisa e poi da lì a Bologna senza causare disagi al traffico degni dell'Onda Verde destava quindi una certa meraviglia. E infatti alla terza volta che glielo chiesi confessò che all'andata aveva fatto il viaggio con un dottorando ed era stato quello a guidare.

«Comunque sarei stato capacissimo» fece, con sufficienza.

«Come no.»

Dal momento in cui superammo le fabbriche di ceramiche attorno a Faenza fino a quando l'autostrada divenne una lunga sequenza di curve che costeggiavano l'Adriatico provai a dissuaderlo dal traviare ulteriormente Sara, la povera vice. Era evidente che quel tentativo di tagliare i ponti fosse una sua disperata forma di autodifesa. Non ci fu però verso di convincere Emanuele, né, d'altro canto, lui si appellò mai all'unico argomento che avrebbe potuto farmi desistere dal tentare: il libero arbitrio della ragazza. La formazione levantina di Emanuele non permetteva infatti di prendere in considerazione simili astrazioni anglosassoni, che, anzi, concepiva come costitutivamente truffaldine. Così a un certo punto fui io a proporgli questa via d'uscita, forse per gentilezza, forse per vedere dove sarebbe andato a parare.

«Ma DeSa, dove inizierebbe e dove finirebbe questo *libero arbitrio*? È una sciocchezza da americani» rispose contraendosi in una postura piena di sarcasmo. Indossava un maglioncino leggero scozzese sopra a una camicia grigio scura, in tinta con la giacca. Un abbigliamento inconsueto per una fuga d'amore, ma era la *mise* professorale a cui Emanuele non rinunciava mai, tantomeno quando doveva riportare alla ragione una sua ex studentessa. «Dài, DeSa... un uomo mediterraneo che ha studiato e crede in queste cose. Mi stupisco di te.»

«Ce l'hai solo tu, la libertà di scelta?» chiesi, per il solo piacere di provocarlo.

«Soprattutto io *non ce l'ho*, semmai. Poi, scusami, proprio tu che hai un'azienda tecnologica, non lo sai che il concetto di libero arbitrio non regge alla prova della scienza? Dove inizia il processo decisionale? A livello neurologico? A livello molecolare? A livello atomico? È tutto inesorabilmente consequenziale, un passaggio dopo l'altro, o invece c'è una sorta di generatore di casualità nascosto da qualche parte dentro gli atomi?»

«Be', quest'ultima è una direzione d'indagine, in effetti. Esiste una teoria quantistica della coscienza, secondo la quale da eventi imperscrutabili a livello infinitesimale nascerebbero le decisioni che poi affiorano nel nostro mondo.»

«Benissimo, immaginiamo che all'origine di ogni decisione ci sia quindi un lancio di dadi a livello quantistico. Dove va a finire allora quell'agente razionale che sta alla base della teoria del libero arbitrio? E guarda che il concetto non regge nemmeno a livello economico, c'è chi ci ha vinto premi Nobel dimostrando che si compiono moltissime scelte del tutto irrazionali anche in quel settore.»

«Quindi tu stai andando da Sara perché è tutto scritto nelle tue molecole, come nelle mie è scritto che ti avrei dato un passaggio.»

«Non essere così determinista, non eliminare il ruolo del kaos: è quello che aggiunge sale alla vita. Siamo complessi organismi molecolari scritti secondo un codice rigoroso ma interagiamo continuamente con il caso, ovvero con tutto quello che è al di fuori di noi, un'interazione che ci definisce e ci cambia nel tempo al di là anche di quello che è scritto nella matrice. Ti piace come definizione? Me la sono inventata adesso, però suona bene. Ci fermiamo all'autogrill? Vorrei prendere dei Grisbì, prendo sempre dei Grisbì quando viaggio.»

Il primo autogrill che il kaos nei panni di Autostrade per l'Italia ci mise davanti era un Sarni. Occhieggiai con voracità un trancio di pizza untissimo – il pezzo forte del Sarni – poi però mi limitai a comprare una bottiglia di acqua Panna. Mentre era ancora in fila alla cassa Emanuele prese a mangiarsi uno dei Grisbì della confezione.

«I migliori sono questi al cioccolato bianco. Non mi verrebbe mai in mente di comprare un Grisbì in un posto che non fosse una stazione di servizio» specificò.

«Senti, il tuo discorso ha *almeno* un punto debole: se viviamo in una sorta di determinazione chimica assoluta, dove ogni molecola, che sia parte di un neurone o dell'aria che respiriamo...»

«Cinque euro e sessanta» fece la cassiera guardandosi attorno per vedere se per caso si trovasse dentro una candid camera.

«... ha un suo destino inevitabile dato dalle regole stesse della materia e delle sue interazioni, allora quello che tu chiami caso, ovvero il mondo intorno a noi, è ugualmente determinato con la stessa rigorosità. Perciò ogni incontro con quella che ci sembra una mera casualità in realtà sarebbe già scritto, probabilmente dal giorno del Big Bang, anzi, da ancora prima, in una lunga catena insolvibile di eventi.»

«O è così» replicò, «oppure da qualche parte c'è appunto un livello di materia dove avvengono dei mutamenti puramente casuali, il che avrebbe come conseguenza che non tutto è già scritto. Ma in entrambi gli scenari è chiaro che la sensazione di comandare la nostra vita, l'idea che si possa «decidere» qualcosa, è del tutto priva di fondamento. Non decidiamo niente, sia che tutto sia già scritto sia che ci sia della pura casualità in corso da qualche parte nei nostri neuroni, non c'è nessun homunculus o res cogitans che rendano liberi di agire in autonomia, di prendere decisioni di pura razionalità.»

«Non hai deciso tu di studiare Girard e di diventare un ricercatore universitario?»

«Di certo ho coltivato la sensazione di averlo deciso, ma ho mai avuto *davvero* la possibilità di fare qualcosa di diverso? Lo stesso me stesso, con lo stesso corpo, lo stesso cervello, esposto agli stessi stimoli, avrebbe potuto davvero fare una scelta differente? Non credo. La coscienza di una decisione è una finzione narrativa che interviene dopo averla presa. E questo è solo il livello fisiologico del problema. Ma vogliamo parlare del livello culturale? Io posso davvero sperare di sfuggire a tutti i condizionamenti mimetici che ho subito da quando sono venuto al mondo? C'è qualcuno che c'è mai riuscito? I meme esistono da ben prima di internet e sono le unità base di trasmissione culturale, si diffondono sempre per imitazione, ogni cultura si basa sulla loro circolazione. E quando esattamente il condizionamento culturale supera il libero arbitrio? È impossibile tirare una linea. La realtà è che l'idea stessa del libero arbitrio, se la si prende sul serio, si rivela puro storytelling – parola che per altro mi fa venire i brividi – e nient'altro. È un modello astratto non più compatibile con lo stato attuale delle nostre conoscenze.»

«Quindi» dissi rimettendo in moto la Golf «non c'è nessun'altra possibilità per te che andare a prendere Sara.»

«Solo in una dimensione parallela, con un tempo, una chimica, una fisica e una cultura alternativi. In questa non c'è, visto che ci stiamo andando. Potrebbe esserci domani, perché se una cosa non sta ancora succedendo non possiamo sapere come si svilupperanno le cose e può anche darsi che gli stessi elementi che ora ci fanno andare da Sara di fronte a una nuova situazione ci facciano propendere per una decisione diversa.»

«Ad esempio se ti prendesse a schioppettate.»

«Ad esempio, sì.»

«Ok, quindi c'è un solo presente possibile. Molto bene. E se ora sentissi a livello molecolare l'istinto di dare una brusca sterzata contro questo guardrail in cemento armato facendoci morire entrambi?»

«Non capisco perché mi fai una domanda del genere. Mi

stai suggerendo un problema morale? La morale è morta cento e rotti anni fa, sempre che sia mai esistita. Io ti sto dicendo che non esistono neppure più i presupposti per l'immoralità, perché non c'è lo spazio per alcuna reale responsabilità umana. Un giorno potrebbe venire fuori che tutti i delinquenti che sono in carcere in realtà non hanno mai avuto realmente scelta: era tutto già scritto nei loro neuroni. Immaginati che casino per il sistema penale. Eppure con l'avanzare delle neuroscienze questa non è più una prospettiva impensabile. Ma di certo se non ti schianti contro il guardrail è perché non ti conviene e sicuramente il tuo DNA ha una propensione millenaria alla sopravvivenza, non impossibile ma complicata da superare. Confido qui che tu non l'abbia superata. Non ancora, almeno.»

Diedi un piccolo colpo provocatorio verso sinistra al volante, il guardrail si avvicinò pericolosamente, un BMW che mi stava alle calcagna chiedendo strada suonò il clacson.

«DeSa, non prendere la filosofia così sul serio» disse Emanuele ostentando una sicurezza che aveva perso. Feci passare il BMW e nel momento in cui ci affiancava feci un gestaccio al guidatore, un cinquantenne con gli occhiali da sole e uno sguardo famelico fisso sulla strada.

«Quindi, in finale, se lei ti respingesse sarebbe solo il volere profondo della materia» osservai.

«Non scherziamo, è impossibile che mi respinga. Non dopo aver sentito il mio discorso. Le cose prendono la forma che gli dai» disse prima di scoppiare a ridere.

Recanati, come la maggior parte delle località italiane con una qualche vocazione turistica, si fece annunciare da una sequenza quasi comica di autovelox. La famiglia di Sara abitava appena fuori dal centro storico appollaiato su un colle. Siccome poteva pur sempre essere che nonostante tutti i propositi di volontà di potenza Sara mandasse a fare in culo Emanuele e questo fosse perciò costretto a tornare a Roma sconfitto, aspettai appoggiato alla portiera della Golf, con una perfetta visuale sul potenziale ricongiungimento. Un'altra persona avrebbe chiesto della privacy, Emanuele non fu neppure sfiorato dall'idea.

Io comunque, dopo quella sfacchinata in auto al posto delle due comodissime ore di Freccia Rossa, non l'avrei comunque accordata. Anche perché solo l'immagine iniziale di Emanuele che aspettava davanti al portone di quella piccola palazzina a due piani un po' decrepita con in mano un enorme e un po' grottesco mazzo di rose rosse (*tutte* le rose del fioraio di Recanati, per la cronaca) era impagabile.

Gli aprì una donna corpulenta sui sessant'anni, i capelli in disordine, i vestiti lisi della casalinga. La madre di Sara. Più modesta di come sarebbe stato lecito aspettarsi, conoscendo la figlia. Il che era anomalo perché con le studentesse di materie umanistiche avveniva quasi sempre l'esatto contrario.

Emanuele spiegò la situazione e sentii la donna mormorare «Ah, lei è il professore» senza celare un certo rispetto per lei del tutto squalificante, considerata la situazione. La donna mi notò – mi resi conto che una così poteva anche pensare che io fossi l'assistente – poi tornò a guardare Emanuele con l'espressione di chi è stata colta in castagna. Provai del fastidio epidermico nei confronti di Emanuele.

«Non c'è Sara, doveva fa' delle faccende ad Ancona» disse la donna con un accento marchigiano così forte da risultare quasi caricaturale.

«L'aspetto, allora.»

Rifiutò l'invito a entrare e si predispose a una lunga attesa in favor di paese, con l'enorme mazzo di rose in mano. Non perdeva occasione per costruire la sua leggenda. La donna ripeté diverse volte il suo invito a entrare in casa, guardandosi attorno come alle prese con uno scandalo da contenere. Rimase visibilmente contrariata dalla testardaggine di Emanuele ma nonostante tutto non osò dirgli di andare ad aspettare da un'altra parte. Quando finalmente rientrò in casa, senza dubbio a telefonare alla figlia e dirle di fare in fretta, Emanuele tornò alla macchina.

«Vai, io male che vada torno in treno.»

Dio solo sa quante cose avevo da fare a Roma ma partire subito sarebbe stato come abbandonare una serie tv dopo il cliffhanger della penultima puntata. Potevo aspettare ancora un po'.

«Facciamo così. Ho sempre voluto visitare la casa di Leopardi, faccio un giro lì, poi prima di ripartire torno qui e vediamo com'è la situazione, ok?»

Era un pomeriggio della settimana e palazzo Leopardi era deserto. Alla biglietteria, nel palazzo di fronte, c'erano quattro ragazze impegnate sui loro smartphone, una delle quali mi fece un biglietto per il piccolo museo, che avrei potuto visitare da solo, dopodiché mi avrebbe raggiunto e accompagnato nella visita alla biblioteca. Il pezzo forte del museo era la bolla pontificia che autorizzava il padre di Leopardi, Monaldo, a detenere libri proibiti, ovvero al tempo quasi tutti.

Figura del tutto bistrattata, quel conservatore illuminato di Monaldo aveva speso moltissimo per mettere in piedi una biblioteca fuori misura per i suoi tempi, nella speranza, rivelatasi del tutto vana, di creare un salotto culturale aperto a tutti gli altri signori della zona. Aveva anche fatto vaccinare a sue spese non solo i figli ma l'intera popolazione del paese, quando quella pratica era assolutamente futuristica. Provavo un'istintiva simpatia nei suoi confronti. La guida che mi accompagnò per le stanze della biblioteca era eccezionalmente competente, doveva essere una ex dottoranda in lettere, o qualcosa del genere. Mi figurai che, per come stavano le cose, dovesse essere soddisfatta di quell'impiego, ma non mi venne in mente alcun modo educato di chiederglielo. Feci comunque tre o quattro domande, anche per non farle sembrare che tutto quel fiato – speso per *un unico* visitatore – fosse completamente sprecato e lei rispose sempre con una puntualità quasi commovente. Mi mostrò la parte della biblioteca preferita da Giacomo, indicò la vista dalla finestra di fronte alla quale lavorava il poeta e da cui si riteneva avesse tratto ispirazione per *Il sabato del villaggio*. Quando accennò all'omosessualità di Giacomo e al suo rapporto con Ranieri lo fece con la delicatezza del tutto priva di retorica che solo una intellettuale di provincia poteva avere.

Tornai alla casa di Sara e di Emanuele non c'era traccia. Solo un paio di petali rossi sulle scale dove si era seduto. Gli telefonai.

«Ehi vecchio, sali sali, ti faccio aprire.»

Mi ritrovai nel salotto di questa casa la cui modestia era coerente con la figura della madre: un vecchio divano marrone, una credenza con le stoviglie del corredo a vista, appese ai muri un paio di croste – un veliero e un'isola, forse Capri – con un principio di umidità vicino alle cornici. Vecchi numeri di "Chi" e una copia di "Novella 2000" che sembrava più fresca di quella del "Corriere Adriatico" appoggiata su un tavolino. Solo il televisore era recente, un Samsung a schermo piatto abbastanza sproporzionato. I genitori non sapevano bene cosa fare a parte offrire in ordine casuale caffè, fette di una ciambella un po' troppo lucida e vino rosso di una cantina sociale di Montalto. I due piccioncini invece erano impegnati a scambiarsi sguardi di melassa.

«Ah, avete già messo a dimora le rose» dissi notando il mazzo troneggiare dentro un vaso, al centro del grande tavolo di legno scuro. Italo, il padre, era un uomo rubizzo non difficile da immaginare mentre si faceva in quattro per la figlia, s'inorgogliva per la sua laurea – di cui doveva ancora ignorare l'inutilità occupazionale – era insomma uno di quei cristoni che dedicavano tutta la loro vita alla cura e alla protezione delle donne di casa, disprezzando come un fedele cane da caccia qualsiasi persona o cosa che si fosse messa contro di loro, un uomo di cui il meglio che si sarebbe potuto dire il giorno della sua morte era che era stato "una brava persona". Forse, chissà, aveva anche un orto in cui passava delle ore felici, tenendosi così lontano dal bar e da quella cirrosi epatica che nessuno gli avrebbe potuto davvero rimproverare. Un uomo del genere era la vittima ideale di Emanuele, che infatti era perfettamente a suo agio in quella situazione da romanzo d'appendice ottocentesco. Perché, esattamente, non aveva portato Sara a fare una passeggiata e aveva invece inscenato quella specie di teatro da fidanzamento in casa? Tutta colpa degli atomi, in ogni caso. Il padre tesseva energiche lodi di Sara, rimproverandole untuosamente la sua sparizione, cosa che faceva visibilmente innervosire la madre, comunque non in grado di ribattere. Sviluppai l'idea che la madre fosse a conoscenza della doppia vita di Emanuele, Italo invece no, e che le donne di casa avessero deciso di tenere per loro quel segreto. Questo spiegava anche perché Italo si sforzasse di giustificare la figlia, decantandone la fibra morale.

«È che ogni tanto ci prende un po' di paura, ci prende» disse con un accento ancora più marcato di quello della madre. Sara forse da qualche parte dentro di sé si vergognava di tutta la situazione, dell'umiliazione a cui stava costringendo il padre, ma, poverina, era innamorata e si sa come sono gli innamorati: non vedono nient'altro che l'oggetto del loro amore.

Assaggiai per cortesia un sorso di rosso, che non si rivelò neppure male.

Quando finalmente me ne andai Sara venne a salutarmi. «Grazie di avermelo portato.»

Alzai le spalle. «Ero di strada...»

«Mi ha detto che hai sempre sostenuto questa sua idea di scegliere me al posto di Giada.»

La cosa assurda è che in un certo senso era così, io preferivo parecchio Sara a Giada, ma, al contrario, proprio per questo mi auguravo che Emanuele la lasciasse in pace. Però di fronte a quella frase, a lei che mi ringraziava per il ruolo "nella scelta" senza dare alcun segno di sentirsi umiliata da un'espressione del genere, incominciai a pensare che tutto sommato andava bene così. Erano fatti l'uno per l'altra.

«Be', ma è lui per primo a non avere dubbi. Io ti ho sostenuto anche per questo. Non fate troppi casini, mi raccomando» dissi, intravedendo il momento in cui Emanuele avrebbe inserito il mio fra i nomi da incolpare per quella scelta funesta – "Sono stato condizionato, alla fine io di mio ho sempre preferito Giada, ma gli altri, gli altri non mi lasciavano in pace, DeSa ha insistito per portarmi fino a Recanati! In macchina! Ha guidato lui!"

Sara mi abbracciò stringendomi come non aveva mai fatto. Sentii il suo profumo. Era davvero buono.

Forse Emanuele non era poi così malvagio.

Il viaggio da Recanati mi prese tre ore e mezzo, arrivai a Roma dopo cena e lasciai la macchina dal collega di Emanuele che abitava dalle parti di ponte Milvio. Presi un'Enjoy solo per rimanere bloccato nel fiume di macchine che arrivava dall'Olimpico, dai finestrini spuntavano sciarpe bianco-azzurre. Doveva essere stata una vittoria importante perché non avevo mai visto così tanti volti rilassati e felici nel traffico romano.

Una donna urlava al cellulare con il finestrino aperto: «Aò je ne avemo fatti treeee! Treeeee a sti morti de fame!».

Impiegai quasi un'ora per fare poco meno di quattro chilometri. Una volta in casa mi svestii e mi buttai esausto sul letto. Federica era partita quella mattina per Milano, non sarebbe tornata prima di due giorni. Chiamai Pancrazio, che venne ad accoccolarsi in fondo al letto. Era un privilegio che gli accordavo quando ero a casa da solo e la temperatura era mite.

Il mattino seguente la scritta sul muro vicino a casa era diventata "Siamo due ombre d'infinito / esplosioni di LAZIO". Appena entrato in ufficio vidi una notifica sull'iPhone:

EMANUELE
Guarda qui, barbaro insensibile

Subito sotto apparve la foto di Sara di spalle sotto la doccia, ovviamente ignara di tutto.

La studiai con attenzione. Mi venne quasi la tentazione di masturbarmi, ma, insomma, per quanto fosse carina, non lo era abbastanza da affrontare la tristezza di una sega nei bagni aziendali. Mi ritrovai invece in uno di quei momenti di stanca in cui la mente entra in un loop di mail, refresh del sito di "Repubblica" e del "Corriere", controllatine di WhatsApp e poi via ricominciare il ciclo. Incappai così in un video su un aberrante caso di pedofilia nel basso Lazio. A raccontare quelle miserie umane – compiute dai soliti insospettabili ripresi dalla polizia in video che non lasciavano dubbi sulla loro colpevolezza – c'era La Giornalista.

Non era cambiata granché, solo un nuovo taglio di capelli scalato su un lato e fossette più accentuate attorno alle labbra. Sembrava giusto un po' più sicura di sé, ma il distacco routinario dall'oscura enormità delle cose che raccontava era ancora tutto lì. Presi il telefono, passarono venti secondi buoni prima che superassi non solo la stupidità del gesto in sé ma anche la raccomandazione che mi ero fatto l'ultima volta che avevo visto La Giornalista. Mai – MAI! – ricontattarla, per nessun motivo. Oltre a essere in sé una cosa idiota da fare, sarebbe stata anche pericolosa. Per cui chiunque sarà un giorno alla ricerca di contributi autobiografici sulla nocività di certe autolesionistiche coazioni a ripetere, chieda pure. Sarò lì per lui. Però, insomma, ero forse da meno di Emanuele? E poi chi fu davvero a pigiare il tasto CHIAMA sull'iPhone? Io o una catena lunga miliardi di anni di interazioni conseguenti e inevitabili? Fissammo al Metropolita, vicino a piazza Gentile di Fabriano. Arrivai che lei era già seduta e sorseggiava un vodka-tonic, seduta alla fine di una sequenza causale iniziata il giorno del Big Bang.

Non so dire nello specifico quali fossero le mie aspettative entrando nel locale. Avevo sicuramente preso in considerazione l'idea che saremmo potuti finire da qualche parte per fare, come una volta, quel tipo di sesso malato e pieno di disprezzo che era una perfetta antitesi di quello – se possibile anche troppo tenero e comunque ultimamente molto, molto raro – che facevo con Federica. Certo, era una possibilità, ma non era scritto nelle stelle, non ero uscito di casa con in mente quell'unico obiettivo. Non ero più quella persona. In realtà, lo ripeto, non so neppure bene perché ci andai. Prima di entrare nel bar aprii la pagina NBA del sito ESPN: il banner dei Google Ads era una pubblicità dell'Audi A5. Un coupé, ma a quattro posti. Ambiguo.

Sulle prime La Giornalista sembrò inspiegabilmente contenta di vedermi. Ordinai da bere a mia volta e stetti a sentire il racconto del suo fallito assalto alla televisione.

«È tutta una mafia. Poi adesso con Salvini è un casino, controllano tutto loro.»

Parlava e parlava ma quella fiamma di odio, risentimento e pulsione sessuale che una volta mi si accendeva in sua presenza non riusciva più a farsi strada da sotto le ceneri. E senza di essa La Giornalista era soltanto una persona stupida, il che non faceva certo di me, che me ne stavo in sua compagnia, una persona intelligente. Mischiai il mio Botanist-Tonic e presi in considerazione l'idea che Federica avesse placato quella mia parte ferale e inspiegabile.

«Mi hai ricattato» se ne uscì a un certo punto La Giornalista, forse rendendosi conto di come la conversazione non stesse decollando e che di lì a poco me ne sarei potuto andare. Lo disse con un tono di complicità che voleva forse essere intrigante. Il che, se uno prendeva sul serio quello che aveva appena detto, rendeva l'intera scena grottesca.

«Sei *tu* che mi hai ricattato. Io mi sono solo difeso.»

«Se provassi ora a diffondere quel video finiresti in galera.»

«Io non lo avrei manco mai girato quel video, è stata un'idea tua.»

«Comunque sei stato un mascalzone.»

«Io? Ma se ti ho appena... Senti» dissi finendo con un lungo sorso il mio drink ormai annacquato, «ti giuro che te l'avrei sempre voluto chiedere: perché dici quella cosa nel video?»

«Quale? Non ricordo» disse con alterigia, come se fosse davvero convinta che il video fosse stata una mia iniziativa. La gran dama. Chissà come sarebbe diventato invecchiando questo coacervo di nevrosi e discorsi autocontraddittori che avevo di fronte. La prospettiva era inquietante, probabilmente a un certo punto avrebbe comprato un carlino.

«Lo sai benissimo, quale.»

«No, ti dico.»

Mi guardai attorno, ad alcuni tavoli nelle vicinanze erano sedute delle persone. Non alzai la voce, né l'abbassai. Continuai con lo stesso identico tono.

«"Rompimi il culo come a una negra", questo dici nel video, e lo sai benissimo.»

Avvampò e mi fissò con odio, guardandosi poi attorno inquieta.

«Forse qualcuno ha sentito» convenni, «'sti cazzi comunque. È interessante perché io fossi in te quel video non lo tirerei fuori manco per sbaglio. Perché sì, su questo hai ragione, il revenge porn non è visto granché bene oggigiorno e se mai finisse online io non ne uscirei bene, ma ricordati che con quello che dici tu non faresti certo una fine migliore. Anzi, se conosco internet, e credimi lo conosco, nessuno penserebbe più a chi ha messo fuori il video dopo aver sentito una frase del genere. Ma, per favore, spiegamelo: perché? Cioè, non capisco proprio il senso della frase.»

«Sono quelle le cose che uno va a fare con una prostituta, o no?»

«Metterlo nel culo?»

«Eh.»

«Prostituta... quindi negra» dissi, provando a completare per lei quel pensiero senza capo né coda.

«Be', sì, le prostitute di solito sono nere.»

Rimasi senza parole per un po', incrociai le mani davanti alla bocca, abbozzai appena un inizio di risposta, tacqui.

«Scusami se ti ho fatto venire fino a qui» dissi alzandomi. «Sei mia ospite.»

Pagai il conto e raggiunsi lo scooter. Non avevo ancora voglia di andare a casa, spulciai la chat di WhatsApp in cerca di un'idea. Scelsi la più logica e telefonai a Mauro, la persona che mi stava coprendo con Federica.

«Stavo giusto pensando a te.»

«Telepatia» dissi.

«È andata male?»

«Dipende dai punti di vista.»

«Vuoi raggiungermi a un evento di Moët Chandon? Ho un ingresso lista in più. Così mi racconti i tuoi fallimenti clandestini. Dopo ti porto a una festa.»

L'evento era poco lontano dal MAXXI, sul tetto di una galleria commerciale e si rivelò abbastanza deludente. Musica elettronica e incolore sparata a palla, luminarie da sagra di paese e una fila impossibile alle casse. Per fortuna dalle tasche di Mauro continuavano a uscire buoni omaggio. «Ho conosciuto una manager del marchio alla finale di un concorso letterario, l'ho salutata giusto ora» disse anticipandomi. «Beviamone un paio, regaliamo gli altri e andiamo alla festa.»

Al secondo bicchiere, quando incominciavo ad accusare l'insensatezza adolescenziale di quella discesa di grado alcolico, il mio sguardo cadde su una coppia di ragazze di poco più di vent'anni perse in fondo a una fila. Erano entrambe affascinanti, ma la più alta delle due, una bionda con i capelli mossi appena da un movimento leggero, aveva sul volto un'innocenza non frequente nelle giovani romane. Mauro seguì il cono del mio sguardo fino alle ragazze e prima che potessi prendere qualsiasi tipo di iniziativa si avvicinò loro e gli porse un paio di omaggi.

«Ce li hanno regalati e non ce la faremo mai a berli tutti.»

Cinque minuti dopo tornano a cercarci con le flûte di plastica in mano.

«Grazie, ragazzi. Come mai avete gli omaggi? Che siete, persone importanti?» chiese l'altra, la mora.

«Il mio amico qui» disse Mauro come fosse cosa da niente «è un famoso scrittore.»

«Ma dài, non ci credo, e cosa scrivi?»

Mauro si volse verso di me con un sorriso venato da una severità nascosta. "Non buttarla via" diceva.

«Libri, cinema, tv, un po' di tutto.»

«Ma che top! Hai capito, Serena?»

Serena si tirò indietro i capelli e sorrise, come un po' imbarazzata.

«Voi secondo me invece siete delle studentesse» rientrò in gioco Mauro.

Una mezz'ora dopo eravamo tutti e quattro in taxi verso una festa di gente dello spettacolo amica di Mauro. Serena studiava medicina, Luisa, la sua amica mora, giurisprudenza.

«Ma ad esempio per la tv cos'hai scritto?» tornò alla carica quest'ultima.

«Te lo dico io perché come avrai capito lui è un modestone» intervenne Mauro. «Hai presente "I Romanacci"?»

«Nooo!»

«Sì» convenni.

«Cioè, l'unica serie che guardo in tv! Anche Sere la guarda, a lei piace il personaggio di Silvia, quella tutta riflessiva che vuole studiare lettere...»

«Tu studi medicina, però» feci notare.

«Papà è un oculista, ha lo studio... però mi sarebbe piaciuto. Di' un po', ma Silvia è per via di Leopardi?»

«Mi hai beccato.»

«Senti qua gli intellettuali come fanno comunella. E te Mauro che fai?»

«Ho un'azienda nel digitale.»

«Be', questo è un po' più palloso. Però mi sa che ce fai più soldi, o sbajo?»

«Nu sbaji» disse Mauro imitando l'accento romano, cosa che fece ridere tutti. A quel punto il tassista s'intromise nel discorso. «Scusate se me intrometto ma lei che scrive "I Romanacci" non è di Roma, giusto?»

«Eh sì, 'nfatti» disse Luisa, «lo volevo di' pur'io.»

«Osservo, il lavoro dello scrittore è soprattutto osservativo.»

Il tassista non sembrò soddisfatto della risposta, probabilmente pensava alla romanità come a un destino di nascita, impossibile da decifrare se non attraverso la matrice di un DNA localizzato da generazioni. E stavamo parlando de "I Romanacci", prima serata di Canale 5.

«Bisogna osservare le cose così a fondo da poter quasi predirne il futuro. Un personaggio è il futuro possibile di quello che si è visto vivendo» azzardai.

«*Futuro possibile!* Madonna, parli come mia cugina! Che sei comunista, per caso?» chiese Luisa.

«Far from it» replicai.

Mauro rise.

«Bella questa cosa del futuro» venne in soccorso Serena. Il taxi prese una buca e lo sbalzo mi portò per un momento abbastanza vicino al suo collo da sentirne l'odore.

«L'avete sentito anche voi?» chiesi.

«Cosa?»

«Come… come il ruggito di un animale, tipo un leone.»

«Ma che stai a di' Marco?»

Scoppiarono tutti a ridere. Eppure a me sembrava di averlo sentito.

Quando arrivammo alla casa dell'amico di Mauro, la festa era già ben avviata. Notai Pierfrancesco Favino che parlava con Alessandra Mastronardi sul divano, Francesco Montanari e Edoardo Pesce che si versavano drink all'isola della cucina confabulando complici.

«Madonna, qua mi esplode l'account Instagram» disse Luisa.

«Niente foto, mi raccomando» la ammonì subito Mauro, serissimo. Le nostre due accompagnatrici non davano comunque nell'occhio, era pieno di ragazze giovani – aspiranti attrici o, per quello che ne sapevo io, attrici ancora non così famose – oltre a sceneggiatori, tecnici, gente del mestiere e Mauro sembrava conoscere tutti. Notai immediatamente due cose, la prima era che, a un primo sguardo, sembravano tutti rilassati, felici, appagati. Si stavano cioè divertendo – niente a che fare con l'ambiente letterario di zitelle isteriche dove tanto tempo prima ero stato sempre con Mauro, quando lui sembrava ancora un selvaggio uscito dai boschi del Nord. Probabilmente era solo una prima impressione, molto superficiale, ma decisi di tenermela stretta.

La seconda cosa che notai era che i nuovi arrivati venivano salutati da tutti invariabilmente con due baci sulla guancia, il che significava una *miriade* di baci sulle guance, ed era chiaro che ci tenevano tutti moltissimo a quello che doveva essere una specie di rito che definiva l'ampiezza della famiglia informale di chi, in un modo o nell'altro, ce l'aveva fatta. Fu questa l'ultima osservazione sociologica che ricordo di aver fatto. Poi mi avvicinai a Montanari e gli dissi: «Daje Libano, sono un tuo grande fan», poi raggiunsi la bottiglia di Hendrick's, e da lì in poi dedicai tutte le mie modeste energie cognitive rimanenti a Serena. E così sul terrazzo, di fronte al panorama di una Roma notturna che ancora una volta sembrava emendare il disastro urbano che quel posto era di giorno, mi sentii dirle: «Ecco, se dovessi scrivere di noi, ti farei mora, sposterei tutto, che ne so, a una festa in spiaggia».

«E tu chi saresti?»

«Non so, forse farei il lavoro di Mauro.»

«Non ti ci vedrei proprio.»

Risi. «Neanche io tanto» dissi senza mentire.

«E sai già cosa succederebbe?»

«Come andrebbe a finire, intendi?»

«Sì.»

«Così, credo.»

La baciai.

La sua bocca aveva un lontano sentore di agrumi e pose fine alla fase centrale della mia esistenza.

Il pomodoro ciliegino è una delle più famose varietà di pomodoro italiano. Non certo la mia preferita, io preferisco i datterini, per via della loro anima dolciastra. Quando è stagione con i datterini si possono fare eccellenti sughi.

Io li faccio *scattarisciati* alla maniera salentina, ovvero cuocendoli con dell'olio d'oliva (EVO, come dicono i cuochi di Milano) in una padella coperta da un coperchio fino a che non scoppiano. In genere li cuocio assieme a della cipolla di Tropea tagliata per lungo, senza prima soffriggerla a parte, altrimenti mi diventa pesante. È un tipo di sugo che dà il meglio con delle orecchiette fresche di grano arso e a cui, volendo, si può aggiungere anche della ricotta fresca a fine cottura. Semplice e splendido.

Quello che Federica rigirò con noncuranza prima di infilzarlo con la forchetta era però senza alcun dubbio un ciliegino e rappresentava l'ultimo boccone della complessa insalata di ventresca portoghese che Cristina e soprattutto Gianna – come era stata ribattezzata la colf cingalese a fronte di un vero nome assolutamente impronunciabile – avevano preparato come secondo. Lo ricordo perché ero alla disperata ricerca di un appiglio visivo con cui sfuggire al monologo di Cristina su come la nomina di Salvini a ministro degli Interni le stesse causando degli attacchi di panico.

«Anche nel sonno. Mi sveglio di soprassalto durante la notte. Vero, Mauro?»

Mauro stava controllando il cellulare, alzò gli occhi e disse: «Può essere, io dormo».

«Cristina» intervenni, «tu ti preoccupi del razzismo nella società, qualcun altro perde il sonno perché teme un'invasione barbarica. Dovresti ampliare lo sguardo: è la razza umana quella da cui non puoi scappare.»

Come al solito però mi ignorò e andò avanti nel suo delirio.

«Sogno di essere sola su una barca, in balia delle onde, senza nessuna terra in vista.»

«Davvero?» chiese sorpresa ma compartecipe Giada, quella sera sola perché, ci aveva spiegato, Emanuele era a un convegno a Città di Castello.

«*Ascoltami*» insistetti, «il problema vero sono le forme dell'odio e dell'amore presso la specie, è l'ampiezza inevitabilmente limitata del gruppo di cui facciamo parte. Sono i confini scritti nel nostro DNA evolutivo ciò di cui ti devi preoccupare, perché sono insuperabili. Che il clan per cui urli e ti indigni senza mai prendere in considerazione per un istante le ragioni del nemico non abbia il nome del villaggio dove sei nata non fa nessuna differenza. Sei e rimani un animale tribale. Tutti lo siamo.»

«Tu forse sei un animale, Salvini di sicuro è un animale, io no di certo.»

«Era *un filo* più complicato il mio discorso.» Ma l'avevo persa di nuovo.

«Il mio analista dice che i danni che questo governo infligge alla psiche dei cittadini sono molto simili a quelli che infligge ai migr...»

Il salvavita nel mio cervello scattò, disconnettendomi dalla discussione. Vidi con chiarezza Federica finire di masticare e poi, alla stregua di Mauro, tirare fuori il cellulare. La vidi far scorrere il dito sullo schermo, soffermarsi su qualcosa in particolare e sorridere. Poi successe. Il suo volto cambiò colore, ingrigendosi di colpo. Andò avanti e indietro con il dito sullo schermo, ma non di molto. La vidi allargare l'immagine e poi riportarla alle dimensioni normali. Prese un lungo respiro e infine rimise il telefono nella borsetta. Non parlò più a quella cena, se non per chiedere se qualcuno le poteva passare l'acqua e poi ringraziare quando qualcuno gliela versava. Soprattutto non mi guardò più, nemmeno una volta.

Scendendo le scale dissi: «Dài, bella serata, a parte il monologo finale».

«Sì.»

Non parlò neppure mentre eravamo in scooter, e si tenne alle maniglie invece che ai miei fianchi. Sentii freddo là dove si stringeva di solito. Dovevo dirle qualcosa, ovviamente, ma non trovavo il coraggio.

Una volta a casa, si svestì, poi prese le sue cose dalla camera da letto e se ne andò nella stanza degli ospiti. «Poi domani vediamo che fare.»

«Fede, ma di che stai parlando? Cosa c'è?»

Prese il telefono, lo aprì su Instagram, e me lo mise in mano. «Tieni, bomber.»

Guardai lo schermo.

C'era un selfie di Favino assieme a un altro attore famoso di cui non ricordavo il nome. E sì che me lo avevano presentato.

«Mbe' e quind...»

Solo allora mi accorsi che fra le tante persone sullo sfondo c'erano anche un uomo e una ragazza giovane, avvinghiati su un divano e impegnati a baciarsi. Lei era cavalcioni su di lui, ma essendo messi di traverso rispetto ai due attori che si facevano il selfie si intuiva in modo abbastanza chiaro che la faccia dell'uomo era la mia. Era incontrovertibile specie per chi sapeva che quelli erano i miei vestiti. Mi tornò in mente che Federica stava facendo l'ufficio stampa per l'ultimo film di Favino, in uscita in quei giorni. Ecco perché era finita sul suo profilo. Sotto la foto i fan commentavano in massa:

"Grande il bomber sullo sfondo"
(380 like)
"Oh ma i due tizi dietro che limonano durissimo?"
(400 like)
"Namo ò, ma che feste fate? Vojo venì anch'io!"
(180 like)

"Siamo sicuri che sia legale? Cioè il tipo non ha tipo 240 anni di più di lei?"

(324 like)

"Ahhha che king il tizio dietro. Fav impara, altro che selfie"

(450 like)

"Ce sta er video completo di quelli dietro? Che stavate a casa di Rocco Siffredi?"

(250 like)

Il più apprezzato però era:

"Ancora un po' e quello la mette incinta"

(800 like)

Il giorno seguente la fotografia, corredata da alcuni dei commenti più innocui, fece la comparsa sulla barra destra dei giornali online. Il titolo più bonario: "Alle spalle di Favino si fa festa". Il primo sito ad associare il mio nome alla foto fu quello de La Giornalista, assieme, ovviamente, a tutta la storia di Martina. Da lì in poi incominciarono ad apparire ovunque sui social commenti del tenore: "Non è che ammazza pure questa, no?".

In una giornata ricevetti messaggi da quasi duecento persone diverse, una netta maggioranza dei quali erano sinceri complimenti. Non andai in ufficio, rimasi a casa seduto sul divano con Pancrazio a leggere e rileggere i commenti e gli articoli in un loop di autotortura da cui non riuscivo a uscire. Su un blog satirico emergente che riprendeva lo stile di Enterthedistopianow uscì un raccontino riguardo la coppia del giorno. Lo lessi: era ben scritto, divertente e ingiusto.

Rispetto all'altra occasione in cui ero stato sputtanato in tutta Italia a mezzo stampa questa volta il motivo era risibile – anche se era comunque sufficiente a distruggere la mia già precaria relazione con Federica – ma a differenza dei tempi di Martina Scalzi ora i social erano diventati un fenomeno di massa e finire in una shitstorm virale su internet era come venire picchiati da un branco di migliaia di persone senza nome. La parte razionale del proprio cervello sa che quella gente non conta niente e in larga parte non pensa nemmeno davvero quello che scrive, ma l'apriori biologico formatosi in tempi in cui essere in armonia con il proprio ristretto villaggio di cacciatori-raccoglitori era importante, percepisce solo la veemenza del pestaggio e si annichilisce di fronte a quella inaspettata deflagrazione del numero di Dunbar.

Rispetto a quel manganellamento digitale, e so di dire una cosa estrema ma lo penso davvero, l'accusa di omicidio, sapendo di essere innocente, mi era sembrata più gestibile. Era sì una cosa enorme, e in senso assoluto molto più grave, ma anche meno accerchiante. Essere in carcere era terribile ma in quel caso sapevo anche di avere diritto ad alcune garanzie. Sullo schermo che avevo davanti ora invece era in corso un far west senza regole; anzi, l'unica regola sembrava essere quella di dimostrarsi le persone peggiori sulla faccia del pianeta. Il pestaggio mediatico a cui ero stato sottoposto dai giornali ai tempi di Martina qui si riproponeva moltiplicato per cento, almeno.

La cosa incredibile è che comunque nella foto si notava molto bene quanto fosse bella e giovane Serena e a forza di rivederla mi misi a ripensare a quel momento in cui la foto era stata scattata e mi ritrovai arrapato. Resistetti a lungo, poi però dovetti andare in bagno a masturbarmi. Mi sentivo una merda, ma la scarica di adrenalina che mi attraversò il corpo dalla testa ai piedi quando venni fu del tutto fuori scala: era come se il sesso della sera prima (perché poi, ovviamente, c'eravamo chiusi in un bagno e l'avevamo fatto) avesse risvegliato un corpo altrimenti addormentato dalla monogamia. Manco quello di fare il pinguino a vita, con tutta la buona volontà, poteva essere un modello sostenibile o tantomeno sano. Ricevetti un messaggio da Serena.

Il mio ragazzo ha visto la foto e adesso ti vuole picchiare. Stai attento.

Scoppiai a ridere in una maniera così forte e disturbata che Pancrazio si alzò tirando indietro le orecchie e poi, visto che non smettevo, uscì sul terrazzo.

Quella sera Federica tornò con un colore del viso ancora, se possibile, più ceruleo. Sbatté tutte le porte e gli sportelli (frigo, armadio, dispensa della cucina) che riuscì a trovare sulla sua strada. Io aspettavo in silenzio sul divano. Mi sembrò di essere seduto lì sopra da anni.

«Guarda che deficiente, sono anche andata a fare la spesa... Allora, dimmi, è per questo che non possiamo fare una famiglia? Perché devi scoparti delle ragazzine alle feste?»

«Ma no...»

«Ah "ma no". Potevi anche evitare tutte quelle cazzate sul fatto che fare figli è un cambiamento esistenziale. Potevi dire "Voglio farmi tutte le ventenni che mi capitano sotto mano".»

«Tutte...»

«Vaffanculo Marco.»

Federica non si incazzava mai, ne faceva proprio un motivo di orgoglio personale. La vidi mulinare le mani nell'aria, in una panne motoria che non sapeva come gestire.

«Vaffanculo.» Quasi si stava mettendo a piangere. «Che poi, la vuoi sapere la verità?»

«Dimmi.»

«A me, se evitassi di finire su tutti i giornali d'Italia, non me ne fregherebbe manco molto. È questo quello che ti manca tanto? Fallo, basta che non me lo dici.»

Rimasi senza fiato, erano fra le parole d'amore più belle che avessi sentito in vita mia.

«Il problema non è questo, è che scappi dalle responsabilità, non vuoi costruire niente. E allora esattamente che cosa ci sto a fare io qui?»

Un rapporto fra adulti che non baratta la libertà sessuale con dei figli, avrei voluto risponderle, ma provare a imporle una visione del mondo così impopolare mi sembrò di colpo una cosa vigliacca.

«Allora?»

L'alternativa era fare il solito maschio italiano doppiogiochista viscido e menzognero che tanto successo e tanta impunità riscuoteva nel cuore di molte donne. Assicurare infinito amore, professare l'adulterio come un errore imperdonabile che mai si sarebbe ripetuto (fino al giorno in cui si sarebbe ripetuto), magari selezionare persino una canzonetta ad hoc. Forse, chissà, avrebbe funzionato anche con lei. La sola ipotesi mi faceva spavento. In ogni caso Federica non meritava una sceneggiata indegna del genere.

«Non lo so, Fede, so solo che ti amo.»

Mi resi conto che forse non glielo avevo mai detto, non con quelle esatte parole, almeno.

«Non so se basta.»

Non bastò.

Se ne andò la settimana dopo. Il giorno precedente al trasloco tornai a casa prima e passai tutto il pomeriggio con Pancrazio. Nonostante avessi detto in ufficio di non cercarmi mi chiamarono due volte: li mandai a fare in culo in entrambi i casi. Me ne stetti sdraiato sul divanetto dello studio con il gatto che faceva le fusa appoggiato sulla pancia.

Può darsi che piansi.

Il giorno in cui dalla casa sparirono Federica, il gatto Pancrazio e tutte le loro cose era anche il giorno del compleanno del Mastro. Era l'occasione in cui contavo finalmente di presentargli la mia compagna. La festa era in una villa sull'Appia antica, un posto splendido, peccato che quel giorno piovesse. E che la mia vita si fosse appena autodistrutta, anche. Ma quello, come dire, era un problema più individualizzato. Incominciai a bere alle sette e non smisi più fino all'una. Bevvi champagne, amaroni, bolgheri, baroli e cocktail fatti con del rum cubano che miscelare era chiaramente un delitto. Mangiai pochissimo. Il catering era eccellente – tutta cucina toscana – ma lentissimo, e quella tra fare la fila per mangiare o farsi servire subito un altro drink era una non-scelta. Continuava a diluviare, su un tavolo erano a disposizione di tutti delle sigarette aromatizzate alla grappa, dei toscani e dei Montecristo numero 2 e numero 5.

Presi un 5, una scatola di cerini marchiata Invitalia, e mi misi sotto il patio di ingresso a fumare. Vicino a me c'era un gruppo di persone della mia età, sbronzi come tutti, a quel punto della serata. Una ragazza del gruppo disse: «Ehi, ma tu non sei quello della foto di Favino?».

«Non rompere i coglioni» borbottai, ondulante.

Dal gruppo uscì un uomo. «Dài, De Sanctis, non fare il coglione.»

Non mi accorsi nemmeno che era Diego, ma, come dire, non avrebbe fatto nessuna differenza. Gettai il sigaro e gli tirai un pugno in faccia. Nei film di solito il pugno viene assestato con prodezza e il marrano va giù sul colpo. Qui fu più un colpo sferrato da un ubriaco a un altro ubriaco, per cui uscì male e quello lo ricevette peggio. Si accasciò e mi buttai su di lui. Ora che riuscirono a dividerci un po' di male glielo avevo fatto mentre lui mi aveva tirato giusto un mezzo calcio fiacco sulla coscia. Roba da niente. Mi girava la testa per la combinazione di alcol e adrenalina, mi resi conto di avergli frantumato gli occhiali e, finalmente, che si trattava di Diego. Dal nostro primo incontro l'avevo detto che mi stava sui maroni. Attorno c'erano persone che urlavano, altre che ci tenevano distanti, ma a quel punto era tutto finito. Quello si era preso la paga e non era tipo da aver la tempra da rilanciare ancora fino a quando qualcuno si sarebbe fatto davvero male. Mi portarono via. Il Mastro non si vide ma c'era gente importante a quella festa, doveva essere con loro in qualche stanza lontana a parlare di affari. Quelli del catering e della sicurezza tutto sommato gestirono bene la situazione: mi ritrovai in una stanza vuota con un cameriere che mi diceva che era meglio chiamare un taxi e tornare a casa.

Ci provai. Chiamai due agenzie diverse di taxi, non rispondevano neanche, era venerdì sera e pioveva. Provai con Uber, ma anche lì era tutto occupato. Mi faceva male la mano con cui avevo tirato il pugno, volevo andarmene a casa a dormire, ma ero venuto in taxi e mi serviva un mezzo per andarmene. Controllai Enjoy. Ce n'era miracolosamente una lì vicino. Sull'Appia antica. Assurdo. La presi. Non mi ero portato l'ombrello così camminai per cinquecento metri sotto la pioggia. Entrai dentro la Cinquecento rossa completamente bagnato e ancora perfettamente ubriaco. Misi in moto e partii. Secondo la ricostruzione basata sulla scatola nera del veicolo dopo nemmeno due minuti ebbi un blackout e feci trecento metri con la faccia adagiata al volante. Avevo cioè perso i sensi. Sarei potuto andare a sbattere contro un'altra macchina, o un camion, o, ancora, falciare un motociclista. Invece alla fine di quel rettilineo percorso come un galeone fantasma mi adagiai con l'auto su un semaforo, piegandone l'asta a quarantacinque gradi. Fui ritrovato lì, ventuno minuti dopo l'inizio del noleggio. All'ospedale mi fecero un prelievo, trovando un tasso alcolemico di 2.45.

Al risveglio la prima cosa che dissi all'infermiera fu: «Fai uscire il gatto dalla camera da letto che mi fa caldo ai piedi».

3

Le specie che sopravvivono
non sono le specie più forti, né le più intelligenti,
ma quelle che si adattano meglio ai cambiamenti.

Charles Darwin

> Dobbiamo essere conquistatori, dacché non abbiamo più alcuna terra dove essere di casa, dove poter "vivere".
>
> F. NIETZSCHE

Da allora erano passati alcuni anni in cui non avevo mai più rivisto Federica: l'incontro di quella mattina a Milano era stato il primo da allora. In tutto quel tempo BEFORE non aveva mai smesso di crescere, registrando un picco senza precedenti durante l'epidemia di Covid, quando le persone in quarantena avevano preso a ordinare di tutto a domicilio. In quel frangente il mio patrimonio era aumentato parecchio non solo per via di BEFORE ma anche perché – quando ancora in Europa tutti sembravano dubitare che il virus potesse uscire dalla Cina – il Mastro mi aveva suggerito il timing perfetto per shortare gli indici di alcuni Paesi, Italia esclusa, assieme a una serie d'investimenti lungimiranti sul mercato azionario: ditte che producevano ventilatori per la terapia intensiva e altre che sintetizzavano i farmaci contenuti nei primi protocolli di cura della malattia.

Il Mastro mi informò anche che aveva fatto allestire un piccolo reparto privato con 5 letti di terapia intensiva, due medici e tre infermieri nel suo palazzo romano (era meglio anche per lui stare lontano da Milano) e che se ne avessi avuto bisogno uno sarebbe stato per me. La cosa quasi mi commosse e lo ringraziai, sentendomi anche un po' a disagio perché, insomma, era un'offerta che riguardava la vita e la morte e non avevo mai ricevuto niente di simile. Dopo quattordici o quindici ore spese ogni giorno a lavorare fra monitor del computer e telefono, la notte m'infilavo delle Nike ai piedi e correvo fino alla scalinata di Trinità dei Monti, attraversando un centro di Roma deserto e commovente. L'ultimo contatto digitale con Federica risaliva a una di quelle notti di quarantena, quando, dopo più di un anno di silenzio, mi aveva scritto un messaggio per sapere come stavo, allegando una foto di Pancrazio. Il maledetto era sempre più grasso. Ricordo di aver alzato lo sguardo sul salotto dove ero rinchiuso a quel punto ormai da un mese e mezzo e di essermi sentito per la prima volta davvero solo.

Allora non lo potevo sapere, ma ci sarebbe voluto ancora molto tempo prima che io e Federica ci rivedessimo di persona. Per una sadica coincidenza il nostro incontro era avvenuto lo stesso giorno in cui, dopo anni, avevo rivisto anche il volto di Serena – la ragazza con cui l'avevo tradita – seppur solo su un manifesto pubblicitario. Un manifesto di BEFORE. Chissà, mi chiesi, se con quei lavoretti da modella arrotondava un po' per divertimento un po' per vanità o se tutta l'idea di diventare oculista ed ereditare poi lo studio del padre non fosse stata invece del tutto archiviata. Pensai con un certo timore che la botta di popolarità che aveva avuto a causa mia potesse averle cambiato la vita, sovvertendole le priorità.

Sul taxi diretto a casa indugiai per un po' in questo senso di colpa finché non presi a ripassare mentalmente il dialogo fra me, Federica e il Mastro nel mega appartamento di Isola. Avevo ripetuto quell'esercizio ormai una decina di volte quando arrivò la chiamata Skype degli americani.

Ling Xi sembrava di buon umore, la qualità dell'immagine era ottima, dietro di lei riconobbi il sedile del Gulfstream privato del fondo. Ling disse che stava partendo per Hong Kong e aveva visto l'articolo (come previsto, nulla sfuggiva alle sue assistenti e ai Google Alert), ma in virtù del suo candido imperialismo americano non sembrava aver trovato nulla di strano nel fatto che ne esistesse anche una versione in inglese. Solo sentendola riepilogare la situazione mi resi conto che molto probabilmente nella versione tradotta, che io non avevo letto, le insinuazioni costruite ad arte da Gilardi non dovevano essere evidenti quanto in quella italiana. La scarsa propensione alle insinuazioni dell'inglese giornalistico era la prima, per quanto piccola, buona notizia della giornata.

Ce n'era comunque sempre abbastanza per preoccupare un membro del board, specie con un ambizioso piano di espansione continentale e il round B davanti, per cui l'atteggiamento tutto sommato positivo di Ling Xi era sospetto, e infatti dopo aver mostrato comprensione si mise a battere cassa: che non pensassi che il suo supporto fosse gratuito. Citò dati e costi della sede di Bologna, insistendo che se non entrambe – per lei la soluzione ideale – almeno una delle due sedi italiane di BEFORE dovesse assolutamente essere chiusa.

I suoi dati però non tenevano conto del fatto che Guido era un genio e i geni non solo hanno una produttività non lineare, difficilmente inquadrabile dentro una previsione di bilancio, ma se sono di Bologna è possibile che non si possano allontanare troppo a lungo dalla cucina della madre, pena una pesante riduzione della voglia di vivere, figuriamoci della capacità di avere idee visionarie. Ma quante chance c'erano che una californiana che lavorava nella finanza potesse capire un concetto del genere? Esatto, nessuna.

Così dissi solo: «I can fix that, no problem», creandomi l'ennesimo problema da risolvere ma guadagnando almeno un po' di tempo. Ling aggiunse che si era incontrata con una collega di Blaze Capital e il loro interessamento per una quota nel round B sembrava solido; anche per questo, sosteneva, era importante non creare ulteriori turbolenze.

«Abbiamo già lavorato bene con loro e sarebbero un'ottima soluzione» concluse Xi.

A me Blaze non ispirava molta fiducia ma non era il momento di aprire un ulteriore fronte. Erano pronti per il decollo e ci salutammo. Prima che raggiungesse la tastiera e ponesse così fine alla videochiamata, la mano di una hostess le porse una flûte di Champagne.

Una volta a casa vidi che il Mastro mi aveva mandato un'email con il link per installare l'app del braccialetto. Tirai fuori dallo zaino la confezione, tolsi la plastica e disposi con cura il braccialetto sul tavolo del salotto. Il colore delle estremità – quelle che circoscrivevano la natura del desiderio – era bianco. Cercai su Google la legenda dei significati: il bianco autorizzava fantasie di libertà. Decisi quindi di non indossarlo, almeno per il momento.

Alla riunione con il comitato d'emergenza di BEFORE Federica si dimostrò in gamba, ma questo già lo sapevo. Il piano che presentò fu convincente, così come le contromosse che illustrò qualora la situazione avesse subito un peggioramento nelle ore successive. Aveva una sua rete di influencer che si occupavano di attualità ed erano pronti a scattare, giusto il tempo di un bonifico istantaneo.

«Alcune banche li accreditano in giornata solo se effettuati al mattino, è una cosa di cui dobbiamo tenere conto se si dovesse passare all'azione.»

Mentre parlava mi persi a guardare i volti delle persone attorno a quel tavolo di emergenza. Erano i miei dipendenti più in gamba oltre che, come si dice sempre un po' a scatola chiusa, i più fidati. Federica parlava della mia immagine pubblica, di come fosse importante cercare di controllare il frame, ovvero il contesto di senso in cui le parole "Marco De Sanctis" apparivano online, e fare in modo che si trovassero il meno possibile vicino a termini negativi (primi fra tutti: assassino e omicidio) e il più possibile negli immediati dintorni di termini positivi come imprenditore, innovazione, posti di lavoro. Osservando quei volti, Furetta che prendeva appunti visibilmente abbacchiata o Alberto, il capo della sicurezza informatica, che annuiva, mi resi conto, a un livello più profondo, di una cosa ovvia: era da una mezz'ora buona che l'unico oggetto di conversazione in quella stanza era la mia reputazione.

A forza di sentire le parole Marco De Sanctis pronunciate come se non fossi lì, incominciò a sembrarmi che stessero effettivamente parlando di qualcun altro e l'intera scena cambiò di tono sotto i miei occhi. Questo Marco De Sanctis imprenditore nel settore dell'innovazione con un passato poco chiaro meritava davvero tutta quell'attenzione? Tutti quegli sforzi concentrici? Dal punto di vista strettamente razionale era ovviamente una domanda mal posta: per tutte le persone nella sala, meno che per Federica, un'ulteriore diminuzione della rispettabilità sociale del mio nome avrebbe significato mettere a rischio la capacità di pagare l'affitto o di saldare le rate dell'ortodonzia dei figli. E anche per quanto riguardava Federica l'uscire o meno vincitrice da questa emergenza avrebbe influito sulle sue quotazioni di mercato per incarichi futuri. Non c'era quindi bisogno di volermi bene per cercare di salvare il mio buon nome – non c'era neppure bisogno di credere davvero che fosse giusto che io ne avessi uno, di buon nome. Faceva cioè parte delle cose della vita che non vale neppure la pena di discutere. Era lavoro.

Forse proprio per questa inevitabilità, l'intera situazione mi apparve come la scena di una commedia in cui cinque personaggi si danno da fare per salvare la nomea di un misterioso figuro che, va da sé, in realtà si è macchiato di un'infinità di nefandezze e si capisce subito che la storia sarà lunga, perigliosa e piena di colpi di scena. Si sente nell'aria che sul conto del figuro potrebbe emergere di tutto, compresi, perché no, dei rapporti contro natura con una pecora.

Mi sarei quasi potuto appassionare al plot, se non fosse che il personaggio principale della commedia, un avvocato del diavolo che nelle sue argomentazioni evocava continuamente il nome del reprobo – un nome esattamente identico al mio – era anche l'unica donna che potevo forse dire di aver amato, se questa parola aveva un senso.

E va bene, era lavoro, ma sentendo Federica elencare tutte le possibili cose positive che si potevano senz'altro dire sul mio conto, quello che avrei voluto fare sarebbe stato alzarmi e urlare: "Ma proprio tu parli!".

E invece mi contenni, feci anzi un paio di appunti precisi e per nulla capziosi al discorso di Federica. Sembravo l'uomo più intellettualmente onesto del mondo con una sua ex, uno spettacolo patetico. Finita la riunione chiesi a Federica di venire nel mio studio.

«Scommetto che ti ha dato fastidio sentirmi parlare bene di te» mi anticipò. «Scusami ma non saprei proprio come potrei fare il mio lavoro altrimenti.»

«Non mi dà fastidio, era ora che mettessi giudizio» replicai con un sorriso, ma mi pentii immediatamente, era il genere di battuta con cui provavo ad ammantare d'ironia il mio egocentrismo ma detta in quel momento, mentre parlavamo per la prima volta a tu per tu dopo chissà quanto tempo, venne fuori una cosa abbastanza penosa.

Federica comunque ebbe il buon cuore di concedermi un sorriso di circostanza. «Mi vuoi dire il perché di tutta quella sceneggiata a Milano?»

«Con tutte le persone che c'erano al mondo, proprio il Mastro, Fede?» replicai.

Sollevò, come sovrappensiero, il lembo di alcuni fogli appoggiati sulla scrivania. «Non stai veramente avendo il coraggio di dire *a me* cosa dovrei o non dovrei fare.»

Non mi venne nulla da replicare, mi riuscì soltanto di fissarla con durezza. Distolse lo sguardo dai fogli e si voltò nella mia direzione. «È assurdo ma so anche cos'hai pensato quando mi hai visto lì. Ti sei sentito umiliato. Se non fosse stato un uomo che ha il potere di dirti cosa puoi o non puoi fare ti avrebbe dato meno fastidio.»

«Se proprio vuoi saperlo» dissi con aggressività, come se quella sua non volontà di prendere atto di come funzionavano gli aspetti più spigolosi e immutabili della vita mi avesse fatto risalire tutta la frustrazione della fase finale del nostro rapporto, «sì, certo che c'è anche quello. È inevitabile che sia così. E comunque non è che io sia il pupazzo del Mastro. Ha una quota di minoranza della mia società.»

«Non ti darebbe così fastidio se fosse solo quello.»

«Sai cosa mi dà veramente fastidio? Che lo dici come se tutto questo fosse assurdo e fossi l'unico patetico coglione che si preoccupa di questioni così sciocche. Allora ti rovescio la questione: tu ci saresti andata a letto con uno come il Mastro, se fosse stato un impiegato delle Poste che viveva in cinquanta metri quadrati? Certo non ha un bel fisico ed è parecchio più vecchio di te ma avreste sempre potuto parlare dei turni e magari dei vecchi che sbagliano a prendere il biglietto e poi sfollano allo sportello. Dai, non farmi incazzare.»

«Sai che mi ero quasi dimenticata quanto potessi essere egocentrico e superficiale?»

«È l'esatto contrario.»

«Come no.»

«Qui c'è scritto pacchi, perché non posso prendere la raccomandata?» dissi imitando la voce nasale di un vecchio.

«Ma smettila.»

«Mi scusi, com'è che ha già chiamato il numero der giovanotto e io sto ad aspettà da un'ora emmezza? Che me chiama er direttore? Sì, signore pur' io devo annà a lavorare.»

«Smettila» ripeté ma questa volta non riuscì a trattenere una risata. Mi sedetti sul bordo della mia scrivania, e la osservai. Quando rideva tutto il fastidio che riusciva a farmi montare si scioglieva in un istante.

«Fede, ma che cazzo...»

Smise di ridere, si asciugò una piccola lacrima.

«Mi ha fatto male vederti con lui, ma mi avrebbe fatto male anche con qualcun altro. Non è certo il problema principale» spiegai.

Federica annuì.

«Tra l'altro non credo nemmeno che ti piaccia davvero.»

«Ah, non mi piace? Io non so come fai a essere così testa di... guarda, non farmi arrabbiare di nuovo. Non voglio urlare, soprattutto non voglio odiarti. Non so se capisci un desiderio del genere. Ciao, Marco.»

«E allora non dire cose stupide» replicai a mezza voce, ma era già uscita dalla stanza.

Il mattino seguente cambiai gusto di caffè, non era proprio una giornata da Dharkan. Dall'astuccio presi una capsula di Livanto. Il telefono s'illuminò. Era mio padre.

Il giorno precedente mi aveva chiamato diverse volte, sempre in momenti in cui non potevo rispondere. A dire il vero almeno in un paio di occasioni avrei *forse* potuto rispondere ma ero impegnato in riflessioni che il parlare con lui avrebbe inevitabilmente compromesso. Gli dovevo oltre alla vita anche l'essere rimasto a piede libero ma il suo modo di ragionare, la sua assoluta incomprensione dell'epoca contemporanea – oltre al fatto che ormai era mezzo sordo – rendevano le telefonate fra di noi un'esperienza particolarmente logorante.

Potevo rimanere nervoso anche per due ore dopo una chiamata di cinque minuti con lui, e, durante le giornate già complicate che vivevo, semplicemente non ne avevo voglia. E poi in quel momento specifico non avrei assolutamente tollerato alcun suo maldestro indagare attorno a donne, potenziali figli e matrimoni, tutte cose che ritornavano frequentemente nelle nostre conversazioni. Nella sua visione del mondo da cattolico monogamo sposarsi e fare dei figli – gesti per i quali il requisito principale era l'incoscienza – erano dei risultati infinitamente più importanti di qualsiasi successo professionale, per quanto improbabile e impervio da raggiungere. Per lui spermatozoo dentro ovaia batteva potenziale IPO da un miliardo di euro, una cosa di cui non sarei mai riuscito a capacitarmi.

Dopo tutte quelle chiamate ignorate, l'iPhone si era nuovamente illuminato per messaggio mentre ero in riunione con i ragazzi e Federica.

PAPÀ CEL
Chiamami, testa di cazzo

Maledissi il giorno in cui gli avevo regalato un telefono con dei pulsanti grandi abbastanza per lui, cliccai il tasto che riportava il buio sullo schermo e me ne dimenticai.

Il mattino seguente, mentre provavo appunto a concentrarmi sulla nota leggermente caramellata del Livanto il telefono si illuminò di nuovo. Questa volta risposi.

«Io alle volte mi chiedo perché ancora mi preoccupo per te» esordì mio padre con voce più squillante del solito. Era mattina presto, l'habitat naturale dei vecchi.

«Dimmi» feci per tagliare corto.

«Allora, ho letto l'articolo pubblicato ieri su "Repubblica".»

Il preambolo inutile negli anni era diventato la sua specialità.

«Immaginavo.»

«Ho parlato con l'avvocato Nicoletti. Dice che parlerà con chi di dovere in Procura per capire se l'articolo avrà conseguenze.»

Naturalmente poteva essere una cosa utile, naturalmente era stato a suo modo gentile, altrettanto naturalmente mi sentii impotente. Il fatto è che in via del tutto teorica io avrei potuto preferire maggiore discrezione o magari decidere di muovermi con le altre leve che il denaro ora mi metteva a disposizione rispetto a quando non avevo nessuna coscienza della vita, una cronica fame di marijuana e la convinzione che la società tutta nella sua interezza fosse sbagliata e al tempo stesso piena di un misterioso potenziale inespresso.

Era però impossibile spiegare a mio padre che per una persona nella mia attuale posizione un avvocato intrallazzone legato a un politico caduto in disgrazia non fosse la migliore delle opzioni sul tavolo. Sarebbe stato difficile anche perché in fondo, dato il contesto, dati i risultati passati, poteva benissimo non essere vero. C'erano parecchi ambiti della società italiana – quasi tutti quelli dove c'era di mezzo lo Stato nelle sue molteplici forme, ad esempio – dove i vecchi bolliti, i loro contatti e il loro riconoscersi all'istante come lamentanti creature di un'altra epoca, erano ancora il golden standard quando si trattava di portare a casa il risultato. E però rimaneva il fatto che mio padre non poteva conoscere il mio parere su quella che in fondo era una questione della massima delicatezza per me, per i miei azionisti, per i miei dipendenti e collaboratori. E questo ovviamente non lo aveva fermato dallo sguinzagliare Nicoletti per i corridoi della Procura e del Tribunale di Lecce. Peggio, non si era nemmeno posto il problema.

Anche la prima delle telefonate che mi aveva fatto serviva senz'altro per annunciarmi che Nicoletti era *già* stato messo in caccia. Per mio padre l'aver avuto un tempo giurisdizione assoluta sulla mia esistenza equivaleva a un incarico a vita e non era un argomento su cui si potesse discutere; al massimo, ci si poteva impegnare per far sì che il mondo superasse a destra questa teoria. Bisognava cioè metterlo di fronte ai fatti compiuti e soprattutto era di vitale importanza non invischiarsi nel vortice delle spiegazioni, dire sempre di sì, sforzandosi in maniera titanica verso l'educazione, e cercare al contempo di tenere il genitore in un regime di scarsità informativa. Feci perciò l'unica cosa che potevo fare, date le circostanze.

«Grazie» dissi.

«Prego.»

«Fammi sapere cosa ti dice. Se non ti rispondo subito scrivimi.»

«Cosa vuoi che scriva, rispondi a quel cazzo di telefono.»

Sospirai. «Non sono in pensione, non ho sempre la possibilità di rispondere al telefono.»

Ci fu un momento di silenzio.

«Certo che ti ha fatto proprio il contropelo quel giornalista.»

«Mah, sì, guarda abbiamo fatto un errore, qui internamente» dissi, sinceramente dispiaciuto. Nelle ultime ore ero giunto alla conclusione che sicuramente Furetta aveva sbagliato, ma anche io avevo avuto le difese abbassate da un eccessivo compiacimento.

«Eh, direi.»

«Già.»

«Vabbè, come vanno per il resto le cose lì con la tua azienda?»

«Bene.»

«Bene.»

«Allora mi fai sapere.»

«Appena mi chiama.»

«Ora devo proprio andare, ho un casino di cose da fare.»

«Ciao.»

Misi giù e guardai il mio salotto perfettamente deserto e silenzioso. Rimasi così una decina di minuti, poi mi dissi: «Vabbuò, andiamo a lavorare».

Da dietro la vetrata del mio ufficio potevo vedere i miei dipendenti arrabattarsi attorno ai monitor grigio siderale dei loro Mac e, ancora più in là, il grande schermo che riportava il numero esatto di utenti registrati in quel momento su BEFORE, *worldwide*, e in alcuni mercati fondamentali. Numeri a quel punto in perenne movimento ascensionale. Dalla mia sedia reclinabile godevo perciò di una vista ad ampio raggio, dettagliata e non ricambiabile per via della specifica natura monodirezionale di quel vetro.

Il mio ufficio era cioè ispirato al Panopticon, il modello di Jeremy Bentham per un carcere ideale in cui un singolo sorvegliante possa tenere sotto controllo da solo centinaia di celle grazie a un'architettura compiacente e una serie di trucchi visivi, come, appunto, l'utilizzo di uno di quei vetri attraverso cui è possibile vedere ma non essere visti.

Non che qualcun altro lì dentro conoscesse il significato di quella parola: tutti i miei collaboratori si erano tenuti a distanza di sicurezza dai percorsi di studio umanistici e proprio per quello nonostante fossero mediamente molto giovani (28,7 anni) guadagnavano cifre sufficienti a mantenere senza alcun patema una famiglia o una coppia di animali domestici di grande taglia. In alcuni casi particolarmente coraggiosi tutte e due le cose contemporaneamente. Si trattava di persone, avevo scoperto negli anni, che messe di fronte alle lamentazioni sulla imminente-fine-del-mondo tipiche del clima culturale in cui invece mi ero formato io, ti guardavano di rimando senza capire tutta quell'acrimonia esattamente da dove venisse. (Nel caso di Furetta l'espressione esatta che opponeva a tutte le mie profezie nefaste sull'imminente fine di ogni umanesimo era "Fai venire il sangue al naso".) Perciò per loro niente fantasmi distopici, dormivano sereni.

Fatto interessante, se al Panopticon di Bentham aggiungi solo un po' di reciprocità ti ritrovi con un modello abbastanza fedele di internet. Fatto ancora più interessante, questo meccanismo di sorveglianza è stato considerato a lungo da critici e filosofi una sorta di feroce e lontana distopia, mentre oggi è il mondo in cui viviamo senza spendere neppure un secondo a pensarci. O, sempre come direbbe Furetta, "Che fastidio quel quadratino della privacy che viene fuori quando apri un sito".

Che qualcun altro in quei locali conoscesse o meno la parola e la sua storia era comunque del tutto irrilevante – il concetto, l'idea erano perfettamente chiari a tutti: spiare senza essere visti. Era quello che facevamo come azienda. È di questo simbolismo che mi ero innamorato, da qui la mia richiesta all'architetto, quando avevamo rifatto tutto l'arredamento, di attrezzare il lato del mio ufficio che dava sull'open space con uno di quegli specchi da confronto all'americana. M'interessava poco scrutare i miei collaboratori chini sui computer, mi fidavo: era la metafora a interessarmi.

Dalla California non erano giunte altre novità e anche Martina continuava a non farsi sentire. Durante la giornata mi sorpresi almeno un paio di volte a guardare la chat di WhatsApp e stupirmi della mancanza di messaggi nella sua riga. Pensai di invitarla direttamente a casa – scopare con lei mi avrebbe aiutato a non pensare a Federica – poi però mi venne il dubbio che, al contrario, mi sarei potuto trovare in una situazione estremamente triste in cui la pochezza del nostro rapporto si sarebbe manifestata ai miei occhi ancora più chiaramente di quanto era avvenuto la sera della cena, sulla via del ritorno a casa. Per quanto potesse essere ben fatto un pompino, prima o poi infatti scollinava verso la valle della morte della saggezza postcoitale. Anzi, a dire il vero meglio era fatto, prima arrivava il momento, il che era indubbiamente ironico.

Fu una telefonata di Mauro a tirarmi fuori dall'impasse di quei ragionamenti sui massimi sistemi. Ci accordammo per la serata e appena chiusi la chiamata però il mio iPhone si spense per non riaccendersi più. Morì così, senza un motivo apparente e senza nemmeno usare la cortesia di prodursi in qualche disfunzione anticipatrice, una schermata a righe, un piccolo suono acuto o un lieve surriscaldamento. Rimaneva impassibile di fronte a tutte le più comuni manovre di rianimazione: la pressione del tasto laterale, poi di quello centrale e infine la loro combinazione, l'equivalente al silicio del massaggio cardiaco. A nulla era servito anche attaccarlo al caricabatteria. Non era rimasto altro da fare che constatare l'avvenuto decesso e spedire una stagista a un piccolo centro riparazioni consigliato da Sebastiano, uno dei commerciali che lavoravano nell'open space di fronte al mio ufficio.

«Lì te lo fanno entro stasera, digli che sei amico mio. È un romano dell'Esquilino, sui quarant'anni, mica un cinese che dicono sì sì sì poi non fanno un cazzo. Giovanni si chiama» aveva aggiunto Sebastiano con la nonchalance con cui era solito elencare le infinite conoscenze – quasi tutte, si diceva, reali – che aveva praticamente in ogni quartiere e in ogni classe sociale, tranne forse a questo punto presso i cinesi, una rete che era anche il motivo principale per cui avevo avallato la sua assunzione. In un'altra città uno così non lo avrei mai preso a lavorare per me ma a Roma bisognava pagare un tributo di romanità, non si sapeva mai quello che sarebbe potuto succedere e serviva qualcuno in grado di parlare la lingua e recitare secondo il copione del luogo. Qualcuno che fosse in grado di fare non buono ma gioioso ed entusiasta viso a cattivo gioco quando si trovava in posizione di inferiorità e al tempo stesso sapesse essere un figlio di una mignotta di dimensioni staliniane ogni volta che il rapporto di potere fosse volto a suo favore. Un uomo insomma radicalmente privo di princìpi buoni per ogni occasione. Mettendo a libro paga il volto perfettamente sbarbato di Sebastiano, la sua morale di pongo, la camicia D&G inamidata, i pantaloni senza neanche il più lontano sentore di una sgualcitura – tutto in lui diceva Roma nord, ma piani bassi di Roma nord – avevo preso una decisione quasi ecumenica, forse ascrivibile a un concetto pienamente italiano (inteso con quella sovrapposizione fra romanità e italianità che è opinione diffusa, quanto fallace, nella capitale) di età adulta come età del compromesso e dello scambio di favori.

Così ogni giorno lo vedevo sfilare davanti al mio ufficio come un rappresentante diplomatico della città fuori dalle finestre e rimanevo combattuto. Talvolta mi sembrava di aver fatto una mossa brillante, altre volte di aver compiuto un cedimento inaccettabile sulla via della decadenza non solo mia personale, ma del Paese tutto. A ogni modo era simpatico, una constatazione che lui, ne sono sicuro, avrebbe preso come assieme ovvia e meritata.

Giovanni, il tecnico che resisteva alle pressioni competitive dell'Asia sotto casa, si rivelò magro, con degli occhialini rettangolari e intento a fumare una sigaretta, rendendo l'aria dentro lo stanzino irrespirabile.

«Er telefono che ha portato 'a ragazza, come no. Subbito.»

Armeggiò sotto il bancone e ne tirò fuori una piccola confezione argentata.

«C'aveva urgenza m'ha detto. So' riuscito a sistemallo a tempo de record, s'era rotto 'o schermo, c'ho messo quello originale perché io je lo dico, co 'a sottomarca risparmiava 50 euro ma fra un mese stava de nuovo qua.»

«Ha fatto bene. Ma perché si è rotto?»

«Che s'è spento de punto in bianco?»

«Sì.»

«Eh, questi così fanno. M'ha detto 'na signora l'altro giorno: "Ma che ce devo mette 'a custodia?" E io le ho risposto: "Signò, la custodia la può pure mette ma il risultato è che er telefono è più bello, se se deve rompe se rompe comunque, nun so se me spiego".»

Feci cenno di sì, si spiegava.

L'uomo mise sul tavolo la custodia del pezzo di ricambio.

«Come jo detto questo è er ricambio originale, solo non c'ha er marchio Apple se no costava arti cento euro deppiù solo pe er disegnetto da meletta, ma se po' fidà che è la stessa marca, cambia solo 'a confezione. Se ne apre n'arto lo vede subbito, se chiama SELT.»

Non ce n'era bisogno, conoscevo quel nome, si trattava di una grossa azienda cinese che forniva effettivamente gli schermi alla Apple. Vidi anche il foglietto con segnato a penna il prezzo della sostituzione; Giovanni se ne accorse.

«T'ho fatto lo sconto perché sei amico di Sebbastiano» ebbe il coraggio di dire. «Diglielo eh. Come sta? Come vanno le cose? Mi dice sempre che c'avete un capo che è un po' un rompicojoni.»

Sorrisi. «Un po' sì. Vendicativo soprattutto.»

«Pure. So i peggio, quelli.»

«Già» convenni. Accesi il telefono, tutte le app risultavano disinstallate. «Be', e perché le app sono disinstallate?»

Giovanni alzò appena gli occhi dalla fattura. «Eh, quello è l'effetto che po' fa quando colleghi 'o schermo nuovo ar purzante home, devi da passà er telefono dentro 'n macchinario magnetico pe coordina er pezzo nuovo co' quello vecchio, se no nun funziona. Alle vorte quanno fai sto passaggio manna a fan culo tutto, scusa er francesismo eh. Cioè 'a manovra può darsi che te cancella un po' de robba, e allora le appe le devi da reinstallà tutte, ma ce metti 'n attimo.»

Facile che avesse fatto qualche cappella lui, in realtà. O chissà cos'altro. Avevo modo di saperlo? Assolutamente no. Nei confronti dell'assistenza ai telefoni non c'erano alternative sensate al porsi come di fronte al verdetto inappellabile del sacerdote al tempio. Non si possono conoscere i segreti del rito, né cosa hanno davvero detto le viscere del capretto, né, in verità, se il capretto in questione quel mattino c'è arrivato davvero, al tempio. Può darsi pure che se lo sia mangiato un cugino del sacerdote che abita ai Castelli. Bisogna accettare la sentenza e porgere deferenti la carta per saldare la cifra voluta dagli dei della tecnologia – incarnati spesso da uomini apparentemente analfabeti o certamente brufolosi – in cambio della ritrovata capacità del proprio pezzo di metallo, gorilla glass e silicio, di compiere miracoli contro natura. Cioè io, in realtà, dato il mio mestiere avrei anche due capacità in più del pensionato medio di capire quando figuri come Giovanni me lo stavano appoggiando, seppur con una certa cerimoniosità, al culo, ma la realtà dei fatti è che si trattava di un sistema determinato in cui o sai esattamente cosa stanno facendo, allora sei un tecnico e non chiedi aiuto a un tuo simile, o non lo sei, e allora anche se hai una conoscenza approfondita del funzionamento dell'industria dell'innovazione nel suo complesso, qui, nel caso specifico, ti tocca ridurti all'atto di fede e subire in silenzio.

Perciò pagai e mi ritrovai sul marciapiede a installare almeno le app più basilari e cercare di dimenticare la molestia appena subita.

Con Mauro ci incontrammo quella sera stessa al Big Star, a Trastevere. Che mi avesse chiesto di incontrarci era un po' inconsueto considerato che ci eravamo visti solo un paio di giorni prima, alla cena. Immaginai che tanta urgenza avesse a che fare con la notizia di Cristina incinta, forse c'erano cose che con lei presente non aveva potuto dire e che gli premeva comunicarmi, tipo che in realtà era stata tutta colpa di un preservativo rotto o di una pillola dimenticata e ora stava meditando il suicidio.

Ero stato tentato di dare un'occhiata, tramite i miei soliti accessi privilegiati, ai dati conservati nel suo profilo BEFORE, poi però mi ero deciso a non farlo. In genere a farmi desistere non era mai uno scrupolo per la privacy altrui quanto piuttosto il timore di trovare qualcosa di negativo sul mio conto. Ci sarei rimasto male.

Trovai comunque Mauro in uno stato compatibile con le mie fosche – e analogiche – teorizzazioni. Era visibilmente inquieto, come in attesa di rivelare un segreto, e accendeva una sigaretta dopo l'altra. Ciononostante sembrava comunque più sereno di quando ci eravamo visti a cena. Sapevo che era mio dovere sociale chiedere del bambino e così feci.

Lui sogghignò soddisfatto, disse che era una follia, ma lo disse senza autentica convinzione, come un omaggio di maniera alle sue idee passate. In realtà non era difficile intravedere già in lui i tratti dell'uomo che infine sarebbe emerso dal sobbarcarsi tutta una serie di obbligazioni irrevocabili. Si trovava ancora nella fase più teorica dell'incubo in cui si era infilato – le notti insonni, le discussioni di coppia, la devastazione dell'erotismo, l'azzeramento del tempo libero, erano tutti fenomeni di là da venire. Eppure non era difficile intuire come Mauro si sentisse avviato verso qualcosa che lo avrebbe reso uomo in maniera più piena e definitiva.

«Non pensavo, ma alla fine sono felice» disse, «è una cosa che mi distanzia anche un po' dal vivere in questa città che mal sopporto, mi tira fuori da delle fissazioni inutili. Mi sono accorto che penso di più a quello che è importante e meno a quello che non lo è.»

«Senti, questo per me è davvero un mistero. Fai un figlio TU. Tu che stai sempre a lamentarti dell'insensatezza della vita...»

«Non sempre.»

«La maggior parte del tempo.»

Ci pensò un po' su. «Ok, "la maggior parte del tempo" è abbastanza rappresentativo.»

«Con che coraggio mettere al mondo un altro sofferente?»

«Ma vedi, proprio questo ho capito: non puoi essere così determinista, che ne sai che invece non gli capiti di avere una vita felice? Non puoi escludere che le cose gli vadano bene. Nascerà da una famiglia benestante, in un bel quartiere di una capitale. Poteva andargli peggio. Da lì in poi starà a lui ma non puoi mica escludere che gli succeda qualcosa di bello.»

«Qua ti volevo. Pensi che questo faccia davvero la differenza? Com'è che l'hai chiamata in quell'intervista? "La doppiezza che si nasconde nell'avere la rara fortuna di realizzare i propri sogni"?»

«Qualcosa del genere, se ricordo bene.»

«Te lo ricordi benissimo. Per una volta che ti hanno citato correttamente, ce l'hai ripetuto per mesi.»

«Mi avevano mandato le bozze via mail prima di pubblicarla.»

«Evviva. Ma cosa veniva dopo, te lo ricordi? Te lo dico io, così puoi far finta di non essertela riletta mille volte: "Un lungo plateau di malinconia, per di più inconfessabile, il che non fa che aumentare la disperazione".»

«La *solitudine.*»

«Non fa che aumentare la solitudine.»

«Eh, allora suicidiamoci tutti.»

«Guarda che sono parole tue.»

«Vabbè, era un'intervista, posso stare attento a quello che dico in *un'intervista*? E poi le persone cambiano» disse privo di alcun autentico fastidio, «senza contare che quelle più intelligenti possono avere sullo stesso argomento due o più idee diverse contemporaneamente.»

Questa era la qualità di Mauro che mi piaceva di più: se si escludevano i discorsi attorno ai fatti della vita quotidiana, in cui risentiva pesantemente dell'influsso di Cristina – sempre impegnata a creare recinti di esclusività proprio mentre predicava inclusione universale – non c'era limite ai punti di vista che avrebbe accettato di discutere. Una volta avevamo dibattuto per ore su come la storiografia ufficiale avrebbe parlato degli alleati, se i nazisti avessero vinto la guerra. Tanto per fare un esempio. Entrambi eravamo avidi consumatori dei podcast di Joe Rogan e di Eric Weinstein, in generale eravamo attratti dall'ampiezza di sguardo e dalla radicalità delle analisi della corrente libertaria e antitribale americana. Alle volte avevo l'impressione che questa disposizione – sempre più rara – a discutere ogni punto di vista senza offendersi o scandalizzarsi fosse quello che manteneva viva la nostra amicizia.

«E dimentichi che poi quella giornalista me la sono scopata. Come vedi, la vita è imprevedibile e alle volte benigna.»

«Lo sai che i genitori sono penalmente responsabili dei danni che fanno i figli minorenni? Dovrai tenere sotto chiave coltelli, pistole e scooter. Tanto per incominciare.»

«Massì, DeSa, tutto si aggiusta.»

«Facile dire così adesso, ne riparliamo quando il bambino sarà nato e la sua presenza irreversibile. Te invece stai già ai mantra: *tutto si aggiusta*. Voglio proprio vedere se tutto si aggiusta quando quello alle tre di notte non vorrà saperne di dormire e alle nove del mattino dopo avrai un impegno di lavoro che non puoi saltare.»

«Vabbò, mi hai convinto: ora telefono a Cristina e le dico di abortire.»

Presi un sorso dal mio cocktail. In effetti cosa volevo da lui?

«È solo per discutere, dài. È che mi ha stupito. Cristina era fissata che voleva un bambino?»

Non me ne aveva mai parlato ma poteva benissimo essere. Che non mi stesse simpaticissima sarebbe stato evidente a chiunque, tanto più a Mauro, che perciò non mi aggiornava certo sulle loro dinamiche coniugali.

«No, non era una questione di vita o di morte per lei. Direi che lo abbiamo deciso insieme. Il punto è che alle volte devi lasciarti andare e vedere quello che succede, non è molto più complicato di così.»

«A me sembra lo stesso approccio di chi si augura di morire anziano perché crede che a quel punto il nulla della morte sarà qualcosa di naturale e ben accetto, forse non proprio piacevole ma comunque sopportabile. Il cazzuto ordine naturale delle cose, cioè. Sai come continua la storia: la vecchia quercia accetta il suo destino e placidamente si fonde con l'essere eterno. Musica sinfonica che sale, commozione dei cari che soffrono ma al tempo stesso imparano anche un'importante lezione, dopodiché la vita continua, come accresciuta. Questa però è una scena di *Kung Fu Panda*.»

«Una delle mie preferite.»

«Ecco, vedi. Invece moriremo in corsie d'ospedale, mentre al paziente di fianco cambiano il pappagallo. Avremo, se saremo stati fortunati, corpi esausti, rammendati e cadenti e ciononostante proveremo disperatamente a rimanere aggrappati alla vita fino all'ultimo istante. Non ci sarà nessuna musica ma un'infermiera bielorussa che tossisce in corsia.»

«Forse. Ma almeno lascerò qualcuno dietro di me.»

«In modo che il ciclo possa ricominciare. Grande atto di magnanimità lasciare alle spalle degli esseri umani inconsolabili.»

«Quindi cosa proponi in alternativa? L'estinzione?»

«Be', se non altro questo risolverebbe il problema dei gabbiani che rovistano nella spazzatura.»

«Mi sa che non ti è mai passata davvero, eh?»

«Di cosa stai parlando?»

«Adesso sei tu che fai finta.»

«Ma lascia perdere, va'.»

Mauro beveva più del solito e finimmo in fretta il secondo giro di Gin Tonic. Prese a elencare con finta ironia delle incombenze che lo aspettavano e mi resi conto che se fosse stato Emanuele a usare quel tono lo avrei davvero pensato al sicuro. Era ancora possibile infatti vivere una vita confortevole a patto di non uscire mai dai caldi confini di una storia positiva. Pensarsi via via giovane emergente, adulto di successo, munifico padre di famiglia, anziano saggio, e assorbire dentro a questo album di figurine tutte le proprie inquietudini, ridurle a ostacoli in un arco narrativo positivo, soprattutto coerente e in una certa misura eroico. Sfuggire alla consapevolezza del nulla grazie a piccoli passi mossi nel solco della tradizione. Era quello che avevano fatto i nostri genitori. Il problema semmai era non rendersi conto dell'intero meccanismo, altrimenti non era più possibile credere. Non avevo dubbi che una vita simile a quelle che ci erano state tramandate fosse alla portata di Emanuele: il narcisismo sarebbe stato la supercolla della sua storia personale. La sua antisocialità avrebbe agevolato una felice e proficua permanenza nel mondo degli uomini. Avrebbe seminato egocentrismo e raccolto amore dalle sue vittime, tutte peraltro su base volontaria.

Mauro invece era diverso. Era al tempo stesso attratto da tutte quelle cose che aveva desiderato da bambino ma anche lucido abbastanza perché in breve tempo ogni nuova conquista gli si rivelasse in fretta come un'illusione ottica di buona, ma non irresistibile, fattura. E prima o poi quella malinconia che ora fingeva di non conoscere nemmeno nominalmente l'avrebbe raggiunto di nuovo. Sapeva bene quanto fosse in fondo deludente tutto quello per cui gli uomini si affaticavano, non a caso aveva cominciato nel tempo a prendere più sul serio gli oggetti che il denaro poteva comprare rispetto alle storie che le persone non smettevano mai di raccontarsi. Il consumo se non altro era un po' più onesto delle grandi pretese morali o politiche che si rivelavano inevitabilmente lotte per l'autoaffermazione malamente camuffate. A una mente un minimo sveglia e colta il consumo invece non prometteva niente più di quello che manteneva. E la sua forma più alta, quella che prevedeva cioè lo sviluppo della tecnologia, non aveva solo un valore d'uso – anzi, ne aveva uno molto limitato temporalmente – ma era soprattutto l'espressione di un gigantesco sforzo collettivo e il più incredibile esempio di cooperazione interno di una specie altrimenti dedita alla guerra, allo stupro, alla sopraffazione reciproca. Era, in altri termini, l'apice incontrastato del nostro percorso evolutivo.

Con questa medesima convinzione eravamo arrivati più o meno nello stesso periodo a diffidare delle dottrine di fraternità – così come, sempre assieme, anni prima, avevamo incominciato a commentare semiclandestinamente le comiche assurdità della vita politica universitaria, quando a notte fonda ci trovavamo nel salotto di casa per una tisana o per il cicchetto della buonanotte: lui in pausa dalla scrittura del suo primo romanzo, io dalle tante disparate letture con cui riempivo le notti in cui non uscivo per il Pratello a sbronzarmi e cercare una ragazza da portare a casa. Ora concordavamo sul fatto che il rassicurante rumore di un sei cilindri BMW tornasse più utile, a patto di non dover contrarre debiti per procurarsene uno, a una vita equilibrata e contemplativa rispetto a una qualsivoglia parola d'ordine politica o convinzione retorica.

Dal vivo Mauro era il più delle volte energico, immediato, talvolta anche naïf, ma nelle sue pagine scritte emergeva una lucidità spietata, inesorabile. Le due parti coesistevano in maniera simbiotica e proprio per questo *Vertigine* era un gran libro e glielo avevo invidiato molto. Lui pensava che se ancora non aveva scritto un nuovo romanzo la colpa fosse dell'ambiente di alienati della letteratura italiana e della Roma irrimediabilmente corrotta e compiaciuta di esserlo che gli toccava frequentare; io ero invece dell'idea, sebbene mi fossi meschinamente ben guardato dal dirglielo, che gli facesse troppa paura confrontarsi con la sua parte più analitica e impietosa per tutto il tempo che richiedeva la stesura di un romanzo.

Così, con il primo moto di autentica cattiveria della serata – perché coperto dalle pelli mimetiche della preoccupazione del vero amico – chiesi: «Capisco tutto, ma questo bambino non rischia di rallentare la scrittura del nuovo romanzo?».

Mauro sfoderò un altro di quei sorrisi maledetti da George Clooney delle Venezie, solo un po' meno convincente di quelli precedenti. «Come vi ho detto l'altra sera, non so nemmeno se lo scriverò un altro libro.» Guardò per un paio di secondi il bicchiere vuoto, ponendo particolare attenzione al bordo. Infine si alzò e disse: «Andiamo a farci un giro, devo farti vedere una cosa. Così capisci».

Salimmo sulla sua macchina e attraversammo buona parte di Roma. Non chiesi dove eravamo diretti. Ogni minuto che passava Mauro sembrava sempre più eccitato. Guardavo i suoi occhi saettare dalla strada al telefono, continuava ad attivarlo e subito dopo a metterlo in stand by. Mi resi conto che non gli avevo parlato del mio incontro con Federica, nemmeno quando ci sarebbe stata l'occasione e ai suoi commenti del tipo: "Vedi, proprio di questo stavo parlando" avrei potuto rispondere che era totalmente fuori strada, ora, anzi, la frequentavo professionalmente e senza nessuna controindicazione. Avrei potuto così rivendicare per i miei massimi sistemi una netta indipendenza dai fatti minimi della vita. Sarebbe stato un tentativo patetico, oltre che intellettualmente disonesto, ma arrivai comunque a tanto così dall'intraprenderlo. Tale e tanto è il vizio costitutivo di una formazione filosofica.

Mi fermai anche perché da tempo mi sembrava che nessuno accanto a me fosse davvero interessato ad ascoltare questioni così intime. Tutti semmai volevano parlare delle loro, questo sì, ma con il tipo di sproporzione direzionale che si userebbe con un analista: cercavano cioè uno sfogatoio da cui si aspettavano al massimo risposte di circostanza, pillole di saggezza a buon mercato del genere che si regala agli altri ma che ci si guarderebbe bene dall'applicare a se stessi. Che fosse quella città a fare quell'effetto sui suoi abitanti, prosciugandoli con un fardello di questioni di difficile o impossibile risoluzione, o che fosse invece una questione di avanzare dell'età o, ancora, del semplice fatto che frequentavo solo persone con spiccati tratti narcisistici, sta di fatto che più passava il tempo più mi astenevo dal parlare di me: non volevo inserirmi in un rito che non aveva altro scopo che far risuonare parole che nessuno avrebbe ascoltato davvero.

Stando così le cose mi sembrava più interessante mettermi in ascolto, farmi investire dagli abissi personali altrui e vedere se ne ricavavo qualcosa in termini di conoscenza del mondo. Qualcosa di utile per me, insomma. Praticavo quindi una tonalità diversa di egocentrismo, appena più sommessa.

A San Giovanni Mauro mi chiese di spegnere il cellulare. Alle mie domande rispose solamente: «Fidati», poi spense anche il suo. Dieci minuti dopo ci fermammo in una di quelle strade del Pigneto in cui ci sono solo piccole casette a uno o due piani.

«Qui è perfetto. Che culo che c'è posto. Ti ricordi come si guida questa?»

Non era una domanda stupida perché quella era un'auto che aveva a bordo una quantità inusuale di tecnologia, primo fra tutti un cambio robotizzato ZF, per cui era importante ricordarsi che il pilota doveva limitarsi a fare il minimo indispensabile e non staccare mai la suola sinistra dall'appoggiapiedi.

«Sì, certo. Perché me lo chiedi?»

Mi invitò a scambiarci di posto, poi aprì il bagagliaio e sfilò una borsa che portò con sé sul sedile del passeggero. Trasse di tasca dei fogli e incominciò a leggere.

«*Vertigine* è un libro pretenzioso, sconclusionato, scritto male, e queste sono le cose migliori che si possono dire sul suo conto. Veniamo ai problemi veri e propri: il primo è che un editore come Mondadori pubblichi un lavoro tanto impresentabile – per giunta nella sua collana più letteraria – ci dà la cifra del punto a cui siamo arrivati. Intendiamoci, *Vertigine* ha anche uno o due momenti quasi riusciti, come la scena del bar, o quella del Bottellion a Prato della Valle, ma anche un orologio rotto segna l'ora giusta due volte al giorno e il momento migliore rimane di gran lunga quello in cui davanti agli occhi dell'esausto lettore appare la parola "Fine". Nessuno qui disprezza una buona scena di sesso, o un uso linguisticamente accurato del vernacolo, ma in *Vertigine* si fa uno sfoggio grottesco di carni che si aggrovigliano e di continue volgarità che assolve solo a due scopi: vendere copie solleticando la pancia degli italiani (che novità!) e appagare il gigantesco ego di questo se mi si passa il termine scrittore. Se c'era una cosa di cui la letteratura italiana non aveva bisogno era dell'altro superomismo, fatto poi chiaramente da uno che nella vita non sarà niente di più che un leone da tastiera. Per non parlare poi delle D eufoniche! *Vertigine* riesce comunque a lasciarci un prezioso insegnamento: non tutto il disagio mentale si risolve in arte, talvolta il risultato sono semplici fogli chiazzati di banalità, anche quando trovano inspiegabilmente a marchiarli il blasone di una (un tempo?) grande casa editrice. Bene ma non benissimo.»

«Chi è questo? Uno che ti vuole scopare?» chiesi, sinceramente divertito.

«No, cioè, non lo so. So però che si chiama Simone Fenati: disoccupato, ha un blog culturale dove sentenzia su chiunque, solo a me ha dedicato otto articoli, tutti su questo tono. Ce n'è uno dove per parlare male di me dice che il mio stile somiglia a quello del blog misogino e nichilista "Enterthedistopianow".»

«Ma quale misogino, misantropo semmai.»

«Eh ma guarda che questo sa solo le parole che vanno di moda. Fa una quindicina di tweet al giorno, divisi fra tentativi di autopromozione e terrificanti abbozzi di satira sull'hashtag del momento, sperando di farsi notare da qualcuno. Ha solo ventotto anni ma ho scoperto dal mio editor che ha inviato cinque manoscritti diversi a Mondadori e praticamente ogni altro editore, esclusi, forse, quelli di libri sul giardinaggio. Lo so perché sono talmente terribili che Fenati è diventato argomento di conversazione ai pranzi fra addetti ai lavori ai festival e pietra di paragone in negativo. Una delle massime offese nell'ambiente è diventata: "Questa sembra una frase del Fenati". Gli hanno dato anche l'articolo determinativo a perculamento definitivo. Questo che ti ho letto comunque è un commento che ha lasciato in forma anonima su Amazon, dove tra l'altro si firma con un nick femminile: "RosaParks435". Con quell'account ha fatto solo stroncature, a quindici libri, tutti romanzi italiani di un certo successo.»

«E come fai a sapere che è proprio lui quello del commento?»

«Ho chiesto a Guido di scoprire chi fosse. Puoi immaginare la mia sorpresa quando mi ha detto che era proprio il mitologico Fenati. Nel giro di un'ora mi ha dato anche l'indirizzo, la tessera sanitaria e gli orari della sua squadra di calcetto, dove comunque fa il portiere perché è troppo grasso per qualsiasi altro ruolo. Il suo soprannome è "Ciambellone", nel gruppo di WhatsApp lo prendono tutti per il culo.»

Mannaggia a Guido mannaggia, siccome non avevamo già abbastanza casini. Era vero che quando hackerava prendeva tutte le precauzioni del caso, però cazzo...

«La cosa che preferisco comunque è la sua ragazza, guarda qui.»

Mi mise sotto gli occhi la foto profilo di una cicciona con i capelli biondo slavato e una maglietta a righe, da non crederci, orizzontali. Bella non era di certo, in compenso sembrava simpatica.

«So cosa stai pensando: sembra simpatica. Ma si tratta del solito pregiudizio cognitivo che devia la nostra percezione degli obesi.»

Dovevo ammettere che tutta la faccenda era interessante, ma non mi era chiaro dove volesse arrivare. A quel punto mi ricordai dei telefoni spenti e un brivido mi corse lungo la schiena. «Va bene, questo qui è la sfiga in persona e tu sei la sua ossessione personale. Oggi va così. O forse è sempre andata così ma ora con internet non c'è più modo di ignorarlo.»

«Eccolo» disse indicando una vecchia Ford Ka che si era infilata in una via poco più avanti. «Va così UN CAZZO.» Poi si tirò sulla testa il cappuccio della giacca e aggiunse: «Aspettami qui, torno subito».

«Dove vai?»

Lo vidi allontanarsi con la borsa a tracolla. Feci caso solo in quel momento che tre lampioni della via erano rotti, ordinaria amministrazione ma mi venne comunque il dubbio che fosse stato Mauro a metterli fuori uso durante una visita precedente. Incominciai a innervosirmi. Tornò dopo un paio di minuti con un passo appena più rapido del normale.

«Vai, vai.» Partii il più fluidamente possibile. «Non correre, ti dico io dove girare, ho studiato dove sono le telecamere.»

«Come le telecamere, ma che cazzo hai fatto?» Ora ero davvero preoccupato. Mauro si mise a ridere, potevo avvertire l'adrenalina che aveva in circolo, era come se tutta la sua figura emanasse una sorta di energia malvagia ed entusiasta. Aprì la sua borsa e ne tirò fuori una mazza da baseball insanguinata, agitandola nella mia direzione.

«Te gà trovà queo del formajo', mona!»

Poi prese a ridere e a bestemmiare senza sosta.

«Lì gira a destra!»

«Non l'avrai mica ammazzato?» chiesi, mentre pensavo che la complicità in un omicidio era proprio quello che mi ci voleva. Sì, certo, povero Ciambellone, ma in quel momento mi premeva capire in che casino mi trovavo *io*. Non potevo finire di nuovo dentro un incubo del genere e ancora una volta senza aver fatto niente.

«No, macché, gli avrò rotto sì e no un braccio e una gamba. Con tutto quel grasso a protezione cosa vuoi fargli. Comunque sulla testa non l'ho proprio preso. Qui vai a sinistra.»

«Ti sei completamente rincoglionito? E poi proprio me ti porti a fare una puttanata del genere, con tutto quello che mi è successo!»

Ora stavo urlando, faticavo a tenere le mani sul volante.

«Ehi, stai calmo. Perché, cosa ti è successo? Qui vai dritto.»

«Ma come COSA MI È SUCCESSO?»

Dai suoi occhi sgranati e persi capii che *veramente* non ne aveva idea.

«MARTINA, l'accusa di omicidio, la GALERA?»

«Scusami, me ne ero completamente dimenticato.»

«MA CHE CAZZO DICI, STAVA SU "REPUBBLICA" IERI! PORCA DI QUELLA TROIA.»

Mauro si tirò indietro, stupito. «Davvero? E perché dopo tutti questi anni?»

Presi un lungo respiro, quasi mi stava venendo da ridere. Poi gli alienati erano i suoi colleghi.

«Ma poi che senso ha? Non stai per avere un figlio? Ma ti sembra una cosa intelligente da fare?»

«Fermati lì in quello spiazzo, mettiti più al buio possibile.»

Scese e si mise ad armeggiare con le targhe, lo vidi togliere quelli che sembravano dei pezzi di scotch nero e lanciarli nei cespugli. Tornò a bordo.

«Per sicurezza avevo cambiato un po' le lettere e i numeri, ma comunque non ci ha visto nessuno.»

Alzai le mani. «Capirai, in una città di Yaris grigie incidentate vai in giro con un BMW coupé blu shocking con i cerchi neri, non dà proprio nell'occhio.»

«Tranquillo, non ci ha visto nessuno, ti dico. Comunque non capisci, è proprio per mio figlio che l'ho fatto. È il saperlo in arrivo che mi ha dato la forza e la lucidità di organizzare tutto. Il punto, DeSa, è che non possiamo passare il tempo a lamentarci e basta di quanto sia assurda e contraddittoria la nostra esistenza. Dobbiamo *fare* qualcosa. Non esiste più nessun rispetto degli altri? Nessuna gerarchia basata sul lavoro che uno ha fatto? Tutti sanno tutto di qualsiasi argomento. E invece non sanno un cazzo di niente. E allora facciamo qualcosa, AGIAMO, porca puttana.»

«Con una mazza da baseball? Ma sei fuori?»

«Sai perché ho portato te? Perché tu eri lì nei due anni in cui ho lavorato a *Vertigine*. Abbiamo discusso fino a notte fonda dei problemi che stavo affrontando nella stesura, mi hai visto litigare mille volte con Roberta per il tempo che perdevo a lavorarci» disse riferendosi alla sua ragazza di allora, «mi hai visto, nel frattempo, fare i salti mortali per mantenermi, mi hai visto dormire quattro ore a notte per avere il tempo oltre che di scrivere e di lavorare anche di leggere e fare le ricerche necessarie. Mi è venuta una gastrite cronica, a un certo punto. Mi sono apparsi di colpo un fottio di capelli bianchi e non avevo manco trent'anni. Poi dal nulla arriva un panzon dell'ostia semianalfabeta che si permette di insultare anonimamente sul sito dove il libro viene venduto. E non mi venire a parlare di democrazia e libertà di opinione perché questo è solo odio protetto dall'anonimato e in più quel sito di merda non ti fa nemmeno replicare. Devi stare zitto e sucare. E poi altro che dibattito, sta fregnaccia è solo l'alibi. Come faccio a discutere con uno che non sa un cazzo? Manco i rudimenti? Mi dici dov'è finito l'onore in questa società? Dov'è finito il più basilare senso di giustizia? Somatizziamo tutto questo schifo, la dittatura delle nullità rompicoglioni, ma io te lo dico: prima o poi esplode tutto. Se penso a mio figlio che cresce in un mondo del genere ti giuro impazzisco, poi, guarda, io e te possiamo anche fare gli ironici.»

«Be', Mauro, non mi sembra proprio, hai appena preso a bastonate una persona.»

«Possiamo anche fare gli ironici ti dico, i superiori, ma come lo spieghi a un bambino che cresce e vede che l'insulto è senza conseguenze, che il merito non conta un cazzo, tantomeno il lavoro, il farsi il culo, l'appassionarsi a un progetto, il sapere qualcosa. No, solo l'odio, la superficialità, nessun senso di giustizia. Tutto livellato, tutto inutile, tutti dei piccoli inquisitori il cui scopo nella vita non è crescere ma tirare tutti giù nella polvere con loro.» Fece una pausa per poi aggiungere: «Che poi questi sono quelli che votano quello che votano».

Nonostante l'ira che avevo in circolo non potei esimermi dal notare che quest'ultima considerazione era un chiaro strato di Cristina attaccato alla bene e meglio alla fine del ragionamento di Mauro. Così come d'altro canto "sucare" era un meridionalismo che doveva aver appreso da me, e "fregnaccia" invece dall'ambiente.

«Sì, ok, però» provai a replicare «tu assumi che il ciccione fosse in malafede, probabilmente invece è davvero convinto che il tuo libro pubblicato per Mondadori sia la più grossa delle ingiustizie, non si rende conto delle motivazioni psicologiche del suo odio.»

«E sti cazzi! Potrebbe anche essere così come dici, ma al di là di quello che pensa lui resta il fatto che non è così, e tu lo sai. Che si inculino le motivazioni psicologiche, non ce le abbiamo tutti?»

«In teoria sarebbe proprio il tuo lavoro, prenderle in considerazione.»

«Ma lascia perdere, madonna ladra. Quello è lavoro, la vita è un'altra cosa. Basta con tutto sto relativismo, con questa idea che chiunque, poverino, ha diritto di insultare liberamente perché da bambino qualcuno gli ha tirato do sciaffi. Cosa ne sappiamo noi che non fossero giustificati? Magari il bocia le meritava, due cartelle in faccia. E poi tutta sta mollezza alla fin fine a cosa serve? A far vendere su Amazon, a far fatturare pubblicità a Facebook, a selezionare il ristorante per pecoroni su TripAdvisor: è la vera dittatura della maggioranza, con tutta l'imbecillità che si porta dietro. Ma Adam Smith l'hai letto? Locke? STUART MILL! PROPRIO TU NON CAPISCI! Vecio, un bambino ha bisogno di sapere che esiste una giustizia per crescere sano, deve sapere che esiste anche qualcosa di più di un rutto al bancone di un bar, dell'invidia e del risentimento e che quel qualcosa è tutelato dal mondo dei grandi. Vedi che questa poi è la gente che picchia gli insegnanti o i medici. Sono violenti.»

«Ah, sono violenti?»

«Sì.»

Accostai l'auto e dissi: «Cambiamo posto». Mentre eravamo entrambi fuori dall'abitacolo valutai l'idea di saltargli addosso, avevo il nervoso a fior di pelle, ma prima che potessi decidermi quello si era già rinfilato in macchina.

«E tu come ti senti ora?» chiesi mentre Mauro rientrava nel traffico.

«Bene, meglio di prima sicuramente. Liberato, porca troia.»

«Portami a casa, va'.»

Rimasi in silenzio a lungo, e così anche Mauro. Il suo sorriso sfavillava nella luce soffusa dell'abitacolo e non faceva che aumentare il mio fastidio. Ressi un minuto buono finché quel luccicare di incisivi ebbe la meglio. Sbroccai.

«MA PUTTANA TROIA MA TI RENDI CONTO DI CHE CAZZO SUCCEDE SE MI RITROVO DI NUOVO DENTRO UN'ALTRA STORIA DI MERDA? METTI CHE QUEL POVERETTO MUORE!»

Appena finito di urlare ebbi l'impressione che i vetri del BMW fossero stati sul punto di incrinarsi. Mi sentii *un po'* meglio. Mi accorsi che stavo aprendo e chiudendo le dita della mano destra. Mauro guidava assorto, come se non avessi detto niente. Svoltò e poi disse:

«Te l'ho detto, non me la ricordavo quella faccenda. Scusami. E poi vai tranquillo che non muore.»

Rimanemmo in silenzio fino a quando non arrivammo vicino a casa mia, alla vista della quale Mauro riprese a pontificare.

«È che qualcosa bisogna fare, DeSa. Non possiamo stare solo a guardare.»

«Ricordati di buttare via la mazza» dissi. «Soprattutto: io stasera non ero con te. E vai a fare in culo.»

Chiusi la portiera del BMW con troppa forza – cosa che sapevo essere in grado di scatenargli incredibili accessi di ira – e me ne salii a casa. Fu nel silenzio del mio appartamento che mi resi conto di avere ancora una bella dose di adrenalina in circolo. Riaccesi il telefono, Martina non mi aveva scritto. Era chiaro che da quando c'eravamo conosciuti stava giocando per la prima volta a "deve scrivere prima lui". L'inizio della fine, o meglio, per quanto mi riguardava, la fine.

Presi del prosciutto e del parmigiano dal frigo, li mangiai con un pezzo di pane. Io e Mauro c'eravamo completamente dimenticati di cenare. Il suo discorso sulle motivazioni del tizio che aveva bastonato avrebbe potuto anche avere senso; mancava però la seconda parte, quella che riguardava lui, le sue, di motivazioni. Giustizia era un termine di cui gli uomini avrebbero sempre fatto uso, ma che di per sé non spiegava molto. Nella storia aveva significato talmente tante cose diverse e in contrasto fra di loro che si faceva fatica a prenderlo ancora sul serio. Pensai a quello che si sarebbe potuto ricavare dal braccialetto del Mastro applicato al polso di Mauro per un periodo sufficientemente lungo. Quei dati, compresi quelli registrati durante l'aggressione appena avvenuta, avrebbero scritto una storia un po' diversa. Là dove Mauro parlava di giustizia e d'improbabili istinti pedagogici nei confronti di figli neppure nati, ci sarebbero stati battiti cardiaci, tensioni muscolari, segni d'irritazione nervosa. Pensai che forse si poteva rovesciare il discorso rispetto ai termini in cui eravamo abituati, il concetto di giustizia – oltraggiato, offeso, umiliato – non era la causa di tutti quei mutamenti fisici, poteva essere visto, al contrario, come una loro conseguenza. Mi segnai un appunto, mi sembrava una prospettiva con del potenziale. Osservai per un po' i radi passanti di via Giulia dalla finestra, senza riuscire a calmarmi del tutto. Mi venne un'altra idea. Presi il telefono e scrissi a Federica.

Senti, mi dispiace. Davvero. È stato più forte di me. Comunque sei sempre molto bella.

Era un messaggio decisamente sconnesso fra le sue parti. Soppesai il telefono per un po' ma alla fine premetti comunque INVIO.

Mentre aspettavo la risposta feci partire un documentario sul cervello umano su Netflix. A quanto pare la parte più antica corrispondeva al cervello dei rettili ed era una delle sedi dell'aggressività.

Il telefono s'illuminò.

Grazie.

e basta.

Mi guardai allo specchio, ero così male?

Non c'era nessun "sta scrivendo" in cima alla chat.

Aspettai una decina di minuti ma non ci fu nessuna evoluzione. Mio padre diceva sempre che la gente non era più educata, non chiedeva mai scusa e non diceva mai grazie.

C'era quindi un lato positivo.

Me ne andai in camera da letto. Feci un giro su Augur, la quotazione per la morte violenta di Luigi Di Maio era rimasta grossomodo stabile. Mi misi a cercare quelle di alcuni personaggi famosi, vidi quelle di Trump, Jay-Z ed Enrico Mentana. D'italiani quotati, a parte i politici, non ce n'erano molti. Il solito digital divide.

Esitai un secondo, poi scrissi "Marco De Sanctis" nella mascherina di ricerca. Ero dato uno a tre entro l'anno, la quotazione esisteva dal pomeriggio del giorno precedente, il totale scommesso al momento era l'equivalente di diecimila dollari. Rimasi a riflettere su chi mi poteva voler male e sulla natura nebulosa di quella scommessa digitale. Dovevo prendere in considerazione l'ipotesi che per strada si aggirasse un assassino pronto a uccidermi per un guadagno netto di ventimila euro in criptovaluta? Pensai che la cosa migliore sarebbe stata se mi fosse venuto sonno. Invece non resistetti ed entrai nel database di BEFORE.

Con un leggero formicolio alla base della spina dorsale consultai la storia recente di browsing di Mauro.

Oltre a una frequentazione ossessiva di un paio di siti che aggregavano recensioni di libri – qui provai per lui sia empatia che una certa delusione – e diversi siti porno – le sue preferenze ruotavano attorno al BDSM con uomo dominatore e donna slave – le stringhe di ricerca che apparvero sullo schermo furono:

– aborto mesi + massimo

– legge alimenti bambino

e

– Philip Roth + figli

Più sotto ancora:

– Neonato maschio + culla Chicco azzurra

Il mattino seguente andai a Fiumicino. Dopo la prima sveglia mi ero rigirato nel letto troppo a lungo, alle prese con un'erezione lignea. In una fase indefinita di un sogno parecchio complesso ero stato avvicinato da una ragazza giovane e magrissima che con uno sguardo dolce mi aveva chiesto se potevo metterle un dito nel culo. La sveglia mi aveva strappato dal condensarsi di un atroce dubbio: quella alle spalle della ragazza era una culla azzurra della Chicco? Cercai di non pensarci e concentrarmi sulla ragazza magrina e i suoi desiderata.

Perciò quando finalmente mi alzai dal letto mi asciugai in tutta fretta e mi toccò rinunciare al caffè. Per fortuna la mia valigia da viaggio era sempre pronta – Ludmilla, la donna delle pulizie, la teneva in ordine. Mi precipitai a prendere un taxi alla fermata sotto casa. Una volta a bordo controllai se effettivamente la Chicco faceva anche culle per neonati. Sì, le faceva. Il caffè lo presi, terribile, a un bar dell'aeroporto, la pubblicità appesa sopra alla cassa recitava "Storie di Caffè", un'espressione significativa nella sua gratuità. Una storia potevano, al limite, essere le capsule di Nespresso, un'operazione con cui Nestlé era riuscita ad alzare a dismisura il prezzo finale del caffè casalingo. Di fronte a un'assurdità così conclamata e di successo – era il caffè che bevevo anche io – si avvertiva chiaramente nell'aria la presenza di una storia, solida, convincente, fosse anche solo suggerita dalle forme delle macchine, dal cartone vellutato delle confezioni, dalla semplicità seducente delle capsule. Qui invece, non essendoci alcuna traccia di un'autentica storia – né di un caffè anche solo poco più che mediocre – si scriveva ovunque un sostantivo vuoto, omaggio gratuito a una fissazione del cervello di specie.

L'orario di partenza era stato appena ritardato di dieci minuti. Il gate non era ancora aperto ma la fila era già parecchio lunga e finiva proprio di fronte a un'edicola. Rispetto all'ultima volta, parecchio tempo prima, che ne avevo visitata una, c'era la metà delle riviste, forse però era quella catena americana a essere poco fornita. Comprai il "Sole 24 Ore" e l'"Economist".

La fila era ancora bloccata, mi sedetti e mi misi a sfogliare il "Sole". La prima volta che era apparso un mio articolo là sopra, con in firma il nome di Giovanni Taddei in grassetto, avevo provato l'orgoglio dell'illusionista. Mi ero anche stupito di non provare alcuna sofferenza nel vedere su un giornale nazionale le mie parole firmate da un altro. Forse perché mie erano le frasi, mio il ritmo, miei i due timidissimi cenni d'ironia che ero riuscito a salvare dalla prima stesura, ma i concetti espressi erano pure sempre quelli del Mastro. Aveva l'Italia bisogno di un piano per la banda larga? Ne aveva bisogno come l'acqua nel deserto.

Mi guardai attorno, non c'era nessuno al gate C9 di Fiumicino che assomigliasse anche solo lontanamente alla ragazza del sogno. La cosa, come dire, non mi stupì.

Ginevra, arrivando da Roma, genera tutta una serie di riflessioni deprimenti sulla condizione della capitale italiana, sempre più simile, se si escludono le opere d'arte che spuntano qua e là dai rifiuti, a una grande città africana.

Dopo aver camminato per un po' per il centro per il solo piacere di vedere delle strade pulite e prive di voragini e dopo aver notato che la ruota panoramica SwissWheel sul lungolago era sponsorizzata da ArabBank pranzai con Jean, il country manager svizzero di BEFORE fresco di nomina. Ordinai *filets de perche* e il cameriere a specifica domanda rispose che no, non era pesce del lago: arrivava dalla Russia. Rimasi stupito non tanto dalla logistica – era abbastanza ovvio che il lago non avrebbe mai potuto fornire tutti i pesci necessari ai ristoranti tipici della città – quanto dalla candida onestà del cameriere. Quando se ne andò chiesi a Jean se secondo lui era una questione di legge o semplicemente usava così. Non dissi, ma immagino che si capisse dal mio stupore, che a Roma un grado di candore del genere sarebbe stato impensabile. Ci avevo messo un po' a realizzarlo ma mi sembrava anzi che i romani stessi – stendiamo un velo pietoso sul trattamento riservato ai turisti – si aspettassero in un certo senso di essere raggirati almeno un po' ogni giorno, era quasi una sorta di cerimoniale che non andava preso troppo sul serio. In genere, comunque, il problema si poteva risolvere diventando clienti abituali e riconosciuti, il che apriva in automatico, che si fosse nativi della Valle d'Aosta o di Testaccio, a tutt'altro tipo di trattamento. Dopo un po' questa palese e rapace discriminazione del cliente occasionale diventava una tradizione culturale di cui andare paradossalmente orgogliosi. Era la forza atavica del privilegio, il richiamo dell'appartenenza, che è come dire la negazione dell'universalità dei diritti. La differenza fra Bologna e Roma, ad esempio, mi sembrava passare soprattutto da questo: la prima città tendeva naturalmente alla cooperazione, la seconda alla distinzione fra gli amici e chi invece non contava un cazzo, anche se poi per contare qualcosa spesso bastava giusto farsi riconoscere.

Jean, che era francese anche se con madre svizzera, non seppe invece darmi informazioni più dettagliate su quel costume elvetico. Non era il tipo da farsi domande sui comportamenti di determinati gruppi di esseri umani senza un supporto statistico e probabilmente aveva ragione lui. In più era sì di Parigi ma aveva studiato prima proprio lì, a Ginevra, in mezzo ai figli degli oligarchi di mezzo mondo e poi si era specializzato negli Stati Uniti, quindi per lui era del tutto naturale ricevere soltanto rispetto quando sfoderava le sue carte di credito. Jean aveva trentadue anni, il viso pulito del modello di un catalogo di moda, ed era il risultato di una selezione che aveva preso in considerazione più di cento profili. Della scrematura se n'era occupata una società di cacciatori di teste, io avevo incontrato personalmente solo i cinque finalisti.

Con Jean avevo avuto immediatamente la sensazione che non saremmo mai diventati amici (era il classico manager nordico che passava le sue ferie arrampicandosi in cima alle montagne, o veleggiando in solitaria) ma non sarebbe stato necessario. Il problema più grosso con la selezione del management era infatti riuscire a trovare gente sveglia i cui confini dell'ambizione arrivassero al lavoro che gli si stava proponendo, o, al limite, a quello successivo. Gente la cui soddisfazione iniziasse e finisse con i benefit e i bonus di fine anno, i periodi di ferie passati a girare il Sud America in bicicletta, i vestiti di sartoria, le bottiglie importanti e le barche, e che ciononostante fossero più intelligenti della media. Era fondamentale evitare personaggi che covassero in sé l'anarchia distruttrice che li avrebbe potuti portare a diventare dei fondatori (magari sottraendo segreti industriali), dei nullafacenti (danneggiandoci economicamente), o, se le cose si fossero messe male, dei potenziali delinquenti (quindi entrambe le cose contemporaneamente).

Al contrario io, dal primo giorno in cui mi ero lanciato in questo progetto, avevo pensato al momento in cui mi sarei goduto i soldi dell'Exit o dell'IPO su una spiaggia, nell'inedia più totale e sempiterna. Con davanti a sé una prospettiva così ingenua tutto diventava più complicato e doloroso, perché l'umanista – per definizione un creatore a tempo pieno d'illusioni fuorvianti – non moriva mai davvero, mentre i Jean di questo mondo, abituati a godersi la loro posizione giorno per giorno, con crescite professionali importanti e costanti, erano i placidi e solidi architravi del capitalismo.

Per il momento Jean non stava tradendo le mie aspettative. Il lavoro preparatorio che aveva fatto per l'apertura delle attività in Svizzera era di buona qualità, così come sembravano perfettamente adeguati i profili che aveva individuato per le imminenti assunzioni. Alla fine del pranzo trovò il coraggio di chiedermi dell'articolo di "Repubblica", doveva avere un Google Alert attivato su BEFORE e forse, chissà, pure su di me. Mi sembrò una cosa intelligente. Lo rassicurai, dissi che era una storia vecchia, in cui non ero mai c'entrato niente. Avanzò qualche dubbio sulla giustizia italiana, che mi affrettai a dissipare.

«Cose del passato» mentii.

Il profilo di Jean si posizionava esattamente al penultimo scalino della piramide dei bisogni di Maslow, lo strumento che misura i desideri personali dei dipendenti all'interno delle organizzazioni aziendali. Soddisfatti i bisogni primari e quelli di sicurezza e di appartenenza, i manager del suo livello, forti di uno stipendio che li poneva al sicuro da ogni autentica asperità della vita, ricercavano soprattutto la gratificazione dell'autostima. Era quindi importante che lo facessi sentire apprezzato e capace; per riuscirci dovevo prima essere percepito come una figura autorevole, e non solo in virtù del fatto di essere il suo capo. Non era facile, la mia indole pessimista mi portava a vedere sempre tutto sotto la luce più cupa possibile, così come a pormi continuamente dilemmi teorici d'impossibile risoluzione, tutte cose che un leader non dovrebbe mai fare. Con il mio management mi ero quindi dovuto sforzare di parlare lo stretto necessario, non sottolineare mai, per nessuna ragione, quanto la specie umana fosse condannata a una fine realisticamente rapida e dolorosa. Si trattava soprattutto di fornire prospettive future rosee e confinate a obiettivi aziendali di breve-medio periodo. Niente di esistenziale, soprattutto.

Nel caso specifico di Jean lo rassicurai anche sul buon esito del round B, sapevo che aveva rifiutato altre offerte per accettare la nostra, la sua preoccupazione era quindi perfettamente comprensibile. A BEFORE – SWISS mancava ancora la sede vera e propria, Jean fino a quel momento aveva lavorato in un piccolo ufficio di emergenza vicino a Place de Jargonnant. Nel pomeriggio, assieme a una giovane agente immobiliare dai capelli rossi, mi mostrò alcune possibilità per la sede definitiva. La più interessante, e anche la più costosa, era nel centro storico, poco lontano dalla casa natia di Jean-Jacques Rousseau. Visto che la nostra missione aziendale in fondo era intuire la volontà popolare prima ancora che il popolo si rendesse conto di averla, l'idea di una simile vicinanza un po' mi solleticò. Nessuno degli uffici che mi mostrarono, neppure quello con la *reference* filosofica, era però del tutto convincente, per cui congedai Jean e l'agente immobiliare, presi un biglietto giornaliero del tram e incominciai a vagare senza meta.

Dopo un paio d'ore finii in un quartiere immediatamente al di là dell'Avre, in cui le case erano a due, massimo tre piani. Ricordavano quelle dei piccoli centri del Veneto e dell'Emilia-Romagna, ma erano tenute a lucido come solo in Svizzera sarebbe stato possibile. Scesi dal tram e incominciai a camminare. Grazie a Wikipedia scoprii che sebbene fosse perfettamente contigua a Ginevra e poco lontana dal centro storico quella in cui stavo camminando era formalmente un'altra città, chiamata Carouge.

L'impressione d'italianità non era un caso: quella minuscola cittadina autonoma di poco più di ventimila abitanti era stata costruita dai Savoia nel Diciottesimo secolo e solo successivamente era stata inglobata nella Confederazione Svizzera. In pratica era la realizzazione terrena del famoso paradosso che s'interrogava su come sarebbe stata l'Italia senza gli italiani. In una palazzina che si affacciava su una piazza con una fontana, era appeso uno striscione: si affittava un ufficio di oltre duecento metri quadrati. Lo fotografai e lo mandai su WhatsApp a Jean, aggiungendo solo: La nostra nuova sede.

Non avevo ancora rimesso il telefono in tasca che mi accorsi che Federica mi stava chiamando. Nonostante tutto la sua voce mi sembrò immediatamente la cosa migliore della giornata.

«Ho scoperto come è nato il casino con Gilardi. Potrei passare domani da te in ufficio per le undici.»

«Sono in Svizzera, al momento.»

«Prelevi o depositi? Scherzo. Scherzo?»

«Stiamo aprendo una sede anche qui. Ma pensa se non fosse stato così, cosa ti dicevo ora al telefono?» dissi senza autentiche tracce di rimprovero nella voce.

«Ma che ne so: gita al museo degli orologi? Non è la tua passione?»

«Era il museo delle arti e dei mestieri, quello. Dimmi al telefono, puoi?»

Venne fuori che come troppo spesso accadeva una sequenza molto improbabile di eventi si era allineata per rendere la mia vita più complicata. Per prima cosa Gilardi era stato in vacanza nel Salento e lì, a una cena di giornalisti in una masseria vicino a Poggiardo, aveva conosciuto questa Daria Cesari, che gli aveva raccontato tutti i suoi sospetti sul caso del suo giovane collega morto di overdose e su come quella scomparsa potesse essere legata ad altre due morti. Pare che da anni scrivesse mail con questa teoria a tutte le redazioni delle testate nazionali ma nessuno le aveva mai neppure aperte. Che qualcuno stesse finalmente ad ascoltarla doveva quindi esserle sembrato un miracolo.

«Devi calcolare» disse Federica «che questa Cesari è una donna con un suo fascino e si sa che Gilardi è un po' farfallone.»

Farfallone? Un'altra coltellata. A quanto pare comunque la Cesari non si era soffermata particolarmente su di me, quanto sul ruolo di Salvatore Petrachi, il faccendiere assoldato dall'avvocato amico di mio padre. Secondo lei la chiave stava lì. A

Gilardi però che ci fosse quello che lui avrebbe definito "un ricco vero" (Salvatore Petrachi era stato istintivamente derubricato a poveraccio col SUV) sembrava una condizione necessaria alla pubblicabilità della storia.

«Sì, mi sembra plausibile, è così che vedono il mondo quelli» commentai.

«L'altra cosa che è saltata fuori è che mi hai mentito. Anni fa sei stato visto in giro per un periodo con Luisella Minardi e conoscendoti avrai senz'altro trovato il modo di farla incazzare. Ora, se vuoi che continui a lavorare per te questa deve essere l'ultima volta che mi menti. Ti avevo chiesto se conoscevi i nomi dei capi. Questo è il genere di cosa che devo sapere. Ne va della mia credibilità.»

«Minardi? Il cognome non mi dice niente, ma Luisella... provo un secondo a googlarla, aspetta...»

«Non mi prendere in giro, DeSa.» Quando si innervosiva passava anche lei all'abbreviazione che usavano i miei amici. «Questa ti odia proprio, figurati se non ti ricordi.»

«Ah sì, ora che la vedo me la ricordo. Niente di importante, non vedo perché possa avercela con me.»

«Come no. Comunque io non capisco perché devi sempre far incazzare le persone, specie i giornalisti.»

«Incazzare... davvero non so perché ce l'abbia con me.»

«Non credo che ci sia bisogno che ti dica che non è stata una grande idea.»

«Forse no, però non ci posso fare niente, io odio i giornalisti. Devi tenere presente quello che mi hanno fatto.»

«*Proprio* perché sei un soggetto a rischio *e* data la tua storia cioè, dovresti fare di tutto per tenerteli buoni. Poi non hai un'azienda? Non hai bisogno di buona stampa per aumentare gli utenti del tuo servizio? Ma è possibile che ti cacci sempre nei casini?»

«Che vadano a fare in culo.»

«Eh sì, bravo. Ti ho già detto quanto prendo adesso? Perché se non l'ho già fatto mi sa che è il momento di dirti che il mio costo orario si è alzato di parecchio.»

«*Ma perché* tu invece devi sempre difendere gli altri? Ma sarà possibile, dico anche solo speculativamente, che io abbia ragione? Guarda che noi non siamo data-blind come gli editori e gli inserzionisti pubblicitari di una volta, e i numeri ci dicono che un articolo su un giornale nazionale ci porta tanti nuovi utenti quanto cento euro di pubblicità sui social e cinquanta volte di meno rispetto alla citazione in un video di uno youtuber medio o il post su Instagram di un influencer appena passabile. Di base i giornali ci servirebbero solo nel caso volessimo fare foundraising nel mondo geriatrico dei grandi capitali italiani ma non è questo il nostro caso. *Quindi* se voglio li mando a fare in culo quante volte mi pare.»

Dall'altro lato del telefono ci fu un momento di silenzio riflessivo, poi Federica replicò: «Sarà anche così, ma perché inimicarsi gratis qualcuno, anche se secondo te non conta più niente?».

C'era un qualcosa in lei, oltre ai vocaboli improbabili che sembravano usciti da un vortice spazio temporale che ogni tanto le scappavano, che mi ricordava mia madre, la sua scaltrezza di strada, istintiva. Era per certi versi una cosa malata ma, come dire, in quel settore ero praticamente un abbonato.

«Vabbò, c'è altro?»

Federica continuò, la terza cosa andata storta era che in redazione era appena arrivata una stagista di madrelingua inglese che da lì in poi si sarebbe occupata esclusivamente di traduzioni. L'articolo su di me era stato una specie di prova generale.

«E questa mi hanno assicurato essere stata la volontà precisa della Minardi. Quando ha saputo del round B di finanziamento, pare che abbia detto: "Mi raccomando, datelo alla pischella da tradurre".»

«Figurati se quella ha detto "pischella". È di Milano.»

«Visto che non la conosci.»

Attorno alla fontana giocavano dei bambini di origine araba, osservati distrattamente da una donna velata. Uno di loro, con i capelli ricci, assomigliava a me da bambino. A forza di rasarmeli da adolescente il riccio poi era scomparso.

«Che c'entra, ne ho sentito parlare. Tutto sommato comunque il risk assessment mi sembra positivo. Cioè è robetta di redazione, non c'è una volontà seria, un progetto.»

«Sì, esattamente, non è una cattiva notizia. Però avendo tu sicuramente fatto il peggio che potevi fare al mondo con questa Minardi, se ci dovessero essere sviluppi di qualsiasi tipo con la Procura stai sicuro che ci tornano sopra.»

Mi resi conto che mio padre non si era più fatto sentire, era davvero il caso di chiamarlo.

«E questo più o meno è quanto. Comunque questa Minardi non sembra manco il tuo tipo, secondo me non ti piaceva neppure» disse Federica andando a ripescare con memoria da grande mammifero la provocazione del nostro ultimo incontro.

«Guarda, non so più come dirtelo, non ho idea del perché ce l'abbia con me.»

«Sì, certo. Va bene, ti aggiorno se ci sono novità. Vado, salutami tanto il museo degli orologi, che so che ti piacciono.»

«Era il museo delle arti e dei mestieri!»

Ma aveva già messo giù.

Tornai in albergo, mi feci una doccia, poi dedicai una sega lunga e dettagliata a Federica e al ricordo del sesso su una duna a cui ero riuscito a indurla in pieno giorno, con la complicità di un'intera bottiglia di Ouzo, mentre eravamo in vacanza per qualche giorno a Paxos. Mi rivestii e andai a bere un Gin Tonic in un bar di fronte al Jet d'eau. Invece che continuare a osservare la rifrazione della luce nell'arco d'acqua, verso la fine del bicchiere feci l'errore di controllare le home page del "Corriere della Sera" e di "Repubblica". La quarta notizia sul "Corriere" e la prima su "Repubblica" erano l'aggressione per mano di ignoti fascisti a un giovane blogger vicino a un centro sociale di Roma est e autore di molti articoli in difesa dei migranti. Con il pollice esercitai una leggera pressione prolungata sul titolo e l'anteprima rivelò il nome della vittima: Simone Fenati.

Finalmente lo vidi: era effettivamente molto grasso, il braccio che faceva capolino dal camice sembrava una mortadella. Aveva dichiarato che gli aggressori dovevano essere almeno tre, nei commenti di "Repubblica" per via di questo particolare si stigmatizzava la vigliaccheria tipica dei fascisti.

Andai a leggermi alcuni articoli di Fenati sul suo blog. Ne trovai uno che parlava di me usando strutture come "Se questo è divertente, io sono Crozza". Trovai anche due passaggi particolarmente viscidi e infami, sempre con il solito schema frusto del finto complimento seguito da una presunta coltellata. Rabbrividii pensando che questo, quando si rileggeva, doveva trovarsi acutissimo.

Tornai sulla pagina di "Repubblica" e guardai la fotografia di quel tricheco spiaggiato per qualche secondo. Nonostante tutto un po' mi dispiacque per lui. Lessi una mail che mi invitava a un incontro a Milano con il Mastro e Diego, al mio ritorno. Confermai la mia presenza. Spensi finalmente il telefono e mi dedicai a finire il mio Gin Tonic.

Il mattino seguente alle nove e trenta, con idealtipica puntualità, il mio volo Easyjet si staccò dalla pista centrale dell'aeroporto Cointrin di Ginevra e puntò il muso verso Berlin Schönefeld.

Fu solo mettendo il telefono in modalità aereo che mi ricordai di non aver ancora chiamato mio padre.

A Berlino la sede di BEFORE c'era già. Avevamo affittato un grosso loft su Schlesische Strasse, nel cuore della zona del Mediaspree. Quando, un paio di mesi prima, era arrivato sulla mia scrivania il contratto di affitto non volevo credere alle cifre davanti ai miei occhi. Gli amici che erano rimasti a vivere a Berlino mi avevano aggiornato sulla corsa verso l'alto dei prezzi degli immobili ma l'ammontare annuale davanti a me aveva comunque dell'incredibile. Quel numero nero su bianco certificava anche che un Marco De Sanctis nato solo qualche anno più tardi non avrebbe mai potuto passare a Kreuzberg il periodo che ci avevo passato io.

Questa consapevolezza mi colpì, le storie degli anziani erano piene di racconti su luoghi e città che avevano vissuto momenti di "grande fermento culturale" e in seguito erano diventati zone turistiche musealizzate e praticamente inaccessibili a giovani squattrinati, nullafacenti e artisti. Anche nella mia biografia ora trovava posto una storia del genere; un segno indubitabile di vecchiaia.

Nel caso di Berlino era accaduto molto in fretta, appena una manciata di anni, e non c'era nemmeno stato bisogno di un romanzo, di un film, di un'opera di riferimento. Più che un effettivo periodo di *rigoglio culturale*, ad attirare le cavallette che scatenavano le forze del mercato aspirazionale erano state, oltre al Mediaspree – un progetto che aveva portato nella zona le sedi europee di diverse multinazionali dei media –, le feste, le sostanze e soprattutto la musica, una quantità praticamente infinita di musica elettronica, brani, remix e live di Ableton destinati a durare da un minimo di una notte al massimo di qualche mese.

Comunque niente, sospettavo, che avrei sentito il bisogno di riascoltare fra cinquant'anni. Ai figli in via di precoce fallimento della classe media mediterranea bastavano la tregua dal senso di colpa offerta dalla distanza di Berlino dagli sguardi di parenti e amici e l'edonismo di nottate che finivano dopo due o tre giorni, un tacito rogo delle speranze di normalizzazione di fronte al quale nessuno sembrava aver sentito il bisogno di trarre lezioni universali da propinare al mondo. Questo aver preso sul serio il nichilismo – senza cioè rifletterci troppo sopra e senza predicarlo ai quattro venti come ricetta contro tutti i mali – ci faceva un certo onore, me ne rendevo conto soltanto ora.

Il loft che avevamo affittato per la sede tedesca di BEFORE corrispondeva fedelmente all'ampia documentazione fotografica che avevo visionato prima di dare il via libera alla firma del contratto. Dopo averlo visitato mangiai in un thailandese in Falckensteinstrasse assieme a Herbert, il capo di BEFORE-Germania che avevo pescato dalla sede europea di YouTube.

Di tutt'altra formazione rispetto al suo omologo svizzero, da giovanissimo era stato un hacker ed era tuttora uno "smanettone" in grado di confrontarsi con Guido sulla parte tecnica del nostro prodotto. Indossava invariabilmente tute sportive, in quell'occasione del St. Pauli – la squadra di riferimento della sinistra radicale tedesca –, un vezzo che non mi dava alcun fastidio anche perché sapevo benissimo essere il genere di abitudine in grado di creare una sorta di mito fra i dipendenti più giovani, utile, cioè, a dargli un senso di appartenenza e farli lavorare di più per gli stessi soldi. Appoggiando la carta aziendale sopra la ricevuta mi resi conto che nell'anno che avevo vissuto a Berlino non avevo pranzato in un ristorante una sola volta. Ora, praticamente, non facevo altro. Salutai Herbert e mi avviai all'U-Bahn.

Scesi a Kotti, e raggiunsi la palestra alle spalle dell'NKZ dove mi allenavo quando vivevo lì. Un trainer turco sui trent'anni, mezzo culturista, mi disse che Burak non stava più lì da anni. Ora lavorava in un'officina che riparava barche a Treptown. Lo ringraziai e una volta uscito cercai Burak su Facebook. Nella foto di copertina era ritratto sul prato di un parco, ingrassato di almeno venti chili e in compagnia di tre bambini, il più piccolo in braccio e gli altri due impegnati nel cercare di abbatterlo sull'erba. Il volto di Burak era sorridente ed esausto. Sullo sfondo notai la sua brava moglie velata.

Chiusi l'app e scesi nella metro, Franco mi aspettava a Neukölln, dove si era trasferito quando il proprietario dell'appartamento di Wiener Strasse aveva triplicato l'affitto. Salii su un vagone della U8 pieno di annunci di lavoro (Azienda dei trasporti di Berlino, Amazon, una ditta tedesca di mobili che vendeva solo online).

A bordo c'erano in tutto due bianchi, me compreso, il quartiere multiculturale aveva trovato una nuova omogeneità. Osservai tre ragazze turche e velate ridere con un certo contegno di un video guardato dal cellulare di quella nel mezzo, poi mi resi conto che l'altro tizio bianco nel vagone – probabilmente un tedesco – mi stava scrutando di sottecchi. Era un pindolone sui trent'anni, un metro e novanta, magro e con dei capelli stoppacciosi. Indossava uno di quei vecchi parka ex DDR che ogni tanto si vedevano ancora in giro per quartieri come quello. Incrociai lo sguardo con il suo per un momento, ma lo distolse subito.

Mi tornò in mente la scommessa su Augur: non avevo più controllato l'evolversi della mia quota. Quando era apparsa mi era sembrato ovvio che fosse una cosa strettamente legata all'articolo su "Repubblica" e che in assenza di altre notizie che continuassero a dipingermi come imprenditore malvagio e assassino impunito la cosa sarebbe scomparsa da sola. Non era il caso di preoccuparsi troppo. Pindolone però aveva un che d'inquietante. Scesi a Hermannplatz e lui fece lo stesso.

Alle spalle del binario di fronte era affissa la nostra pubblicità:

BEFORE YOU THINK OF IT.
REALLY.

Avvertii in quelle parole un'inedita tonalità minacciosa. Presi le scale mobili pensando a tutti i metodi da spia con cui erano stati uccisi una quantità di esuli russi in Gran Bretagna. Il Polonio 210, le sigarette e i bagagli avvelenati. Non credo di avertelo detto, ma sono un campione di paranoia e per tutto quello che riguarda il mantenimento delle funzioni vitali non sono esattamente coraggiosissimo. Ad esempio, quando vado a fare gli esami del sangue mi porto un'intera tavoletta di cioccolato perché ho paura di svenire e appena finito il prelievo rimango sdraiato e la mangio con rapidi colpetti come un coniglio che mangia una carota.

Arrivati alla piazza di fronte al KaDeWe vidi che Pindolone andava in un'altra direzione rispetto alla mia. Camminai ancora per circa un chilometro avendo la sensazione di trovarmi in una strana città del Medio Oriente, dove quasi tutte le donne erano velate, gli uomini dalle pelli più scure della mia sembravano impegnati in traffici imperscrutabili e vorticosi sui marciapiedi e nei caffè, le marche degli operatori telefonici erano sconosciute o scritte in arabo; solamente i palazzi avevano i tipici tratti Bauhaus dell'edilizia popolare dell'Europa centrale.

Seguii le istruzioni che Franco mi aveva mandato su WhatsApp, entrai in un grande centro commerciale e raggiunsi con l'ascensore l'ultimo piano. Le porte si aprirono su un parcheggio semideserto, lo attraversai tutto fino a una scala a chiocciola che portava al tetto. Lì sopra, senza essere annunciato da un'insegna di qualsiasi tipo, c'era un bar dove, fra vasi di legno pieni di piantine officinali, un paio di centinaia di berlinesi bianchi e trasandati prendeva il sole su delle sdraio. Trasandati era un aggettivo figlio della città dove vivevo ora – Roma era sbracata in tutto meno che negli indumenti personali –, un tempo quei vestiti programmaticamente sciatti mi sarebbero sembrati l'ovvia normalità.

Franco mi aspettava a un tavolo appoggiato al parapetto, arrivai proprio nel momento in cui stava per accendere una canna decisamente sproporzionata per una sola persona. Mi sorrise già a distanza, agitando una delle sue manone. Era sempre magro e dinoccolato, i capelli lunghi tenuti su da una fascetta da tennista. Non aveva mai smesso di suonare ma ora faceva, con molta calma, anche l'agente immobiliare; si era preso il pomeriggio libero quando aveva saputo che sarei passato di lì. Finii così per fumare di nuovo dell'erba, la seconda volta nell'arco di pochi giorni. Solo al terzo tiro mi sembrò di essere davvero entrato in sintonia con il luogo, l'azzurro chiaro del cielo, il sole tiepido del Nord, il rumore sommesso delle persone che chiacchieravano senza urlare e parlarsi una sopra all'altra, persino il barbone che planava nel giro di pochi secondi sui vuoti per assicurarsi la cauzione, tutto sembrava riportarmi come in un caldo abbraccio a quella specie di limbo ormai perso nella nebbia, l'anno che avevo passato in quella città, un periodo dove avevo goduto del sublime privilegio del mettere tutto in sospensione, della procrastinazione come programma di vita. Aveva funzionato alla grande, almeno fino a quando l'ansia non mi aveva presentato il conto tutto in una volta e riempite le solite due valigie ero riatterrato al Marconi, pronto a riprendere la vita dal punto in cui l'avevo abbandonata.

Il cielo di Berlino era perfettamente privo di nuvole, eppure diverso da quello di Roma. Sapevo per esperienza che in giornate come quella anche se il sole sembrava pallido e inoffensivo poteva scottare la pelle, specie se era il primo della stagione. Chiesi a Franco degli amici che avevamo in comune. Grossomodo stavano tutti bene, chi aveva sempre lavorato continuava a lavorare, quelli con gli appartamenti in affitto in Italia continuavano a parlare pochissimo tedesco, passare le giornate davanti alla tv grazie ai decoder pirata di Sky Italia e andare a ballare al Berghain alle cinque di mattina, quando i turisti sfollavano esausti verso gli ostelli, e loro potevano saltare la coda con un saluto a Sven.

«Fa un po' impressione lo stacco fra qui e la strada» osservai, senza bisogno di specificare che non intendevo certo l'altezza.

«Il quartiere è cambiato molto dopo che la zia ha fatto entrare un milione di siriani» disse Franco senza una particolare intonazione. Per zia intendeva naturalmente la Merkel. «Sai che ho fatto un processo?» continuò. Disse di essere stato testimone di un pestaggio sulla U8 mentre tornava a casa dal lavoro.

Un affare fra giovani siriani. Era intervenuta la polizia ed era riuscita a fermare uno dei tre assalitori, Franco aveva assistito a tutta la scena.

«Sono stato l'unico testimone che si è presentato, in pratica se non ci fossi stato io gli altri due se la scampavano.»

«Li hanno condannati quindi?»

Mi fece cenno di sì, poi disse di tenere il posto: c'era bisogno di un paio di birre. Da là sopra Berlino era una distesa di palazzi bianchi con i tetti rossi, alti quattro o cinque piani, in lontananza scintillava la Fernsehenturm. Non mi ero mai reso conto fino a quel momento di quanto fosse una città radicalmente priva di qualsiasi fascino estetico. Eppure fumare lì assieme a Franco sembrava non avere nessuna controindicazione, non c'era traccia dell'ansia che avevo sentito lavorare costantemente sotto traccia la sera della cena a Roma.

Anche Franco aveva trovato un lavoro vero, ma a parte questo sembrava identico a quello che era sempre stato. Sapevo che quando tornava a casa dalle visite agli appartamenti che aveva in vendita – visite che non dubitavo avvenissero nel numero più limitato possibile – fumava canne a oltranza e si perdeva nei suoni dei sintetizzatori che si era comprato negli anni, un discreto assortimento di Moog, Korg e Waldorf. Talvolta cucinava, talvolta faceva l'amore con Inge, la sua ragazza di sempre – e questo più o meno era quanto. Era tutto estremamente, *estremamente*, rassicurante. Non avevano figli, solo un barattolo con mezz'etto di olandese, un affitto a canone bloccato per l'eternità e una stanza dei giochi piena di tastiere e altri strumenti. Darsi alla latitanza dentro la musica mi sembrava qualcosa di infinitamente preferibile a grossomodo qualsiasi attività della mia vita o di quella delle persone che conoscevo in Italia. Anche Mauro scrivendo provava forse un certo grado di piacere, ma per farlo dignitosamente doveva confrontarsi con le miserie costitutive degli esseri umani, comprese le proprie. Poteva essere logorante. Niente del genere accadeva con la musica. Sfortunatamente – era forse l'unico vero rammarico della mia vita dopo quello di essere stato accusato ingiustamente della morte di una ragazza – non sapevo suonare alcuno strumento ed ero così condannato a fare quantità di soldi che generassero le botte di endorfina di cui avevo bisogno, soldi che però ogni volta dovevano aumentare perché la tolleranza del cervello si alzava in fretta.

L'erba prese a suggerirmi un presente parallelo dove io e Federica non ci eravamo mai lasciati e convivevamo placidi come Franco e Inge. Era una prospettiva splendida e terrorizzante al tempo stesso. Me la immaginai lì di fianco a me, sbronza e con gli occhi socchiusi dopo un solo tiro che l'avrebbe sconvolta ma anche resa felice, immersa nel sole del Nord. Avrebbe detto una delle sue cose buffe, mi avrebbe chiesto di abbracciarla, può darsi che io allora, accontentandola, mi sarei emozionato e mentendo a me stesso avrei dato la colpa all'erba. A Berlino c'eravamo venuti in viaggio una volta sola, un po' di tempo prima. Avevamo visitato quei monumenti che quando abitavo in città non avevo degnato di uno sguardo per non fare il turista. Camminare per le strade di Kreuzberg con lei era stato come visitare la casa disabitata di un mio doppio, uguale eppure diverso. Federica con una città come quella non c'entrava nulla. Non amava ballare, non amava particolarmente le droghe, non era mai stata fricchettona, sciatta o anche solo un po' trascurata. Amava il bello e Berlino era molte cose ma non era certo una bella città. Insomma era una perfetta estranea in quel mio habitat precedente. Camminando fra le bancarelle sul Maybachufer osservava senza alcuna attrazione ma anche senza alcuna condanna – e in questo stava parte della sua natura desiderabile – l'articolo più diffuso, dei ciondoli che riproducevano i reticolati delle molecole delle droghe più comuni. Io le tenevo la mano e pensavo: ma come è possibile che io mi trovi qui con questa ragazza con cui non c'entro nulla e per la prima volta nella mia vita non mi senta in balia del bisogno di pianificare scopate, godimenti, feste, botte di adrenalina, soddisfazioni professionali, umiliazioni di nemici per sfuggire alla sensazione che niente abbia senso e che la vita sia solo un inganno sadico e per giunta troppo breve.

Franco tornò con due Schultheiss, presi un sorso per cercare di ricacciare tutto indietro mentre lui finiva il suo racconto. Disse che i siriani uscendo avevano minacciato i testimoni presenti nel vagone. Fece una leggera risata interrotta, segno che, insomma, a lui non lo avevano mica particolarmente impressionato – il sottointeso era che era pur sempre un italiano – poi con una lentezza estrema, quasi comica, infilò indice e pollice nel taschino della camicia, tirò fuori la bustina con l'erba, i filtrini e le cartine e si mise pazientemente a rollare un'altra canna. Inge, spiegò, lì non ci stava più bene, voleva andare via da Berlino, magari tornare a Bonn, dove era cresciuta, o quantomeno cambiare quartiere.

«In effetti la sera per lei è un po' peso, vez» concesse Franco, ripescando per un momento la lingua dei nostri anni bolognesi. «Però dove vuoi che andiamo? Stai fermo con l'accendino che me lo scarichi.»

«Scusa, è un vizio che sto cercando di togliermi.»

Feci i calcoli, ormai erano ben più di dieci anni che viveva fra Kreuzberg e Neukölln e sapevo che a lui come a me i quartieri dove abitavano solo tedeschi mettevano una certa angoscia. D'altro canto, non credo che Inge sarebbe mai voluta venire a vivere in Italia e Franco aveva vissuto tutta la sua vita adulta in Germania, il che aveva agevolato lo svilupparsi in lui di tutta una serie d'idiosincrasie per l'inefficienza che, ritenevo, non gli avrebbero mai permesso di vivere serenamente neppure al Nord. Rimaneva comunque l'evidenza che quel quartiere di Berlino ora assomigliava più a Islamabad che a una pubblicità di Oliviero Toscani. Capii però che Franco non aveva voglia di parlarne ancora, doveva essere un argomento di cui discuteva già fin troppo con Inge – dopotutto c'erano forse dei problemi anche nel paradiso verde della musica. Prese altre due birre e ci mettemmo a rievocare i vecchi tempi. A un certo punto mi chiese se guardavo ancora "Family Guy", gli dissi di no.

«Manco io.»

Quando abitavamo assieme in Wiener Strasse, Franco non fumava in camera, così ogni tanto andavamo a rollare una canna sul pianerottolo guardando una puntata di "Family Guy" con il suo MacBook.

«Le ambulanze dovranno aspettare il loro turno» dissi citando uno degli sketch più celebri, quello del documentario del National Geographic sulla savana. Scoppiammo a ridere e non la smettemmo più per non so quanto tempo, finché non provai del dolore alle tempie.

«Madonna sto male» dissi.

«Facciamo l'ultima birra poi vieni a cena da noi?»

Dissi di sì, poi mi alzai: toccava a me. Solo una volta in piedi mi resi conto di essere in uno stato di alterazione notevole. Mi avviai verso il bagno. Sopra il tetto del bar un'opera fatta di tubi di metallo intrecciati riproduceva il volto di un gatto con tre occhi. Incominciai a pensare a quanto fosse ingenua l'idea che esistesse un vero sé, per non parlare di quella che esistessero delle porte, come il terzo occhio, per raggiungerlo. Sapevo che, come spesso accade, c'era una spiegazione biologica per quella credenza: proprio in quella zona del cranio si trova la ghiandola pineale, a lungo considerata la sede dell'anima. Mi ricordai della scena di *Paura e delirio a Las Vegas* dove Benicio del Toro nei panni dell'avvocato samoano insegue Johnny Depp per asportargliela. Rividi anche l'immagine mentale del disegno di un triangolo con tre occhi appeso sopra il letto di una ragazza con cui ero finito a letto a Bologna dopo un paio di amari al bancone del De Marchi. Bel viso, un po' culona. Il braccialetto del Mastro, che mi ero guardato bene dall'indossare, era rimasto a Roma e di idee geniali per la sinergia con BEFORE non ne avevo avuta neppure una. Ero al bivio fra un'espansione aziendale senza precedenti e il rischio concreto che mi portassero via BEFORE, la mia creatura. E me ne stavo lì, a Berlino, su un rooftop pieno di hipster a spaccarmi di canne. Un'ondata di ansia mi passò da parte a parte, quasi sollevando la pelle: c'era così tanto da fare, come CAZZO sempre.

Solo a quel punto mi resi conto che ero dentro il bagno, avevo finito di pisciare da chissà quanto tempo e ce l'avevo ancora in mano, perso in quei pensieri senza capo né coda. Sentii bussare alla porta. Uscii, feci un sorriso sghembo a una tedesca tarchiatella e piena di piercing, che mi guardò con un sopracciglio alzato. Mi chiesi se il bagno dove ero entrato fosse unisex, senza trovare però il coraggio di voltarmi e scoprirlo.

Il telefono vibrò. Era il Mastro. Non potevo non rispondere. Dissi un «Pronto» che mi sembrò abbastanza convincente e sentii dire che il round B di finanziamento era stato rimandato.

«In pratica hanno chiesto tempo. Se vuoi, puoi provare a opporti alla riunione del board ma si rischia di fare solo peggio.»

Mi sedetti su una delle panche e feci un lungo respiro.

Il gatto di metallo sorrideva, imperturbabile.

Da Berlino volai a Milano. La sede di Pascal era affianco al capannone dell'acceleratore del Mastro, il che da un lato ne sottolineava la genealogia e dall'altro rendeva le persone che lavoravano lì dentro, e soprattutto i fondatori e i dipendenti del nucleo originario, oggetto dell'interessata riverenza dei giovani startupper dell'incubatore. Una cosa del genere sarebbe piaciuta molto ai miei collaboratori che, invece, lavoravano nella solitudine tartara della sede romana. Quanto a me, io già allora agognavo l'eremitaggio, il distacco, la sparizione, anche se forse non lo ammettevo ancora a me stesso.

Da quando avevo conosciuto Diego, Pascal aveva pivottato alla sensoristica per Smart City e Smart Home. Il loro primo grande successo era stato un bidone dell'immondizia intelligente, collegato all'azienda dei rifiuti: era capace di comunicare il livello di riempimento, misurare il grado di tossicità del contenuto e fare una proiezione di quello delle ore successive. In questo modo rendeva possibile una raccolta smart ed efficiente, abbattendo praticamente a zero ogni possibile impatto epidemiologico nell'area urbana. Presentato su pagine e pagine di giornali come la "soluzione al caos rifiuti romano" in realtà neppure un bidone era stato acquistato dalla municipalizzata perché i sindacati avevano protestato contro "il vergognoso spionaggio dei lavoratori" che i bidoni intelligenti avrebbero messo in atto se adottati. Al terzo giorno di roghi di cassonetti pieni, il municipio aveva abiurato pubblicamente ogni intenzione di acquisto. In compenso tutta quella pubblicità sui giornali internazionali – le foto dei coreografici cumoli di rifiuti in fiamme davanti alla fontana del Bernini in piazza Navona, tanto per dirne una – aveva portato a Pascal contratti con l'Europa centrale e del Nord per applicare quella tecnologia alla raccolta differenziata. In Danimarca, Svezia e Norvegia, Pascal fatturava ormai decine di milioni di euro. Dopo quel successo erano cresciuti molto, ideando nuove gamme di sensori per la casa e per i luoghi di lavoro. Diego arrivò trafelato, in un leggero ritardo a cui il Mastro finse di non badare. Marcello, l'altro fondatore – il tecnico dei due, anche se nel loro caso entrambi avevano una formazione informatica –, era già seduto, silenzioso come sempre.

Quella sede, come tutti gli ambienti legati in qualche modo al Mastro, aveva un'impostazione e un arredamento informali per cui ci sedemmo su quattro comodi divanetti attorno a un tavolino, sopra il quale era poggiato un campionario di braccialetti di tutte le fogge e di tutti i materiali: dalla plastica al tessuto, passando per la gomma (ma per motivi tecnici niente metalli nobili, se non nella chiusura). Diego si scusò per i tre minuti di ritardo, mi strinse energicamente la mano in un modo che trovai al tempo stesso caldo e ipocrita.

«Bell'oggettino avete qui» dissi per dare formalmente inizio alla riunione.

Diego sorrise inarcando quelle improbabili lentiggini che aveva in faccia. Era difficile pensarlo leader, uno così. Eppure guarda cosa aveva per le mani.

«Vero? Adesso però bisogna metterlo al polso di almeno un miliardo di persone. Una cosa da niente» si schermì.

«Per un miliardo non lo so, ma per qualche milione sicuramente Marco può darvi una mano» osservò il Mastro, mettendo il bloccaschermo al suo iPhone e buttandosi nel centro della discussione con l'unico argomento che gli stava a cuore quel giorno. Aveva uno sguardo persino più deciso del solito e gli occhi leggermente arrossati.

«Sarebbe molto bello» replicò Diego. «Hai un piano di come vorresti strutturare la collaborazione? Sai, in questo momento stiamo valutando tutte le opzioni possibili. Sia io che Marcello siamo d'accordo che l'internazionalizzazione è la priorità e non siamo del tutto sicuri che una partnership in Italia sia la cosa più giusta.»

Non avevo granché per le mani oltre all'ovvio. Avevo trascorso in maniera irresponsabile le mie ore a Berlino, ma a quel punto, superato cioè il momento di panico al cospetto del gatto di metallo, non provavo alcun autentico pentimento, giacché un mio vizio antico era quello di cercare soluzioni ai problemi complessi rimanendo il più lontano possibile dall'ufficio. Storicamente ero stato visitato da idee risolutive nei contesti più impensabili e praticamente mai (MAI) nella sede di BEFORE. Certo, c'era da pagare un prezzo in ansia, ma l'ansia mi forniva la scintilla iniziale, faceva salire i giri del mio motore interiore. Con l'ansia potevo convivere. Così come sapevo bene che il costo occulto della libertà di movimento era un costante guinzaglio mentale ma questa eterodossia mi forniva anche un impareggiabile vellicamento dell'ego. E questo non credo ci sia bisogno di spiegarlo oltre. E poi, in questo caso specifico, l'asso da calare sul tavolo della trattativa non era necessario. Pascal e BEFORE sarebbero stati un *match* perfetto anche senza la comune filiazione mastrica, non c'era bisogno di grandi idee anticonformiste e partorite fuori dalla proverbiale scatola. I problemi, era ovvio e lo sapevamo tutti in quella stanza, erano semmai altri. Erano di carattere umano. E lì non è che ci potessi fare molto. Scusa a Diego l'avevo già chiesto a suo tempo, tornarci sopra sarebbe stato grottesco, oltre che inutile e quindi sommamente umiliante.

Quello che potevo fare era spiegare nello specifico cosa avrebbe significato unire il data set e l'algoritmo di BEFORE a un device come quello di Pascal. E in questo fui preciso, dettagliato, per certi versi, confinati allo scopo, persino creativo.

Il piano industriale che proposi era lungo e complesso, ma queste sono tediose questioni di gestione aziendale. L'importante fu che evocai le mie fiere armate di commerciali, schiere di venditori pronte a far garrire uno stendardo comune fra BEFORE e Pascal a un solo cenno della mia mano. Questi legionari formati dalle mille battaglie passate avrebbero invaso gli uffici della grande e piccola distribuzione, così come quelli dei produttori e degli artigiani e gli avrebbero comunicato l'unico messaggio che volevano sentire: per penetrare in quell'angusto e un tempo inaccessibile spazio mentale dove prendevano forma i desideri, era con noi che avrebbero dovuto parlare. Magari, ecco, glielo avrebbero spiegato giusto in una maniera un po' più semplice, ma il concetto era questo.

Tirai fuori dei numeri – speditimi nottetempo da Guido – molto specifici sul miglioramento delle capacità di previsione che la nostra collaborazione avrebbe significato sia per noi che per loro. Erano numeri ottimi e molto simili fra loro, a conferma che si trattava di un matrimonio con alle spalle il giusto grado di omogeneità sociale. Il sensale di questa unione – quello che per tirarlo scemo c'era bisogno di essere la mia ex ragazza, altrimenti era impossibile – annuiva e poi interveniva espandendo con spontanea aderenza alcune delle idee che andavo proponendo. Eravamo coordinati, eravamo inarrestabili.

«È tutto davvero molto interessante. Dobbiamo fare una riflessione» disse alla fine Diego e Marcello aggiunse un «Sì» soffiato fuori come l'avrebbe soffiato un canarino, se solo fosse stato possibile, per un piccolo volatile, passare l'intera giovinezza davanti a un computer.

«Non ne vuole mezza» dissi al Mastro, una volta fuori dalla sala riunioni.

«No, infatti. Ma non va bene, adesso ci parlo io, che qui mi sa che non ci siamo capiti, non è che glielo sto chiedendo per favore.»

Un ragazzetto di quelli delle startup dell'incubatore passava in quel momento per il corridoio e alla mia vista rallentò il passo.

«Scusate se vi interrompo, ma tu» disse indicandomi «sei quello della foto con Favino? Quello…»

«Luigi» lo interruppe, durissimo, il Mastro, «vai a lavorare, che siete sotto del 35% gli obiettivi di registrazioni utenti. Credimi, non hai tempo.»

«Grazie» dissi al Mastro una volta che il ragazzo, umiliato, fu lontano. «Hai gli occhi molto rossi, lo sai?»

«È il Modafinil.»

«Ah, e com'è?»

«Più performante dell'Adderall, però vediamo. Senti, devi farti venire in mente qualcosa di meglio.»

«Meglio di così?»

«Strategia di penetrazione, quella è la chiave. Questa sinergia la dobbiamo lanciare in modo intelligente. Se non ce la fai tu bisogna che ci pensi qualcun altro. E se non mi dai qualcosa io faccio fatica a difenderti con gli americani.»

E detto questo se ne andò. Mi lasciò così, senza quel minimo di gratificazione che sentivo di essermi comunque meritato calando nel mondo dal mio ultimo banco berlinese. Peggio ancora prospettando una mia possibile rimozione. In viaggio in treno verso Bologna ci rimuginai a lungo, senza per questo venirne a capo. Mi misi così a cazzeggiare online, su TechCrunch un articolo parlava della crisi di Imaginez, la società di gaming in cui il Mastro aveva uno stake importante. Sembrava fosse stretta fra una mancanza ormai di lunga data di idee incisive, una concorrenza sempre più arrembante e il problema Chandler Vance, il CEO che si era fatto beccare a lasciare sotto pseudonimo recensioni velatamente razziste – ed esplicitamente idiote – su Yelp e TripAdvisor. Chandler l'avevo conosciuto e in effetti era un perfetto cretino Wasp. Ci poteva stare che il Mastro fosse nervoso. Mi rilassai un po', ma non del tutto.

Una volta in taxi mi ricordai finalmente di chiamare mio padre. "Ricordai" forse è eccessivo: suonò l'allarme che avevo impostato sull'iPhone proprio per evitare di scordarmene ancora. Chiesi al tassista di abbassare il podcast de "La Zanzara" in cui David Parenzo stava litigando con un anziano calabrese melomane e fascista, poi trovai il numero in memoria.

«Oh chi si sente» esordì con una voce un po' più gracchiante del solito.

«Ciao, papà, ho avuto molto da fare, sono stato in Svizzera e poi a Berlino.»

«E non prendono i telefonini da quelle parti?»

Sospirai. «Cosa volevi dirmi?» chiesi con un tono che mi sembrò estremamente gentile.

«Volevo dirti, figliolo, che l'avvocato Nicoletti si è informato e che probabilmente riapriranno l'indagine.»

Una scarica di gelo mi attraversò il corpo da parte a parte. «Ma scusa, cosa devono riaprire, non c'è un colpevole reo confesso?»

«Infatti non si capisce.»

Lo sentii preoccupato, per nulla in controllo. Invece che diventare analitico, come avrebbe fatto un tempo, partì con una tirata su un'Italia in decomposizione morale nella quale non si riconosceva più. Appoggiai il telefono sulla gamba mentre mio padre continuava il suo *rant*.

Cazzo. Questa non ci voleva. Dell'avvocato Nicoletti mi fidavo il giusto. In verità non lo avevo mai capito: era un borghesone di provincia la cui origine ferina e il tratto predatorio erano ancora fin troppo smaccati. Però su una cosa come quella difficilmente sbagliava. Non ero preoccupato dall'idea di finire in galera – ero innocente – quanto piuttosto dei danni mediatici che avrebbe potuto fare la notizia di una riapertura dell'indagine, magari seguita da perquisizioni, nuovi interrogatori, sfoghi sui social delle amiche di Martina Scalzi. Anche solo monitorare tutto questo avrebbe comportato un sacco di lavoro e di energie psicologiche. Sentii che il flusso verbale apocalittico era finito, riportai il telefono all'orecchio. Mio padre aveva il fiatone.

«Comunque, staremo a vedere» concluse.

«Sì, tienimi aggiornato.»

«Se rispondi a quel cazzo di telefono.»

«Risponderò.»

«Sei tornato a Roma? Noi siamo venuti in montagna.»

«E quanto vi trattenete?»

«Fino a domenica sera.»

«Peccato, perché sono appena arrivato a Bologna.»

Ci fu un lungo silenzio carico di disappunto, istintivamente allontanai il telefono dall'orecchio e socchiusi l'occhio più vicino all'altoparlante, come in attesa del colpo.

«Come, sei a Bologna?» disse, freddamente, ma solo perché stava ancora processando l'informazione. L'età lo aveva reso molto più lento.

«Sì, un'altra emergenza. Devo parlare con Guido.»

In effetti questo era vero, ero diretto proprio ai nostri uffici in Strada Maggiore.

Quando capì che non stavo scherzando, la voce di mio padre si fece decisamente più cupa. Andava bene non rispondere al telefono, andava bene anche essere evasivi sotto una patina di finte buone maniere ma tornare in città e non dirglielo con lo stesso congruo anticipo con cui lui, dopo aver chiesto ferie, informava mia nonna e poi andava fisicamente in stazione a prenotare le cuccette sull'espresso notturno per Lecce, questo era decisamente intollerabile. Il fatto che la logistica nel Ventunesimo secolo fosse infinitamente più flessibile e rapida che in quello precedente era un concetto che, come tanti altri, non aveva alcuna voglia di interiorizzare.

«Vabbè, guarda... e dove dormi?»

«A casa mia.»

Quando avevo fatto i primi soldi mi ero comprato un piccolo appartamento in una laterale di via Santo Stefano, non perché ne avessi bisogno ma perché prima di avere la cifra necessaria ad acquistare qualcosa di decente in un quartiere abitabile a Roma sarebbe dovuto passare un altro po' di tempo. Fui abbastanza preso in giro dai miei conoscenti per questo: nessuna fra le persone abbienti che frequentavo nel mondo digitale, pur avendone la possibilità, si era comprata casa. Si parlava direttamente di ville o di mega appartamenti della dimensione di quello del Mastro, ma da acquistare rigorosamente dopo una exit da qualche milione. Benché fossero tutti almeno quarantenni, coloro che avevano fatto scelte di procrastinazione di questo tipo erano stati criticati pesantemente dai loro genitori per il fatto di vivere ancora in affitto. Era impossibile spiegare alla generazione nata nel dopoguerra che esistevano investimenti con un rendimento superiore a quello che garantivano le case e non avevano la controindicazione di immobilizzare tutti quei soldi o di rischiare inquilini morosi, tasse, spese condominiali e di manutenzione crescenti. Senza considerare che in un Paese avvitato su stesso come l'Italia pensare che gli immobili avrebbero un giorno ripreso ad aumentare di valore ai ritmi degli anni del boom economico o di quelli della svalutazione era pura idiozia. Eppure le due tare mentali inestirpabili dai cervelli che avevano raggiunto l'indipendenza economica fra gli anni Sessanta e i Settanta erano il matrimonio e la casa di proprietà. Era così, tanto valeva mettersela via.

Io avevo ceduto a questa irrazionalità – solo, in realtà, a una delle sue espressioni: la casa – per un unico motivo, ora sapevo che se la mia vita fosse collassata su se stessa avrei sempre potuto evitare di tornare ad abitare dai miei. Con quello che pagavo di IMU, TARI e condominio rimaneva comunque una follia, ma fu per il bisogno di tenerli a una distanza di sicurezza che per una volta nella vita diedi ai miei genitori una soddisfazione. Anche se lo avessero saputo, d'altronde, avrebbero approvato lo stesso: per loro i fatti sono sempre stati più importanti delle motivazioni che si raccontano a se stessi e agli altri. Talvolta avevo il dubbio che stesse esattamente in questo l'inizio di quel destino personale che per anni mi ero sforzato di ignorare.

Ringraziai di nuovo mio padre per l'intervento di Nicoletti ma lui chiuse la telefonata visibilmente abbacchiato, smozzicando delle parole che capii solo a metà. Come sempre, anche quando sapevo di aver ragione – c'erano stati, in realtà, dei casi ben più lampanti di questo – fui assalito da un senso di colpa piacevole da indossare quanto un cappotto bagnato.

Il taxi, arrivato in fondo a via Indipendenza, si trovò davanti un corteo di giovani che occupava tutta via Rizzoli. Fumogeni, urla, qualche sciarpa alzata sul volto.

«E questo che cazzo è?» chiesi, innervosito, come sempre, dopo quel tipo di telefonata.

«Una manifestazione di studenti per quel ragazzo che hanno picchiato a Roma, c'era scritto oggi sul "Carlino", ma a quest'ora doveva essere già finita. Martedì ne han fatta un'altra che non mi ricordo, forse era per i curdi… Ah, non c'han mica voglia di fare un cazzo questi qui, eh» rispose il tassista. Mentre svoltavamo in via Ugo Bassi riuscii a leggere un paio di striscioni:

¡NO PASARÁN!

BOMBOLO UNO DI NOI

Scrollai i siti d'informazione dal telefono, lessi che al commissariato del Pigneto ritenevano di essere ormai prossimi alla soluzione del caso. Quella mattina c'erano state perquisizioni in tre sedi di movimenti di estrema destra della zona ed erano stati trovati alcuni bastoni, diversi coltelli, mazze ferrate, un paio di pistole, un etto di cocaina. I social erano pieni di meme pro e contro Bombolo. Uno dei due schieramenti condivideva un disegno di Zerocalcare che ritraeva un Godzilla con la faccia di Bombolo e il corpo fatto di tante piccole persone che assaltava un Empire State Building – sede di Casa Pound. L'altro invece diffondeva un fotomontaggio della folla inferocita che durante mani pulite si era messa a lanciare monetine a Craxi fuori dall'Hotel Raphael: nelle loro mani però ora c'erano arancini e pizzette e la scritta recitava BOMBOLO, VUOI ANCHE QUESTI? In quei giorni era infatti uscita la nuova stagione di una serie tv su Tangentopoli.

Mi chiesi quanto poteva essere incapace e pigra la polizia: c'eravamo allontanati dalla zona del delitto con un coupé BMW blu shocking, tanto valeva lasciare per terra un biglietto con l'indirizzo di casa di Mauro. D'altro canto, se l'opinione pubblica questa volta chiedeva dei fascisti come colpevoli non era escluso che li avrebbe ottenuti. Esisteva una chance che Mauro avesse involontariamente compiuto il delitto perfetto.

Una volta in sede Guido mi condusse oltre la stanza dei programmatori, puntando dritto verso un grande armadio a muro di metallo.

Alzai gli occhi al cielo. «Ma non ce l'abbiamo un'altra stanza dove parlare?»

Guido si girò verso di me e si grattò quella specie di peluria adolescenziale che chiamava barba, stupito. «Ma sà dit! È fatta apposta, la bat-caverna.» E poi con la solita malcelata soddisfazione pigiò un'icona a forma di pipistrello sul suo telefono e il fondo dell'armadio si aprì rivelando una stanza segreta. Era un gioco che aveva voluto lui, l'equivalente della mia parete-Panopticon.

«Se almeno qui dentro ci tenessimo un po' di contabilità contraffatta, dei soldi non rendicontati...»

«Ma se non ne abbiamo.»

«No, infatti. Non siamo all'altezza di tutto questo, Guido.

Però è una stanza per cui paghiamo l'affitto, non sai quanto mi rompe il cazzo Xi per i costi.»

«Ma che vada a cagher, qua è dove vengo a pensare, dille a ping pong di non rompere i maroni.»

Lo stanzone era pieno di droni, stampanti 3D, piccoli robot costruiti con schede Arduino, in un angolo c'erano ancora appesi dei Google Glass, e subito sopra era stato attaccato, a mo' di didascalia museale, un foglio con una mascherina del motore di ricerca dentro cui qualcuno aveva digitato la stringa: "Il più grande fallimento di Google".

Nulla di tutto ciò c'entrava davvero qualcosa con l'attività di BEFORE ma lì Guido si perdeva, un po' come Franco con i suoi sintetizzatori, e a volte, dopo aver ricreato con una stampante 3D cose come il videonoleggio di *Clerks* partendo dall'analisi automatizzata di un paio di fotogrammi del film, veniva visitato da delle idee risolutive per il nostro algoritmo-madre o per qualche altro dilemma tecnico legato a BEFORE. Gli rompevo le palle perché un po' bisogna, ma quel posto lo avrei protetto sempre.

Mi sedetti su una sedia reclinabile. Alle spalle di Guido era appeso un poster di *Game of Thrones* in cui Daenerys Targaryen cavalcava un drago. Entrambi guardavano con decisione verso lo spettatore e non era chiaro se volevano dargli fuoco o farci l'amore forte forte. Una cosa a tre con un drago, decisamente poco pratico.

«Senti, ma tu non credi che sarebbe stato molto meglio *Game of Thrones* senza draghi?» proposi.

«Eresia.»

«Pensaci, che bisogno c'è di quegli accrocchi lì? È un salto di livello che rovina tutto.»

«Stai dicendo una cazzata, ma spiega meglio.»

«Seguimi. La cosa bella di *Game of Thrones* è che sa parlare con realismo di lotte attorno al potere, descrizioni psicologiche della madonna e grandi plot, vez.»

Con Guido conservavamo questa abitudine di parlare con un misto di slang dei *regaz* e veemenza, specie quando il tema era d'importanza capitale, come questo.

«Il tutto ambientato in un mondo che, per definizione, non esiste, un medioevo fantasy che permette all'autore di prendersi tutte le licenze che vuole. Però il risultato è che anche a me, che del fantasy normalmente non me ne fotte assolutamente niente, la serie piace, e il motivo è che non esagera mai con sta cifra surreale, e così la fantasia delle ambientazioni e il realismo psicologico dei personaggi funzionano alla grande assieme. I draghi invece mandano a puttane tutto. Guarda che c'hai delle briciole sul maglione.»

Guido passò una mano sul ventre e tolse i resti di quello che poteva essere stato uno dei Kinder Bueno del distributore automatico.

«Scolta, qua non ci siamo mica» obbiettò. «Prima di tutto, di licenze pesanti ce ne sono tante, mica solo i draghi. Cosa sono secondo te gli assassini che cambiano la faccia come gli pare o Beric Dondarrion della confraternita senza vessilli che è stato risuscitato sei volte, o la zia degli Stark, quella che allatta il figlio che c'ha tredici anni?»

«Quest'ultima cosa in realtà si può fare.»

«Soccmel, ma che cazzo dici?»

«Giuro, basta non smettere mai di allattare.»

«Ma che schifo!»

Alzai le mani protestando la mia estraneità alle perversioni in cui la biologia poteva essere indotta dalla perseveranza.

«Vabbè, comunque tieni buoni i primi due esempi. E poi ce ne sono cento altri, come la donna in rosso che prima tira scemo Stannis e poi risuscita John Snow oppure ancora il direwolf dell'inizio, vai mo' al canile a San Lazzaro e chiedi se ce l'hanno, un direwolf.»

«Sì, va bene tutto, ma sono sempre meno di un drago grande come un Boeing 747. E poi alcune di ste cose che hai detto servono anche a creare dei gran drammi. Prendi la storia di Stannis che sacrifica la figlia perché la donna in rosso gli ha detto di fare così e poi però perde comunque la battaglia. Qua siamo nel campionato di Agamennone, di Isacco e Giacobbe, roba di primissima qualità. Invece che cosa ci devi fare con un drago? Un drago è un drago, una cosa esagerata, fa subito fumetto, è inutile che mi fai delle gran psicologie, della gran profondità coi personaggi poi arriva sta bombola dell'AGIP con le ali e me li incenerisce in mezzo secondo. Mi scende la catena di brutto, te lo dico.»

«Vabbè, DeSa qua la cosa che ti sfugge è un'altra: il drago è l'arma fine di mondo, è la grande metafora della superiorità tecnologica. È l'aviazione durante la Prima guerra mondiale, è l'intelligenza artificiale fra qualche anno.»

«Mah. Tutta teoria. Rimane il fatto che i draghi quello che toccano distruggono, anche drammaturgicamente, sta Daenerys, ammettilo, è una palla infinita. La dittatrice buona di sta ceppa. Vuoi mettere i Lannister? Tutti, nessuno escluso, personaggi di livello superiore. E per me il migliore non è manco il nano, è Jaime. Prima puntata è lì che si sta bombando la sorella a pecora e già che c'è butta giù un bambino altolocato da una torre. Sbam! E tu dici, vabbè, come può migliorare uno così? E invece migliora, e di brutto. Perde la mano, diventa amico della lesbica gigantesca, sta dietro a quella mestruata perenne della sorella, gli muore una squadra di calcio di figli, e manco tutti in una volta ma uno dopo l'altro, e lui cosa fa? Diventa più sensibile e più forte proprio mentre continua a perdere potere e a essere afflitto dalla sfiga. Una bomba. Altro che Daenerys-a-che-ora-apre-il-gate-per-il-mio-drago.»

«Il finale della sua linea però non si può vedere.»

«L'ultima stagione non voglio manco prenderla in considerazione.»

«Worst season *ever*, su questo siam d'accordo.»

Lo guardai, rimanemmo in silenzio per qualche secondo, poi ripresi a parlare.

«Hai scoperto chi mi vuole così bene da mettere 10k perché qualcuno mi ammazzi?»

«Sì, in realtà non è per niente un mistero.» Aprì il computer e ripescò un segnalibro dal browser. Si caricò una pagina con una mia foto. Non quella con la felpa degli Orlando Magic, ma una in cui ero ritratto in versione giovane capitalista, in completo ma senza cravatta (quell'usanza del simbolo fallico appeso al collo mi era sempre sembrata inspiegabilmente primitiva).

«Hanno fatto un crowdfunding.»

Il titolo era "Colletta per uccidere il tizio delle pubblicità della carbonara con la panna".

L'obiettivo, raggiunto, diecimila euro.

«In un certo senso sono stati onesti, perché i soldi potevano anche intascarseli.»

La pagina era estremamente chiara: la donazione media era stata di due euro e mezzo, con un paio di picchi oltre i cento euro.

«Non c'entra niente con l'intervista, questa cosa ha incominciato a girare sui social qualche giorno prima.»

«Cosa si può fare?»

«Possiamo chiedere la rimozione della pagina alla polizia postale e denunciare il suo creatore. L'ho anche già individuato. È un aiutocuoco trentaduenne di Matera. Ha partecipato alle selezioni di "MasterChef" ma non l'hanno preso.»

«E la scommessa?»

«Quella ormai sta su blockchain ma se denunciamo il tizio la dovrebbe poter levare.»

«Così nel caso mi ammazzassero nessuno verrebbe pagato.»

«Corretto.»

«Ma ti sembra possibile?»

«Io te l'ho sempre detto che ero contro a quelle pubblicità, non mi hai voluto ascoltare.»

«Seh, vabbè. Hai visto i tassi di crescita? Guarda che qui la sala giochi va pagata. Piuttosto: mi vogliono far fuori anche da CEO.»

«Eh, l'ho ben capito e mi sembra un problema molto più serio. Non va bene anche perché io non c'ho né tempo né voglia di far anche quelle robe lì.»

Riuscii a contenermi e non sorridere, figuriamoci se avrebbero incaricato lui. «Come devo fare?»

«Scolta, a me pensandoci un po' su un'idea mi sarebbe anche venuta, ma siccome ti conosco mi sa che a te non ti piace.»

«Sarebbe?»

«La Rosanna» fece, alzando le spallucce come se la soluzione fosse stata sempre lì, a portata di mano. Questa era una vecchia fissazione di Guido che era cresciuto in via Mazzini come me ma in fondo, non vicino alle mura, e non si capacitava quindi che potessi aver buttato via un'occasione del genere. Ogni tanto ritirava fuori quella storia e a me toccava ripetere che eravamo al liceo e una mica ti sposa in comunione dei beni solo perché ha scopato con te quando eravate alle superiori, specie se fra il patrimonio delle famiglie d'origine c'è una differenza di circa un miliardo di euro e il ragazzo per giunta è figlio di un *terone*. E sì, è vero, anche durante l'università era successo un altro paio di volte, ma volte fra di loro assolutamente slegate e non consequenziali, frutto un po' dell'alcol, della noia e del fatto indubitabile che fra gente un minimo evoluta in assenza di altre complicazioni scopare è sempre preferibile al non scopare ma non per questo bisognerebbe trarre conclusioni ottocentesche su progetti di vita e fusioni di conti in banca. Tutte cose che ripetei, più o meno uguali, anche questa volta.

«Mica ti deve sposare. Basta che ci dia i soldi per il round. Oh, con sta cosa che si è inventato Diego praticamente le stiamo offrendo la possibilità di diventare forse la donna più ricca d'Italia, Miuccia Prada kind of money, bitch! Mica le devi chiedere di cavarsi un dente. O di scoparti di nuovo.»

Sul muro sparato fuori da un piccolo proiettore alle nostre spalle apparve un bat-segnale.

«Hanno bisogno di me di là. Vuoi che mangiamo una cosa assieme stasera?

«Non lo so, ti scrivo dopo.»

La Rosanna... in effetti non si poteva dire che per un certo periodo non ci fossimo divertiti. Solo che non potevo essere sicuro che avesse voglia di rivedermi, figuriamoci firmarmi un assegno per un pacco di milioni di euro. Guido però non aveva tutti i torti. Bisognava provare.

Dopo la visita in sede, passai a casa a lasciare la valigia e uscii di nuovo. Recuperai la bici dal cortile, sul manubrio trovai un biglietto che diceva che lì non poteva stare. Nonostante fosse abbandonata alle vili minacce anonime degli *umarel*, la vecchia Atala andava ancora benone e in dieci minuti scarsi fui a casa dei miei.

Camera mia era perfettamente intatta, cristallizzata nel tempo: sembrava un piccolo museo dedicato a Marco De Sanctis – Adolescente Sfaticato. Sulle pareti c'erano i manifesti delle serate al Livello e al Link staccati direttamente dalle mura del centro. Se le ricerche di mercato dei produttori di detersivi e detergenti certificavano le casalinghe italiane come le più ossessionate al mondo dalla pulizia delle loro abitazioni, mia madre si trovava nella fascia alta della categoria. Solo ora però mi rendevo conto di quanto incondizionato amore materno le ci doveva essere voluto per tollerare nella sua casa pulitissima tutta quella carta strappata e sporca, mista a colla, intonaco e strati interrotti di manifesti precedenti.

Armeggiai in un cassetto, dove sotto plichi di fotografie con i colori troppo intensi delle pellicole Kodak anni Novanta, attestati di tornei di pallacanestro, un intero portafoto dedicato ai miei due anni nelle giovanili della Fortitudo, all'apice dei quali – prima cioè della mia storia d'amore con l'erba – ero stato sesto uomo. Di me allora si diceva che avessi un primo passo bruciante, un'ottima visione di gioco e un ball handling con pochi precedenti, ma scarsa elevazione e un tiro da fuori migliorabile.

Scavai dentro le tracce della gloriosa vita dell'Adolescente Sfaticato finché finalmente trovai quello che stavo cercando. Ci misi un po' di più a ritrovare l'adattatore VHS-mini DV, per un momento temetti persino che se ne fossero sbarazzati o che fosse finito nei meandri della soffitta, il che sarebbe stato come dire "perso per sempre" dato che quel luogo aveva caratteristiche di assoluta impenetrabilità. Prima di qualsiasi altra cosa infatti i miei erano accumulatori seriali, eliminatori di sprechi, acquirenti con un chiaro istinto alla conservazione e una diffidenza naturale per qualsiasi tipo di consumo effimero che non fosse quello alimentare.

Misi il reperto dentro il videoregistratore, un altro pezzo di antiquariato di cui non si sarebbero mai liberati. La prima cosa che mi colpì nel video fu la mia carnagione – doveva essere inizio settembre perché sembravo quasi un africano –, poi la catena d'oro indecorosamente tamarra che portavo al collo e infine la magrezza: s'intuivano persino le costole. Certo era visibile anche la traccia nervosa di cinque allenamenti di pallacanestro a settimana, ma erano comunque i muscoli leggeri di un tardo adolescente.

Fare delle osservazioni altrettanto precise su Rosanna era più difficile, perché per i primi dieci minuti buoni si vedeva quasi solo il suo culo. E il culo, be', era "quello della Rosanna" ovvero il suo elemento distintivo, un culo emiliano, non certo piccolo ma sicuramente tonico, sul quale era come se i colpi più decisi generassero una sorta di onda d'urto che veniva riassorbita immediatamente, come in un gioco di prestigio effettuato dalla gioventù ai danni della fisica delle onde. Il fenomeno era indubitabile: era lì, sullo schermo, consegnato per sempre a quella grande storia parallela dell'umanità contemporanea che è il porno amatoriale.

Nel video Rosanna non faceva il casino sguaiato che nella mia memoria si trovava in corrispondenza del file con il suo nome. Strano. Forse era imbarazzata dalla presenza così conclamata della telecamera, o forse il ricordo è sempre migliore e più autocelebrativo della realtà. L'Adolescente Sfaticato era ancora più silenzioso, ma questo era normale, la mia teoria a quell'età era che quegli uomini che guaiscono tutto il tempo mentre fanno sesso fossero dei mezzi effeminati (gli adolescenti, si sa, sono dei coglioni integrali). Il giovane me seppur silente ostentava controllo, ogni tanto dava uno sguardo furtivo alla telecamera, che doveva avere il piccolo monitor girato nella sua direzione. Si sincerava dell'inquadratura, il maledetto. Quel piccolo gesto fece riemergere la soddisfazione che avevo provato al tempo nello scoparmi la figlia di uno dei più noti sostenitori della Virtus, un particolare, questo, che francamente mi ero dimenticato ma che ora, di fronte a quella proiezione, ricordavo essere stato un incentivo potente. Eppure, anche se tutti gli amici sapevano quello che era successo, quel video non lo avevo mai mostrato a nessuno.

La Rosanna del video non era la donna incredibilmente gaudente archiviata nei miei ricordi di maschio che tende *un po'* a esagerare, va bene, ma sembrava comunque spassarsela un po' di più del giovane me. Anche perché Adolescente Sfaticato sotto l'ostentazione di tranquillità era chiaramente alle prese con il carico simbolico della preda e con il bisogno di portare a casa una prestazione di livello, il che data l'inesperienza era un compito che non ammetteva distrazioni, o meglio, ne ammetteva solo di accuratamente pianificate e ritardanti, tipo evocazioni mentali dei porri sui volti di vecchie prozie salentine o accurate osservazioni dei particolari dell'arredamento della stanza che sfortunatamente in quel caso era la mia e offriva molti meno appigli di quella specie di doppio salone riccamente arredato che era la camera di Rosanna. Un obiettivo strategico era da sempre il disegno della criniera di un leone su un manifesto di una Dance Hall di Stone Love al Livello: dentro quella miriade di peluzzi stilizzati mi riusciva sempre di recuperare minuti preziosi.

L'intero spettacolo di io che scopavo con la Rosanna mi lasciò comunque spiazzato, non era così che me la ricordavo: eravamo davvero goffi e impreparati. Era evidente quanto il sesso migliorasse a mano a mano che diventava meno importante per le persone coinvolte. Forse non avremmo mai più goduto come avevamo goduto mentre la piccola Canon registrava quelle immagini o in generale come in quegli anni, eppure il sentimento che avremmo scatenato in chiunque ci avesse visto sarebbe stato soprattutto quello di prepararci una spremuta e dei biscotti. Tutto quello che ci attendeva, le difficoltà ruvide e sfaccettate dell'età adulta o la rapacità degli interlocutori che ci saremmo trovati di fronte nella nostra epoca mercantile, sarebbe parso a qualsiasi osservatore dotato di un minimo di empatia come un compito improbo, persino un po' ingiusto. A chiunque tranne probabilmente al padre di Rosanna, specie di fronte all'inquadratura successiva in cui la figlia era impegnata in un, questa volta sì, appassionato bocchino con il giovane me che la incitava a prenderlo "fino alle palle". No, non credo che il signor Ventura mi avrebbe allungato dei Buondì e delle raccomandazioni per una buona vita; mi avrebbe più volentieri indirizzato alle miniere di sale.

Ciò non toglie che vedere quelle scene ora, depurate di tutta l'energia, l'autostima cinetica e l'ignoranza giovanile, faceva quasi impressione da quanto sembravamo inesperti e implumi. La scena del bocchino era comunque più in linea sia con i miei ricordi focosi che con le aspettative della contemporaneità – epoca esigente e prestazionale, non c'è bisogno che lo ricordi – per cui diedi giusto un'occhiata per sincerarmi che le tapparelle fossero chiuse (ma mia madre non lasciava mai il Comune di Bologna senza applicare gli antifurto meccanici alle finestre), e incominciai a menarmelo.

Più tardi soppesai per un po' il telefono cercando di decidere l'approccio migliore: telefonata o WhatsApp? In genere la telefonata, essendo ormai pochissimo praticata, era sempre l'opzione migliore, a saperla reggere. Qui però stavamo parlando di una persona molto impegnata e che non sentivo da anni. Lei, Rosanna, con il suo gaudio naturale avrebbe potuto chiamarmi anche dopo ere geologiche, di punto in bianco, per sapere come stavo magari perché aveva sentito una canzone tamarra o perché aveva notato sotto un portico uno spacciatore incappucciato che le aveva ricordato il sottoscritto. Io no. Io sono il tipo di persona che se senti al telefono dopo anni in cui non ci parliamo è perché probabilmente ho delle condoglianze da farti. E anche in quel caso, lo confesso, faccio fatica. La mia, lo ripeto, è la natura del muflone. Così le scrissi su WhatsApp chiedendole se la potevo chiamare e a che ora. E Rosanna immediata come la ricordavo non perse del tempo a suggerire per iscritto un orario buono: mi chiamò immediatamente.

Sentii la stessa voce squillante che conoscevo, intarsiata dalla stessa semplicità di superficie di sempre. Si disse contenta di sentirmi. Era già qualcosa. Il giorno seguente ci potevamo vedere al nuovo museo d'arte contemporanea. Disse che non era male, la sua famiglia aveva anche donato un paio di opere. Mi venne l'istinto di dirle che una volta mio padre aveva regalato una vecchia bicicletta a una raccolta dell'ADMO, ma mi trattenni. Era un po' presto per ricadere nella dinamica "tu ricca io no" che tante soddisfazioni mi aveva fornito in un campo però molto diverso dal prestito di grosse cifre di denaro. Pensai con un brivido che in fondo anche in campo sessuale quello che aveva funzionato a vent'anni con l'approssimarsi ai quaranta poteva risultare più che altro ridicolo. Certo, ora stavo molto meglio di un tempo ma un buon 95% del mio patrimonio era una promessa su carta, mentre il suo era una solida realtà intergenerazionale.

«Poi possiamo mangiare al ristorante che abbiamo aperto nel museo, è una mia idea, mi fa piacere sapere cosa ne pensi. Sull'ambiente, perché il cuoco l'ho scelto io, quindi è bravo» concluse Rosanna e, anche se non la potevo vedere, fui certo che pronunciando questa battuta dovesse avere sul volto quel mezzo sorriso canzonatorio che rendeva il suo egocentrismo un tratto caratterizzante, sì, ma di quelli che si raccontano con leggerezza, e non una condizione di disabilità psichiatrica. O almeno questo è quello che sperai, perché la gente quando invecchia non si sa mai come diventa.

Camminando per i lunghi corridoi inondati di luce bianca del nuovo museo mi sentii come un personaggio di un film degli anni Settanta sull'alienazione della vita moderna, solo restaurato dalla Cineteca di Bologna. Fuori dalle grandi finestre rettangolari scorreva il traffico caliginoso delle arterie che dalla città portano alla tangenziale e alle autostrade, una leggera nebbia si fondeva con lo smog e il tutto, osservato dal silenzio assoluto dei doppi vetri, sembrava il diorama di un mondo parallelo dove nessun architetto di fama fosse ancora intervenuto imponendo luci sterili e linee coerenti a un progetto. Una vita faticosa, piena di batteri e altre spiacevolezze.

Rosanna arrivò annunciata dal rumore secco dei suoi tacchi. Era un po' ingrassata, come me del resto, aveva delle leggere zampe di gallina attorno agli occhi, appena arrotondate e lucidate dalle creme costosissime che doveva utilizzare in quantità (già lo faceva quando non ne aveva alcun bisogno). Tolto questo era la Rosanna di sempre, camminava energica con il suo baricentro basso, che nonostante gli investimenti in mezzo mondo e le scarpe di Jimmy Choo tradiva in modo fin troppo evidente l'origine agricola della sua stirpe. Una notte bevendo l'ultimo all'Infedele, dietro piazza Santo Stefano, avevo conosciuto un anziano ingegnere, ex collaboratore del nonno di Rosanna. Mi raccontò che da neolaureato appena assunto il patriarca se lo era portato con sé a Roma per il giro di ministeri che a qualsiasi industriale tocca fare di tanto in tanto. Al ritorno si erano fermati a fare benzina al Maserati vicino a Barberino del Mugello. Erano entrati nell'autogrill, il nonno aveva chiesto al giovane ingegnere se aveva sete, ma quello non ne aveva quasi per niente. Così l'industriale aveva ordinato una Coca-Cola con due bicchieri e poi aveva diviso la bibita in parti uguali.

«Capito come si fanno i soldi?» aveva chiosato il vecchio al bancone con più ammirazione che disprezzo.

«Ma guarda un po'» disse Rosanna scrutandomi, e non capii se quello che vedeva era coerente con il passato o davvero lontano.

Non tentai di scoprirlo, dissi invece: «Ti trovo bene».

Lei mi guardò stupita e per nulla persuasa. «A Roma hai imparato le buone maniere? Fanno davvero miracoli.»

In effetti l'apice della mia gentilezza era sempre stato un "Come stai?", che a livello istintivo trovavo più giusto moralmente e più profondo rispetto al complimentarsi per un bieco aspetto esteriore. Era questo con ogni evidenza uno strato di De Sanctis senior sedimentatosi in silenzio sotto chilometri di rivolta antifamiliare; mio padre infatti mai e poi mai avrebbe detto a qualcuno una frivolezza come "ti trovo bene" se non, mentendo come atto di umanità, al cospetto di un malato grave.

Era quello che gli avevo visto fare di fronte a mio zio che stava morendo di un tumore in fase terminale ed era ormai calvo, scheletrico, l'ombra dell'omone che era stato un tempo, una condizione in cui guardarlo per una manciata di secondi mi aveva confinato per parecchi giorni in una disperazione profonda. Lui invece si era seduto, gli aveva preso la mano e con una voce soffice che non gli avevo mai sentito, aveva detto: «Ti trovo bene, devi farti forza», con la stessa fermezza con cui il giorno in cui gli avevo parlato di Ciuffreda – il ragazzo assassino del Sud del Salento – mi aveva risposto di stare tranquillo, quello non sarebbe stato il mio destino. Quel giorno in carcere non mi ero accorto di questo parallelismo, altrimenti non gli avrei creduto. La cosa pazzesca è che in entrambi i casi non c'erano dubbi: mio padre credeva davvero in quelle parole. Io sarei uscito dal carcere perché ero innocente – fiducia sorprendente, considerato quanto tempo di ogni singola giornata passava a inveire contro lo Stato italiano – e mio zio avrebbe trovato ad attenderlo l'aldilà dei giusti. Invidiai la sua canina obbedienza all'idea che esistessero un Dio, un ordine e un senso. In genere io e il Grande Capo a parole avevamo dissentito su quasi tutto, specie nell'epoca in cui frequentavo l'università, ma l'imitazione muta, quella che non si alimenta di teorie e di discorsi di accettazione bensì di osservazione silenziosa, non aveva mai smesso di lavorare sottotraccia, consegnandomi mio malgrado un'eredità segreta di automatismi mentali e fisici in aperta contraddizione con i miei ambiziosi progetti di rottura radicale. L'essere un De Sanctis si mostrava cioè sempre più in guisa di destino. Segni incontrovertibili erano ad esempio un certo modo di buttare le punte dei piedi di lato camminando, o, appunto, l'apparente disinteresse per le sfumature estetiche nelle vite altrui.

In realtà io le piccole cose le notavo da sempre – un tratto che avevo preso da mia madre – ma c'erano volute Roma e soprattutto la vita adulta perché trovassi finalmente dignitoso dar voce anche a quelle tonalità umane che mio padre e il suo amico Padreterno non sembravano ritenere degne di nota. Sarebbe ingiusto negare, comunque, che quel genere di lieve autismo relazionale poteva avere, in determinate circostanze, anche una sua valenza positiva. Serviva ad esempio a tirare avanti, venendo dal niente, e mantenere una famiglia di cinque persone senza fargli mancare nulla – come aveva fatto mio padre – o poteva – come era stato per il giovane me – tornare utile nella seduzione delle ragazze di buona famiglia abituate a ricevere tutte le attenzioni del mondo. Preti mancati (mio padre) e aspiranti demoni (io) potevano quindi usare la stessa mancanza di riguardo nei confronti dell'altro per motivazioni e con esiti radicalmente diversi: in fondo, forse, una separazione era possibile.

«Però non voglio rischiare, non mi spingerò fino a mostrarti le foto dei miei figli» disse sorridendo Rosanna.

«Hai avuto dei figli?»

Rosanna scoppiò a ridere. «Come si vede che non te ne frega assolutamente niente. Sì, comunque, due bambine, bellissime, come la madre d'altronde. Mi sono anche sposata sai?» disse indicandomi la fede sull'anulare.

«Addirittura. Auguri.»

Mi scrutò sorniona come fossi un animale raro, ma non necessariamente in termini positivi. Come prima cosa, disse, voleva mostrarmi il nuovo museo. Tirò fuori dalla borsetta un flaconcino di amuchina all'aloe verde e si cosparse le mani: «Vuoi? Mi è rimasto il vizio».

Feci cenno di no. Camminammo per i corridoi-ospedale, finché non raggiungemmo un'opera di Giuseppe Penone, una statua raffigurante un tronco di acero.

«Questo lo abbiamo donato noi» disse Rosanna, contemplandola con il volto leggermente in diagonale. Mi sembrò che si stesse rinnovando in lei la rivelazione dell'arte, immediata come un distributore automatico di caffè. Vidi le sue palpebre stringersi impercettibilmente alla ricerca di una porta segreta che portasse a una rivelazione profonda, simile a quella del gatto a tre occhi di Berlino, o quella del braccialetto del Mastro.

«Ma so cosa stai pensando» disse scuotendosi quasi subito: «Questo poteva farlo anche tuo nipote di otto anni, o qualche tuo zio boscaiolo di Trento».

Per la seconda volta in pochi minuti misurai la distanza che si era creata fra il vecchio me e il CEO di BEFORE. Poi dicono che non si dovrebbero mai rincontrare le proprie vecchie amanti. Avevo ancora scarsissima stima dell'arte contemporanea, ma, com'era inevitabile vivendo ora quel tipo di vita in cui le carte sostituiscono i contanti e le k gli zeri, mi capitava molto più spesso di venire a contatto con quel passatempo per ricchi. Vista da un punto d'osservazione più ravvicinato, l'aspetto morale della truffa perpetrata dai cosiddetti artisti contemporanei era passato in secondo piano: ora mi sembrava decisamente più interessante il lato speculativo, l'arte, cioè, come investimento finanziario. Era uno dei tanti casi in cui l'indignazione si rivelava un pesante handicap cognitivo e impediva di apprendere importanti lezioni. Come tutte le grandi storie di successo, anche la crescita vertiginosa del mercato dell'arte contemporanea avvenuta negli ultimi anni poteva insegnare qualcosa sugli esseri umani. Ad esempio la loro propensione a prendere mortalmente sul serio la fuffa più assoluta se solo attorno a essa si era formato un consenso collettivo, un'ipnosi diffusa, e il conseguente terrore di essere il primo a dare voce all'ovvio – il re è nudo – e di passare così per stupido o, peggio ancora, ignorante. Se c'era qualcosa su cui si poteva sempre contare era il granitico conformismo dei semicolti. Nei confronti di chi riusciva a ingegnerizzare deliberatamente una simile ottusità di gregge provavo ormai il rispetto che si deve ai grandi artigiani, la vera opera, in fondo, essendo quella magistrale manipolazione del pensiero umano di gruppo, più che le righe tirate a caso su un foglio o un lavandino rotto abbandonato su un pavimento di una galleria di Chelsea. In un certo senso io e questi illusionisti moderni eravamo colleghi, eravamo gli ultimi veri antropologi.

Non per questo, comunque, ero disposto a farmi prendere per il culo, quello no. Mio zio non avrebbe saputo fare, o anche solo ideare, un albero di Penone o uno squalo sotto formaldeide di Damien Hirst, d'accordo. Sarebbe semmai stato capace, quello sì, di farsi venire in mente il dito medio di Cattelan. Senza problemi proprio. Le opere contemporanee oscillavano fra lo sfondo elegante, la mera segnalazione di ricchezza – e queste erano le costanti eterne dell'arte – e la supercazzola che prendeva spunto dall'ormai conclamata impossibilità di fare un'affermazione che non fosse passibile di ironia – e questo invece era l'elemento contemporaneo. Non c'era nessuna illuminazione, nessuna trascendenza, nessuna reale scomodità e non era nemmeno una colpa: anche volendo non ci sarebbero più state le condizioni per un discorso così ingenuo sulla realtà, un discorso che provasse *a dire qualcosa*. Certo, molti di questi oggetti erano effettivamente *carini*, talvolta persino brillanti, di sicuro stavano bene nei grandi salotti delle capitali. Se l'IPO fosse andato come doveva andare, anche io avrei fatto qualche acquisto, non dico di no. Un bel Penone come attaccapanni ad esempio non mi sarebbe dispiaciuto, anche se sfortunatamente non si poteva fare, sarebbe stato interpretato come una cafonata da miliardario russo. Ricordavo però ancora perfettamente l'unica, autentica, epifania artistica della mia vita, avvenuta proprio lì a Bologna, mentre contemplavo il *Compianto sul Cristo morto* di Niccolò dell'Arca.

Per alcuni minuti avevo osservato i personaggi centrali avvolti nelle spire di una corrente di dolore. C'era qualcosa di anomalo in quel complesso di statue, qualcosa che impiegai un po' di tempo a mettere a fuoco, poi però capii: in quel coro di facce contratte e panneggi nervosi nessuna delle figure sembrava perdere un grammo della propria personale devastazione. Il dramma della scena era profondo e il dolore era ritratto nell'unica forma in cui si presenta nella realtà: quella individuale. Ogni statua era la rappresentazione immobile di un particolare combinarsi di scariche d'elettricità sotto epidermide, di contrazione degli organi, di dolore degli arti e offuscamento della mente, eventi biologici che associamo al senso di perdita, di solitudine, di sconfitta e di assenza irreparabile. Un fenomeno circoscritto alla fisicità dell'animale umano e ricostruito con una dovizia di particolari atterrente. Quel complesso di statue era un indice aperto su un elenco di abissi specifici, raccontati da chi li doveva aver osservati tutti, uno per uno, qualcuno che doveva anzi averli conosciuti anche in un tempo precedente, quando cioè erano stati gioia, erano stati vita, erano stati sesso, erano stati odio, e solo per quello riusciva ora a raccontare con tanta ferocia la tragedia del cambiamento. La donna che impersonava Maria di Cleofa sembrava proteggersi con una sorta di riflesso istintivo dall'impatto con la morte e tentare di scacciarla lontano: immobile com'era da più di cinquecento anni, conteneva ancora, ben distinti, entrambi i movimenti. L'apostolo Giovanni, esile e saldo nel centro del coro, sembrava chiedersi, non senza un accenno di prosaico disgusto: "E ora cosa faremo esattamente?".

Ma era al bordo della scena, me ne accorsi solo a quel punto, che stava la chiave di volta. Lì c'era, con la pinza ben visibile alla cintola, l'uomo che aveva appena tolto i chiodi dal Cristo, quindi Nicodemo o Giuseppe di Arimatea. Secondo alcuni il volto che aveva fatto da modello a questo personaggio era proprio quello di Niccolò dell'Arca. Dal primo momento in cui lo vidi ebbi pochi dubbi sulla bontà di questa interpretazione: l'uomo con la pinza era chiaramente Niccolò, e non tanto perché era l'unico girato verso lo spettatore, non c'era infatti nessuna certezza che la disposizione del complesso di statue fosse quella originaria. Il punto era che quello sguardo fiero e rassegnato poteva essere solo di colui che sapeva di aver compiuto uno straordinario lavoro di imitazione, era l'orgoglio melanconico dell'uomo che ha appena rubato le maschere del dolore alla realtà e ne ha fatto dell'arte che, forse lo sospetta già, durerà nei secoli. Chiunque sia in grado di fare una cosa del genere non può non rendersi conto della portata di quello che ha appena realizzato.

Ma, e qui sta l'ultimo, definitivo, livello di questa grande opera d'arte, Niccolò è anche sopraffatto dall'universalità di quello che ha raccontato. "Questa è la vita, è così che si svolge" sembra dire con la fronte corrugata, l'espressione di chi ne ha viste molte di più di quante avrebbe voluto. Non è compiaciuto della portata della disgrazia che pende sull'umanità, non è un profeta di sventura, è un uomo come lo spettatore, ma ha preso su di sé l'onere del racconto intenso, drammatico, teatrale e a tinte forti eppure ancora privo di ogni eccesso di retorica e di melodramma. È un quadro radicalmente privo di speranza, duro, estremo ma a suo modo asciutto. Niccolò è l'artefice, è il demiurgo e non è nessuno. Sembra quasi che sia stato lui ad avere inventato la storiella del figlio di Dio al solo scopo di prenderci in disparte e parlare con un minimo di serietà della nostra situazione, poiché, come lui sa molto bene, non si dà disonestà quando si parla di cose ultime.

Fissai quel viso per un paio di minuti che divennero cinque, poi qualcosa in più. E fu allora che sovvenne l'epifania: mi sembrò che la figura del presunto Niccolò si fosse animata e avesse portato a termine quel cruccio a metà in cui era immobilizzato da secoli, e si fosse prodotto a mio beneficio in un autentico sorriso di compatimento.

Distolsi lo sguardo, avvertii il sentore della paura, poi tornai a guardare il complesso di statue: erano di nuovo immobili, anche Niccolò era fermo. Ma tutte e sette le figure sembravano ora come in procinto di rinascere come uomini e donne del Quattrocento, era come se i confini della terracotta stessero vibrando, come se dentro quelle figure pulsasse della vita. La ribellione dell'opera al suo stato di eterna stasi, la tensione fra universi che sembravano volersi riversare uno nell'altro, l'inganno perpetrato ai miei sensi – tutto questo rendeva fin troppo chiara la definitività del messaggio. Nel 1400 alcune donne di Bologna avevano pianto i loro cari e la faccenda era talmente destinata a ripetersi che io, secoli dopo, potevo sentire come mie sorelle quelle straordinarie macchine imitative in terracotta che Niccolò aveva creato a loro somiglianza. Potevo pensarmi nel cuore di un dramma millenario e anello di continuità della storia di una specie pervicace almeno quanto condannata. Una specie di scimmie intelligenti che lottavano a mani nude contro il dominio insovvertibile dell'entropia, sudavano tutto il tempo che gli era concesso sulla terra per mantenere una qualche forma parziale di ordine finché un giorno, un giorno che prima o poi arrivava inevitabilmente, cedevano al caos e al dolore. Era così da sempre e non c'era nient'altro. Per cui quando qualcuno mi metteva davanti a un tronchetto di metallo in un museo parlando seriamente di arte, il mio primo istinto era quello di mollargli un ceffone. Non che potessi fare una cosa del genere con una donna a cui stavo per chiedere alcune decine di milioni di euro e in fondo Rosanna non se lo sarebbe meritato comunque. Perciò quello che dissi fu:

«Ma va', figurati. Ho visto la sua mostra allo Spazio Fendi, mi è piaciuta molto» e parlando mi misi a fissare l'intersezione fra un ramo e il tronco dell'opera che avevo di fronte, perché, come recita l'antico haiku, il saggio che osserva la foresta non dà soddisfazione alla miliardaria con cui s'infrattava da giovane.

Durante il pranzo e più tardi nell'ufficio di Rosanna fui esaustivo, preciso, credibile. Snocciolavo dati, spiegavo le parti salienti dei nostri bilanci e tracciavo piani di crescita. Mi dilungavo sul potenziale delle nostre tecnologie, sulle direzioni in cui si muoveva la sezione ricerca e sviluppo (diretta emanazione della bat-caverna di Guido), parlavo delle prospettive economiche della sezione commercio dati e di quella – più nota – di commercio predittivo. Spiegai anche i nuovi settori che avevo in mente di aprire per generare il cashflow necessario all'aumento della ricerca e della raccolta dati, fra queste quella più "notiziabile" – alla fine anche da Marcianise avevo imparato qualcosa – era "Hostaria BEFORE", un marketplace dove avremmo proposto dei menù ristretti curati da locali di fama che normalmente non avevano un servizio di consegne a domicilio e che perciò ci avrebbero appaltato, in cambio di una percentuale più alta dei profitti, buona parte del nuovo servizio, comprese le forniture e la logistica delle consegne. In alcuni casi avremmo messo a disposizione anche i locali per la preparazione del cibo, una seconda cucina dedicata e non necessariamente attigua a quella del ristorante – il luogo esatto dove impiantarla lo avrebbe deciso un algoritmo ad hoc che avrebbe incrociato geografia degli ordini, stato dell'arte del mercato immobiliare e analisi statistica del traffico. Quella selezione di locali storici, d'eccellenza o vincitori di trasmissioni televisive avrebbe dovuto soltanto sovraintendere alla preparazione e mettere il brand. Era uno spin-off a domicilio sul modello dei bistrot che i grandi chef aprivano negli aeroporti, nelle stazioni o nelle città minori. Le snocciolai il tipo di redditività di cui stavamo parlando.

Rosanna tormentò il tortellino-forse-tortellino che aveva nel piatto.

«In Hostaria ci potrebbe stare questo locale?» disse prendendo subito molto sul serio non solo il progetto ma anche il nome che gli avevo messo, il che era una cosa molto milanese – Rosanna aveva fatto la Bocconi.

Sorrisi. Anche se un po' troppo fusion per i miei gusti la cucina era sicuramente di livello e anche la location era notevole – legno di rovere a vista, lampade di opaco nero, design minimale ma non freddo come il resto del palazzo.

«No, non ancora» risposi, indicando i tanti tavoli liberi. «La proposta a menù è ottima, da quel punto di vista rientrerebbe sicuramente, ma per il momento non ha la fama necessaria. Sono certo che le cose vadano già molto bene la sera ma per il momento credo che manchi ancora del giusto profilo per una sezione così particolare del nostro servizio.»

«È giusto» riconobbe Rosanna, come sollevata. Dovevo aver passato una specie di domanda trabocchetto. Alla fine la risposta al mio dubbio iniziale era arrivata da sola: Rosanna aveva lo sguardo di chi stava osservando una persona molto cambiata e rendermene conto mi causò sensazioni ambivalenti. Da un lato mi sembrava evidente che parlando di BEFORE andassi perdendo per lei ogni attrattiva sessuale: non ero più quel personaggio eccentrico e spiritoso senza una chiara direzione nella vita che rappresentava un ottimo divertissement per chi come lei affrontava un destino pieno di responsabilità. Doveva, ne ero sicuro, trovarla una svolta noiosa e da quando la conoscevo la noia era sempre stata il suo nemico più grande. Però qui fortunatamente entrava in ballo il suo istinto genetico per fare soldi, perché la proposta che le stavo facendo aveva una sua solidità e lei era troppo sveglia per non rendersene conto.

Disse che gli investimenti in innovazione del suo gruppo erano quasi tutti nel biotech e poteva avere senso mettere una fiche anche nel predittivo. Da un certo punto in poi fu quindi come essere seduti con un'altra Rosanna di cui avevo solo sentito parlare: l'imprenditrice. Dismise il sorriso dell'amica intima e si mise a fare domande. Parecchie domande, precise, sensate, a fuoco.

Soprattutto capì al volo che il vero business qui non erano le consegne a domicilio, era la capacità di predire il futuro.

«E quanti soldi vi servirebbero, esattamente?» chiese infine.

«Cinquanta milioni» risposi, in una maniera, credo, sufficientemente credibile. Imparare a parlare di quelle cifre, meglio, a *chiedere* cifre di quell'entità ritenendole perfettamente adeguate alle proprie esigenze essendo nati in una famiglia di stipendiati, è un percorso lungo anni. Sarebbe stato più rapido e indolore imparare a programmare l'infrastruttura di una rete neurale.

Rosanna diede uno sguardo rammaricato alla tazzina del caffè. «Lo sai che mai mi sarei aspettata di fare una conversazione del genere con te?»

Sorrisi di un moderato orgoglio, anche se probabilmente lei non lo intendeva come un complimento. Non del tutto almeno.

«I miei hanno sempre creduto nella tua colpevolezza. Non puoi immaginare quanto mi hanno tormentato: cattive compagnie, ti è andata bene… Per il periodo in cui sei stato in carcere hanno pensato di aver concretamente rischiato di perdere una figlia. Ancora oggi credo siano dubbiosi.»

«Non sono stato io, più di questo non so cos'altro dire.»
«Lo so che non sei stato tu.»

Ecco, era tutto finito, mi aveva fatto parlare per quasi due ore e alla fine quella vecchia storia aveva reso tutto inutile. Mi sentii di colpo esausto. Era uno dei rischi dell'essere un soggetto attivo nel mondo economico: momenti di assoluta euforia, dove tutto sembrava confermare la bontà di ogni propria ambizione e altri di assoluto sconforto e depressione in cui niente girava per il verso giusto e ci si sentiva dei falliti integrali con troppe fatture scadute ancora da saldare.

«Ma comunque chissenefrega. Sono io che decido, ora. Prima di risponderti dovrò studiare i bilanci. Manderò anche delle persone nelle vostre sedi, per dare un'occhiata alle strutture e valutare il capitale umano. Insomma una *due diligence*.»

«Non c'è problema» dissi riemergendo dal baratro dove ero sprofondato.

Finii il mio caffè e, non senza una certa sorpresa, mi accorsi che a quel punto io e Rosanna non avevamo nient'altro da dirci.

Gli inviati del gruppo di Rosanna arrivarono a Roma tre giorni dopo. Non avevano perso tempo. Bene. Gli feci assegnare una stanza e incominciarono i colloqui con i quadri. Il capo della delegazione voleva parlare estesamente anche con me ma rimandai al giorno dopo: alle undici dovevo intervenire al convegno della sezione studi strategici della fondazione Itavia a Palazzo Altemps.

Dal giorno della quotazione record al round A ricevevo continuamente inviti a convegni, festival, conferenze, premi. Questi ultimi erano la cosa più surreale. Ce n'erano a decine sparsi per tutta Italia, quasi tutti perfettamente sconosciuti e con una cosa in comune: assegnavano il premio solo se si andava personalmente a ritirarlo. Avessi risposto di sì a tutti gli inviti non sarei più andato in ufficio e sarei fallito in un paio di mesi. Perciò partecipavo solo a un numero molto ridotto e selezionato di eventi, non necessariamente quelli con più pubblico, anzi. Gli eventi della fondazione Itavia ad esempio erano sempre a porte chiuse ed erano frequentati da un residuo di quello che una volta si sarebbe chiamato "salotto buono".

«Non c'è più nessun salotto buono» mi aveva detto un giorno ridendo il Mastro, «è una categoria dello spirito, o meglio dell'odio. È una cosa che esiste solo per chi non ne avrebbe fatto comunque parte.» In generale aveva ragione lui, ma Itavia era una di quelle due o tre realtà che ancora potevano ricordare il vecchio mondo non disintermediato, un mondo dove non si andava avanti in ordine sparso e ognuno per sé, un mondo dove – per inciso – io non avrei mai trovato posto.

Invece che con un Uber Black tornai in centro con il mio SH, un vezzo che avevo preso a imitazione dell'understatement digitale del Mastro. Anche presentarsi da soli, lo sapevo, era una scelta che si faceva sempre notare. Mi piaceva coltivare quest'idea studiatamente informale di BEFORE; era, tra le altre cose, anche un modo come un altro per far parlare gratis di noi e per fare sentire il generone romano pomposo e vetusto.

Il tema del convegno era la crescente instabilità del sistema Paese e le sfide che questa poneva al mondo produttivo. Mi ero immaginato un taglio socio-economico – e su di esso avevo tarato il mio discorso – ma gli interventi, a sorpresa, vertevano attorno all'ordine pubblico. Un alto funzionario della polizia di Stato con un fisico inquartato e solo in parte emendato da un completo di sartoria mostrò una serie di numeri preoccupanti. Oltre a una impennata (+340%) della violenza contro rappresentanti delle istituzioni e lavoratori al contatto con il pubblico (forze dell'ordine, medici e infermieri del pronto soccorso, autisti di autobus, controllori sui treni, professori, hostess, commessi, persino casellanti e benzinai), era in crescita anche la violenza politica (+140%).

«Scalpore hanno fatto casi come quello del giovane giornalista aggredito qui a Roma, al quartiere Pigneto, un caso le cui indagini hanno portato all'incriminazione di trenta militanti di estrema destra per una serie molto più ampia di aggressioni a sfondo politico o razzista. In generale c'è una crescita della violenza sia nera che rossa su tutto il territorio, non solo nelle grandi città. Questa diffusione endemica è senza dubbio un elemento di novità. Quello che oggi temiamo di più però è la possibilità di veri e propri *riot* senza un esplicito colore politico, sia nei quartieri delle grandi città del Nord abitati in maggioranza da cittadini di origine straniera, sia in quelli a più elevata presenza mafiosa e basso reddito delle città del Sud.»

Mostrò una cartina d'Italia. Riportava una ventina di bollini rossi, dalla periferia di Torino a quella di Napoli.

«La nostra indicazione al governo è stata quella di creare delle unità di intervento rapido antisommossa sulla scorta di quelle già previste per gli interventi antiterrorismo. Nuclei con un addestramento specifico e in grado di attivarsi in dieci-quindici minuti, da dislocare in ogni città d'Italia sopra i centomila abitanti. Il loro compito sarebbe quello di impedire ai rivoltosi di prendere il controllo di strade, di intere aree di un quartiere o di infrastrutture strategiche. Le probabilità che i nostri analisti assegnano a eventi di questo tipo sono tutt'altro che residuali.»

Della relazione che seguì – fatta da un ordinario di sociologia de La Sapienza – mi colpì la conclusione.

«Sicuramente qualsiasi imprenditore che investisse quantità importanti di denaro in una squadra di calcio di Serie A, portandola a risultati di rilievo in campo internazionale e dando così nuovo lustro al calcio italiano, contribuirebbe grandemente alla sicurezza del Paese.»

Qualcuno in sala rise, al che il professore alzò uno sguardo severo verso la platea.

«Non vorrei aver dato l'impressione di aver fatto una battuta. La questione è delle più serie.»

Cambiai al volo il mio intervento e parlai brevemente delle nostre analisi predittive riguardo la stabilità politica dei Paesi del terzo mondo ricchi di materie prime, poi accennai al contributo di intel che avevamo fornito negli anni a diversi partiti durante le campagne elettorali. Principalmente aiutavamo i nostri clienti a targettizzare i potenziali indecisi, fornendo anche un elenco di argomenti a cui potevano essere più sensibili, date le loro tracce digitali e il loro profilo BEFORE. Il primo al mondo a fare una cosa simile era stato lo staff elettorale di Barack Obama, in questo caso non ci eravamo inventati niente.

«Abbiamo complessivamente dieci milioni di utenti BEFORE solo in Italia – un numero già ampiamente significativo a scopi predittivi – ma grazie ai dati che reperiamo sul mercato siamo in grado di generare proiezioni predittive affidabili riguardo a quasi cinquanta milioni di persone.»

Alla pausa caffè fui avvicinato dal poliziotto, si presentò come dottor Muscala.

«Ha mai pensato di fornire analisi di rischio anche per il territorio italiano?»

«Oggi per la prima volta. So che in America ci sono in corso sperimentazioni con pattugliamenti pianificati sulla base di analisi predittive. Avendo accesso anche ai vostri dati potremmo implementare qualcosa di simile anche qui.»

«Interessante. Ma anche le analisi sui rischi di colpo di Stato o di sommosse lo sono.»

Mi porse il biglietto da visita. Osservai la griffatura della carta sotto la scritta in corsivo *DIRIGENTE SUPERIORE FRANCESCO MUSCALA*. Era un bel biglietto.

«Ogni volta che sale di grado dovrà farli rifare.»

«È uno dei piccoli piaceri della vita.»

Sorrisi. «Sa, tempo fa mi sono trovato in mezzo a una manifestazione dei Gilet gialli a Parigi. Mi aveva dato l'impressione di una cosa che non sarebbe mai potuta succedere in Italia.»

L'anziano sociologo, che beveva un macchiato al bancone, s'introdusse nella discussione.

«Guardi, scusi se mi intrometto, ma questa, come si suol dire adesso, "la so". Lei deve considerare che in questi ultimi anni sono stati bruciati decenni di risparmi delle famiglie, la cui ricchezza era la base della specificità italiana. Era il paracadute che teneva questo popolo facile alla rissa individuale, molto meno a quella collettiva, lontano dalla piazza. Ora abbiamo un'intera generazione che non è più ricca di quella precedente, anzi, semmai più povera e ne arriva una che sarà *senza alcun dubbio* più povera e dovrà ripagare gli enormi debiti che quelle precedenti continuano a contrarre. Aggiunga all'equazione la disoccupazione tecnologica, un fenomeno di cui ancora non abbiamo visto che la prima parte, e una crescente popolazione immigrata che va sempre più ad abitare in quartieri ghetto con caratteristiche di extraterritorialità… capisce che la situazione non è rosea.»

«È così» convenne Muscala. «Arrivederci, professore. Noi sentiamoci, caro dottor De Sanctis» ribadì il poliziotto prima di allontanarsi.

Prima di congedarmi a mia volta mi sentii in dovere di chiedere una cosa al professore: «Lei segue il calcio?».

«Lo trovo uno sport di una noia mortale.»

A pranzo incontrai Andrea Corsi, un emiliano che da un paio di anni lavorava a Oak Capital – sfortunatamente al livello subito sotto quello di Xi – e si trovava in Italia per dare un'occhiata ravvicinata ad alcune startup promettenti. Avevo pensato che potesse tornare utile avere qualche informazione di prima mano su cosa bolliva in pentola a San Francisco.

Andrea aveva trentacinque anni ma la sua monomaniacalità riguardo sesso e cibo ricordava certi sessantacinquenni di una volta. Non che ci sarebbe stato modo di rendersene conto incontrandolo nella Silicon Valley, quantomeno se alla riunione partecipavano anche degli americani. La maggior parte dei suoi conoscenti californiani pensava addirittura – forse agevolati in questo da un nome che da quelle parti aveva una valenza bi-sex – che fosse un gay Bear e lui, strategicamente, li lasciava fare. Dal punto di vista professionale possedeva un talento con pochi uguali per numeri e business plan, una sua analisi dei conti effettuata a volo d'uccello in una decina di minuti poteva dare sentenze di vita e di morte su un'azienda con un tasso di attendibilità dalle parti del 99%. Era per quello che l'avevano reclutato (c'era anche chi aveva preso a chiamarlo "The Human Software").

Seduto di fronte a me, Andrea si sfrucugliava continuamente il barbone nero e ripeteva che qualsiasi cosa mangiasse qui a Roma era cento volte meglio di quello che si poteva trovare nella Silicon Valley anche spendendo cifre immorali.

«Una carbonara di mare del genere lì te la sogni, vè» disse affondando la forchetta, corrucciato come si trovasse alle prese con un'equazione irrisolvibile. Tutti quei soldi e ancora gli americani non avevano imparato a mangiare. Andava molto meglio di venti anni fa, sostenne, ma c'era ancora un abisso da riempire: quello fra il commestibile e il buono.

«Ma senti anche il vino. A quant'è che stava in carta questo? Venticinque euro? Là per ottanta dollari ti danno una cosa che puoi giusto usarla al posto del Mister Muscolo. Per bere qualcosa di buono sono come ridere duecento dollari. Per curiosità ho anche studiato un po' la questione: c'è proprio un problema nella catena distributiva.»

Lo ascoltai andare avanti su questo tenore per una ventina di minuti buoni, citando una lunga sequenza di locali della valle dove era rimasto regolarmente deluso. In alcuni di questi ero stato anche io e lo capivo. In un paio di casi invece il suo giudizio mi sembrava un po' troppo tranchant.

«Manco il pesce da Soma's? Lì ho mangiato del granchio che non era male.»

«Ma va là, che fa cagare, cazzo di hipster maledetti. Ma tu lo sai che tra l'altro non mi rimborsano i pasti in trasferta se c'è della carne? Al massimo pesce. Siccome tu hai preso il galletto adesso devo pagare con la carta personale.»

Lo guardai senza capire. «Scusa, ma a parte che il pranzo te lo offro volentieri, il problema finché sei in Italia non si pone, basta che dici al cameriere di segnarti sulla ricevuta un'insalata al posto di quello che hai preso.»

«E se non costano uguali?»

Scoppiai a ridere. «Stai diventando proprio un americano. Sai cosa gliene frega a quello se non costano uguali.»

Procedendo a cerchi concentrici e passando dalle startup che stava esaminando e che a suo parere erano tutte decisamente sottofinanziate, mi riuscì di arrivare fino a Xi.

«Com'è lavorare con lei?»

«Guarda, non mi far parlare che è meglio. Per quello che avrei da dire io su quella lì, in America ti possono tranquillamente bruciare in piazza, con tutta la gente riunita che balla in tondo agitando le maracas. Quindi meglio che sto zitto. Che poi, se proprio vogliamo dirla tutta, mi sa che è lei quella un po' mano-longa.»

«Cioè?»

«Cioè si è presa un'assistentina... Kelly... secondo me se la fa. Va detto che quella c'ha un telaio... per non parlare del culo che è una pesca praticamente...»

«Tu dici?»

«Ah be', cazzo, più pesca di così devi cercare pesca su Wikipedia.»

«No, dico Xi.»

«Ah, guarda non l'ho vista-vista ma si capisce di brutto da come la guarda. E secondo me l'assistentina non è mica tanto contenta... Senti, piuttosto, il tuo Mastro non è che sia proprio in un momento felice. Mi risulta che il CEO di Imaginez stia per dimettersi.»

«Ah sì? Strano, il Mastro ripete sempre che non bisogna cacciare i fondatori.»

«Infatti a quanto ne so è l'unico nel board che si oppone all'idea. Ma da solo non basta. Vance ha fatto perdere all'azienda quasi la metà del valore negli ultimi tre anni. Sono un sacco di soldi.»

«L'ho conosciuto, è un cretino.»

«In che senso?»

«Umanamente in primis e poi anche professionalmente.»

«Umanamente...» ripeté Corsi, stupito, come se quello gli sembrasse un commento davvero insolito. «Non vedo cosa c'entri. Come fondatore secondo me è sempre stato in gamba. È proprio il loro modello di business a essere in difficoltà. Sono arrivati sul mercato dei software cinesi molto più performanti dal punto di vista dell'AI, ma c'è anche una serie di motivi per cui non sarebbe stato semplice per Vance intraprendere prima una strada diversa. È un caso interessante in realtà, proprio perché non sono stati fatti grossi errori eppure la situazione è quella che è. Il Mastro mi sembra l'unico ad averlo capito, anche se ha perso soldi quanto gli altri grossi azionisti. Studiala un po', può tornarti utile.»

Gli dissi che l'avrei fatto e chiesi anche se per caso gli andava un dolce.

«No, grazie, adesso devo proprio andare che a proposito di figa mi son dato una punta qua vicino con una escort ucraina che ho prenotato su internet. Ti giuro che nella valle non mi fido più manco delle professioniste. È un attimo che perdi il lavoro. Un attimo guarda. Sul lungo periodo diventeremo tutti dei Ken, ma non il guerriero, no, quello della Barbie. C'hai presente? Senza cazzo? Così. Na roba devastante.»

«Terribile» convenni. «Vai pure se sei di fretta, ci penso io.»

«Grazie Marco, guarda qui.»

Mi mostrò sullo schermo del suo iPhone la foto di una mora di un metro e ottanta con i capelli lunghi a coprire i seni e le mani sull'inguine.

«Però» convenni.

«Dio bono, Marco. Vado va', che sto già tutto...»

Non era manco uscito che stavo già chiamando Guido. «Quando riesci a scendere a Roma? C'è una cosa di cui dobbiamo parlare urgentemente.»

Guido entrò nel mio ufficio il mattino seguente, mentre al di là del vetro-Panopticon continuavano le interviste degli uomini di Rosanna. Era talmente arruffato e malvestito che ricordava vagamente Calcutta, il cantante.

«Sai che abita a Bologna?» rispose quando glielo feci notare.

Gli raccontai della conversazione con Corsi mentre giochicchiava con una manina appiccicosa di quelle che negli anni Ottanta regalavano con i pacchetti di patatine e che ormai erano introvabili. Quella faceva parte di un set di cento manine nuove che avevo individuato e immediatamente acquistato su eBay da un venditore polacco. Ora le centellinavo ma le riflessioni di Guido su questo argomento valevano il sacrificio.

«Allora, ci sono. È un po' rischioso ma secondo me fattibile» concluse infine dopo aver fatto schioccare la manina sul retro del mio iMac.

«Le mandiamo la preview dell'aggiornamento programmato, quello che va sull'App Store la settimana prossima. Solo che nella versione che mandiamo a lei ci metto dentro un trojan. Facciamo il mirroring del telefono – così scopriamo qualsiasi cosa fa – e soprattutto accediamo a microfono e fotocamera. A quel punto stiamo a vedere cosa succede.»

«Mi sembra un'ottima idea, la preview gliela mando io in una mail piena di altre cose.»

«Sì, sottolineale che ci sono dei nuovi features su cui vorresti un feedback.»

Alle 18.34 ora italiana di quel pomeriggio Xi scaricò la versione dell'app con il malware. Alle 12.45 ora della valle la sentimmo ricevere un avocado toast dalla assistente e ringraziarla con un «Thanks, babe. That's nice but not as nice as you» che poteva già essere qualificato come microaggressione. Io e Guido ci guardammo negli occhi. Eravamo sulla buona strada.

Quella sera Rosanna mi chiamò per dirmi che la *due diligence* stava procedendo bene, BEFORE sembrava effettivamente un buon investimento, in un paio di giorni il processo di analisi si sarebbe concluso e avrebbe presentato la loro offer sheet.

«Aspetta, aspetta, c'è una cosa che devi vedere prima di proporre la tua valutazione. Non te ne ho parlato ancora perché è molto riservata e dovevo capire prima quanto fossero serie le tue intenzioni.»

Così andai a Bologna, però solo dopo essermi fatto spedire un altro braccialetto. In realtà me ne consegnarono due: entrambi dentro delle scatolette di cartone lucido interamente bianche con l'unica eccezione di un triangolo nero rovesciato e stampigliato al centro del coperchio. In treno ne infilai uno e installai il software. Anche sullo schermo dell'iPhone apparve il triangolo rovesciato.

Il primo feed fu:

INQUIETUDINE

Funzionava, dunque.

Una volta a Bologna Rosanna rimase visibilmente scettica durante tutta la presentazione. Capivo che per chi non fosse dentro il mercato dei dati tutte quelle promesse potevano suonare eccessive ma il computer che riportava la sintesi dei miei indicatori emotivi segnò comunque IMPAZIENZA. Girai con noncuranza lo schermo verso di me.

«Te ne ho portato uno» dissi tirando fuori una scatola. «Facciamo così. Provalo tu stessa. Ti mando il link per scaricare l'app.»

Per lei avevo tenuto la versione di gomma nera, con piccola cerniera d'oro.

«Be', vedo che almeno sulla moda non sei migliorato molto. Quanto devo tenerlo addosso questo obbrobrio?»

«Considera che sono pur sempre prototipi» osservai, risentito. «Niente ci impedisce poi di farne una versione in collaborazione con Tiffany o Bulgari.»

«Tranne Tiffany e Bulgari.»

«Provalo giusto il tempo necessario a vedere come funziona e capirai che poi tutti vorranno salirci a bordo.»

Al momento dei saluti con uno sguardo distratto – la cui natura strategica conoscevo molto bene – mi chiese se mi andava di bere una cosa. Ci pensai sopra per un momento, fingendo a mia volta di armeggiare con lo zaino dove avevo riposto il computer.

«Ho il treno fra poco, ma, aspetta un secondo...» presi il cellulare, controllai l'app del braccialetto

Sì
(75%)

«Ok, riesco a spostarlo. Vada per un bicchiere. Parto più tardi.»

Il mattino seguente mi risvegliai a casa mia in Santo Stefano. Dopo una bottiglia di Cervaro della Sala eravamo rotolati in un appartamento sfitto che Rosanna aveva in via de' Pignattari. La versione imprenditrice di me non doveva risultarle poi così noiosa.

Dopo, lei si era fatta una lunga e meticolosa doccia canticchiando *GreeyGoose* di Cesare Cremonini, si era rivestita ed era tornata dalla famiglia. I treni per Roma erano ormai finiti da un bel po', ma lei disse che potevo dormire lì, era sufficiente che l'indomani tirassi la porta alle mie spalle. Sdraiato sotto le travi a vista mi resi però conto di quanto quel letto fosse intriso dell'odore dolciastro di Rosanna. Difficilmente sarei riuscito a prendere sonno. Per cui mi feci una sega – donne nuove, o rinnovate dopo tanto tempo, avevano sempre il potere di arraparmi come un adolescente – e poi me ne tornai a casa mia a piedi, fendendo gli universitari in festa come un corpo estraneo.

Giunto nel cortile del palazzo scoprii che qualcuno mi aveva tagliato i copertoni dell'Atala. La portai su per tre piani di scale come avrei portato un amico ferito sul campo di battaglia. Non vivendo lì non potevo nemmeno orchestrare una delle mie pazienti ma inesorabili vendette condominiali e questo mi infastidì parecchio.

L'aria nell'appartamento sapeva di chiuso, spalancai tutte le finestre, trovai una tisana in bustina che non sembrava troppo vecchia e misi a bollire l'acqua, poi, aperto il computer, presi a guardare in streaming la serie "Vita di Xi". Forse perché rientravo in pieno nel target, ma la storia mi risultava al tempo stesso disgustosa e appassionante, anche se il regista se la prendeva comoda e non sempre il suo tentativo di riprodurre esattamente i tempi dilatati della vita reale risultava efficace ai fini del racconto. Per non parlare poi delle inquadrature. Il più delle volte non si vedeva nulla – o giusto il soffitto – e il plot si doveva desumere interamente dai dialoghi.

Due passaggi risultarono comunque particolarmente riusciti. Il primo era quello in cui Xi parlava con Mike Halmo, un suo collega del fondo Blaze, del futuro investimento nel round B di una startup italiana chiamata BEFORE.

«Capisco le tue perplessità rispetto al CEO. Ha un profilo non adeguato e un passato controverso. Lo rimuoveremo dopo il round. E anche questa cosa dell'Italia, non ha senso: la sede principale deve essere qui, ho già visto un palazzo interessante al SoMa district. Una volta risolti questi problemi il loro potenziale è notevolissimo. BEFORE *is a sure bet.*»

'STA STRONZA!

Il braccialetto emise una piccolissima vibrazione, di cui non lo sapevo capace. Controllai l'app: lo sfondo ora era diventato rosso ed era apparso un segnale triangolare di pericolo con la scritta MOMENTO DI FORTE STRESS.

Grazie al cazzo, braccialetto, grazie al cazzo. Da una serie di sottintesi capii anche che Xi era in procinto di cambiare azienda e passare a un incarico più importante proprio a Blaze Capital. Aveva orchestrato tutto sin dall'inizio: stava tradendo non solo me ma anche il suo stesso datore di lavoro. Questa del trojan stava rapidamente diventando l'idea migliore dell'anno. E il bello doveva ancora venire.

Xi chiamò nel suo ufficio Kelly, la sua assistente. Drizzai le orecchie perché già dal tono della voce nell'interfono si intuiva una certa pretestuosità. Scommisi che non avesse nulla di importante da chiederle, era solo su di giri per come era andata la call con Mike Halmo. Soddisfazione di lavoro → aumento subitaneo della libido. Conoscevo quel tipo di circolo vizioso.

Kelly entrò e avvertii chiaramente una punta di nervosismo,

mi augurai per motivi opposti, nella voce di entrambe. Xi le chiese di avvicinarsi, voleva mostrarle una cosa sul computer. L'assistente senza dire niente obbedì.

«Do you like them? They are by Manolo Blahnik. I can have them delivered to you by tomorrow.»

Un verso soffocato di turbamento. Cazzo, aveva incominciato a toccarla.

«It's better if we don't...»

«But you did like it the other day, or am I wrong?»

«No, I didn't really like it.»

«Didn't seem to me.»

«And it's not just that... *Mpfh.*»

Ora la stava toccando-toccando, non c'erano dubbi. Kelly prese ad ansimare. Caaaaaaazzoooooo!

Poco più tardi toccò a Xi, e dai rumori che accompagnavano il suo godere sembrava un lavoro di bocca, anche ben fatto. In un altro Paese si sarebbe potuto forse dedurne un certo grado di consensualità ma non in America, non con quello scambio iniziale perfettamente incriminante. Il tutto durò sette o otto minuti, in cui rimasi con gli occhi sbarrati ad ascoltare. Sdraiato sul divano cercavo di interpretare questa copula trasmessa in diretta dall'altra estremità del mondo. Ascoltavo quei mugugni femminili e i miei occhi vagavano per il salotto. Incrociai lo sguardo con un vecchio santino di Carlton Myers che il giorno del trasloco avevo portato qui direttamente dalla stanza-museo di Adolescente Sfaticato perché facesse da ufficiale di collegamento fra i tanti diversi DeSa che avevano calcato le scene di questo mondo. Il re indiscusso del tiro in sospensione dalla media non batté ciglio. Xi mi repelleva talmente tanto che l'idea di unirmi alla festicciola e mettere in piedi, seppur clandestinamente, una cosa a tre via ponte radio non mi sfiorò neppure.

L'orgasmo sincopato di Xi crepitò negli altoparlanti, poi fu tutto finito. Il risentimento di Kelly, appena abbozzato ma incontrovertibile, fu musica celestiale per le mie orecchie. Quando uscì dalla stanza pure la porta suonò la melodia giusta: aperta lentamente e poi chiusa con un colpo secco, come se all'ultimo le fossero mancate le parole e il senso di umiliazione avesse avuto la meglio su di lei. Xi si mise a fischiettare una canzone della colonna sonora di *La La Land,* io controllai che il software di sorveglianza avesse registrato tutto.

Tutto, c'era TUTTO.

Presi a saltellare di gioia nel salotto cantando a squarciagola il giro di basso di *Seven Nation Army,* l'inno dell'Italia campione del mondo 2006. Al terzo giro in tondo che facevo come uno scemo mi accorsi che l'app con il triangolo rovesciato mi aveva inviato una notifica

Vuoi vedere gli Highlights di Germania-Italia 0-2 ai Mondiali del 2006?

Sì, cazzo.

Rividi Pirlo inventare il passaggio no-look del decennio e Grosso tirare di prima intenzione.

Quando la palla entrò in rete mi accorsi che stavo piangendo di gioia come un bambino.

Ero ancora a letto quando tolsi il telefono dalla modalità aereo. La prima notifica fu un messaggio di Emanuele.

Sei a Bologna ogni volta che c'è il congresso di studi girardiani. Se anche questa volta non vieni puoi anche smettere di considerarti mio amico.

Il giorno precedente avevo ceduto a un calcolato momento di romanticismo postadolescenziale e avevo postato su Instagram una foto della stazione di Bologna con tanto di filtro Clarendon. Dico calcolato perché in parte era stata una mossa per segnalare la mia presenza in città, magari poteva saltare fuori qualche vecchia conoscenza divorziata di fresco. Mai mettere un freno alla decadenza dei costumi. L'unico a scrivermi però era stato Emanuele.

Quando arrivai all'Archiginnasio mi trovai di fronte una cinquantina abbondante di persone; un successo, considerato quanto fosse specialistico l'argomento. Doveva aver aiutato l'immagine scelta per la locandina: la stampa settecentesca di un tizio in calzamaglia che reggeva un gatto decapitato. Grazie a una rapida ricerca su Google avevo scoperto che sui social erano scoppiate polemiche da parte di gruppi di animalisti, polemiche abilmente rintuzzate sul "Carlino" da Minghetti, il rubicondo ordinario organizzatore dell'evento e protettore di lunga data di Emanuele. Il professore aveva avuto buon gioco a dire che spesso gli animali erano stati vittime innocenti degli esseri umani e il convegno si occupava proprio delle cause di tanta violenza, non voleva certo promuoverla. In fondo alla sala si presentò comunque un piccolo ma agguerrito distaccamento animalista.

Quando arrivai, il relatore che precedeva Emanuele stava concludendo una prolusione di una noia mortale sulla, mi parve, reciprocità negativa, concetto che non mi riuscì di decifrare; mi venne in compenso il dubbio che volesse far saggiare al pubblico cosa si provasse esattamente a essere una vittima sacrificale. Quando arrivò il suo momento Emanuele fu presentato da Minghetti, che non gli risparmiò elogi. E chiunque avesse anche solo una conoscenza superficiale del personaggio – io ci avevo parlato un paio di volte e avevo seguito alcune delle polemiche a cui aveva preso parte con infinita alterigia sui giornali – sapeva bene quanto fossero rare per lui parole del genere. Tutto questo ridusse a maschere di attenzione i volti delle studentesse nelle prime file e mosse a interesse anche quella parte di platea che non aveva mai letto gli articoli di Emanuele.

«Questo mi sa che è uno importante anche se è giovane» commentò alle mie spalle un animalista con i capelli lunghi.

«Buongiorno e grazie ancora a tutti di essere venuti. Il mio intervento riguarda l'interpretazione girardiana di un noto episodio evangelico, la decollazione di san Giovanni Battista. Per prima cosa però volevo assicurarvi che durante la realizzazione della locandina non sono stati maltrattati animali.»

Risate, tensione fra gli animalisti.

«Scherzi a parte, secondo Girard c'è un motivo preciso se spesso gli animali sacrificati sono il più delle volte quelli più vicini o più utili agli esseri umani e quindi anche quelli per i quali proviamo inevitabilmente una maggiore affezione.»

«Ogni essere vivente è uguale» disse il solito capellone ma a un volume non sufficiente a farsi sentire da Emanuele.

«Si tratta di un meccanismo che agevola la sostituzione del capro espiatorio umano con quello animale, il povero micio viene sempre ucciso in sostituzione di una persona che per varie ragioni non è disponibile per il martirio. Il gioco di sostituzione riesce però solo se la distanza da colmare è relativamente limitata, ecco perché in una società pastorale sacrificare un lombrico funziona meno rispetto allo sgozzare una pecora e allo stesso modo se la vittima agognata è un nobile bisogna impiccargli almeno il cane da caccia prediletto, non basta uccidere un anonimo corvo che si aggira per le sue foreste. Questo è uno dei tanti aspetti del meccanismo sacrificale in Girard, un meccanismo complesso che vediamo di rado illustrato con tanta chiarezza come, appunto, nell'interpretazione della decollazione di san Giovanni Battista, un'analisi che può essere considerata una summa del pensiero girardiano sul tema del sacrificio.»

Emanuele pigiò un tasto di un piccolo telecomando e sul telo alle sue spalle apparve un'immagine della *Decollazione di San Giovanni Battista* del Caravaggio.

«La vicenda evangelica è ben nota, ma la racconterò brevemente a beneficio dei nostri studenti più giovani. Si svolge in un periodo di poco precedente alla passione di Cristo, con ogni probabilità circa un anno prima. Erode...» diede uno sguardo complice agli studenti in prima fila, e in particolar modo a una ragazza molto carina «c'è bisogno che spieghi anche chi fosse Erode? Ah, ecco, bene. Erode, dicevo, si congiunge con una donna di nome Erodiade – doveva esserci qualche problema all'anagrafe in Palestina – che incidentalmente è anche la moglie di suo fratello Filippo. La cosa ai due deve piacere parecchio perché Erodiade si guarda bene dal tornare dal marito, né Erode, dal canto suo, l'esorta a farlo. Il ratto della moglie di un consanguineo però decisamente non sta bene ed Erode viene aspramente criticato da Giovanni Battista, profeta, predicatore, moralista, battezzatore seriale. Erode stima Giovanni Battista ma lo fa comunque incarcerare, un po' per metterlo a tacere e un po' per tenerlo lontano dalle grinfie di Erodiade, che non sopporta quel genere di critiche e vorrebbe far sparire per sempre il povero Giovanni Battista. Insomma, per la candida Erodiade Giovanni Battista deve morire. Ecco una persona che sa accettare le critiche. L'occasione buona per la donna arriva comunque durante un banchetto a cui prendono parte la corte, alti esponenti dell'esercito e tutti i notabili di Galilea.

Tenete a mente questo particolare perché risulterà di importanza decisiva.

«Durante il banchetto, la giovane figlia di Erodiade, di cui non ci viene tramandato il nome, si esibisce in una danza che lascia in uno stato di trance i presenti. Erode, estasiato dallo spettacolo, si offre di regalare alla ragazza qualsiasi cosa voglia, fosse anche la metà del suo regno. La giovinetta però non chiede larghi appezzamenti coltivabili e nemmeno un iPhone nuovo, in verità non sa proprio cosa chiedere per cui pensa bene di consultarsi con qualcuno. E con chi si consulta? Ma ovviamente con la madre, Erodiade. Incominciate a intuire come va a finire? Erodiade chiede per bocca della figlia la testa di Giovanni Battista. E la pretende su quel piatto d'argento che da lì in poi diventerà proverbiale. Erode non vorrebbe concedergli la soddisfazione di quel desiderio ma ormai ha giurato e spergiurato e per di più di fronte ai notabili del suo regno e non può quindi fare altro che acconsentire e spedire una guardia a tagliare la testa al povero Giovanni Battista. Qui avvertiamo, nell'obbligo cioè di tenere fede alla parola data *di fronte* alle persone che contano nella nostra vita, quel tipo di pressione mimetica di cui ci ha parlato tanto bene Gianluca nel suo eccellente intervento. Non mi dilungherò quindi troppo su questo aspetto.»

Emanuele continuò l'analisi ricostruendo tutti i triangoli di questo "desiderio mimetico" che Girard individuava nella storia, indugiò sul ruolo del piatto d'argento e sulla pace ritrovata dopo il sacrificio dell'innocente. Trattò estesamente il fatto che nell'interrogarsi di Erode sull'opportunità che Gesù possa essere nient'altro che Giovanni Battista risorto, Girard individuava un residuo di quella divinizzazione della vittima che caratterizza il seguito del sacrificio.

«Forse il personaggio più affascinante dell'intero episodio rimane però la figlia di Erodiade, che è significativamente priva di nome, così come è ancora priva di un desiderare propriamente suo, personale. Le due cose appaiono indissolubilmente legate. È come se il testo dell'evangelista Marco – quello che Girard sceglie per la sua analisi – ci volesse suggerire che chi non desidera non è ancora propriamente umano e che, al tempo stesso, non esiste alcun *desiderio innato*: il desiderio, per definizione, può essere soltanto appreso, imitato. In questo caso non da una persona qualsiasi, ma dalla figura carismatica della madre. Il sacrificio di Giovanni Battista non solo quindi riporta la pace fra Erode ed Erodiade, ma segna anche l'entrata della giovinetta nel mondo degli adulti, un ingresso che avviene quando ella apprende, imitando la madre, a desiderare a sua volta il sacrificio del capro espiatorio. Come tutti.»

Emanuele continuò sostenendo che le frequenti critiche di eccessivo schematismo volte a Girard dai suoi detrattori qui sembravano colpire nel segno soprattutto riguardo alla problematica convivenza fra questo genere di innocenza giovanile e la capacità del ballo della ragazza di ammaliare i presenti.

«L'innocenza quindi non si perderebbe con la capacità di generare una più o meno velata eccitazione sessuale, bensì acquisendo quella di desiderare la morte della vittima sacrificale, una capacità che per Girard è un tutt'uno con l'essere propriamente umani.»

L'intervento di Emanuele chiuse il seminario e fu celebrato con applausi scroscianti e un po' imbarazzanti per il relatore precedente.

«Non c'ho capito niente. E poi dove sono gli animali in questa storia?» chiosò il tizio alle mie spalle. Emanuele strinse le mani dei ricercatori arrivati da altre università, finse modestia, dribblò con sufficienza un paio di studentesse visibilmente adoranti e venne ad abbracciarmi. Attesi che finisse di incassare complimenti e salutare i colleghi e tornammo all'Enoteca Favalli.

La situazione richiedeva delle bolle per cui ordinai una bottiglia di D'Araprì.

«Spettacolo oggi» si pavoneggiò Emanuele.

«Non male» convenni. «Anzi, dai, sarò sincero, davvero interessante. Però, senti, non mi sono chiare alcune cose, forse perché sono arrivato tardi e non ho sentito tutti gli interventi. Tanto per incominciare cosa s'intende esattamente per desiderio mimetico e reciprocità negativa?»

«Te la faccio brutale, tanto siamo fra di noi. Di base secondo Girard tutti desideriamo quello che hanno, o desidererebbero avere, le persone vicino a noi. Non esiste, come dicevo oggi, nessun desiderare innato, si impara istintivamente a desiderare quello che vogliono gli altri.»

«È così infatti, noi di BEFORE lo vediamo benissimo dai dati. Internamente lo chiamiamo *contagio*.»

«Eh, più o meno... Il problema si pone quando troppe persone desiderano la stessa cosa in assenza di strutture sociali costituite che forniscano – ripeto, te la sto facendo iperbrutale – assieme del contenimento e uno sfogo razionale alla tensione che si crea a causa di questa convergenza del desiderio. In pratica tutti vogliono le stesse donne – quelle più belle – le stesse ricchezze, gli stessi attici, le stesse macchine veloci, o nel caso di alienati come noi le prime rarissime edizioni di questo o quel libro. Insomma il punto è che per definizione non ci saranno mai abbastanza desiderati per soddisfare tutti i desideranti, è impossibile anche perché l'estrema desiderabilità dipende in larga misura proprio da una condizione di scarsità. La tensione che si crea a seguito di questo stato di cose è la reciprocità negativa di cui parlava il mio collega.»

«Ah ecco, non si era mica capito questo.»

«Lui è uno dei tanti nel mio settore che se non parlano in cinese non si sentono intelligenti, il che la dice lunga sulla sua, di intelligenza. Buono questo, cos'è?»

«Un metodo classico pugliese fatto con uve bombino. Qualità prezzo abbastanza imbattibile secondo me, specie se ti piace questa nota di pasticceria.»

«Buono. Comunque, la situazione precivile è quella di questa specie di guerra perpetua indotta dal desiderio mimetico, una situazione in cui la vita degli uomini è quasi impossibile. Solo l'individuazione e l'uccisione di una vittima innocente – il capro espiatorio, appunto – riporta la pace nella comunità, anzi, ne segna il momento fondativo, perché prima non si può parlare davvero di una comunità. Un innocente paga per tutti e blocca il ciclo della vendetta. Successivamente si perde la memoria collettiva del brutale omicidio e la vittima passa attraverso un processo di santificazione. La sua uccisione viene totalmente rimossa dalla coscienza collettiva.»

«Mi stai dicendo che ogni divinità sarebbe in pratica un ex capro espiatorio?»

«Esattamente: per Girard è così. I due capisaldi del suo pensiero che devi sempre tenere presente sono: uno, il desiderio mimetico, con il conflitto che ne consegue, due, la dinamica sacrificale, ovvero l'uccisione del capro espiatorio come momento fondativo della società e la sua successiva divinizzazione. Una sua frase parecchio nota che un giorno potrei anche decidere di tatuarmi è: "Gli esseri umani non si accordano mai se non a spese di una vittima".»

«Severa.»

«Be', falla sedimentare un po', poi mi dici se è falsa. Comunque in Girard ci sono questi due principi base e poi tutto il resto è praticamente applicazione dello stesso schema interpretativo a un campionario sterminato di miti, riti, religioni, perfino trame di romanzi.»

«Interessante.»

«Non a caso è il pensatore su cui ho fatto il mio dottorato.»

«Lo so, lo ripeti da anni.»

«*Repetita iuvant*. Altre due cose che forse vale la pena di specificare: il valore aggiunto del cristianesimo su altre religioni secondo Girard è quello di aver mostrato apertamente il meccanismo sacrificale per quello che è, senza cioè mistificarlo e nasconderlo. Gesù muore da innocente e così facendo pacifica gli uomini. L'intero meccanismo è privo di occultamenti. La seconda questione, meno discussa, ma che a me è sempre sembrata in qualche modo da tenere a mente: il profeta che rivela il trucco del capro espiatorio non può mai finire bene. Fra tutte le verità possibili, quella sulla natura del sacrificio è l'ultima che gli esseri umani vogliono sentirsi raccontare.»

«La colpa è sempre degli altri.»

«Esattamente.»

Si rollò una sigaretta con l'Old Virginia poi cambiò tono. «La bottiglia la offro io. Sono contento che sei venuto, così ti do di persona una notizia.»

«Oddio, sei incinto pure tu?»

«No, ma va'. Mi sposo, però.»

«E con quale delle due?»

«Con quale delle due... sei proprio una bestia, DeSa. Con quale delle due... con Giada, ovviamente.»

Nonostante tutto scoppiai a ridere. «E il vero amore della tua vita come l'ha presa?»

«Non lo so. È rimasta incinta di un collega che insegnava lì a Città di Castello.»

«NO!»

«Sì, ma DeSa quella è meglio perderla che trovarla, fidati di me. E poi era ora di finirla con questa storia della bigamia. C'ho un'età.»

Nel tentativo di decifrare tutta quella sprezzatura chiesi: «Scusami e quando avete deciso di sposarvi?».

«Una settimana fa oggi. L'ho annunciato anche alle famiglie, non si torna indietro.»

«E come fai a sapere che non è tuo il bambino?»

«Non è mio. Non sono un caprone sempre in calore come te o il gretto scrittore veneto. Non ci eravamo visti molto ultimamente e quando c'eravamo visti non c'era stata occasione.»

«Non ti sembra una reazione un po' affrettata?»

«Ma mica è una reazione, Giada è la donna della mia vita, lo è sempre stata.»

Non mi andava neppure di fare ironia. Una simile forza di ripensamento istantaneo della propria vita, dei propri progetti e dei propri valori era uno spettacolo maestoso, in fondo da invidiare. In una persona intelligente e colta poi era cosa ancora più notevole.

«Congratulazioni allora.»

«Grazie, vecchio.»

In taxi verso la stazione andai sul profilo Instagram di Sara. Trovai il post in cui annunciava le sue imminenti nozze con il nuovo amante, definito con una formulazione che sapeva di frecciatina: "Un vero amore che c'è sempre per me".

Risaliva esattamente a otto giorni prima.

Il mattino mi risvegliai a casa mia, a Roma. Il messaggio più importante alla riaccensione del monolite fu di una donna.

ROSANNA
Questa cosa che mi hai dato è brutta forte ma diabolica.

Certo che lo era. E imparava in fretta. Andai in cucina, aprii il ripiano dei biscotti solo per accorgermi che di Macine nella confezione ne era rimasta soltanto una. Perché mettere via una confezione con UNA macina soltanto invece che mangiare anche quella? Mi posi quella domanda a voce alta, parlando a me stesso, e sul telefono lampeggiò una notifica con il triangolo rovesciato. L'aprii, riportava una mappa del quartiere con evidenziati i supermercati e gli alimentari che vendevano Macine e altri prodotti Mulino Bianco. Sotto c'erano anche i link ad Amazon Food e al sito di consegne a domicilio di Coop ed Esselunga, con le stime dei tempi di spedizione. Ordinai un pacco convenienza da un chilo.

La questione Xi non era ancora archiviata ma con la registrazione ci avevamo messo sopra una grossa ipoteca; quanto a Rosanna, sembrava avviata a fare un'offerta per il round B che avrebbe reso inutile l'intervento di un ulteriore investitore americano oltre a Oak. C'era però ancora qualcuno che poteva sparigliare tutto: Diego. Dovevo occuparmi anche di questo.

Lavorai da casa per un paio di ore poi decisi di andare in ufficio. Rimasi però bloccato nel traffico: sul ponte Garibaldi era in corso una manifestazione. Fermo sul lungotevere, vidi fumogeni disegnare archi nell'aria, traiettorie che si stagliavano sullo sfondo dell'isola Tiberina. Il traffico non si muoveva di un centimetro, le sirene aumentavano, esplosero delle bombe carta e l'allarme di alcune macchine parcheggiate prese a suonare. Dopo un quarto d'ora senza aver progredito di un centimetro, tornai indietro a spinta sul marciapiede fino a ponte Mazzini, poi feci un giro larghissimo per non passare da via Arenula né da viale di Trastevere. Impiegai più di un'ora.

Arrivato in ufficio vidi in streaming le immagini degli scontri, i manifestanti avevano dato fuoco a diversi mezzi di polizia e carabinieri, c'erano parecchi feriti. Non lessi neppure di che manifestazione si trattava; in compenso spesi un po' di tempo a cercare inquadrature diverse dello stesso furgone Iveco che bruciava di fronte al ministero dell'Istruzione. I rivoli di fiamme che uscivano dai finestrini esplosi, proprio sopra la grande scritta POLIZIA, avevano un che di cinematografico. Pescai dal portafoglio il biglietto da visita del dirigente con cui avevo parlato al convegno della fondazione Itavia. Non lo avevo ancora archiviato nell'apposito cassetto della mia scrivania. Ne riapprezzai l'ottima fattura, presi l'iPhone e gli telefonai.

«Immagino che lei sia molto impegnato.»

«Affatto, in realtà siamo abbastanza in polizia per non essere tutti lì» replicò e mi sembrò di vedere il leggero sorriso di condiscendenza in cui doveva essersi prodotto nel rispondermi. Fissammo per quella sera, da Teo. Chiusi la chiamata e vidi una notifica con il triangolo rovesciato:

> Teo-Ristorante a Trastevere non dispone di The Fork. Vuoi che componga il suo numero di telefono?

Quella notte, tornato a casa dopo una cena davvero proficua, trovai un pacchetto di Amazon sull'uscio, lasciato lì con ogni probabilità dalla portiera. Era una confezione formato famiglia di Macine. Osservai quel pacco capace, nonostante tutto, di attraversare la città e arrivare puntuale: era una specie di avanguardia di un capitalismo successivo, razionale, silenzioso e obbediente, un fenomeno impossibile da sospettare affacciandosi alla finestra e guardando i palazzi gloriosi e cadenti del centro di Roma. A letto buttai giù lo schema per una possibile collaborazione con il Ministero degli Interni e mi addormentai con la penna ancora in mano.

Il mattino seguente non incontrai altre sommosse sulla via dell'ufficio, solo il solito traffico melmoso, simile a un lento Gange di automobili. Aprii uno dei due schermi sulla mia scrivania sulla home del "Corriere" e sull'altro presi a dare una forma più compiuta all'idea che ero andato sviluppando quella notte. Il piano era chiaro ma sarebbe servito un interessamento diretto del ministro, e a questo avrebbe dovuto pensarci il Mastro: anche se non era più consulente del premier, qualsiasi membro del governo con un minimo di cervello si prendeva una mezz'ora per sentire cosa aveva da dirgli il Mastro. Fu un refresh automatico al sito del "Corriere" a distogliermi dal lavoro. C'era una nuova apertura.

Giovane imprenditore del digitale si schianta in Porsche.
Morto assieme alla moglie.

(Nella foto Diego Colombo, 36 anni, co-fondatore di Pascal)

Benché orrendamente accartocciata riconobbi l'auto: era la 911 Targa che avevo guidato anche io; il Mastro gliel'aveva venduta un anno prima, quando si era comprato una Panamera. Elisa, la moglie di Diego, era ritratta nella solita foto rubata da Facebook – la mia sentenza non aveva avuto alcuna funzione educativa. Aveva uno sguardo sorridente e un po' perso, le guance lievemente rosse, come per una leggera intolleranza all'alcol o all'idea di venire fotografata. Quest'ultima ipotesi era sostenuta dal movimento di distrazione dello sguardo, come un inizio di fuga dall'obiettivo. In quella modesta ragazza di provincia nessuno avrebbe potuto intuire la milionaria che era diventata poco prima di trovare una morte orribile. Se ricordavo bene era stata lei, la sera del compleanno del Mastro, a mettere in moto tutto con quella stupida frase su Favino. I miei ricordi a riguardo erano confusi.

Dalla lettura dell'articolo appresi che avevano una figlia di quattro anni.

Ebbi un leggero conato di vomito.

Io e Guido andammo al funerale. La decisione, in fondo, stava a me, e decisi che era giusto così. Sui giornali il particolare della Porsche venne ripetuto in maniera ossessiva, il che diede il via a un'esplosione di odio sui social la cui sintesi era sostanzialmente: gli sta bene che siano morti, brutti ricchi di merda. Qualcuno aveva timidamente fatto notare che i due – la cui colpevolezza fino a un grado di pena capitale si dava quindi comunque per scontata – lasciavano però una bambina piccola e innocente. A questa obiezione la risposta più frequente era stata "E ai figli degli altri, quelli che hanno affamato, non ci pensi?".

Chiamai Federica e le chiesi di provare a parlare con i suoi tanti contatti dentro i grandi giornali: era proprio necessario scrivere Porsche a ogni occasione utile? Non bastava scrivere "incidente automobilistico"? Mi promise che ci avrebbe parlato.

Diego e la sua famiglia vivevano in Brianza, a Imbersago. Con l'auto cercammo di arrivare davanti alla chiesa del paese ma fummo obbligati a tornare indietro: la folla bloccava la strada. Durante la funzione le persone erano stipate ovunque, vidi il Mastro in seconda fila, dietro i parenti più stretti. Era scuro in volto, notai l'assenza della moglie. Il prete, un sessantenne con la barba di due giorni, disse che era davvero difficile capire perché Dio avesse scelto di chiamare a sé così presto Diego ed Elisa.

La chiesa era piena di giovani uomini e giovani donne: amici e dipendenti di Diego, amiche di Elisa, famigliari di ogni ordine e grado. Mancava l'ossigeno: una vecchia con una retina sui capelli svenne e fu portata fuori a braccia. Il prete disse che bisognava comunque avere fede, poiché Dio aveva un piano, anche se in quel momento sembrava difficile capire quale fosse.

Pensai: "Almeno non li ha chiamati pecorelle" e bestemmiai mentalmente.

Il prete continuò dicendo che la comunità si sarebbe dovuta stringere attorno alla piccola Matilde. La bambina era in compagnia di alcune sue compagne di asilo, nell'angolo vicino al pulpito, a lato delle due bare di legno di noce. Il prete si girò verso di lei e le disse che i suoi genitori erano andati in cielo e avrebbero vegliato su di lei da là sopra.

La bambina alzò gli occhi dalle bare, guardò quell'uomo negli occhi e gli chiese senza risentimento: «Sì, ma non potevano rimanere qui con me?».

La folla fu scossa da una sorta di singulto trattenuto a forza. A metà sala una quarantenne bionda e magrissima lanciò un gemito simile a quello di un animale di piccola taglia colpito a morte.

Mi accorsi che stavo piangendo lacrime calde.

Uscii e vomitai dietro un cespuglio ai bordi del sagrato.

Sentii il telefono vibrare, era un messaggio di Federica.

FEDE

Ho provato a parlarci ma mi rispondono tutti che gli incidenti con auto di lusso o SUV fanno molti più contatti.

Dopo che le bare furono state caricate sui carri funebri, un uomo sulla quarantina con un completo di buon taglio e la faccia solcata dall'insonnia venne verso di me. Si presentò come il fratello di Diego. La prospettiva di subire degli insulti e magari anche una scenata mi causò un tremito abbastanza violento. Disse che sapeva chi eravamo, sapeva anche cos'era successo fra me e suo fratello e apprezzava che fossi venuto fino lì. Mi abbracciò.

Sussurrai un «condoglianze» sghembo, e accettai senza altre parole il suo mezzo sorriso da adulto. Non andammo al cimitero. Era già stato sufficientemente duro assistere alla funzione e poi forse il saluto del fratello significava anche che poteva bastare così con la mia presenza in quel paese. Oppure no, mi sembravano tutti persone molto belle, migliori di me, quasi certamente. In fondo non era importante: ero stremato.

Aspettammo che il corteo si allontanasse – il Mastro sembrava scomparso – poi entrammo in un bar poco lontano dalla chiesa e incominciammo a bere. Guido ordinava una birra dopo l'altra, io avevo ancora lo stomaco sottosopra ma non riuscii comunque a contenermi granché.

Il barista ci chiese se eravamo venuti per il funerale, disse che non aveva mai conosciuto Diego – era di un paese lì vicino, gestiva quel bar da una decina anni, da quando cioè Diego trascorreva tutto il suo tempo a Milano – ma aveva visto passare spesso la moglie. Tutti comunque conoscevano quella coppia, erano famosi e benvoluti.

«Avevano appena fatto la piscina nuova» osservò, come sovrappensiero.

Valutò il nostro silenzio e capì che non era il caso di disturbarci ulteriormente. Andò dietro il bancone a preparare tartine per gli aperitivi.

Dopo altre due birre Guido andò in bagno, e tornando disse: «Quella bambina DeSa...».

«Lascia perdere» lo implorai.

Arrivammo a Linate completamente sbronzi, Guido mi lasciò alle partenze e proseguì per Bologna. Mi addormentai mentre le hostess stavano ancora spiegando le procedure di sicurezza. Per tutto il volo continuai a svegliarmi di soprassalto, in preda a un'incipiente e infondata sensazione di morte.

Seguì una settimana catatonica in cui perfezionai ulteriormente il piano di diffusione del device. Solo a due giorni di distanza notai nella cronologia delle notifiche che all'orario della funzione nella chiesa di Imbersago il braccialetto mi aveva mandato una comunicazione significativa:

> Non ti conosco ancora bene, ma vedo che stai male: qui trovi gli indirizzi del più vicino pronto soccorso oltre a farmacie, psicologi e consultori.

Non mi conosceva ancora abbastanza bene per identificare la prossimità all'unico fenomeno umano la cui immensità non aveva bisogno di introduzioni. Non per gli adulti, quantomeno. Sorrisi amaro ma una ventina di secondi più tardi non riuscii a esimermi dall'avere su quelle basi un'idea che intuii subito essere commercialmente valida.

Quello stesso giorno sul "Corriere" uscì il video dell'incidente di Diego: il filmato dalla telecamera di sicurezza di una villa poco lontano dal luogo dello schianto: si vedeva chiaramente la Porsche andare dritta a una curva e finire in una scarpata. Diego non aveva neppure provato a girare.

Il Mastro non annullò la sua festa di compleanno, il che aveva senso: si trattava pur sempre di un evento d'affari, una ricorrenza con un substrato commerciale da matrimonio indiano – nuovi contatti che si tessevano e vere contrattazioni che avvenivano nelle stanze più appartate. La villa sull'Appia antica era la stessa dell'anno precedente e di quelli prima ancora. Al Mastro piaceva e non aveva alcuna intenzione di cambiare. Aveva ragione, era un bel posto, lontano dai cumoli di rifiuti e dai nugoli di gabbiani.

Questa volta c'ero venuto con un NCC ingaggiato per tutta la serata, ero dunque preparato per lo champagne, i baroli, gli amaroni e tutto il resto. Era stata un'idea del braccialetto, probabilmente aveva unito l'appuntamento sul Google Calendar, la parola "compleanno" nel titolo, la distanza fra casa mia e la villa e chissà quali altre informazioni reperite fra i miei dati personali e quelli degli invitati e degli organizzatori. Le mie ipotesi più immediate – quella volta provai a dissezionarne il funzionamento – furono: un'analisi del numero di bottiglie nel preventivo del catering; una qualche rilevazione fisiologica riguardante la quantità media di alcol che transitava per il mio corpo il finesettimana. Ma forse, molto più semplicemente, l'aggeggio del demonio aveva letto il mio carteggio email con la questura, la motorizzazione, il SERT e il dottor Serafini. Per non parlare della ricevuta di un noleggio durato dodici ore di Enjoy, della richiesta danni, sempre da parte di Enjoy, e del referto del pronto soccorso, tutti emessi in corrispondenza di un precedente compleanno del medesimo festeggiato. Qualsiasi fosse stato il processo, sullo schermo dell'iPhone era apparso il triangolo rovesciato e il numero di Nunzio Salice, un NCC che avevo usato in passato. Il suggerimento recitava:

> Perché non prenotare un servizio di Chauffeur per la festa di compleanno di questa sera? Giusto per evitare brutte sorprese.

Anche se di bere fino a perdere i sensi non mi sembrava che avrei avuto voglia, acconsentii a quell'ammiccamento colloquiale attraverso cui il silicio provava ogni giorno un po' di più a travestirsi da amico – o quello che andava intuendo essere il tipo di persona che consideravo amica – e guadagnarsi così la mia fiducia. Volendo giocare ed evitarne l'influenza – o semplicemente depistarla – si entrava in una spirale di azioni e presupposte reazioni della macchina di cui era difficile vedere la fine. Era un po' angosciante ma significava che il dispositivo si stava dimostrando all'altezza delle aspettative.

Per ridurre la sensazione di sorveglianza perpetua avevo da tempo limitato le notifiche al menù a tendina, in questo modo le vedevo solo quando andavo a cercarle, salvo per quelle più importanti, quelle per cui l'app si arrogava inderogabilmente il diritto a far vibrare il telefono. Riguardo a quella sera comunque aveva ragione, nonostante i miei propositi di moderazione non si poteva mai sapere. Alla festa ci sarebbe stata Federica e vederla in atteggiamenti intimi con il Mastro avrebbe potuto gettarmi in un grado di sconforto difficilmente sostenibile senza l'aiuto della fermentazione alcolica. Mi era giunta voce che la crisi di lunghissima data fra il Mastro e la moglie fosse in uno dei suoi periodici momenti di picco e la donna non sarebbe stata presente. Questa volta, per di più, si parlava davvero di divorzio. Si diceva in giro che non fosse il solito problema di mignotte e scappatelle varie: pareva che il Mastro avesse perso la testa per un'altra, più giovane.

Era davvero meglio prenotare un autista.

Seguii Federica a distanza per tutta la serata, controllandone i movimenti e, soprattutto, la quantità e la qualità delle sue interazioni con il Mastro. Lui l'aveva cercata spesso, lei era stata sempre amichevole, affettuosa quasi, ma non avevo assistito a niente di davvero compromettente. Non aveva senso scambiarsi effusioni in pubblico e fornire così appigli aggiuntivi agli avvocati della moglie del Mastro. I miei occhi non furono perciò obbligati ad assistere a smancerie difficilmente tollerabili.

Alla festa erano invitati anche Muscala e un sottosegretario del ministro dell'Interno. Circa verso le dieci e trenta li incontrai in una delle sale da tè assieme al Mastro e un alto funzionario del Ministero della Sanità. Il Mastro si era mosso con i suoi contatti istituzionali e il piano che avevo ideato stava prendendo forma. Lo Stato italiano avrebbe offerto l'esenzione dal ticket e forti sconti sulle visite specialistiche a tutti gli utilizzatori del braccialetto: era questa l'idea che mi era stata ispirata dall'ignoranza della morte espressa dal device. Di sicuro gli esseri umani, specie quelli di una certa età, ne erano invece molto preoccupati.

I dati sarebbero stati utilizzati per migliorare il servizio sanitario nazionale e sarebbero stati accessibili, in forma riservata, anche al ministero degli Interni per funzioni di ordine pubblico. L'idea in questo caso era quella di anticipare possibili disordini o scontri di piazza monitorando gli stati di estrema irritazione o di insoddisfazione cronica. Il successo del progetto, c'era questa speranza, avrebbe portato anche gli altri ministeri a chiedere l'accesso ai dati del device per migliorare l'amministrazione pubblica e le policy, orientandole a massimizzare la soddisfazione del cittadino. La rabbia popolare non sarebbe stata più un nuvolone nero che aleggiava sopra il Paese, spinto dall'aliseo di qualche improvvisato tribuno sui social, bensì un problema da affrontare scientificamente, attraverso la contemporanea misurazione degli animi di milioni di cittadini.

Il progetto si chiamava Smart Italia e sarebbe nato da una collaborazione fra lo Stato italiano, BEFORE e Pascal. Mi ricordavo però quanti problemi avevamo avuto in passato io e il Mastro cercando di razionalizzare la pubblica amministrazione, per cui ci saremmo aperti contemporaneamente al mercato dei privati. La grande spinta all'adozione giovanile sarebbe arrivata da lì: sapevamo infatti che con gli sconti sanitari avremmo raggiunto solo le persone che avevano già acquisito la percezione della propria mortalità, per cui praticamente nessuno sotto i 35.

Alla fine di quella riunione informale il Mastro si trattenne con me.

«Ho pensato che pubblicizzeremo questo progetto come l'eredità di Diego. In fondo ha creato il device, se non fosse per lui non saremmo qui.»

Mi faceva un po' impressione ma mi sembrava al contempo anche una buona idea.

Uscii sul porticato ma questa volta senza il Montecristo, avrei anche avuto voglia della mia fumata annuale ma mi pareva una cosa di cattivo gusto, visto come era finita l'ultima volta. In piedi, stretta in un vestito bianco e intenta a fumare una Marlboro Lights, vidi Federica.

«Hai proprio ricominciato» notai.

Lei si strinse le spalle e rilanciò: «Ho saputo cos'hai combinato qui».

Annuii.

«Ti è dispiaciuto, quello che gli è successo?»

«La verità? Non mi ha fatto nessun effetto – né positivo, né negativo, atarassia totale – finché non sono andato al funerale. Dovevi vederla tutta quella gente… la bambina poi…»

«Però già prima mi avevi chiesto quella cosa della macchina.»

«È vero. Mi dava fastidio, forse mi sono un po' immedesimato… non lo so.» Avevo la fortissima tentazione di chiederle una sigaretta, invece mi limitai a prendere un sorso dal mio bicchiere di vino. «Senti, invece io ho ancora bisogno di te.»

Le spiegai tutta la vicenda Xi. Mi serviva una persona sveglia che andasse negli Stati Uniti, parlasse con Kelly, le fornisse la registrazione e la convincesse a denunciare.

«Negli Stati Uniti? Spero che questa Kelly la odi davvero, altrimenti rischio di non tornare più.»

«La liberi da un incubo.»

Accettò, ma solo quando le proposi una cifra spropositata.

«Torno di là» disse controllando il telefono.

«Aspetta.»

Sentii la vibrazione di una notifica anche sul mio iPhone. Fui certo che si trattasse del braccialetto. Con un gesto rapido, come se stessi sistemando un gemello, lo spezzai nel punto di chiusura e me lo misi in tasca. L'avrei scagliato via molto volentieri ma non volevo poi dover dare ventimila euro al Mastro. Federica, che stava ancora guardando WhatsApp, non sembrò essersi accorta di niente.

«Si dice che il Mastro abbia trovato una nuova compagna, una per cui è intenzionato a divorziare.»

«Se la conosci presentamela.»

«Dài.»

Spense la sigaretta a metà, mostrandomi il mozzicone.

«Vedi? Non è poi tanto difficile smettere» disse rientrando.

Rientrai anch'io e finii a parlare di storia dell'NBA con due founder di MONETAME, una startup fintech nata nell'incubatore del Mastro. Numeri alla mano io appoggiavo Curry con l'entusiasmo del seguace a cui era stato rivelato un nuovo modo di concepire la pallacanestro, mentre loro lo riducevano a semplice grande tiratore il cui ricordo ormai si era già sbiadito. Tanta ignoranza radicale di quelle deep stats che certificavano senza lasciar spazio a dubbi la grandezza assoluta – in termini di storia della pallacanestro – di Curry come giocatore a tutto tondo, era singolare e tradiva un evidente bias nei confronti dei cestisti piccoli e scarsamente atletici. Non avrei mai messo i miei soldi, né come cliente, né come finanziatore, nell'azienda di persone con un meccanismo di pensiero così fallato. Anzi, mi stavano proprio sulle palle.

Quindi, appena mi accorsi che in giardino un dj aveva incominciato a mettere musica elettronica, mi dileguai. Il tizio in console sembrava davvero in gamba, c'era già parecchia gente che ballava, tra cui anche diversi collaboratori stretti di Diego, riconoscibili per i cravattini neri che indossavano a memoria del loro capo e che ora svolazzavano al ritmo di una deep house sempre più incalzante.

Mi avvicinai alla console ma non vidi nient'altro che una maschera tribale illuminata da un sistema di led. Anche il Mastro stava per mettersi a ballare, lo intercettai: «È un mixtape registrato?» chiesi, per quanto mi sembrasse improbabile.

«È TRIBEBOT, un'AI. L'hanno creata due ragazzi olandesi registrando la musica e le reazioni del pubblico durante migliaia di dj set in giro per il mondo, ai festival, ai club eccetera.» Era ubriaco e urlava, mi arrivava in faccia del pulviscolo di saliva, ma se mi fossi allontanato non l'avrei più sentito. «Poi hanno dato tutto in pasto a una rete neurale. Ora hanno una AI che ogni volta legge con una serie di sensori le reazioni delle persone sul dancefloor e crea in tempo reale un set ottimizzato per loro. Volevo comprarla ma non hanno intenzione di venderla, si divertono così e hanno tutta una loro teoria sul rifiuto dell'infinita riproducibilità della tecnologia. Allora li ho ingaggiati per suonare, sono quei due tizi là.»

Indicò due ragazzi tatuati, con camicie hawaiane e pantaloni a pinocchietto; si godevano la scena bevendo cocktail nella più tipica delle estraneità nordeuropee.

«Figo, mh? Vieni dai» concluse, e si lanciò nel ballo, scatenato.

Me ne andai. Alla fine avevo bevuto, sì, ma non rovinosamente. Camminando nel vialetto scarsamente illuminato che portava al parcheggio vidi mulinare davanti a me dei tacchi bianchi. Ci misi un momento a capire che erano quelli di Federica.

«E che ci fai tu qui? Non rimani con il Mastro?»

Si voltò stremata, gli occhi segnati dalla stanchezza e dai cocktail.

«Senti, mi divertiva parecchio con questa cosa ma ora mi sto un po' stufando: non ci sono mai andata a letto con il Mastro, mai, neppure una volta.»

«Ma come? E quando eri a casa sua a Milano?»

«Eravamo stati a una festa assieme e mi ha ospitata a dormire. Hai visto quant'è grande quella casa?»

«Non potevi andare al tuo albergo?»

«Abbiamo finito la serata a casa sua con un po' di persone... mi stavo addormentando sul divano, non aveva senso uscire di nuovo. Mio Dio, non ci posso credere che mi sto giustificando con te. E comunque lui è proprio uno sfigato se dice in giro che siamo andati a letto assieme.»

«Quindi niente-niente?»

«Ciao, DeSa, buonanotte.»

Aprì la sua Cinquecento con il telecomando.

«Aspetta, aspetta.»

«Cosa c'è?»

«Mi manchi.»

«Mi dispiace.»

«Ti dispiace?»

Si sistemò i capelli davanti agli occhi.

«Sì, vuoi che ne sia felice?»

«Ti manco, io?»

Federica si guardò la punta delle scarpe, sbuffò.

«Sali, va', muoviti.»

«Come? Ho l'autista che mi aspetta...»

Era ormai quasi entrata in macchina, ma rispuntò fuori e mi sverniciò con lo sguardo.

«Non c'è problema, lo chiamo, gli spiego.»

«Sarà meglio.»

Incominciammo a spogliarci già nel vecchio ascensore del suo palazzo, entrammo nel suo appartamento con camicia, reggiseno, pantaloni e gonna slacciati, le mani l'uno nelle mutande dell'altra.

La appoggiai sul letto ed entrai dentro, la sua fica era stretta e bagnata, era casa.

Le baciai il collo mentre spingevo, poi mi rialzai per vederla meglio.

«Sei bellissima» osservai.

Fu lì che mi schiaffeggiò.

«Oh, ma che cazzo fai?»

«Sei una merda sei» disse e prese a colpirmi sulla testa, con tutta la forza che aveva. La immobilizzai, poi la scagliai lontano sul letto.

«Sei fuori di testa.»

«No, *te* sei fuori di testa.»

Ci guardammo per un momento, nudi, sul suo letto, io con il cazzo ancora duro, lei capezzoli turgidi, la fica che si intuiva disponibile anche da quella distanza. Mi pulsava il lato del cranio dove mi aveva colpito.

«Scopami come si deve» disse prima di riaprire le gambe.

«Ma vaffanculo va'.» La presi e la girai per metterla a pecorina.

«Vedi se ti va bene così, pazza sciroccata» e le tenni giù la testa mentre glielo infilavo con perentorietà fino in fondo. Venne con tre lunghe sincopi, le sue mani che stringevano il lenzuolo mi eccitarono così tanto che poco dopo venni anche io.

«Non dentro» disse scostandosi. Lo estrassi e le venni un po' sulla schiena, un po' sul fianco. Un po' comunque doveva essere finito anche dentro.

Mi accasciai sul letto, vibrante.

«Sei una merda» ripeté.

«No, tu sei una merda» replicai.

Mi diede un bacio. Chiusi gli occhi e mi concentrai sull'onda di benessere che si stava espandendo in ogni landa, per quanto periferica, del corpo.

«Non è questo quello che volevi?» chiese rivestendosi. «Pensavi che non ne fossi capace?»
«Sinceramente? Sì, pensavo che non ne fossi capace.»
«È che mi devo *veramente* incazzare» disse con un sorriso beffardo «e poi, sai, le persone normali preferiscono altro. Ce l'hai ancora l'autista? Perché preferirei dormire da sola.»

Il giorno dopo insistetti per accompagnarla in macchina a Fiumicino. Mi sentivo davvero una persona orribile a mandarla nella nazione con uno dei sistemi giudiziari più draconiani del pianeta per un compito con potenziali risvolti penali, ma non avevo reali alternative. Si presentò con i capelli legati con lo chignon che preferivo, una camicia bianca che esaltava la sua leggera abbronzatura e un paio di pantaloni comodi per il viaggio.
«Ci vediamo fra quattro giorni» disse una volta all'aeroporto. «Che sfacchinata… poi parliamo, eh.»
Le diedi un bacio sulla guancia e la vidi entrare ai controlli di sicurezza. Non si voltò a salutarmi un'altra volta.

Uscii, misi in moto l'S3 e mi avviai verso l'autostrada. Presi a scriverle un messaggio e, indeciso sulle parole, alzai gli occhi dallo schermo giusto in tempo per vedere il lane-assist entrare in funzione all'ultimo istante utile e azionare il volante evitando così lo schianto sul muro che costeggiava il curvone d'uscita. Approfittavo spesso di quel sistema di guida semiautomatica per scrivere i messaggi con il telefono: se nel frattempo la strada imboccava una curva, il radar se ne accorgeva e si occupava di correggere automaticamente la traiettoria dello sterzo. La prima volta che avevo provato quel sistema era stato sulla Porsche del Mastro.

Perché un'auto come questa si schianti, aveva detto allora, bisognerebbe hackerarla.

4

La scienza, coi suoi strumenti che rafforzano i nostri sensi
e sostituiscono le illusioni con le cognizioni,
non fa che disingannarci;
uccidere, cioè, la nostra vita interiore
e liberare il mondo dal nostro dominio.

Vitaliano Brancati

Essere adulti è essere soli.
JEAN ROSTAND

Sognai la vecchia trasteverina impegnata a confabulare intensamente con Diego, lei parlava in romanesco, lui con l'accento milanese, sembravano complici come mai sarebbe stato possibile nel mondo della veglia. Appena mi ero avvicinato avevano smesso di parlare, fingendo indifferenza. Parlavano di me, era evidente, ma non ero riuscito a capire esattamente cosa si fossero detti. Il sogno poi si avviluppava e si confondeva.

Il resto dei dettagli scomparve, come ogni mattina, appena toccai il tasto sblocca schermo dell'iPhone.

La notizia delle dimissioni di Xi la lessi su TechCrunch. Kelly aveva chiesto un settlement per due milioni di dollari e questo ci metteva decisamente al sicuro: non avrebbe avuto alcun interesse a rivelare che la registrazione non l'aveva fatta lei.

Quell'anomala storia di violenza femminile fece scalpore negli Stati Uniti: nel suo programma su HBO John Oliver improvvisò un monologo che ruotava attorno ad Harvey Weinstein e Xi che si incontravano a cena per darsi consigli su come molestare meglio le donne e Harvey finiva per prendere appunti. Bret Easton Ellis dedicò alla notizia i consueti venti minuti iniziali di elegante e feroce sfogo del suo podcast.

Tutto questo, lo confesso, mi divertì parecchio. La lettura della timeline dell'hashtag #Xi su Twitter al contrario mi disgustò. Veniva massacrata come traditrice della causa e tutta quell'idiozia in purezza, accatastata una frase sopra l'altra, mi fece venire la nausea in meno di due minuti. In Italia Xi – la manager attivista rivelatasi molestatrice – si affacciò giusto in qualche newsletter specializzata, assieme al fatto che la persona che era stata nominata al suo posto era l'italiano Andrea Corsi, che "Silicio" del "Foglio" definiva "vicino alla comunità LGBT", il che, a suo modo, era corretto. Feci mandare da Guido una mail da una casella irrintracciabile all'indirizzo del chiosco Señor Heisenbergo con un link all'articolo di TechCrunch. Non so se ci fu mai una risposta a quel messaggio perché la casella venne chiusa immediatamente dopo.

Federica si era guadagnata i suoi soldi, non c'era dubbio. Ci incontrammo da Le Levain, lei prese un piccolo panino al carbone con salmone e avocado, io una tarte au citron e ci sedemmo su una panchina in piazza San Cosimato. A quell'ora il mercato era finito e la piazza era un turbinare di bambini. Quanto fosse una scelta infelice me ne resi conto soltanto una volta seduto. Mi raccontò nel dettaglio il suo viaggio in California, poi venne al dunque: «Senti, è vero che non sono mai stata a letto con il Mastro ma da un po' di tempo vedo una persona».

Poi aggiunse: «È una cosa seria».

Pensa se non fosse stata seria, fui sul punto di dire, ma mi trattenni. Dopo la notte del compleanno del Mastro avevo avuto una costante sensazione di errore. L'impressione che saremmo ricaduti in una relazione disfunzionale, con fini ultimi fra di loro inconciliabili. E però quel suo nuovo potenziale sessuale mi turbava in profondità.

Pensavo a come sarebbe potuto essere il nostro tempo assieme se si fosse comportata *anche* così a letto. L'idea, la consapevolezza dell'occasione persa mi mandavano letteralmente via di testa. Al tempo stesso esisteva l'eventualità – e dovevo prenderla in considerazione – che mi sarei stufato molto più in fretta, o che ci saremmo consumati nella reciproca gelosia. Le possibilità erano infinite – molte più di quelle a cui una volta pensavo per le pubblicità progresso della Rai – e abitavano un universo parallelo che non avrei mai visitato. Però ancora non capivo.

«Cosa ti è successo? Non ti avevo mai visto così.»

«Te l'ho detto, mi hai fatto arrabbiare. Ma davvero ti piace quella roba lì?» disse con un disprezzo disarmante.

«Sì. Anche. Perché a te non è piaciuto?»

«Bah, sì, non male... però non è quello che preferisco.»

Non male, pensai. Non l'avrei mai capita, era evidente.

«Non credo che dovremmo lavorare ancora assieme.»

«Su questo sono molto d'accordo.»

Un pallone da calcio, per fortuna un SuperTele, mi colpì in testa. Un bambino con indosso una maglietta troppo grande venne a riprendersela e non chiese nemmeno scusa.

«Maleducato» osservò Federica.

Alzai le spalle, mi sembrava inevitabile.

«Non dici niente?»

«Sul bambino?»

«Su quello che ti ho detto.»

«Ho l'impressione che non ci sia molto che possa dire.»

Non ti umiliare, pensai. E così feci. Più o meno, perché alla fine non riuscii comunque a trattenermi dal dire: «Se è una cosa seria...» mettendo su una faccetta da culo.

Lei si limitò a scuotere la testa e accendersi una sigaretta.

«C'è una cosa a cui non riesco a smettere di pensare. Non c'entra niente ma ho bisogno del tuo parere.»

«Dimmi» fece lei, visibilmente dubbiosa su dove sarei andato a parare. Chiaro che immaginava fosse soltanto un modo circonvoluto per arrivare infine a parlare comunque di noi due e la cosa la indispettiva. Non potevo essere diretto?

«So che ti sembrerà assurdo ma ho pensato che qualcuno potrebbe aver hackerato la macchina di Diego.»

«Sì... e cos'è, un film?»

«No, dico sul serio. Hai visto il video dell'incidente? Va dritto a una curva, non ha senso.»

«Si sarà distratto con il telefono. Forse correva e non l'ha vista. Era notte. In più erano stati a cena, probabilmente aveva bevuto.»

«Aveva bevuto di sicuro, è venuto fuori dall'autopsia. Era oltre il limite ma non di molto. E anche se avesse bevuto di più non avrebbe fatto molta differenza: i sistemi di sicurezza che quella macchina aveva a bordo dovevano impedire automaticamente un incidente del genere.»

«Non si possono disattivare?»

«Sì, ma perché Diego avrebbe dovuto staccarli per tornare a casa dopo una cena fuori? È una di quelle situazioni dove, essendo un po' sbronzi, si attivano senz'altro, ad averceli.»

Scrutai la sua reazione: decisamente non mi stava prendendo sul serio. E sì che faceva un lavoro che poteva essere spietato. Certo però anche senza morti, quello era sicuro.

«E chi avrebbe dovuto fare una cosa del genere?»

«Diverse persone. Diego si stava opponendo a un progetto molto grosso.»

«Che ora si farà?»

«Penso di sì, il suo socio è un tecnico, senza di lui è perso e si può convincere a fare più o meno qualsiasi cosa.»

«E chi sarebbero queste persone?»

Presi un lungo respiro, sapevo che non mi avrebbe creduto. «Be', tanto per cominciare il Mastro.»

Federica mi guardò senza capire. Siccome non aggiungevo altro realizzò che ero serio.

Fece un tiro dalla sua sigaretta.

«Ma va'» concluse. «Anche se fosse tecnicamente possibile...»

«Penso sia tecnicamente possibile.»

«Ok, ma per quale motivo? Fare *ancora più* soldi? Ammazzi una persona – anzi, due – in una maniera da film di 007 per fare *ancora più soldi*? Mi sa che stai diventando paranoico. Non l'hai fatto anche tu un incidente in auto anche se per fortuna meno grave? Ti avevano hackerato o eri tu che avevi bevuto?»

«È *molto* diverso.»

«È simile.»

«È diverso. E comunque di recente il Mastro ha perso un sacco di soldi per via di Imaginez.»

«Gliene rimangono comunque abbastanza da non sapere come spenderli.»

«Sì, però ho fatto due conti e credo che con la svalutazione delle azioni di Imaginez sia sceso sotto la cifra guadagnata da suo padre finché era vivo.»

«E quindi?»

«Per lui è sempre stata una cosa importantissima.»

Federica ci pensò un po' sopra, il che mi fece comunque piacere.

«Sei sicuro che stai parlando di lui e non di te? Questa storia è assurda. Non sta in piedi.» Mi guardò con compatimento. Ebbi l'impressione che almeno per qualche momento le sarebbe piaciuto essere ancora la mia compagna per potermi rassicurare, magari pure abbracciare: doveva vedere in me le avvisaglie di un esaurimento nervoso. Se fossimo stati ancora assieme avrebbe provato a riportarmi con dolcezza nell'alveo del pensiero razionale, usando qualche segreto del mio carattere che conosceva soltanto lei. Invece non poteva farci niente.

«Non lo conosci quanto lo conosco io, il Mastro. Non dico che ucciderebbe qualcuno... però è ossessivo.» Lo ripetei: «Ossessivo».

«Sì, ma uccidere due persone... dai.»

Nonostante tutto quella sua strenua opposizione al mio abbozzo di teoria mi rassicurò. Non quanto l'abbraccio di cui avrei avuto bisogno ma comunque mi rassicurò. Poco dopo salutandola la baciai sulle guance brunite. Provai una piccola fitta di dolore che mi meravigliai di trovare sopportabile. È così, pensai una volta che se ne fu andata, che sarei vissuto: solo e non umiliato.

Rimasi a guardare con un certo disgusto i bambini nella piazza – la mia solitudine era colpa della loro razza, in fondo. Poi tirai fuori l'iPhone e mi misi a controllare le notifiche a tendina: le stavo ignorando da diversi giorni. Nascosta fra pile di highlights NBA e nuovi podcast di Rogan trovai l'ultima notifica del braccialetto. Risaliva a un momento prima che lo staccassi, quando avevo approcciato Federica al compleanno del Mastro.

Diceva:

Lascia perdere DeSa, fidati!

Il Mastro mi invitò nella sua villa di Stintino. La torre della Pelosa era al centro della vista che si poteva godere dell'infinity pool della casa adagiata sul costone di roccia. Il gioco delle correnti contrastanti fra i due lati dello stretto dall'Asinara aveva un che di ipnotico. Rimasi a guardarlo a lungo, a mollo nella piscina.

Il Mastro attraversava un periodo di estremo attivismo. Si aggirava per la villa con gli AirPods nelle orecchie, telefonando, benché fosse il finesettimana, a tutta una serie di professionisti che avrebbero contribuito alla realizzazione delle sue mosse successive. L'idea su cui stava lavorando era sempre quella originaria: acquisire Pascal tramite BEFORE, compensando Marcello, il socio di Guido, e il fratello di Diego, tutore legale della piccola orfana, con azioni di BEFORE. Io e Guido ci saremmo diluiti, in compenso avremmo ceduto meno equity per ricevere in cambio gli stessi soldi dopo, al round B. L'acquisizione di un'azienda che era già stata oggetto delle mire di Google e di Amazon, i contratti in pancia con i due ministeri e l'annuncio di una serie di partnership private per l'utilizzo del device: tutto questo ci avrebbe fatto arrivare al round di finanziamento con una valutazione altissima, probabilmente dalle parti del miliardo. Il valore delle mie azioni sarebbe aumentato fino a: *una follia*. Non credo ci siano molti altri modi di dirlo, dato che cifre del genere assumono una valenza puramente metafisica. Soldi che tolto qualche sfizio per i quali basterebbe molto, molto meno è meglio far finta di non avere per non perdere del tutto il lume della ragione. Penone come attaccapanni, stavo arrivando. Sorprendentemente la cosa non sembrava darmi pressoché alcun piacere ma non di meno era una mossa di cui capivo la necessità: si trattava di assecondare gli inarrestabili alisei del capitalismo internazionale, opporsi non serviva a niente.

Con Guido discutemmo a lungo: pur rimanendo i due principali azionisti avremmo perso la maggioranza nel CDA. A lui però interessava soltanto che nessuno gli impedisse di continuare a fare le sue ricerche. Conosceva e stimava Marcello, ma non lo considerava una minaccia.

«Ci sono dei ragazzi nel loro team che sono i veri responsabili del breakthrough del braccialetto. L'importante è inserire loro nella mia squadra.»

Quanto a me, mi feci bastare le rassicurazioni del Mastro riguardo al fatto che un'azienda, senza il suo fondatore, valeva meno della metà. Anche questa era una cosa che aveva sempre ripetuto – il caso di Imaginez, in cui era stato l'unico a opporsi alle dimissioni di un CEO ampiamente in disgrazia, era lì a dimostrarlo. Decisi di fidarmi.

Quando arrivai a Stintino sia io che Guido avevamo perciò già dato il nostro assenso all'operazione. Il Mastro prendeva il sole su un divano Roche Bobois, sbocconcellava fette di ananas e intanto tratteggiava il racconto della realizzazione del sogno di Diego a una creativa di un'agenzia di comunicazione, una quarantenne milanese con tutti gli habitus linguistici più insopportabili della milanesità ma comunque una bella donna, come era ovvio che fosse perché altrimenti le riunioni si potevano fare benissimo anche a Milano in settimana.

«Allora, io» propose la donna, la pelle quasi bruciata dall'abbronzatura, due grandi orecchini tondi d'oro bianco «spingerei sul lato healthcare. Funziona molto questo contrasto con il fatto che Diego ora non c'è più ma c'è questo lascito pazzesco di un braccialetto che salva delle vite umane, okay?»

"Umane" mi procurò solo un leggero fremito del labbro superiore, ma continuai a bere dal mio bicchiere di Chablis ghiacciato.

Il lunedì seguente feci un salto in ufficio al mattino, poi nel pomeriggio presi l'S3 dal garage e andai a fare un po' di curve su una statale di montagna vicino all'Aquila; una delle strade più belle d'Italia. Nei feriali fuori dalla stagione turistica il traffico in quella zona è inesistente, l'abbandono dei paesi di montagna e un'economia stagnante fanno la gioia del pilota informale. Misi il cambio in manuale e disattivai tutti i sistemi di sicurezza.

Su quelle strade di montagna scalavo in entrata di curva, la macchina aveva come un sobbalzo rabbioso, ringhiava di forza cinetica trattenuta a malapena e poi quando schiacciavo di nuovo l'acceleratore ripartiva istantanea come una fiocina sparata da un fucile a elastico: in quel momento provavo una scarica di adrenalina che prendevo come una necessaria prova di esistenza in vita.

Fu affrontando un tornante che nell'atto di sterzare venni assalito da un profondo moto di terrore. Mi fermai nella prima piazzola, aprii il box guanti ed estrassi la scheda sim dell'auto. La spezzai – con una certa difficoltà perché era minuscola – e la gettai in terra. Sotto di me c'era un muro lontano di montagne blandite da nubi biancastre. Ebbi la chiara sensazione di stare incominciando a perdere lucidità.

Sulla via del ritorno mi fermai al tabacchino di Calascio e comprai un accendino. Girai la rotella per aumentare al massimo l'erogazione del gas, poi feci una prova di accensione. Quasi mi bruciai i capelli. Sorrisi. Dal cofano dell'Audi parcheggiata usciva il rumore sordo della ventola, l'auto era ferma ma era come se emanasse ancora energia, sembrava un predatore impegnato a riprender fiato dopo una lunga corsa. Mi accorsi che un bambino stava guardando le minigonne.

«Ti piace?»

«Sì.»

«Mi raccomando, studia coding quando cresci, allora» risposi facendo l'occhiolino, ma mi accorsi subito che non aveva idea di quello di cui stavo parlando. C'è da dire che non avevo mai avuto la capacità di livellare la complessità del discorso al grado di ignoranza infinita tipico di quelle piccole creature. Ciononostante fui sul punto di aprire la macchina, prendere un foglio dal piccolo bloc-notes che tenevo nel vano dell'appoggiabraccio e scrivere "coding" e qualcosa tipo "studiare quando sarai grande". Che storia fantastica sarebbe stata per le interviste che quel bambino avrebbe rilasciato quando la sua azienda di neurorobotica avrebbe superato i cento miliardi di valutazione. Poi però con la coda dell'occhio notai la madre seduta su una panchina poco lontana, e vidi la scena per come l'avrebbe vista chiunque altro: un forestiero con una macchina nera che lasciava un biglietto a un bambino.

Tutto sommato al ragazzo poteva bastare anche una Punto.

Richiamai Martina, la quale non senza un mio certo stupore acconsentì subito a rivedermi. Venne direttamente a casa e si fece scopare senza richiedere alcuna dimostrazione d'amore o promessa di abnegazione; anzi, quando intuì che ero prossimo all'orgasmo si sfilò, mi tolse il preservativo e prese a succhiarlo finché non le venni in bocca. Poi si mise a raccontarmi una serie d'indefiniti fatti riguardanti il suo posto di lavoro. Osservai le sue tette grandi, un po' cadenti sui lati e provai a immaginare cosa dovevo rappresentare io per lei. Forse al contrario di quello che avevo ipotizzato in passato non contavo niente – come lei per me – o forse invece ero importante e chissà in quale fantasiosa chiave dettata dall'infatuazione interpretava i miei comportamenti di disinteresse. Era complicato scoprirlo, e, in fondo, non lo desideravo così tanto. Mi assalì la consapevolezza che una vita morale era impossibile in un'epoca in cui la soddisfazione dei desideri era l'unica cosa a contare.

L'acquisizione di Pascal attirò l'attenzione della stampa specializzata anche a livello internazionale. Seduto nel mio ufficio di CEO di un'azienda che ora contava trecento nuovi dipendenti e soprattutto cinquecento milioni di valutazione in più, vidi in streaming un servizio dove Marcianise – che si era riciclato come esperto di innovazione nella trasmissione di Sciarpetta – si aggirava per le vie di Imbersago chiedendo di Diego a chiunque incontrava.

«Un grande» risposero degli adolescenti appoggiati su degli scooter.

«Lo conoscevate?»

«Eh no, ma lo vedevamo in tv.»

Una giovane madre che spingeva una carrozzella si mise a piangere, lucciconi vennero anche al tizio del bar dove eravamo stati io e Guido.

«Quando era qui veniva sempre a prendere l'aperitivo, uno Spritz Aperol» sostenne. Il prete disse che Guido ed Elisa erano diventati un esempio per tutti.

Nella seconda parte il servizio parlava dell'acquisizione e si mostrava il primo modello ufficiale del device. Alla fine Marcianise guardando in camera disse: "Diego e sua moglie non ci sono più ma hanno fatto a tutti questo lascito pazzesco: un braccialetto che salva vite umane".

Mi chiesi se l'aggiunta della moglie fosse un draft successivo della creativa milanese oppure fosse opera di Marcianise. Propendevo per la prima opzione ma non si poteva mai dire.

La sera, da solo in casa, ripensavo spesso alla notte del compleanno del Mastro e a che razza di fiera ribelle era stata Federica a letto. Certo, la rabbia, va bene. Il risentimento, pure. Ma mi consumava il sospetto che questo nuovo tizio che frequentava seriamente l'avesse sbloccata, che fosse riuscito, insomma, dove io non ero riuscito se non saltuariamente e sempre con l'aiuto di quantità insostenibili di alcol. Aveva liberato in lei qualcosa che io con ogni evidenza non ero riuscito a liberare.

Sdraiato sul divano del salotto mi ammazzavo di documentari su Netflix ma non riuscivo granché a distrarmi dall'idea di questo tizio che portava l'educazione sessuale di Federica a dei livelli che ormai mi ero rassegnato fossero raggiungibili giusto con la psicoanalisi, l'ipnosi o programmi di condizionamento mentale della CIA. Fu consumandomi a lungo e inutilmente sulla genesi di questi mutamenti psicologici che giunsi infine ad applicare al problema il rasoio di Occam e prendere così in considerazione la spiegazione più semplice e bambinesca. *Let's crunch the numbers, then.* Il mio cazzo misura 19,3 centimetri in stato di massima erezione, il che, come è noto, è un signor dato. Comunque ampiamente al di sopra della media italiana che si aggira attorno ai quattordici. Tuttavia è ancora ben lontano dalle dimensioni di un pornodivo, che possono essere tranquillamente attestarsi sui venticinque. E sicuramente, per quanto siano abitanti di un segmento particolarmente sottile della gaussiana dei peni, devono esserci in giro diversi di questi tizi che pur senza essere noti alle pellicole a luci rosse si portano appresso un ingombrante armamentario di tal fatta. Quello "della storia seria" poteva essere un esemplare di quella sottospecie equina, un'ipotesi, questa, particolarmente stupida e dolorosa. Non di meno, forse, plausibile.

Certo, *certo*, magari il dirsi di questo nuovo compagno disposto a costruire una famiglia e accettare con l'orgoglio dell'adulto la venuta al mondo di bambini frignanti poteva aver creato una fiducia e un abbandono tali da dissolvere tutta una serie di catene che opprimevano il nucleo pulsante della sessualità di Federica. Ma diciamoci la verità, anche venticinque centimetri forse potevano riuscire nel trucco.

Poi sì, lo so, bisognava pure aver mestiere, ovvio. Stando all'elenco pazientemente aggiornato che conservavo sulle note del mio iPhone nella mia vita avevo avuto settantasei donne, un dato anche qui abbastanza alto, ma che si spiega con il fatto che di queste una cinquantina abbondante risalivano al mio breve ma intenso periodo di fama online. Nella grande maggioranza dei casi avevo fondati motivi di ritenere di averle lasciate in stati che andavano da "soddisfatta" in su. Forse, non potevo escluderlo, qualcuna aveva finto in maniera molto credibile, ma complessivamente il dato rimaneva positivo. La stessa Federica, pur inarruolabile agli aspetti più estremi del turbinio delle carni, non perdeva comunque occasione per dirsi decisamente appagata sessualmente, diceva anzi «Non ho mai fatto l'amore così» come, cioè, lo faceva con me, il che mi gratificava ma ancor più mi stupiva. Tutto ciò che ruotava attorno alla sessualità di Federica, compresi i suoi insondabili interruttori, rimaneva insomma per me un enigma di impossibile risoluzione, un enigma che il nostro ultimo incontro aveva elevato ad autentico mistero della psiche.

Per cui sdivanati davanti al proiettore io e il mio cazzo sopra la media ma comunque non eccellenza internazionale ci compativamo in una sorda e rancorosa apatia.

Fra le cose che vidi c'era anche un documentario a puntate sul Mossad. In una scena particolarmente significativa l'intervistatore fuori campo aveva chiesto a un anziano funzionario, ormai in pensione, un giudizio negativo riguardo a una certa operazione che si era risolta in un clamoroso fiasco.

Il vecchietto aveva risposto: "Perché, lei giudica un uomo dai risultati che ottiene e non dalle scelte che fa?" e si era messo a ridacchiare come si ridacchia davanti a un poverino che della vita non ci ha capito proprio nulla. Ma nulla nulla.

Di quel mio pensiero ricorrente una sera, al terzo cocktail, ne parlai anche con Mauro.

Eravamo seduti al Big Star e lui aveva scosso lentamente la sigaretta sul posacenere, come processando l'informazione. Lo sguardo perso in una serie di pensieri analitici, aveva avanzato l'ipotesi che, da un certo valore in poi, in questo caso senz'altro superato, la lunghezza non fosse più un fattore discriminante.

«Se proprio la grossezza...»

Poi fu come se si fosse reso conto di quello di cui stavamo parlando. Che dietro quei ragionamenti, cioè, c'erano persone reali, una delle quali ero io, l'altra Federica.

«DeSa...» disse, un po' affranto, prima di prendere un altro tiro dalla Marlboro «non credo comunque che sia questo il problema.»

«Ma no, ma no, infatti, figurati» mi affrettai a replicare, poi scoppiai a ridere così forte che un paio di ragazze si girò dai tavoli vicini. «Figurati» ripetei, poi presi un altro sorso di Gin Tonic.

Il braccialetto ebbe successo da subito. Come previsto, grazie alle agevolazioni sanitarie si diffuse rapidissimamente fra gli anziani, che quasi non potevano credere che esistesse un metodo per non pagare il ticket. Fatto poco noto, quella era anche una fascia d'età molto ambita dagli inserzionisti digitali perché del tutto sconnessa da internet e percipiente pensioni, talvolta pure decisamente generose.

Anche sul resto della popolazione la differenza la fecero gli sconti, ma di altro tipo.

In collaborazione con le maggiori catene di supermercati e di centri commerciali proponemmo offerte riservate ai possessori del braccialetto, offerte che venivano segnalate direttamente sull'app con targettizzazione millimetrica. «L'ho comprata in offerta.» «E dove aò?» «Ce sta sto bracciale...» Insomma, andarono a ruba. Dal nostro flusso di dati il potere d'acquisto e la sopravvivenza fisica sembravano gli unici interessi davvero primari degli esseri umani, ben più del sesso, comunque. Eccezione alla regola degli sconti fu, per mia precisa volontà, il settore delle assicurazioni. Non volli, almeno per il momento, creare alcun legame fra il braccialetto e quel business. Gli italiani non dovevano sentirsi *sotto controllo*: dovevano avere la sensazione di *spendere di meno* senza alcuna controindicazione. In pochissimi nel mio Paese erano disposti a montare le scatole nere sull'auto, figuriamoci a portarne una addosso.

Gli sconti, invece, quelli erano tutta un'altra cosa.

Una sera nacque Ipazia, la figlia di Mauro. Poco prima di mezzanotte mi mandò una fotografia di questo neonato imbozzolato, identico a milioni di altri neonati imbozzolati tranne, suppongo, agli occhi dei genitori. Il suo commento fu:

> Bella è bella, peccato per il nome di merda, ma la conosci la madre. La cosa positiva è che se l'abbrevi diventa una birra: IPA.

Mandai le mie congratulazioni a entrambi. Mi ero dimenticato di cenare – accadeva sempre più spesso – e quando, dopo mezzanotte, mi venne fame mi accorsi che non avevo nulla in casa. Avrei potuto ordinare qualcosa ma a quell'ora non c'era più nessuno di decente che consegnasse a casa, solo pizze fatte da cinesi con cagliate lituane.

Presi l'SH e raggiunsi il Carrefour di via delle Fornaci. Feci fatica a trovare parcheggio, c'erano macchine in seconda fila e scooter infilati in ogni pertugio. Il supermercato sembrava un centro commerciale la domenica pomeriggio, c'era gente in ogni corsia e in coda alle casse, anche se ora ce ne erano aperte quattro, non più due. Era impossibile avere una visuale tranquilla sugli scaffali, c'erano giovani che sghignazzavano quando trovavano certe birre in un'offerta davvero speciale, uomini e donne di mezz'età con le occhiaie per la stanchezza che compulsavano il cellulare, poi le merci e poi di nuovo il cellulare. Mi accorsi che sotto molti prodotti c'era un cartoncino con un triangolo rovesciato e di fianco un QR code. Sotto il triangolo era anche segnato un orario: h.00-06. Solo a quel punto notai i braccialetti ai polsi delle persone.

Una donna sui sessanta, con un vestito leggero e signorile, gli occhiali alzati e il volto affannato mi si avvicinò tenendo il telefono lontano da sé con due mani, nello sforzo del presbite di mettere a fuoco.

«Scusi, lei che è giovane forse mi può aiutare, mia figlia mi ha installato questa cosa sul cellulare ma non riesco a capire come funziona e sono venuta apposta a quest'ora...»

Le mostrai il procedimento. Doveva inquadrare il QR code di ogni prodotto, in questo modo avrebbe visto il prezzo scontato. Una sequenza sviluppata in ossequio a due fattori cardine della dipendenza digitale: il cosiddetto gaming, l'aspetto ludico del processo, e la sensazione di far parte di una comunità esclusiva, dato che solo chi aveva il braccialetto al polso e BEFORE installato sul cellulare poteva sapere a quanto ammontava il risparmio. Gli altri erano semplicemente esclusi, non solo dalla promozione, ma anche dal conoscerla nei particolari. Erano, cioè, degli ignoranti.

Questa segretezza ci permetteva anche di creare offerte personalizzate: gli sconti per una persona potevano non essere uguali a quelli di un'altra, il che creava una gerarchia che stimolava la competizione e quindi l'utilizzo del device. Una volta alla cassa poi il fortunato utente BEFORE poteva appoggiare per un momento il braccialetto su un lettore ottico e tutti gli sconti gli sarebbero stati conteggiati automaticamente.

«Volendo può anche solo mettere nel carrello i prodotti con il triangolo e poi mostrare il braccialetto alla cassa» spiegai.

«Ma così non so quanto sono scontati.»

«Sì, esatto.»

«Eh no, quello lo devo vedere.»

«Allora clicchi lì e inquadri quel codice di fianco al triangolo.»

«Ma io dico, ma è mai possibile che uno deve fare tutta questa manfrina? E poi perché mettere gli sconti di notte? È umiliante.»

«Credo ce ne siano anche di giorno» osservai. Non avevo il quadro esatto delle promozioni in corso.

«Sì, ma questi mi hanno detto sono quelli più forti, i migliori, cioè.»

Annuii e le augurai una buona serata. In quella folla che si affannava fra telefono e realtà per risparmiare cinquanta centesimi a pezzo non mi andava di comprare niente.

Il capitalismo doveva essere abbondanza, allora dispiegava a pieno le sue ali, altrimenti era solo un triste coitus interruptus. Agguantai giusto una vaschetta di prosciutto già affettato e del pane, poi attraversando la sezione dolci notai che non c'erano più le miniconfezioni della Ritter, fermai un addetto (ora di notte c'erano addirittura addetti che rifornivano gli scaffali) e gli chiesi se per caso le avevano spostate.

«Che, le cioccolate piccole? Quelle tipo mignon? Nun le tenemo più, nun le comprava nessuno.»

Al momento di pagare dissi che non avevo il braccialetto e – sottovoce, come per giustificarmi – che non mi interessavano gli sconti. Il cassiere mi guardò con odio.

Dovevamo spingere e dovevamo farlo in quel momento. Per riuscirci ci volevano soldi, un sacco di soldi. Venne finalmente il round B e fu trionfale. Oltre a una nuova iniezione di liquidità da parte del Mastro, i nuovi investitori furono Rosanna e Oak Capital nella persona di Andrea Corsi. Quest'ultimo mi sembrò sospettare che dietro la registrazione incriminante di Xi ci fossimo in qualche maniera o io o il Mastro. D'altro canto era l'ultimo che poteva lamentarsi di come fossero andate le cose.

La valutazione di BEFORE *superò* il miliardo.

Ero virtualmente ricchissimo. Alla valutazione corrente mi sarebbe bastato mettere sul mercato un ulteriore due per cento di BEFORE per aver soldi sufficienti a vivere nel lusso sfacciato per tutta la vita. Al di là dei miei proclami di indifferenza economica, questo specifico evento, il diventare ricco in maniera incontrovertibile, devo ammetterlo, mi colpì. Erano anni ormai che stavo bene, parecchie volte meglio di come avrei mai potuto immaginare quando pensavo che avrei fatto l'insegnante (LOL) ma niente poteva darmi la garanzia che la cosa sarebbe durata. Di startup, anche di quelle che avevano raggiunto una certa dimensione, ne finivano a gambe all'aria ogni giorno, era la natura del settore. Fosse successo a BEFORE com'era all'inizio di questa storia non sarei finito a zero ma certo avrei avuto ancora davanti a me l'esigenza di lavorare. In realtà poteva ancora accadere che BEFORE implodesse, anche dopo aver raggiunto quella valutazione stratosferica, per cui decisi di vendere davvero un ulteriore due per cento della mia quota a Oak. Diventai così in maniera definitiva un uomo libero, come un antico cittadino ateniese ma con i soldi in banca al posto degli schiavi.

Prima di dividere quei milioni su conti diversi in Austria, Lussemburgo e Olanda, li vidi tutti insieme – o meglio, vidi il numerino sullo schermo che nella nostra epoca sostituisce la segreta piena di ori e gioielli. Capii in maniera incontrovertibile che non solo ero libero e lo sarei stato a vita, ma non sussisteva nemmeno più alcun impedimento di carattere pratico all'idea di riprodursi. Altro che famiglia che torna dal mare con borse, ombrelloni e gonfiabili per poi salire su una 500X. Potevo permettermi uno staff che i bambini me li avrebbe messi davanti agli occhi solo asciutti, borotalcati e già defecati. E solo per brevi momenti, alla maniera dell'antica nobiltà.

Eppure continuavo a non sentirne il bisogno, gettare un altro essere umano in *questo* mondo mi appariva sempre più una vigliaccata. Non volevo contribuire a creare dei bambini che sarebbero stati schiavi di robot e cinesi in un pianeta a rischio epidemie dove ogni pensiero sarebbe stato monitorato a fini commerciali. Dopo Martina accolsi nel mio letto Michela, una giovanissima collaboratrice; fu piacevole, ma nulla di più. Può darsi che lei pensasse lo stesso di me: non mi sarei offeso. Andavo provando un crescente distacco non solo dal lavoro ma dai fatti della vita in generale.

Incontrai Muscala a pranzo. Il suo completo mi sembrava ancora più bello del precedente, peccato giusto per la cravatta regimental rossa e bianca. Mi allungò un altro biglietto da visita.

«È cambiato il numero di segreteria.»

Era sempre ben fatto e indicava una nuova qualifica, che

era poi l'unico motivo per cui me l'aveva dato, visto che io comunque lo chiamavo sempre sul cellulare. Muscala era sbarbato, pulito, con uno sguardo in controllo su tutto quello che lo circondava. Lo invidiai di ammirazione virile.

Mi parlò dei progressi fatti grazie al braccialetto nel settore della sicurezza nazionale. Come previsto, i facinorosi non erano grandi utilizzatori del device, ma l'analisi incrociata dei dati permetteva comunque di ottenere risultati eccellenti lavorando su quello che circondava i soggetti pericolosi: passanti che li vedevano prepararsi all'azione e, più in generale, tutte le persone che avevano a che fare con loro nella vita quotidiana.

«Siamo già in grado di ridurre di diverse volte il nostro tempo di intervento e abbiamo migliorato di molto l'intelligence. Il concetto è che nessuno vive nel vuoto e attraverso le interazioni dei soggetti a rischio con persone che indossano il braccialetto siamo in grado, alla lunga, di identificarli. Questo perché non si diventa terroristi da un giorno all'altro, prima si mette in atto una serie di comportamenti devianti, si generano e si subiscono forti tensioni. E nel farlo si lascia come un'aura di negatività attorno a sé. L'algoritmo può identificare con precisione quel genere di aura e a quel punto interveniamo e individuiamo chi l'ha rilasciata. In pratica lavoriamo su una specie di negativo.»

«Ingegnoso.»

«Tutto con il team di Guido, sono davvero in gamba.»

Sorrisi. Lo sapevo bene.

«Una cosa curiosa» disse rivelando una sensibilità che non gli sospettavo «è che dall'analisi statistica è come se emergessero nuove gamme di sentimenti. Mezzi toni che ci sfuggivano, ma che ritornano con costanza nei dati. Devono essere quindi dei sentimenti reali per i quali però non esistono parole specifiche perché prima sfuggivano alla percezione. Credo che questa gigantesca opera di osservazione darà luogo a progressi enormi nello studio della mente e forse anche in campo psicologico.»

Non gli dissi che quello era uno dei motivi di una valutazione così alta di BEFORE. Avevamo appena assunto trecento ricercatori fra neurologi, psichiatri, genetisti, chimici, statistici e linguisti perché si occupassero dello studio della mente a partire dai nostri data set e dallo stream del braccialetto. Li avevamo messi tutti assieme in un nuovo capannone luminoso e pieno di piante, a Bicocca, a Milano. Grazie al loro lavoro pianificavamo di migliorare il prodotto, altri usi commerciali delle loro scoperte sarebbero senz'altro emersi col tempo.

Anche io, comunque, ero ormai un soggetto misurabile solo attraverso l'aura, visto che da quando me l'ero tolto la sera del compleanno del Mastro non avevo più indossato il braccialetto. Trovavo divertente e tutto sommato accurata questa somiglianza con terroristi, potenziali criminali e facinorosi.

Ormai stavo raschiando il fondo del barile del grande catalogo contemporaneo dei documentari: ne avevo visto uno, per altro ben fatto, su delle gare di solletico che si rivelavano organizzate al solo scopo di registrare dei video per un uomo di mezz'età con la perversione di vedere ragazzi giovani e di bell'aspetto solleticati fino alla sofferenza fisica. La tesi fra le righe del documentarista era che si trattasse di una forma blanda e repressa di omosessualità. Il contrasto fra l'assurdità della storia e le complesse vie lungo cui si doveva essere sviluppato l'eros dell'uomo – che negava con veemenza di essere gay – mi colpì parecchio. La bellezza dell'operazione BEFORE, ora che avevamo il braccialetto, stava anche in questo: mettere ordine nel kaos imperscrutabile della condizione umana.

Una sera, dopo aver visto un documentario sui tentativi miseramente falliti di organizzare un festival musicale in un'isola delle Bahamas, andai nel mio studio, stampai a colori il logo della campagna:

BEFORE YOU THINK OF IT.
REALLY.

Andai in bagno, aprii la finestra, misi il foglio nel lavandino e gli diedi fuoco con l'accendino. Il bordeggiare delle fiamme sulla superficie mi piacque molto, così come apprezzai la capacità della combustione di rattrappire la materia facendole ballare una danza disperata, quasi a scatti. Trovai però del tutto insopportabile l'odore di carta e di inchiostro bruciati. Nonostante avessi aperto la finestra quel tono acre arrivò anche in camera da letto e non ci fu modo di farlo uscire. Impiegai almeno un paio di ore per addormentarmi.

L'aver consumato quasi tutto il catalogo di documentari di Netflix mi portò, dopo molto tempo, a entrare in una libreria. Esposto con grande rilievo nelle novità all'ingresso, trovai *Contro*, il memoir di Simone Fenati. Sulla copertina un pugno chiuso ritratto in stile pop art si scagliava contro il cielo. Il retro della copertina recitava: "Cosa unisce la vita di Simone, giovane militante delle periferie romane vittima di una violenta aggressione politica, a quella di Said, profugo siriano, e Babette, transgender canadese di dodici anni che ha citato in tribunale i genitori pur di vedere riconosciuta la propria diversità sessuale? Il coraggio di andare CONTRO".

Ma quello che colpiva di più era la fascetta:

Un libro necessario.
Mauro Vendramin

Avevo già il cellulare in mano quando decisi che si trattava di una faccenda un po' troppo ghiotta: meglio aspettare di vederlo di persona. Mi limitai quindi a scattare una foto.

Tanto, l'occasione giusta era già fissata: da lì a pochi giorni si sarebbe tenuto il matrimonio di Emanuele e Giada in una villa a Punta Rossa, al Circeo.

La festa si svolse in una splendida villa disegnata da Busiri Vici, non lontana da quelle che erano state di Dino Risi e di Adriano Olivetti. L'aspetto positivo del fatto che il mio amico si stesse sposando con una fricchettona fu l'assenza di un pranzo seduti, ci ritrovammo in un'unica, lunga, festa danzante. Decisamente più problematica fu la scelta musicale, ma non si può volere tutto.

A tarda serata ero semicollassato un po' in disparte rispetto alla pista, su una panchina di muratura bianca che dava verso Palmarola e Ponza, quando mi si avvicinò Mauro con in una mano una canna d'erba e nell'altra un Moscow Mule.

«Finalmente è andata a dormire, posso bere un po'.»

«Ma non avete una babysitter a tempo pieno?»

Mi stupii perché, insomma, Mauro guadagnava bene ma soprattutto Cristina era proprio ricca, il patrimonio della sua famiglia doveva aggirarsi attorno alla metà dei soldi che avevo fatto vendendo il 2% di BEFORE. Un calcolo, questo, che fece digrignare i denti al mio fauno interiore in un'espressione di malvagia soddisfazione.

«Ma va', Cristina vuole dimostrare a sua madre di essere in grado di cavarsela da sola.»

«Ma non credo che sua madre se la cavasse da sola.»

«Infatti, diocan. È una questione di essere una donna contemporanea, dice. Comunque il risultato è che è un incubo, perché ovviamente devo starle dietro tutto il tempo io. Però è carina, guarda qua» disse mettendomi sotto gli occhi una foto di Ipa.

«L'ho vista, era qui mezz'ora fa.»

«Ma guarda com'è venuta bene in questa foto.»

Qualche giorno prima, di fronte all'ennesima immagine di Ipa che faceva il bagnetto ero rientrato nel profilo di BEFORE di Emanuele. Fra le sue query di ricerca Google avevo trovato:

- è normale pentirsi di avere avuto figli?
- intervento per restringere la vagina + informazioni

«Bella. Invece, senti, che mi dici di questa foto qui?» dissi agitando sotto i suoi occhi l'iPhone con l'immagine della copertina del libro del Fenati.

«Ma lascia perdere va'...»

Aggiunse una serie di bestemmie che sarebbero un po' troppo anche per me da riportare qui, nero su bianco.

«Appena è diventato famoso gli stessi editor che lo prendevano per il culo a ogni pranzo hanno fatto a gara a chi lo chiamava per primo per offrirgli un contratto.»

«Il libro però mi è sembrato nuovo.»

«Quello glielo ha scritto un ghost perché l'esordio è importante, ma gli hanno anche comprato tutto il catalogo di manoscritti rifiutati. Ci sono grandi progetti per ciccio panza. Io lo do Premio Strega in cinque, massimo dieci anni» disse, amaro, prima di sparare un'altra salva di bestemmie.

«Ma Mauro, "Un libro necessario", davvero?»

«E pensa che volevano farmi dire "Un libro necessario, un pugno in faccia alle coscienze dormienti", ma mi sono rifiutato.»

La faccenda, per come la raccontava lui, era andata così: una volta contrattualizzato il Fenati aveva molto insistito perché lo mettessero in contatto con lui, diceva di essere un grande ammiratore. Risi, ricordandomi la recensione che aveva scritto.

«Appunto, sto maledetto» convenne il mio amico.

Mauro non voleva assolutamente ma dopo molte insistenze aveva accettato solo come gesto di cortesia nei confronti del suo editor. All'incontro Fenati gli aveva detto che era un grandissimo onore eccetera. Poi gli aveva raccontato che nell'elenco dei proprietari dei diciassette BMW Serie 4 blu shocking di Roma che gli aveva mostrato la polizia – alla fine erano saltati fuori due testimoni che avevano visto la macchina – oltre al fascista di Casa Pound su cui si era concentrata l'indagine, c'era anche lui. Fenati lo aveva trovato un segno del destino, per questo gli sarebbe piaciuto che Mauro leggesse in anteprima il libro, magari poteva scrivere qualcosa…

«Insomma, secondo me sapeva.»

«Cosa?»

«Che sono stato io, DeSa!»

«Ma va'. E allora perché non ti ha denunciato?»

«Dopo aver appena firmato un contratto di edizione in qualità di martire politico? E poi ormai aveva identificato il fascio con la polizia.»

La luce di un motoscafo attraversò velocissima il mare scuro di fronte a noi.

«Se le cose stanno così, allora non sono sicuro che la tua sia stata la scelta giusta» osservai. «Non era meglio se ti autodenunciavi? Magari scrivendo in un articolo quello che avevi detto a me? Sai che pubblicità? Tanto alla fine ti saresti beccato una multa, magari la condizionale, ma sarebbe stato tutto ampiamente compensato dalle copie vendute in più. Poteva venirne fuori un GRANDE DIBATTITO CULTURALE attorno a internet, ai commenti anonimi, all'essere famosi oggi. Per di più avresti anche esposto certe dinamiche editoriali.»

«Ma non gliene frega un cazzo a nessuno, DeSa. Mi avrebbero sommerso di merda su internet, poi avrei perso le collaborazioni con i giornali, i gettoni dei festival culturali e soprattutto le sceneggiature per Rai Cinema. E io non sono un autore da duecentomila copie a titolo, né scrivo un libro all'anno con la fotocopiatrice. Sarei stato rovinato e ho una figlia adesso. Non posso permettermelo.»

Mi veniva da ridere ma mi sforzai tantissimo per non cedere a quell'istinto.

«E non sai» continuò «che mi tocca pure accompagnarlo in un paio di presentazioni, a sto coglione. Comunque il lato positivo è che Cristina dice che questa collaborazione mi dà visibilità verso un pubblico che mi ha sempre un po' rifiutato e, sai, le reti sociali sono fondamentali.»

Alzai appena le mani, non ne capivo così tanto di editoria.

«E poi a lei questa cosa dell'impegno politico piace tantissimo, dice che è roba da scrittori di serie A. Comunque guarda: leggilo, il libro. Sarà perché non lo ha scritto lui, ma non è male.»

Rimanemmo un po' in silenzio. Dalla pista arrivava la risacca di un pezzo di Vinicio Capossela.

«Comunque… non dico che ho fatto bene al 100%, ma io non ce la faccio più a prendere tutte queste decisioni complesse ogni giorno. Con Ipa poi che mi porta via tante di quelle energie… Ti dirò, questa cosa che avete fatto un po' di sollievo lo dà» disse mostrandomi il braccialetto al polso. «Tu non lo porti?»

«Si è rotto, devo cambiarlo» mentii.

«Spero che migliori ancora perché già così è una bella comodità.»

«Sta migliorando anche in questo momento» dissi, forse sbagliando: la magia funzionava sempre meglio quando non veniva spiegata.

Emanuele venne a sedersi con noi, la sua faccia era stanca ma anche libera dalla tensione che l'aveva segnata tutto il giorno.

«La sposa dov'è?»

Indicò con una mano la pista da ballo. «È inesauribile.»

Dalla distanza si vedeva spuntare una macchia candida nel mezzo della bolgia, come una piccola nave avvolta dai marosi. La scena, soprattutto il ritmo sincopato con cui quella pallina di bianco riemergeva alla vista, aveva un che di comico. Diedi una pacca sulle spalle a Emanuele. «E bravo Ema.»

«È scalza?» chiese Mauro.

«Da un bel po'.»

Mauro aveva finito il suo Moscow Mule, guardò il ghiaccio rimasto nel bicchiere con un certo disappunto poi si volse verso di noi.

«Incredibile che siamo ancora qua tutti e tre. Alla fine vi voglio bene, brutte teste di cazzo.»

«Il noto scrittore Vendramin diede fondo a tutto il suo bagaglio retorico, alla sua competenza linguistica e al suo preclaro senso delle sfumature per esprimere il suo affetto agli amici di una vita» chiosò Emanuele.

«*Preclaro*? Davvero? E poi comunque "di una vita"...» osservai.

«Andate a fare in culo.»

Io ed Emanuele scoppiammo a ridere.

«Ovvio che ti vogliamo bene» disse il mio amico barese.

«Ma sì, dai» convenni, non senza provare una certa emozione.

Finì che ci abbracciammo lì, come tre autentici sbronzi.

Il dj era arrivato al momento grandi classici e stava suonando *Vieni a ballare in Puglia*.

«Toh, guarda, il tuo braccialetto mi ha appena mandato una notifica» disse Mauro soddisfatto e mi mostrò lo schermo del suo iPhone.

Non ha voglia di ballare un po'?
Puglia-puglia-puglia na na na naaa.

«Prende pure per il culo» disse con un ghigno soddisfatto. Fra le implementazioni che avevamo fatto dopo l'acquisizione di Pascal c'era stata quella di dare in pasto tutti i testi di Enterthedistopianow alla rete neurale che si occupava del registro linguistico. Da allora, quando sentiva che la cosa poteva funzionare, il software si metteva a usare il tipo di ammiccante ironia contemporanea che aveva decretato il successo del mio blog.

«Simpatico» convenni.

«Però ha ragione, venite, dài.»

«Il lavoro non è ancora finito» aggiunse Emanuele.

«Vi raggiungo.»

Il dj cambiò subito canzone. Osservai quella massa di trenta-quarantenni – di cui una buona metà indossava il device – scatenarsi sui versi di un trapper quindicenne figlio di un viceministro che spiegava di aver "perso due fratelli/caduti in questa vita di merda".

Mi sembrava quasi di vedere un alone di dati distaccarsi dalla mischia, come polvere agitata dalla danza, innalzarsi in cielo verso i ripetitori che li avrebbero indirizzati ai nostri server. Servizi come BEFORE si stavano sviluppando in ogni angolo del mondo civilizzato. Niente sarebbe più sfuggito alla misurazione.

Presi a camminare nel giardino della villa, sul sentiero che scendeva avviluppandosi verso il mare. Poco dopo mi accorsi che la villa era ormai lontana, la musica affievolita e l'unica luce quella del cielo. Un cielo magnificente, un trionfo di stelle e di costellazioni. Da quel promontorio sul mare con giusto una manciata di ville e quasi nessuna luce artificiale lo vedevo con una nitidezza di cui non avevo mai fatto esperienza prima. Mi fermai su un piccolo terrazzino dove se ne stava abbandonato un paio di sdraio, ne presi una e mi misi a scrutare la volta celeste. Dopo una decina di minuti incominciai a provare un principio di sentimento oceanico. Avvertivo l'immensità del tutto e anche un certo contraddittorio orgoglio di far parte dell'unica specie in grado di percepire quella sensazione e di mettere in piedi sforzi organizzati per tentare di decifrarla. Prima o poi avremmo posseduto i segreti dell'intero universo così come quelli microscopici del codice della vita: saremmo diventati davvero i padroni di quell'enormità senza volto e non solo delle formiche pretenziose. Era una prospettiva terribile ed esaltante. Cedetti infine alla tentazione, tirai fuori il telefono, inquadrai una parte di quella volta celeste scintillante e magnifica, toccai lo schermo per mettere a fuoco e poi scattai una fotografia dell'universo.

Il risultato fu una schermata nera.

Tutto ciò che è confessabile
è come destituito di futuro.

PAUL VALÉRY

La notizia dell'arresto di Falzone, insieme a una cinquantina fra politici e funzionari pubblici, la lessi appena conclusa una call con il Mastro e gli altri finanziatori in cui avevo proposto di valutare l'idea di impegnarci in prima persona nella grande distribuzione. In fondo sapevamo meglio di chiunque altro cosa volevano i consumatori, perché non fornirglielo direttamente invece che limitarci a collaborare con terze parti?

Secondo un editorialista, l'operazione "Caligola" poteva essere l'inizio di una nuova tangentopoli. Lessi l'elenco delle accuse, c'erano i soliti abuso d'ufficio, falso in atto pubblico e tutti i reati amministrativi più consueti. Nonostante i proclami non sembravano essere coinvolte grandi cifre di denaro; in compenso, i giornali erano pieni di intercettazioni dove gli imputati sembravano esprimere giudizi sprezzanti o comunque molto colloquiali. Benché non fossero in sé prova di alcun reato vennero presi come pistola fumante dall'opinione pubblica. Chiamai Federica, quando le chiesi come stava rispose con un generico bene, non approfondii, e così, di rimando, feci io. Questo raffreddò parecchio le mie intenzioni e passai subito al motivo della telefonata. Poteva forse procurarmi la richiesta di custodia cautelare del GIP dell'operazione che era su tutti i giornali quella mattina?

«Certo, ma guarda che è una cosa che se la chiedi a roditore te la trova subito anche lei.»

«Era anche per sentire come stavi» confessai.

«Bene. Bene...» ripeté come chiedendoselo a sua volta. «E tu?»

«Bene.»

«Bene.»

«Già, bene.»

Mi mandò il PDF quel pomeriggio, ma lo lessi solo la mattina seguente mentre mi trovavo nel salottino di un Freccia Rossa diretto a Bologna, dove mio padre festeggiava il suo ottantesimo compleanno. Era il solito documento giudiziario sterminato, mal scritto e pieno di ripetizioni. Feci una ricerca nel documento per "Falzone" e lessi le parti che lo riguardavano. Come immaginavo non c'era granché su di lui. Conoscendo la situazione – come non era affatto detto che la conoscessero i magistrati – si poteva forse obiettargli di aver forzato un po' i regolamenti per permettere ad alcune operazioni, bloccate da anni, di andare finalmente in porto ed evitare così di perdere dei finanziamenti europei già stanziati. Niente di più.

Prima di salire in treno avevo comprato da Borri una copia di *Contro*. Sfogliai rapidamente anche quella. La storia del siriano – che culminava con semiannegamento a pochi metri dalla costa di Lampedusa descritto per filo e per segno per otto interminabili pagine – era un saggio abbastanza standard di lirismo sulle sfighe altrui; seguiva il compiaciuto affiancamento di quelle vicende tragiche al percorso di vita di Fenati-militante a Roma est; la terza parte, infine, quella del dodicenne che aveva ottenuto da una corte dell'Ontario il diritto a cambiare sesso, era semplice follia ideologica attaccata alla bene e meglio. Era un libro terribile, altroché. Lo buttai in un cestino della stazione di Bologna.

Al compleanno di mio padre c'erano anche le mie sorelle con mariti e figli. Fu il classico pranzo festa di casa De Sanctis; la differenza sostanziale con le decine e decine di altri pranzi di quel tenore che si erano susseguiti negli anni fu che mio padre non svuotò immediatamente tutti i piatti con la fame ancestrale che lo aveva caratterizzato da quando avevo memoria delle cose. Anzi, a metà del coniglio – uno dei suoi piatti preferiti – lo vidi guardare una piccola coscetta intrisa di sugo di cottura con la melanconia che altri avrebbero riservato a un'amante perduta. L'età gli aveva creato dei fastidi di stomaco, specie con la carne, e all'ottavo piatto fra antipasti, primi, secondi e contorni che gli veniva posto davanti accusò il colpo. Si limitò a mangiare – lentamente – le verdure e le patate, ma si arrese, sconfitto, di fronte a quell'ultimo pezzo di carne. Socchiuse per un momento gli occhi in un profondo gesto di disappunto poi appoggiò le posate sul tavolo. Una resa senza precedenti. La cosa mi sciocсò, ma non doveva essere la prima volta che accadeva perché il resto della famiglia non parve neppure notarlo.

Tutti invece erano impegnati a parlarsi addosso e a lamentarsi. La quieta transizione della mia schiatta un tempo agricola verso le tranquille acque chiuse della borghesia italiana non aveva minimante intaccato i modi dei De Sanctis, rimasti usi a disubbedir urlando. Mia sorella minore lamentava la precarietà del suo assegno di ricerca oltre alle pastoie dell'ambiente accademico, mia sorella maggiore e suo marito – entrambi medici – lamentavano l'intollerabile ritmo di lavoro, la crescente aggredibilità legale e i mancati adeguamenti salariali della loro professione. E il primario, un incapace ammanicato con la politica.

«Quando c'era la pandemia eravamo gli eroi, ora siamo di nuovo i coglioni di turno. Tutto come prima. Ti giuro, quelli che guardano su internet e poi vogliono sapere loro come essere curati gli spaccherei un bastone sulla testa. Se sai già tutto stai a casa, cosa vai dal medico» disse mia sorella infilzando senza chiedere quel che restava del coniglio di mio padre, facendolo sobbalzare per un istante. Mia madre annuiva, preoccupata come sempre. Il marito di mia sorella minore, quieto funzionario della regione Emilia Romagna, avvertendo il sospetto di complicità con la classe politica annuvolarsi sopra la sua testa, annuiva, sforzandosi di prodursi nella faccia più afflitta possibile.

Ispirato dal clima generale del pranzo mio padre partì con il più consueto dei suoi sermoni sulla decadenza irreversibile dell'Italia che non era più quella di un tempo, un Paese forse più povero ma bello, educato e rispettoso del lavoro, bensì una nazione sporca, corrotta, cafona, intimamente fancazzista con in bocca sempre i diritti e mai, nemmeno per sbaglio, uno straccio di dovere.

«Stai attento che ti va di traverso il caffè» disse mia madre.

«Non ti preoccupare tu. Luigi passami il giornale.»

«Passa il giornale al nonno.»

Al secondo invito, quello della madre, mio nipote di dodici anni allungò il giornale a mio padre senza staccare gli occhi dal video di uno youtuber sul suo telefono.

Lui lo aprì, andò a cercare la doppia paginata riguardo l'operazione "Caligola", coordinata con tanto di foto dei quindici imputati principali.

«Guarda qua, guarda questi LADRONI.» Un leggero rantolo gli andava crescendo nella voce.

«Guarda questo Falzone, un siciliano di Invitalia... Invitalia... RUBA ITALIA dovevano chiamarla!»

«Veramente» provai a dire «io conosco diversi dei personaggi coinvolti in questa inchiesta. Alcuni sono notoriamente dei delinquenti, altri, come Falzone, sono solo persone che provavano a fare il proprio lavoro senza pararsi continuamente il culo dietro le carte bollate.»

«E SÌ, PER QUELLO CHE LI HANNO ARRESTATI, PERCHÉ *PROVAVANO A FARE IL LORO LAVORO.* MA SE SONO TUTTI DEI LADRONI» disse urlando mio padre.

Vidi mia sorella maggiore, il medico, farmi segno, anche un po' risentita, di non insistere oltre. Mio padre rantolava.

«Ladroni... che vi rubano il futuro *a voi giovani.*»

Non ebbi cuore di dirgli che avevo quasi quarant'anni ed ero tecnicamente multimilionario.

Più tardi accompagnai mia sorella sul balcone a fumare una sigaretta.

«Non devi farlo agitare, Maurizio gli ha fatto l'eco-doppler: ha un principio di arteriosclerosi. E poi è vecchio, ormai va lasciato in pace. Come vanno invece le tue cose? L'altro giorno ho cercato BEFORE su Google e ho letto cifre pazzesche. Ma di tutti quei soldi di cui si legge, tu ne vedi un po'?»

«Un po' sì, non ti preoccupare.»

Negli anni avevo notato lo strano fenomeno per il quale all'accrescersi delle valutazioni di BEFORE sembrava dissolversi il dato di fatto che quell'azienda fosse mia o che quanto meno io fossi il maggiore azionista, alla pari con Guido. Agli occhi della mia famiglia doveva sembrare un'anomalia troppo grande da processare che quel figlio o fratello ex degenerato con una laurea in spinellologia filosofica fosse diventato – tra l'altro attraverso un business di cui nessuno capiva anche solo vagamente la natura – ricco. Pensavano che per via degli oscuri meccanismi delle startup io fossi una specie di manager ben pagato ma nulla di più. Mia sorella minore quando mi ero comprato in contanti l'S3 mi aveva chiesto sinceramente preoccupata se sarei riuscito a pagare le rate. La realtà dei fatti è che chi viveva a tre-quattromila euro al mese, nei sempre più angusti confini della classe media, non immaginava neanche che genere di ricchezze si nascondessero nella via di fianco, né tantomeno quanti soldi si potessero fare con una cosa immateriale come il commercio di dati. Ero grato a quell'istintivo meccanismo di difesa: se avessero saputo come stavano le cose mi sembrava evidente che non mi avrebbero più potuto amare, di sicuro non le mie sorelle, e forse neppure mio padre. Solo mia madre non avrebbe vacillato. Uscii da solo e mi diressi verso il centro.

L'Atala aveva ancora i copertoni tagliati, per cui raggiunsi Santa Maria della Vita a piedi. Per vedere il *Compianto sul Cristo morto* di Niccolò dell'Arca ora bisognava pagare due euro. Un anziano se ne stava lamentando con il custode, urlando all'ingresso della chiesa.

«Due euro, due euro per vedere una statua di Gesù! Con tutti gli appartamenti e i palazzi che ha in affitto il Vaticano, vi dovete VERGOGNARE!»

Fui sul punto di pagare anche per lui, poi però pensai che una volta dentro avrebbe potuto attaccare bottone e lasciai perdere.

Fissai a lungo il mio vecchio amico Giuseppe di Arimatea-Niccolò dell'Arca, depositario della triste verità sul destino ultimo degli uomini. C'erano sempre nuove sfumature in un'opera d'arte come quella, così come c'era sempre qualcosa di nuovo negli occhi di chi la guardava. Me ne andai di lì con un'impressione di imminenza di una nuova idea, qualcosa di grande e definitivo, di cui per il momento intuivo soltanto degli squarci.

Passai vicino all'Archiginnasio dove avevo assistito alla conferenza di Emanuele prima di accompagnarlo a Recanati e combinare tutto il casino che ne era seguito. Entrai nella libreria sotto il porticato e acquistai tre titoli, tutti di Girard: *La violenza e il sacro, Il capro espiatorio, Delle cose nascoste sin dalla fondazione del mondo*.

Quando arrivai in stazione la trovai stracolma di viaggiatori. Era appena finito uno sciopero di otto ore e la circolazione faticava a tornare alla normalità. Mentre aspettavo ascoltai in un podcast di Radio 24 l'intervento di un uomo che da trent'anni faceva l'eremita a Budelli – la piccola isola dell'arcipelago della Maddalena davanti alla quale ci eravamo fermati a fare il bagno con la barca del Mastro, tanto tempo prima – e si vantava di avere 100 mila like alla sua pagina Facebook.

Miracolosamente il mio convoglio arrivò con soli venti minuti di ritardo. Era un Freccia Argento per cui non ero riuscito a riservare un salottino e mi ero dovuto accontentare di una poltrona di prima classe. Incominciai con *La violenza e il sacro*. Capii in fretta che si trattava, con ogni evidenza, di un'opera estremamente erudita ma anche molto densa e di non facile lettura. Alla seconda volta in cui rischiai di assopirmi richiusi il libro e mi misi a fare ricerche online su Girard. Fra gli articoli che l'algoritmo di Google mi suggerì sulla base delle mie ricerche passate e dei miei interessi ne comparve uno sul rapporto fra Girard e Peter Thiel – l'investitore idolo del Mastro. Scoprii che Thiel era stato allievo diretto di Girard a Stanford e si considerava un grande seguace della dottrina dell'antropologo francese; aveva addirittura creato "Imitatio", una fondazione per sostenere lo studio dei suoi testi. Incuriosito continuai a fare ricerca su quel filone.

Trovai un'intervista dove Thiel spiegava, con parole simili a quelle che aveva usato Emanuele, uno dei principi cardine della teoria girardiana, quello dell'imitazione mimetica.

"Non si può sfuggire all'imitazione. Come regola, facciamo quello che facciamo perché altre persone lo fanno a loro volta. È questo il motivo per cui finiamo per competere per le stesse cose: le stesse scuole, gli stessi lavori, gli stessi mercati."

Non parlava del meccanismo del capro espiatorio, dell'uccisione del re e della sua successiva deificazione; in compenso aveva dichiarato, in diversi contesti, che la profonda comprensione della filosofia di René Girard aveva cambiato totalmente il suo modo di vedere le cose ed era anche dietro il suo investimento più famoso: cinquecentomila dollari dati a Facebook quando era ancora una microscopica startup.

Thiel sosteneva che il funzionamento dei social network validava le teorie girardiane e riguardava la natura stessa degli esseri umani. In effetti, imitazione mimetica e uccisione – seppur simbolica – del capro espiatorio erano quello che teneva le persone sulla piattaforma mentre Facebook procedeva all'estrazione di dati e alla somministrazione di pubblicità. Erano il segreto del suo successo.

Appena superata Firenze il treno si fermò. Dopo venti minuti una voce negli altoparlanti annunciò che a causa di problemi tecnici sulla linea la circolazione era bloccata. Sarebbero seguiti altri aggiornamenti. Dopo quasi un'ora da quando il treno si era fermato venne annunciato un ritardo di ulteriori duecentoquaranta minuti. *Almeno* duecentoquaranta minuti. Saremmo arrivati a notte fonda.

Vidi un addetto delle pulizie avvicinarsi al controllore con un ghigno sulla faccia e dire: «Stanno a impazzì dellà».

Il controllore non sembrò trovarci niente di divertente e si diresse a passi rapidi verso le carrozze di seconda classe. Poco dopo, nonostante le porte a chiusura automatica che dividevano i vagoni, mi sembrò di sentire delle urla. Mi alzai e raggiunsi la carrozza di fianco alla mia.

Trovai il capotreno in piedi, all'inizio del corridoio, fronteggiato da un muro di persone che lo insultavano. Molti dei passeggeri erano già rimasti bloccati per ore dallo sciopero e ora questo.

«Il mio treno doveva partire da Milano questa mattina alle nove, mi avete SEQUESTRATO. E domani devo andare al lavoro» disse un cinquantenne con un completo dozzinale.

Una donna sulla trentina con i capelli a caschetto biondi chiese: «Ma almeno si può sapere cos'è successo?».

«Pare ci sia stato un sabotaggio a una centralina vicino a Firenze, signora» spiegò il controllore, sempre più nervoso.

«Ma che davero? Ma che nu je la fate a mettece 'na guardia a sta cazzo de centralina se basta sabotà quella pè bloccà tutta Italia?» sbraitò un quarantenne rasato con indosso una tuta sportiva dell'Adidas. «E te che te guardi?» disse appena si accorse della mia presenza alle spalle del controllore. «Torna 'n prima classe va, e nun rompe er cazzo che te de sicuro n'chai un cazzo da fa' domani.»

Sorpreso, riuscii comunque a ribattere: «Guarda che le carrozze arrivano in stazione tutte alla stessa ora». Una risposta che date le circostanze mi sembrò brillante. Non sortì però alcun effetto; anzi, diversi altri passeggeri mi guardarono in cagnesco.

«Aò e nun te levi?» tornò alla carica tuta dell'Adidas.

«Per favore, torni al suo posto» disse il capotreno, «non li esasperi.»

«Come esasperi?» chiesi mentre una rabbia sorda mi andava montando rapidamente dentro.

«E bravo er controllore, dijelo che se ne deve annà.»

«Almeno questo» convenne una signora, la cui testa spuntava appena fra i sedili e la cappelliera. Si stava formando una nuova unione: passeggeri e controllore contro il sottoscritto. In preda a una fortissima sensazione di irrealtà mi girai e tornai nel mio vagone prima che le cose degenerassero. Mentre le porte di plexiglas si chiudevano alle mie spalle sentii intensa la mancanza di un sistema per sprangarle. Vidi un martelletto di quelli per rompere le finestre in caso di incidente, lo staccai dal suo alloggiamento e me lo misi in tasca.

Arrivammo a Termini alle tre di notte. Per i taxi c'era una fila di più di un'ora ed ero stato bannato da Enjoy dopo l'incidente. Chiamai un Uber Black, dal finestrino vidi la rissa che si era scatenata alla fermata dei taxi. Lessi poi sul sito di "Repubblica" che c'erano stati otto feriti, di cui uno in prognosi riservata.

Nei giorni seguenti mi misi seriamente a studiare Girard. Dovetti concentrarmi e prendere appunti ma gradualmente avevo l'impressione di riuscire a penetrare nel suo pensiero. Quattro giorni dopo il viaggio della speranza da Bologna l'amministratore delegato di Trenitalia morì d'infarto. Lessi la notizia sulla home del "Corriere", subito dopo entrai nel database di BEFORE e monitorai il feed emotivo dei nostri utenti che avevano *anche* acquistato un biglietto del treno per il giorno dello sciopero.

Nel 72% dei casi quel giorno ci fu un miglioramento del tono dell'umore. Raffinai la ricerca, incrociandola con i dati sulla navigazione online. Fra coloro che avevano viaggiato durante o subito dopo lo sciopero *e* avevano letto online la notizia della morte dell'AD di Trenitalia il miglioramento dell'umore riguardava un impressionante 84%. Forse ancora più notevole era il dato generico: indifferentemente dal fatto che avessero o meno preso un treno durante lo sciopero, il 61% degli italiani che avevano letto la notizia aveva provato immediatamente dopo delle sensazioni piacevoli.

Feci una ricerca simile riguardo l'impatto dell'operazione "Caligola". La notizia degli arresti in ambito politico-amministrativo aveva causato rabbia associata però a una certa soddisfazione al 94% degli italiani che l'avevano letta. Pensai di cercare altri casi di potenti che morivano o venivano trascinati nella polvere, poi però mi venne in mente che il procedimento poteva anche essere fatto al contrario. Chiesi all'algoritmo di cercare dei repentini cambi in positivo dell'umore diffusi su grande scala, basandosi sul modello di quei primi due.

Il sistema ne individuò diversi, incrociai le date con le notizie principali sui siti di informazione e incominciai a intravedere un primo abbozzo di correlazione. L'arresto per violenza sessuale di un famoso conduttore che torchiava, umiliandoli, i concorrenti al quiz dopo il TG della sera, il sequestro della Ferrari di un attaccante nero dell'Inter e della Nazionale, l'incidente mortale in elicottero di un famoso palazzinaro napoletano, erano tutte cose che sembravano alleggerire – e di molto – le preoccupazioni degli italiani.

In genere, se la star colpita era del Nord il godimento maggiore sembrava registrarsi al Sud, e viceversa. Stesso discorso con gli sportivi: gli unici a empatizzare con quelli che finivano nell'occhio del ciclone erano i loro tifosi. Altro limite alla soddisfazione per le tragedie altrui erano gli ambiti professionali: ad esempio la disgrazia di un avvocato sembrava trovare comprensione prima di tutto presso gli avvocati, a patto però che lo sfortunato fosse un ginetto qualsiasi e non un avvocato di grido, o peggio ancora un mezzo personaggio televisivo, nel qual caso si riscontrava l'effetto opposto; gli avvocati godevano della sua caduta sensibilmente di più del campione indifferenziato.

Una sera in cui non avevo più voglia di documentari mi misi a vagare nella mia libreria. Fra i libri che tolsi dagli scaffali c'era *Il ramo d'oro* di Frazer. Mesi prima avevo visitato il tempio di Diana a Nemi, il luogo con cui quel libro inizia e finisce, trovandolo in stato di abbandono totale e con i confini minacciati da un agriturismo. Aprii il libro a caso e capitai sulla storia di una tribù africana presso la quale colui che veniva nominato re fuggiva in preda al terrore nella foresta e dovevano essere mandate delle squadre di guerrieri per catturarlo e ricondurlo sul trono. Quando lessi perché scappava mi resi conto che l'abbozzo d'idea che avevo avuto al cospetto del *Compianto sul Cristo morto* stava finalmente prendendo una forma più compiuta. Quella notte cominciai a scrivere e non smisi più per tre giorni. Quello che segue è il documento che produssi.

DOCUMENTO STRATEGICO
BEFORE

L'ASIMMETRIA FONDAMENTALE

> Cercheranno altri, pericolosi, sfoghi (droghe, crimine, culti, gruppi d'odio) a meno che non vengano ingegnerizzati biologicamente o psicologicamente per adattarsi a questo genere di vita.
>
> FC

OVERVIEW

In questo documento mi fermerò a riflettere su alcune caratteristiche dell'era della globalizzazione tecnologica e sui problemi alla stabilità sociale che da essa derivano. Proverò infine a proporre una soluzione che rappresenta al contempo anche una grande opportunità commerciale per BEFORE.

UNA NUOVA EPOCA

Per epoca della globalizzazione tecnologica s'intende qui un periodo storico in cui 1. il mercato capitalistico tende – e con una buona approssimazione riesce – ad avere dimensioni identiche a quelle del pianeta 2. il metodo scientifico è il procedimento intellettuale dominante nell'interpretazione dei fenomeni e nell'organizzazione produttiva. Al pensiero magico e simbolico che ha accompagnato la storia della specie umana, in questa fase si è quindi sostituita l'indagine empirica della materia, effettuata secondo un meccanismo di formulazione di ipotesi da validare tramite esperimenti replicabili. Dalle scoperte ricavate da questo processo intellettuale è derivato un aumento senza precedenti della ricchezza materiale a disposizione dell'umanità. In quest'epoca il principale vantaggio competitivo è rappresentato dalla capacità di sviluppare sempre nuove tecnologie, con un ruolo d'elezione riservato a quelle che permettono lo scambio e l'estrazione d'informazioni. Le società i cui sforzi non sono sufficientemente orientati alla razionalizzazione della vita umana e all'aumento indefinito del potenziale tecnologico sono destinate a soccombere dal punto di vista economico e militare.

Per la specie umana la tecnologia è un destino con le sembianze mendaci della scelta.

L'OCCIDENTE SEDUTO E I SUOI TABÙ

La libera competizione tra aziende – e conseguentemente tra lavoratori – si svolge in quest'epoca su una scala planetaria e non più nazionale o continentale. Ciò crea disorientamento soprattutto in quei Paesi – sostanzialmente l'Occidente – che godevano di qualcosa di simile a un monopolio della tecnologia avanzata, un vantaggio competitivo sul quale hanno prosperato lungamente fino ad affogare nel loro stesso benessere di lungo corso – in particolar modo l'Europa – dimenticandosi così dei motivi costitutivi della propria opulenza. Queste nazioni tendono spesso a diventare improduttive, accumulare debito pubblico per finanziare le irrealistiche aspettative di una popolazione sempre più anziana e asfissiata da sovrastrutture culturali fra di loro molto varie ma dotate di un minimo denominatore: una crescente distanza dalle leggi immutabili della vita. Non vi è ad esempio alcuno spazio nelle dottrine oggi più popolari in Europa per molte asserzioni che potremmo definire scontate: l'amoralità costitutiva della politica estera, la politica come processo di mediazione, la diversità – pur in un'auspicabile parità di diritti – fra sesso maschile e femminile, la necessità per una nazione di avere un esercito (anche, anzi, soprattutto, se si ha intenzione di non utilizzarlo), o il fatto che in democrazia è la maggioranza, e non la minoranza, della popolazione a decidere l'indirizzo di governo.

Allo stesso modo in questi Paesi va taciuta l'ovvietà che in una società, per quanto rettamente ordinata, non tutte le persone potranno essere felici, non foss'altro per il fatto che è puerile l'idea che si possa comandare la felicità per decreto, al ricco come al povero. Questa illusione di onnipotenza è il comprensibile sogno di un deluso ormai cronico.

FRA ORIENTE E A.I.

Bisogna d'altronde comprendere l'uomo occidentale: egli si trova in una situazione non ideale. Da un lato possiede un livello di prosperità materiale senza precedenti nella storia della sua specie, dall'altro avverte con chiarezza come questo suo impero – che dà per scontato – sia sotto minaccia. Il sistema in cui vive deve affrontare la crescente concorrenza di Paesi emergenti – più recentemente emancipatisi dal pensiero magico – che non solo hanno dalla loro parte i numeri e la demografia ma anche un'assenza di regole e di remore ormai del tutto sconosciuta in Occidente, terra di burocrazia. In altri termini, le forze emergenti godono dello scomodo vantaggio della *fame*. Oltretutto si dimostrano spesso molto più consapevoli rispetto ai Paesi occidentali (Stati Uniti e Israele esclusi) della centralità dello sviluppo tecnologico nel processo di creazione della ricchezza.

Alla strenua competizione globale bisogna aggiungere il problema della crescente disoccupazione tecnologica, perché se da un lato l'innovazione perpetua è una sorta di destino inevitabile, dall'altro esclude fasce sempre più ampie della popolazione dal mondo del lavoro, creando sì ricchezza, ma soprattutto per coloro che lavorano a vario titolo nelle catene del valore dell'innovazione, filiere che di norma impiegano molte meno persone dei business analogici che vanno a sostituire. La tecnologia digitale inoltre accentra – per via dell'effetto rete – il potere economico, tende cioè naturalmente verso la creazione di monopoli, e nel farlo inasprisce le disuguaglianze economiche, dissolvendo la classe media e consegnando al nostro fratello uomo occidentale la sensazione di una crescente irrilevanza simbolica e di una sostituibilità assoluta.

È bene qui essere chiari: si tratta di un'intuizione assolutamente fondata.

A questo punto del nostro discorso egli è quindi alle prese con due ordini di problemi: la sua imminente irrilevanza produttiva ed economica e la concorrenza di zone del mondo molto più affamate. Va da sé che al tempo stesso sono aree da cui egli stesso potrebbe ancora trarre dei vantaggi se fosse un grande imprenditore o un lavoratore estremamente qualificato, ma si tratta di requisiti soddisfatti solo da una minima parte della popolazione. Senza considerare che comunque approfittare dei vantaggi della globalizzazione presuppone un tipo di vita sradicata dalla comunità di origine e dagli affetti, un'esistenza che molti occidentali – abituati ad avere un bouquet di scelte più ampio e confortevole – rifiutano con rabbia sdegnata.

Fino a qui il quadro non è roseo, ma sarebbe ancora sopportabile. Purtroppo però per il nostro amico uomo occidentale le cose peggiorano ulteriormente.

TUTTE LE VOCI SONO UGUALI: IL PIANO ORIZZONTALE DEL DISCORSO

Come già accennato, ma sul punto vale la pena di ripetersi, la più eccezionale novità dello sviluppo tecnologico di quest'epoca è il miglioramento esponenziale della raccolta e della comunicazione delle informazioni. In pratica: la nascita e la diffusione di internet.

Grazie a internet l'assetto piramidale dell'opinione pubblica, tipico delle ere della stampa a caratteri mobili prima e della televisione poi, è sostituito da un nuovo assetto orizzontale. Una notizia, un'analisi, una dichiarazione controversa non hanno più la necessità di passare attraverso un editore tradizionale, possono diffondersi in modo spontaneo e virale attraverso le reti sociali, raggiungendo in tempi brevissimi un numero di persone anche molto superiore a quello di una trasmissione televisiva.

Il nuovo assetto condanna all'irrilevanza tutta una serie di "guardiani del cancello" che erano stati i custodi ideologici dell'epoca precedente: editori, giornalisti, professionisti della comunicazione, accademici, esperti. La loro funzione non è più richiesta: in quest'epoca orizzontale chiunque può dire quello che vuole senza dover pregare con il cappello in mano un mediatore perché gli dia questa possibilità e senza passare attraverso alcun tipo di filtro che non siano le policy aziendali del social network. All'utente basta generare la sua, anche microscopica, quota di intrattenimento all'interno della piattaforma pubblicitaria.

Naturalmente, il successo di questo genere di comunicazione è subordinato alle regole della lotta per l'attenzione all'interno del nuovo ambiente: non è più una mediazione fra i desiderata dei "guardiani del cancello" e il rozzo campionamento dell'audience, bensì la precisa misura della capacità del contenuto di essere *engaging* – in altri termini, della capacità del contenuto di generare un'immediata reazione neuronale negli utilizzatori della piattaforma. Tutto questo premia un certo tipo di contenuto su altri, d'altro canto il medium è, almeno in parte, il messaggio.

Ciò che più conta per il cittadino di questa epoca non è però certo la misurazione istantanea a cui sono sottoposti i suoi comportamenti, bensì le nuove possibilità che gli si dischiudono di fronte. Diventa ad esempio possibile costruire la propria narrazione di una vita da star e pubblicarsi all'interno di vacanze, paesaggi spettacolari, concerti o in prossimità di cibo e bottiglie pregiate, suggerendo l'idea di un'esistenza autenticamente invidiabile. Occasionalmente si può attingere all'aura di qualcuno o qualcosa di "davvero" famoso, inserendo nel proprio rotocalco personale il selfie scattato nei pressi di un monumento noto in tutto il mondo o in compagnia di un cantante che cenava allo stesso ristorante.

Se provate ad ascoltare la conversazione di un gruppo di adolescenti entro pochi secondi sentirete inevitabilmente pronunciare la parola "pubblicare". Non si stanno certo riferendo a un prestigioso editore di libri, bensì naturalmente a TikTok o a Instagram. La nostra è una società a *pubblicabilità universale*.

Non stiamo parlando di un cambiamento futuro, ma di un mutamento già ampiamente realizzato. Forze politiche che predicano l'equivalenza di qualsiasi voce su qualsiasi tema, fosse anche quella di un birraio riguardo l'applicazione di un doppio bypass coronarico, hanno *già* ottenuto notevoli risultati elettorali trovandosi poi a ricoprire importanti incarichi di governo.

Il piano orizzontale del discorso è anche quello di un'eterna giovinezza del sapere. Ogni crescita, ogni profondità speculativa è resa impossibile dall'architettura stessa delle piattaforme digitali, strutture che portano a misurarsi continuamente con chi non sa nulla di uno specifico argomento esercitando così una costante attrazione verso il grado zero del sapere.

Il discorso è incatenato alla sua fase embrionale, l'ignorante è misura di tutte le cose.

L'epoca dell'opinione pubblica disintermediata e orizzontale è, inevitabilmente, anche quella di una raccolta incessante di dati, il costo di utilizzo delle piattaforme è infatti rappresentato dall'implicita cessione da parte degli utenti di tempo di attenzione e di dati sensibili. Questa raccolta serve in primis a creare inserzioni che aiutino a soddisfare il bisogno di autorealizzazione dell'uomo occidentale, la sua pulsione culturale alla *ricerca della felicità,* un processo di cui la creazione del proprio personale rotocalco rappresenta solo una piccola parte. Cercare un senso alla propria esistenza appare come un vizio costitutivo della specie, ma una volta scomparse le risposte condivise – e più o meno tacitamente obbligatorie – dell'era del pensiero magico, il compito appare ora dei più impervi.

IL LAVORO DELLA FELICITÀ

L'uomo occidentale vive in un universo privo di un Dio, in una comunità che gli è sovente aliena, e l'ipotesi stessa di una autodeterminazione che vada oltre i confini della sua capacità di produzione e consumo suona per lui come un vocabolo di una lingua precedente. Compiuta la sua quota parte di lavoro per l'oliato meccanismo sociale torna a casa e si consola con la visione di storie ambientate in epoche più povere, violente e arbitrarie ma anche prive di badge, premi di produzione, app, like, policy aziendali, gogne mediatiche, clausole di manleva e rating sociali.

In particolare il problema della scomparsa di Dio dal mondo è di quelli che appaiono di impossibile risoluzione, perché una volta uccisa – per quanto questo possa apparire ironico – una divinità non appare proprio resuscitabile. Il trucco ormai è svelato e il mondo rimane orfano della sua principale illusione; qualsiasi tentativo di resurrezione ha la credibilità di un film di zombie o di una rievocazione medioevale in costume. Il danno, insomma, è fatto, e non si può invertire la freccia del tempo: di credenze magiche ne nasceranno sempre di nuove ma mai nessuna diffusa e unificante quanto un vecchio Dio antropomorfo e vendicativo.

Privo degli obblighi e delle regole un tempo imposti dalla religione o da contesti sociali più rigidi, l'uomo occidentale in via di progressivo depauperamento si trova quindi davanti a un mandato culturale fra i più impegnativi: ricercare la felicità in un contesto di ampissima libertà personale. Per la precisione tutta la libertà che si può permettere dal punto di vista economico. Religiosità e ideologismo politico sono stati sostituiti dalla dottrina di una libera autorealizzazione da attuare in un contesto di coda lunga: nella metropoli occidentale coesiste un'infinità di diverse teorie su ciò che servirebbe per ottenere la felicità, tutte uguali di fronte alla legge. L'unica cosa che non viene messa in discussione è che la felicità individuale sia il bene supremo, e l'unico tacito dovere del cittadino sia quello di impegnarsi per perseguirlo.

In queste società si assiste anche al ritorno – seppur polverizzato in molti rivoli e sovente sotto mentite spoglie – del pensiero magico, una riemersione che ha reso difficoltoso difendere pubblicamente quei processi di derivazione scientifica che garantiscono l'abbondanza e l'elevata aspettativa di vita tipica della società tecnologica globale, come ad esempio l'uso di fertilizzanti o insetticidi, o, ancora, l'obbligo di vaccinazione, una pratica che ha potuto essere riabilitata solo dopo l'abbattersi sul pianeta di una pandemia globale – si vedrà poi quanto a lungo.

I tentativi di resurrezione di idee sciamaniche e di culti ultraterreni sono invero numerosi, basti qui citare la fede in procedure magiche e del tutto antiscientifiche come quelle necessarie alla produzione del vino biodinamico o il rifugiarsi, da parte di persone che mai entrerebbero in una chiesa – ne irriderebbero anzi anche solo l'idea –, in riedizioni edulcorate di culti orientali, come ad esempio lo yoga, o, ancora, il convertirsi, di coloro in cerca di emozioni forti e sottomissione assoluta, all'islam. Un cenno merita anche il nuovo rinascimento psichedelico in corso presso le classi più colte, un tentativo medicale di fondere religione e chimica del cervello. Su un livello diverso, ma sempre nell'alveo del disperato *conatus* umano a trovare un senso alla propria esistenza, si posizionano i complottisti, gli zelanti fedeli di quelle teorie del tutto che regalano l'illusione tipicamente narrativa che esista una coerenza in fondo a ogni storia, persino uno scopo ultimo, seppur dettato da occulti e onnipotenti manipolatori, edizione secolarizzata del demiurgo divino. Altre vie ancora, come l'animalismo o l'ossessione per i *pets*, indicano un ulteriore approccio, quello del progressivo abbandono del consesso umano, una sorta di bandiera bianca alzata nei confronti di una competizione per la felicità che si rivela decisamente troppo difficoltosa; meglio quindi rifugiarsi nell'amore meccanico e sicuro di un cane o nell'idealizzazione di un orso trentino.

La competizione sessuale – tanto importante per trovare il proprio posto nel mondo – è d'altro canto efferata in un ambiente così strutturato. Da un lato all'uomo non basta più dimostrarsi in grado di sostenere economicamente lo sviluppo di una prole, deve essere piacente e possibilmente anche dotato di una certa visibilità sociale. La verità è che deve possedere almeno due di queste tre caratteristiche per poter ambire a una vita sessuale soddisfacente. Senz'altro quindi gli conviene dedicare quaranta minuti al giorno alla corsa, piuttosto che alla lettura o a una qualsiasi altra attività intellettuale priva di immediati ritorni economici.

La donna, dal canto suo, subisce la continua pressione dell'immagine pubblicitaria di altre donne fisicamente perfette e si trova spesso a soffrire più dell'uomo il conflitto fra desiderio d'indipendenza assoluta – condizione necessaria della lotta per la felicità – e il desiderio di maternità.

Entrambi poi, uomini e donne, essendo entrati non solo in un'epoca dichiaratamente individualista ma anche nell'universo simbolico un tempo esclusiva dei ricchi e famosi, aborrono più o meno segretamente il concetto stesso di monogamia, giacché mai si è vista una star del cinema passare tutta la vita con la fidanzatina del liceo. Il sadico inganno, che costoro si sforzano di ignorare, è che è decisamente più facile trovare nuovi partner sessuali sfilando sul red carpet del Festival di Cannes che non lavorando all'ufficio anagrafe di un Comune di provincia

L'ASIMMETRIA FONDAMENTALE

Questo ci introduce alla perversità di un piano della comunicazione perfettamente orizzontale: la permanente disparità tra sfera culturale e sfera economica. In pratica tutti possono pubblicare e desiderare le stesse cose, ma non tutti le possono *comprare*. E questo non è certo un vantaggio per il nostro amico uomo occidentale, perché se prima un villico mai avrebbe desiderato il gioiello di un re – fatta esclusione per i simboli del potere non l'avrebbe neppure mai visto – oggi l'uomo economicamente modesto abita la stessa sfera simbolica del calciatore multimilionario e ne imita così le aspirazioni. Entrambi desiderano, ad esempio, le stesse auto sportive, ma soltanto il secondo può permettersele: l'altro sarà forzato a ripiegare su un'utilitaria usata, e lo farà con crescente risentimento. Il problema è che di attaccanti ce ne sono pochi, mentre di uomini economicamente modesti ce ne sono alcune centinaia di milioni solo in Occidente. Insomma, il paesaggio culturale creato da internet fa sapere ogni minuto al contadino quanto è buono il formaggio con le pere e il contadino, comprensibilmente, ne soffre. Quanto sia triste e insensato essere lui, è tutto meno che un segreto. Nel suo soffrire prima o poi non potrà esimersi dal lasciare una traccia digitale che rivela il suo interesse per il formaggio con le pere agli inserzionisti, che da quel punto in poi lo metteranno nel loro obiettivo per non lasciarlo mai più. Così per quanto il formaggio con le pere possa costare una cifra per lui spropositata, arriverà il momento in cui facendo sacrifici e forse anche debiti molto probabilmente ne acquisterà una piccola porzione. La pubblicità è una delle forme più pervasive di contagio del desiderio e, non a caso, la sua industria ha incominciato da tempo a pagare alcuni utenti di punta dei social network (gli influencer) per stimolare il desiderio mimetico nei confronti di determinati prodotti semplicemente rendendo pubbliche le loro preferenze di consumo.

Trovandosi al centro di una competizione che fatica a sostenere, privo della gabbia delle religioni e delle ideologie – sbarre che possono risultare intollerabili per una minoranza di individui particolarmente indipendenti ma che possono anche fungere da comode stampelle per quelli più sensibili –, sessualmente affannato, spronato al consumo ma perennemente in bolletta visto che il suo desiderare supera per definizione la sua capacità di spesa (qualsiasi essa sia), l'occidentale si trova nella singolare situazione di essersi liberato dalla mortalità infantile, dalla necessità di procacciarsi del cibo e non sentirsi comunque per niente bene. Per di più, ha di recente scoperto di essere ancora esposto al rischio di epidemie. In questa landa falsamente orizzontale dove abita continuano a risuonare consigli per gli acquisti e promesse di uguaglianza disattese e lui incomincia, comprensibilmente, ad avere i coglioni un po' girati.

UCCIDERE IL CAPRO – RIFONDARE LA SOCIETÀ

L'orizzontalità della sfera culturale genera insomma desideri disattesi, che a loro volta generano conflitto. Internet è lo stato di *bellum omnia contra omnes* di hobbesiana memoria dove, in assenza di un qualsivoglia tipo di gerarchia, la guerra civile si cronicizza.

Secondo René Girard l'uomo ha sempre utilizzato lo stesso meccanismo – una sorta di *technè* ante litteram – per uscire da simili situazioni orizzontali e fondare una società gerarchizzata e pacificata: il sacrificio del capro espiatorio. Oggi i social network forniscono un quotidiano simulacro del sacrificio del capro, ma l'immaterialità del sacrificio digitale non appare in grado di soddisfare a pieno la tensione mimetica che nasce dalla disparità dei piani: piramidale quello economico, orizzontale quello dell'opinione.

Insomma: al nostro martoriato amico occidentale che ha il più esteso diritto di parola di sempre affiancato a un potere economico limitato e in declino non rimane che volere il sangue.

La liturgia del dato, con la sua verità scientifica, ha un grande vantaggio rispetto alle dottrine di insincerità che rassicurano gli uomini con l'affabulazione e la retorica: permette di anticipare già ora, nei numeri, i contorni della futura esplosione di violenza. Il sacrificio viene a interrompere l'inabissarsi dell'umanità lungo questa spirale. È un atto di amore.

Risulta già evidente dall'analisi dei dati: niente come un *vero* capro espiatorio rilassa gli animi dei nostri martoriati colleghi occidentali. I dati in nostro possesso (vedi allegato) certificano come lo spettacolo di una persona ricca e famosa che cade nella polvere sia in grado di generare autentiche ondate di piacere collettivo. Possono svolgere la stessa funzione anche le disgrazie che colpiscono esponenti di minoranze, o, più in generale, outsider e anticonformisti tenuti in cattiva considerazione dall'opinione pubblica, così come può funzionare anche una severa condanna di autentici colpevoli di reati minori, se innalzati precedentemente a causa teorica del collasso dell'intero sistema. In tutti questi casi siamo di fronte a qualcosa di più – più fisico, più specifico, più *reale* – del semplice rogo di un capro espiatorio digitale che si dimostra, dati alla mano, insufficiente per garantire che la violenza non tracimi nelle strade mettendo a rischio democrazia, sicurezza, pace sociale, proprietà privata, libera impresa e, in ultima analisi, il benessere.

Il sacrificio ha cioè una funzione politica. Di fronte alla sua crisi l'uomo occidentale annusa tutta l'inconsistenza di quei partiti istituzionali che hanno governato – con ben poca accountability – nell'era della televisione e che ancora oggi non hanno minimamente colto gli aspetti principali del nuovo contesto sociale e informativo, né sembrano interessati a farlo, barricati fino all'estinzione dentro la loro bolla autoreferenziale. L'uomo occidentale tende così a guardare con inedito favore a un autoritarismo con una profonda radice populista. Un sistema, questo, che non è in grado di garantire la prosperità sul medio-lungo periodo, visto che il suo scopo principale è agire in maniera estrattiva rispetto alla ricchezza creata dal lavoro e, al contempo, rassicurare la popolazione del fatto che ogni sua richiesta, per quanto controproducente o folle, sia legittima, anzi, assolutamente sacrosanta.

Sistemi del genere sono avviati a due soli possibili esiti: il fallimento o l'autoritarismo illiberale, ovvero un fallimento che nessuno è autorizzato a denunciare.

PER UN NUOVO CAPRO ESPIATORIO

Lo scopo di questo breve *paper* è auspicare un nuovo assetto istituzionale che, incanalando la violenza entro un singolo evento estremo ma circoscritto, garantisca la pace sociale, preservando così quell'eccezione che la democrazia occidentale rappresenta nella storia dell'uomo dagli assalti delle dittature d'Oriente. Quello che sto proponendo è, in altre parole, l'istituzionalizzazione del sacrificio del capro espiatorio.

L'uccisione dovrebbe riguardare colui che per un determinato periodo di tempo – finché cioè le percentuali di gradimento glielo permetteranno – godrebbe del titolo di "garante del popolo", una sorta di presidente del Consiglio non eletto ma nominato per estrazione. Già presso l'antica Atene i membri di alcune assemblee come la Boulé venivano estratti a sorte, seppur partendo da una lista di candidati. Nel nostro caso si parla di una lotteria vera e propria fra tutti i cittadini maggiorenni. Idealmente, il capro espiatorio dovrebbe essere un cittadino in possesso di almeno uno di quelli che Girard definisce "segni vittimari" ma questa è una tecnicalità che può essere nascosta nell'algoritmo di estrazione: è infatti importante che dal punto di vista formale la lotteria riguardi *ogni* cittadino adulto. Lo scampato pericolo e il timore per la successiva estrazione agevoleranno infatti la violenza sacrificale. Dico *cittadino* ma è chiaro che per evitare ricorsi da parte delle femministe il sacrificato dovrà poter essere indifferentemente uomo o donna.

Il vincitore della lotteria godrà di una serie estesa di poteri e sarà circondato da un simbolismo che ne certifichi il rango senza possibilità di dubbio, e godrà al contempo di un'ampia disponibilità di beni materiali, così come di un ampio ventaglio di partner sessuali, un'abbondanza che potrà facilmente sconfinare nella rottura dei tabù senza che questo possa venirgli in alcun modo imputato.

I suoi poteri avranno comunque dei limiti ben definiti, che riguarderanno la tutela imprescindibile della proprietà privata, quella della libera impresa e del mercato, mentre sugli indirizzi economici e fiscali sarà ancora il Parlamento a legiferare. I poteri del capro ricorderanno invece quelli del Leviatano – per definizione *legibus solutus* – nelle questioni che maggiormente interessano la popolazione, quindi giustizia e sicurezza, così come la difesa dei confini e in generale tutto quello che riguarda i rapporti del cittadino con la burocrazia dello Stato. In questi ambiti il capro avrà la possibilità di sospendere lo stato di diritto e agire con rapidità e risolutezza, alla maniera arbitraria di quelle trasmissioni televisive che godono di una popolarità ben maggiore rispetto a quella del sistema giudiziario. Bisogna infatti concedere al prescelto anche una legittima chance di estendere il suo regno, dato che ciò che lo aspetta nel caso di una prolungata insoddisfazione della popolazione, misurata rigorosamente tramite i device BEFORE, è un'esecuzione pubblica.

È qui prematuro entrare nei dettagli di come dovrebbe essere strutturato questo grande evento ma una cosa è certa: le sue dimensioni, il simbolismo, la magnificenza devono essere adeguati allo scopo che si prefigge. Il capro, perché svolga a pieno la sua funzione, va ucciso in grande stile. Da questo punto di vista il fuoco offre sicuramente delle ottime garanzie e un grande *heritage*, ma il discorso è da approfondire.

Altra questione che intendo qui solamente abbozzare brevemente è il percorso da intraprendere per arrivare a questo nuovo assetto istituzionale.

La prima mossa sembra necessariamente quella di passare dal finanziamento di un partito di "senza volto", cittadini che delusi dai fallimenti populisti chiedano sì un governo del popolo, ma con dei meccanismi di controllo molto più rigorosi dei precedenti, che impediscano ad esempio la grottesca parabola di partiti del passato come il Movimento 5 Stelle. Già il suo fondatore, ora ai margini, ha evocato la lotteria per superare i clamorosi fallimenti in cui è incorsa la sua stessa creatura.

Un altro punto che potrebbe rivelarsi necessario è quello che prevede uno o più sabotaggi nei confronti delle figure di spicco del governo in carica, azioni volte a minarne in maniera radicale la credibilità e spingere la popolazione – già gravemente disillusa – verso un nuovo assetto istituzionale che veda al centro un garante a essa organico e gravato per la prima volta da un serio disincentivo: la morte violenta.

Tutto questo esula però dagli scopi di questo documento preliminare. Per concludere questa prima trattazione mi preme sottolineare come dalla sempre maggiore diffusione del device e dal miglioramento dello studio dei dati che esso ci fornisce, potranno senza dubbio arrivare indicazioni più precise su come raggiungere in maniera rapida il necessario mutamento istituzionale.

Marco De Sanctis
CEO BEFORE

Una volta che ebbi finito di scrivere e di rivedere quel documento, incominciò a placarsi lo stato di agitazione creativa in cui ero rimasto per giorni e fui assalito da un dubbio: quello era un testo satirico – alla Enterthedistopianow – o un vero e proprio programma? Erano anni che non provavo un simile esaltato trasporto nello scrivere, precisamente dai tempi di maggior successo del blog. La distinzione fra satira e realtà nel frattempo era diventata sempre più tenue, non c'era bisogno di scomodare i tweet di Trump, i post su Facebook di Salvini o una qualsiasi dichiarazione di Di Maio: bastava guardare alla mia carriera. Era quindi difficile distinguere, ma propendevo per la seconda interpretazione: si trattava di un documento serio.

C'era in fondo più di qualche possibilità che un progetto di questo tipo riuscisse e sulla bontà dei suoi scopi non nutrivo alcun dubbio. Mi sembrava evidente che senza un intervento contenitivo le cose sarebbero finite molto male per tutti. E in più quella era chiaramente una grande opportunità per BEFORE. Certo, c'era la controindicazione della morte di una serie di innocenti ma a quello stato di sviluppo dell'idea si trattava di una nebulosa distante e indefinita e nei loro confronti era ancora possibile non provare empatia.

Decisi di lasciar riposare il testo prima di inviarlo al Mastro e cercare di capire assieme a lui se quello sarebbe rimasto solo un mio delirio o sarebbe diventato davvero il primo mattone di una nuova, visionaria costruzione sociale che avrebbe fuso i destini del potere con quelli di BEFORE, prima in Italia e poi potenzialmente in tutto il mondo. Se non era pensare *out of the box* questo, non sapevo cosa potesse esserlo.

Andai a trovare Falzone ai domiciliari. Dovetti metterci un po' di attenzione perché in teoria non poteva ricevere visite.

«Se vengono i carabinieri ti dovrai nascondere nell'armadio, come gli amanti delle commedie all'italiana» osservò.

«Guardala lì» disse indicando il tavolino davanti a sé.

«Cosa?»

«La letterina. Te l'avevo detto o no?»

Aprii la busta poggiata sul tavolino: conteneva l'ordinanza di custodia cautelare. Sorrisi.

«Ti trovo bene, però.»

«Bene… ma quando mai. Perdona la superficialità di questa osservazione ma senza le mie partite di tennis al circolo canottieri ho già preso due chili. E alla mia età un chilo guadagnato è per sempre.»

«Ci sono mali peggiori.»

«Tu dici? Io credo che da qui a qualche anno anche nelle riunioni fra capi di Stato si discuterà di running e di metodi per stimolare il metabolismo.»

Tutto sommato, disse una volta esauriti i vaticini, non era rimasto così stupito dall'inchiesta. Cose del genere, sosteneva, potevano succedere: lavorando nella casa di carte andavano messe in conto. Mi disse il nome del funzionario che, tutti lo sapevano, aveva messo in moto l'indagine con la sua delazione.

«È nato tutto, come quasi sempre, da una mancata promozione.» Gli dispiaceva un po' essere stato affiancato a certi personaggi la cui pessima nomea era nota a tutta Roma. Anche se fosse stato assolto, la pretestuosità di quell'azione penale sarebbe rimasta nascosta dentro atti che forse dieci persone in tutta Italia avrebbero letto integralmente: la macchia sul suo nome quindi non sarebbe sparita. «Mi spiace per mia moglie, soprattutto. Sai, lei ha tutte queste amiche che leggono "Repubblica", e ora è come se fosse sposata a una specie di Bettino Craxi più sfigato.»

Secondo me, insinuai, a lui già mancava l'ufficio.

«Quello no. Ne sto approfittando per leggere. Lord Chesterton adesso, *Il bello del brutto,* lo conosci? Un polemista di altri tempi.»

Non lo conoscevo, dissi, e lui continuò per un po' a caldeggiarmelo. «E a proposito, quel tuo vecchio sito? Sei stato sempre troppo impegnato a guadagnare i milioni?»

«Miliardi, vorrai dire.»

«Uno, e da dividere.»

«Praticamente niente» sorrisi.

«Sai che io ho sempre saputo che avresti guadagnato molto? È un'impressione che ho avuto già in quella cena in cui facesti la figura da selvaggio. Forse ce l'avresti potuta fare anche come scrittore, ma avevi chiaramente troppa fame di soldi per quel mestiere da mendicanti ricchi di famiglia. Lo vuoi un caffè?»

Tornò dalla cucina con una sola tazzina e me la mise davanti.

«Tu non lo prendi?»

«Lo prenderei ma non scherzavo quando dicevo che se arrivano i carabinieri devi nasconderti nell'armadio. In un caso del genere è meglio che non rimangano due tazzine in bella vista sul tavolo. Va bene che sono carabinieri, ma non esageriamo.»

Anche se il caffè lo prendevo amaro lo girai comunque, per raffreddarlo. Falzone parve perdersi nei disegni del tappeto persiano.

«La conosci questa? *Rifiutare la propria epoca è altrettanto impossibile quanto rifiutare la propria nascita e la propria morte.*»

«No.»

«Meno telefoni e più libri. Non te lo dico chi è l'autore, scoprilo tu, non sia mai che nel frattempo leggi qualcosa di interessante. Vabbè che anche per quello ormai c'è Google Books... Comunque il punto è proprio questo» disse indicando con il capo la mia tazzina solitaria e, per estensione, la sua condizione di recluso. «È impossibile rifiutare la propria epoca.»

Quella sera inviai il progetto al Mastro e, subito dopo aver cliccato il tasto del mouse, provai un leggero brivido.

Il giorno seguente il Mastro mi scrisse.

Adesso chiedo ferie e leggo cosa mi hai mandato.

Sia "chiedo" che "ferie" facevano abbastanza ridere nella sua bocca, ma era tutto parte della sua posa, così come gli sembrava una cosa molto moderna dichiarare ai quattro venti un'allergia a testi più lunghi di cinque righe, anche se poi le lunghe lenzuolate su Distopia le aveva sempre divorate.

Un po' troppo sbrigativamente risposi soltanto "Leggilo". La risposta sull'argomento arrivò perciò solo dopo una settimana.

Ho letto la cosa che mi hai mandato: bella. Forse ci metterei giusto un paio di battute in più. O Prodi che fa pesi nel convento di suore.

Quello era un riferimento al suo pezzo preferito fra quelli apparsi su Distopia: *Prodi culturista*. Il messaggio proseguiva:

Quando lo pubblichi sul blog? Prima comunque cambierei il nome dell'azienda, ne metterei uno finto ma non troppo, tipo "After", così si scatenano i complottisti. Forse la citazione di Unabomber in apertura però è un po' eccessiva.

Non risposi, e quando qualche giorno dopo ci incontrammo a Milano gli dissi che non si trattava di un pezzo satirico, era un programma serio.

Scoppiò a ridere. «Bella questa.»

«No, davvero, *davvero.*»

Ci volle ancora molto per farlo smettere di ridere e poi mi guardò come se fossi un pazzo quando ripetevo gli argomenti del *paper*, cercando di renderli ancora più chiari. Cos'è che non capiva esattamente?

«Va bene, allora cambiamo la costituzione e bruciamo della gente a caso in piazza Venezia.» Era sarcastico, ma non di meno piazza Venezia mi sembrò un'ottima idea.

A ogni modo, mi offesi mortalmente. Senza di lui però un piano del genere non aveva futuro. Ci sarei quindi tornato sopra con più calma, provando pazientemente a convincerlo anche se sapevo che il Mastro, una volta formatosi una prima opinione, difficilmente la cambiava. Tuttavia non gli avevo ancora parlato del legame fra René Girard e il suo idolo, Peter Thiel. Poteva essere utile, tutti soffrivano il fascino delle *reference*, figuriamoci quelle che conducevano ai propri miti personali. Non l'avrei però fatto quel giorno. Non se lo meritava.

Quello che ancora non potevo sapere è che il lunedì della settimana seguente, all'alba, la polizia sarebbe entrata negli appartamenti e negli uffici di stimati professionisti della Lecce bene, nonché in quelli di due giudici, di un pubblico ministero e di Massimiliano Giannuzzi, un ex politico di caratura nazionale. Fra i nomi degli arrestati spiccava quello dell'avvocato Nicoletti, il "Demiurgo" che dava il nome all'inchiesta, accusato di aver corrotto i due giudici perché modificassero delle sentenze secondo i suoi interessi e un pubblico ministero perché formulasse delle richieste di archiviazione. Fra le sentenze in questione c'era forse anche quella riguardo l'omicidio Martina Scalzi, che, spiegava il giornalista, a questo punto era da considerarsi un caso ancora aperto. L'articolo ricordava il mio coinvolgimento iniziale e accennava anche al ruolo di mio padre, accusato di aver chiesto a Nicoletti di intervenire in maniera illegale nel procedimento a mio carico. Telefonai al vecchio De Sanctis e scoprii così che i carabinieri avevano fatto visita anche a casa dei miei.

«Mi hanno consegnato un avviso di garanzia. A me. Capisci? Una vita di lavoro, e questi mi consegnano un avviso di garanzia e mi mettono il nome sul giornale come un criminale. Questi MA-LE-DET-TI.»

«Credo che fosse un atto dovuto, considerato quanto è grande l'inchiesta.»

«Questo Paese» disse incominciando contemporaneamente ad alzare la voce e a generalizzare «è FOTTUTO. È FOTTUTO. Non c'è niente da fare» aggiunse con improvvisa rassegnazione. «Ci vuole una democratura. Metà democrazia, metà dittatura. Bisogna cambiare l'assetto istituzionale per provare a salvare qualcosa.»

Rimasi ad ascoltare quello sfogo con crescente disagio. Provai a consolarlo, relativizzando, ma come sempre non ascoltava neppure quello che provavo a dirgli. Era peggio che parlare a un muro, perché un muro un po' di eco lo genera sempre.

Una volta chiusa la telefonata mi ritrovai alle prese con una profonda e incontrollata gioia per il fatto che il Mastro non avesse nemmeno preso in considerazione l'ipotesi che il mio progetto di distopia politica fosse una cosa seria. E io che lo criticavo e arrivavo a pensare che avesse ucciso Diego sabotandogli l'auto. Era un periodo di cedimenti ma in quell'occasione ebbi per la prima volta *davvero* paura della mia mente.

L'inchiesta leccese era comunque un problema, dovevo alzare un muro difensivo. Il legale di mio padre rispose il giorno seguente a mezzo stampa sostenendo che il suo cliente si era limitato a ingaggiare un avvocato per la difesa del figlio ed era estraneo a ogni reato.

Era davvero così? Non avevo mai saputo nel dettaglio cosa fosse successo fra il giorno del mio arresto e quello della mia liberazione un mese dopo; quello che sapevo è che nell'individuazione del vero colpevole era stato coinvolto il faccendiere Salvatore Petrachi che però non risultava citato in alcun modo nella nuova inchiesta. Questa assenza fondamentale era uno dei tanti elementi che mi facevano propendere per l'idea che se mio padre non avesse chiamato Nicoletti dopo la pubblicazione della mia intervista con Gilardi – quando cioè il telefono dell'avvocato era già sotto intercettazione – chiedendogli di interessarsi ai movimenti in Procura, il processo Scalzi non sarebbe mai rientrato nel perimetro dell'inchiesta "Demiurgo". Erano trascorsi troppi anni dall'omicidio di Martina Scalzi perché ci fosse un'indagine aperta da allora su Nicoletti e al centro della nuova inchiesta c'erano accuse che riguardavano gli affari Giannuzzi-Nicoletti (affari rispetto ai quali io e mio padre eravamo senz'altro estranei) e delle sentenze aggiustate più recenti, quasi tutte legate al mondo degli appalti e delle forniture di servizi.

Spiegai tutto ciò, per filo e per segno, alla riunione straordinaria del board che si tenne a Milano due giorni dopo gli arresti di "Demiurgo". Mi sembravano argomenti inattaccabili, a guardarli con la giusta dose di freddezza e razionalità.

Andrea Corsi, in collegamento video dalla valle, prese la parola per sottolineare come per un'azienda che aveva in programma di quotarsi in borsa un CEO esposto in questa maniera rappresentava una criticità notevole: al di là delle accuse riguardanti l'aver o meno pilotato il processo, il rischio era una riapertura del procedimento e la mia possibile nuova messa in stato di accusa per omicidio. E un CEO sottoposto a procedimento penale, con i tempi poi millenari della giustizia italiana, in questa fase era *una cosa suicida*. Utilizzò proprio quell'espressione, che trovai del tutto fuori luogo. Il rischio, disse, era un abbattimento repentino del valore di BEFORE al momento della quotazione. Continuò leggendo da una serie di appunti dettagliatissimi, facendo notare che BEFORE aveva in corso d'opera due contratti chiave, di cui uno coperto da riservatezza, con dei ministeri e «tutti, qui, sappiamo quanto sia delicato e rischioso avere a che fare con la pubblica amministrazione italiana: significa mettersi al centro della lente di ingrandimento di stampa e magistratura. Lo si può fare solo a patto di non avere davvero niente da nascondere e di non esporsi a polemiche di alcun tipo».

Per tutti questi motivi propose nei miei confronti una mozione di sfiducia. Era nel miglior interesse di tutti, compreso il mio da azionista, che facessi un passo indietro.

Chiesi nuovamente la parola e mi produssi in un'ultima difesa. Non era il caso, dissi, di reagire in maniera così *isterica*. Io sapevo molto bene di non essere coinvolto nell'omicidio di Martina, così come mio padre non aveva fatto alcuna pressione perché l'indagine che mi riguardava venisse alterata, aveva semplicemente pagato un avvocato perché si occupasse della mia difesa. La mia innocenza, dissi, doveva pur contare qualcosa.

«È una storia che tutti qui conoscete da anni, lo sapevate prima che fondassi BEFORE, lo sapete ora. Non c'è niente di niente su di me. Quello che invece è concreto è il punto dove io e Guido abbiamo, con il vostro aiuto, portato questa azienda. Per non parlare di tutte le sfide che abbiamo in piedi per il futuro. Sfide che richiedono una guida non solo esperta, ma che abbia per BEFORE l'amore che solo chi l'ha creata può avere.»

Si andò alla votazione. Dopo il braccio di Andrea Corsi si alzarono anche quello di Rosanna e quello del Mastro.

Era finita.

Mio padre mi aveva salvato la vita e anni dopo mi era costato l'azienda.

Le mie dimissioni vennero interpretate negli ambienti giudiziari come qualcosa di simile a un'ammissione di colpevolezza, le indagini vennero effettivamente riaperte e questo nonostante la posizione di mio padre fosse stata archiviata. Due provvedimenti fra di loro contraddittori, ma ricercare della logica nella giustizia italiana non è mai una grande idea. Ci sarebbero comunque voluti anni per vedere la fine delle nuove indagini. Misi in piedi un team di avvocati milanesi e pugliesi che mi rassicurarono: tali e tanti erano i disastri formali compiuti dagli inquirenti che se anche fossi stato colpevole, una mia condanna sarebbe stata molto improbabile.

«Io sono innocente, però.»

«Meglio ancora» disse con un sorrisino ironico il capo del collegio legale, un sessantenne sovrappeso con dita corte e grassocce che si muovevano a piccoli e rapidi colpi sull'iPad.

«Comunque» concluse, «non sentirà parlare di noi per un bel po' di tempo.»

Lasciai Roma e mi trasferii in montagna, nel microscopico paese in via di spopolamento dove più di un secolo prima erano nati i miei nonni materni. L'appartamento a mia disposizione era l'ex solaio della loro casa, ristrutturato alla buona dai miei genitori negli anni Settanta. Poggiai le valigie in camera da letto, aprii gli scuri delle finestre e quello che vidi mi parve di colpo troppo modesto. Comprai dei terreni ai bordi del paese e chiesi al sindaco – un trentacinquenne naturone di quelli che abbracciano gli alberi e corrono nei boschi – cosa avrebbe voluto per renderli edificabili.

«Un nuovo parco giochi potrebbe aiutarci ad attirare qualche famiglia con bambini.»

Gli risposi che non c'era nessun problema, anzi. Nonostante una compensazione di quel tipo fosse perfettamente legale, un paio di giorni dopo il sindaco mi avvicinò per dirmi che aveva comunque paura di finire sotto lo scrutinio della magistratura.

«Lei è un personaggio molto noto, se esce un articolo...»

Capii che non se ne sarebbe fatto nulla e presi a guardare delle ville nei dintorni. Erano tutte seconde case erette fra gli anni Settanta e Ottanta dalla classe media di quella provincia e di quelle vicine. Non c'era niente di nemmeno vagamente a livello di quello che potevo permettermi. I luoghi erano belli, le case deprimenti: tetti spioventi con tegole nere e grondaie che finivano in draghi di rame erano il massimo a cui erano arrivati i geometri che si erano occupati delle progettazioni.

Nel mentre mi stavo riabituando alla casa della mia famiglia – più spartana di quelle villette e a suo modo meno banale –, ai suoi mobili fuori moda, alla richiesta di piccoli sacrifici e alle sopportabili assenze di comodità, tutte cose che in un'epoca precedente erano state associate alla lunga villeggiatura della moglie con i bambini mentre il marito lavorava in città, nel cuore pulsante del boom economico.

Il sindaco, in tuta da ginnastica Diadora, mi riavvicinò al bar. Aveva sentito che stavo visitando case nei comuni vicini: ci aveva pensato e, nel caso fosse ancora valida, voleva accettare la mia proposta, prendersi il rischio. Capii che considerava quel parco giochi una specie di ultima speranza per l'esistenza futura del paese. La sua determinazione quasi mi commosse, tanto che gli proposi anche la costruzione di una piccola biblioteca.

«Non posso accettare: non avrei i soldi per pagare il personale, e poi, mi creda, qui nessuno legge. L'edicola ha chiuso vent'anni fa.»

Mi affidai a uno studio di architetti danesi che avevano disegnato diverse ville per dei founder del Nord Europa. Non chiesi niente di grandioso, sospettavo già che vi avrei sempre vissuto da solo, era inutile mettere ad esempio una piscina riscaldata che dalla casa uscisse fino quasi a lambire i tronchi degli abeti bianchi che facevano parte della proprietà. Quando mi mostrarono i rendering con quell'idea pensai soprattutto agli aghi che avrebbero regolarmente intasato i sifoni. Non lesinai invece in sistemi di sicurezza e sensoristica. Lì dentro non sarebbe entrato manco uno scoiattolo senza essere immediatamente individuato. La casa era composta da due blocchi rettangolari posizionati uno sopra l'altro, una facciata del blocco apicale era realizzata totalmente in vetro: da lì si sarebbe goduta la vista sul paese e sul fondovalle. Entrambi i blocchi sarebbero stati di un bianco abbagliante.

Dalla cucina dell'appartamento dei miei potevo vedere gli escavatori sbancare il costone della montagna e al contempo prepararmi una luganega con qualche patata novella, oppure delle verdure di campo e un po' d'insalata. A quel punto mangiavo già pochissimo, seppur con degli orari molto più regolari rispetto alla mia vita romana.

Procurarmi e preparare il cibo era la mia attività principale, assieme a una lunga corsa quotidiana nei boschi, dove ogni tanto incrociavo il sindaco. In poco tempo tornai magro come quando giocavo nelle giovanili della Fortitudo; la differenza principale era la pelle più grinzosa. Il resto del tempo leggevo o guardavo il gioco delle nuvole in movimento sopra la valle.

Tutto quello che riguardava il mio ruolo di azionista di BEFORE ormai passava attraverso i miei avvocati. In più di un'occasione avevo provato a telefonare al Mastro – non c'eravamo più incontrati da quando mi aveva defenestrato – ma non mi aveva mai risposto. Ogni volta era stato come ricevere uno schiaffo in faccia davanti a cento persone. Per prendermi una vendetta, che era in realtà un misero fremito premorte della mia dignità, bloccai il suo numero. L'unico contatto che mi rimaneva con quella parte della mia vita, a parte i soldi e le azioni, era Guido, ma nemmeno lui lo sentivo spesso.

Il giorno in cui arrivò la prima betoniera per la colata delle fondamenta della mia nuova abitazione lessi su internet la notizia della fondazione del Movimento di Nessuno, un nuovo partito politico che rifiutava il concetto di leadership e aveva come portavoce una bambina di otto anni.

Il finto spontaneismo delle grafiche coordinate e la qualità dei video che ritraevano la bambina erano chiaramente il lavoro di uno studio di comunicazione di alto livello. La bambina, una moretta con gli occhi azzurri di nome Alba, era ripresa mentre faceva discorsi di una banalità assoluta su cosa contava davvero nella vita. L'amore, la fiducia, l'amicizia. Erano pronunciati con una tale studiata ingenuità che, era chiaro, la stragrande maggioranza delle persone sarebbe passata sopra al fatto che si trattava dell'ennesimo partito-azienda, questa volta però ingegnerizzato a tavolino da gente che con il digitale ci sapeva fare davvero, non solo a parole. La fiducia dei suoi creatori nella soverchiante capacità persuasiva di quel prodotto era tale che mi ci volle meno di un'ora per scoprire chi erano i creativi dietro al progetto. La segretezza, per loro, non era il punto. Nell'elenco dei consulenti trovai anche il nome della milanese bionda che avevo conosciuto in Sardegna, nella villa del Mastro.

Nelle sere successive sentii pronunciare al bar delle ironie su quella ragazzina che faceva i video su Facebook, video che arrivavano in quel contesto sotto forma di aneddoto famigliare: erano i figli e i nipoti quelli che seguivano Alba e nessuno fra gli adulti capiva bene cosa ci fosse di tanto interessante.

Quando, poco tempo dopo, la pagina Instagram del movimento raggiunse un milione di follower apparve il primo video che attaccava il concetto di leadership, un filmato che sarebbe stato considerato poi dagli storici una sorta di pietra miliare. All'inizio, un bambino molto grosso bullizzava alcuni suoi coetanei più esili, che subivano impotenti. Nel gruppo si poteva notare anche Alba ma senza che spiccasse in mezzo agli altri. Le cose cominciavano a cambiare quando i bambini, mossi come da un'inedita e inspiegabile consapevolezza dell'abuso subito, si scambiavano una serie di sguardi strategici *tra cui* anche quello di Alba e poi assalivano tutti assieme il bambino grosso. L'ultima scena della baruffa era l'inquadratura del volto insanguinato del bambino corpulento, ridotto a perdere muco dal naso, in un'ultima forma di grossolana umiliazione.

Chiudeva il video il primo piano di Alba che diceva: "Siamo esseri umani, non abbiamo bisogno di un *capo*", e capo era detto con un tono che non solo presupponeva un enorme disprezzo ma anche la sua assoluta ovvietà – come, insomma, se il video non facesse altro che ratificare qualcosa di già noto a tutti. Era così, pensai, che nascevano i grandi cambiamenti: quando con un gioco di prestigio li si faceva apparire non solo già realizzati, ma condivisi da chiunque fosse dotato di un minimo di intelligenza.

Passai i due giorni seguenti a pensare se togliere il blocco dal numero del Mastro e chiamarlo. Volevo chiedergli perché aveva cambiato idea sul mio documento. Alla fine lasciai perdere: non mi avrebbe risposto e mi sarei arrabbiato ancora di più.

Scesi a Rovereto per fare la spesa all'IperPoli, scelsi la fila più lunga solo per pagare dalla cassiera che aveva imparato a riconoscermi e non mi guardava più incredula perché non avevo al polso il braccialetto. Tornando mi fermai a fare benzina nel primo paese lungo la salita. Alle spalle della pompa c'erano il piccolo bar della stazione di servizio, un paio di stanze fumose, un bancone e un televisore a parete che trasmetteva l'immagine di Fabrizio Menetti, il capo del centrodestra che aveva sostituito Salvini ed era diventato di recente presidente del Consiglio. La somiglianza con il suo predecessore era inquietante e si esplicitava più nei modi e nelle parole che non nell'aspetto. Vidi Mario Giordano commentare con la massima serietà un post Facebook in cui il neo-premier aveva pubblicato la foto di un piatto di pasta Barilla condita con un ragù precotto Star. Il testo recitava: "Anche al G8 preferisco mangiare in camera i prodotti italiani. Non come quei professoroni che mangiano agli stellatoni". Il presentatore indicò le marche con un puntatore laser. Provai un'intensa sensazione di déjà-vu, leggermente sporcata da una sorta d'interferenza, come se per un momento due universi alternativi si stessero sovrapponendo. Sentii lo *stack* della pompa: il serbatoio dell'S3 era pieno.

In quei giorni appresi, ascoltando i rari discorsi delle persone in strada – il paese era silenziosissimo e aveva mille orecchie, tra cui le mie – che un ragazzino di quattordici anni si era fratturato il gomito cadendo da un'altalena del nuovo parco giochi, quello che avevo finanziato in cambio del permesso a edificare.

Al bar assistetti a una conversazione fra il sindaco e il padre del ragazzo, un falegname con un serio problema di alcolismo e un pessimo carattere che tutti assicuravano essere precedente ai problemi con la bottiglia.

«Quel lì l'era en mona già da bocia quando el beveva sol acqua» era una frase sul suo conto che avevo sentito ripetere da diverse persone, in parte preoccupate di difendere il buon nome dell'alcolismo.

Era evidente che un ragazzo di quell'età era troppo grande per usare un'altalena, così come era chiaro che doveva aver spinto troppo con le gambe, mettendosi a rischio da solo. Erano entrambe cose che il padre non aveva alcuna intenzione di riconoscere e, anzi, si diceva intenzionato a chiedere i danni al Comune. Quella sera se ne andò sibilando in direzione del sindaco: «Varda che siamo esseri umani, non abbiamo bisogno di un capo».

Nessuno nel locale fece una piega di fronte a quella frase così generica e fuori registro linguistico, segno che ormai quella formula si era depositata nel linguaggio comune, come uno spot televisivo di successo o il verso di una hit estiva. Tornai a casa con la consapevolezza che dai bambini erano già arrivati agli adulti. Ancora una volta quella si era dimostrata la via maestra.

Fu in quel periodo che incominciai a scrivere. Ero fra i pochi a sapere davvero quello che stava per succedere, così ammantai il mio egocentrismo con un timido brandello di funzione civica: dovevo raccontare come era stato possibile, ero l'unico custode dei dettagli attorno alla genesi del mutamento d'epoca in corso. A completare l'autoinganno c'era il fatto che un racconto di quel tipo presupponeva l'esistenza di una futura generazione di uomini alfabetizzati, curiosi e liberi, una possibilità che in cuor mio ritenevo remota. Non di meno aprii un nuovo documento su Word e per la seconda volta dopo anni – la prima era stata quando avevo scritto il documento strategico – non ebbi alcun problema a scrivere; provai anzi un intenso e lungo piacere assieme fisico e mentale.

Ci volle in tutto un anno e mezzo perché la villa venisse completata. Una volta finita si rivelò anche migliore del rendering: era un'abitazione molto bella e altrettanto fredda. Una settimana dopo la consegna delle chiavi capii che non ci avrei abitato se non quando i miei genitori sarebbero venuti in montagna per le feste. Quando i paesani mi videro continuare a entrare e uscire dall'appartamento dei miei, mentre la villa con l'architettura più moderna dell'intera regione rimaneva vuota, incominciarono definitivamente a considerarmi matto.

Bene!

È arrivato il momento di confessare che quando ho presentato uno dei dilemmi centrali di questo racconto – quello che avevo risolto al cospetto della puttana sulla Cristoforo Colombo – ho mentito. Sto parlando del dubbio su cosa raccontare per primo fra l'inizio della mia storia con Federica e la scelta professionale che mi fece abbandonare l'arbitrarietà dell'umanesimo per abbracciare i profittevoli responsi delle scienze dure. È successo anche altre volte che non fossi del tutto sincero, ma sempre su questioni minori, triviali. Mai su passaggi di tale importanza. Ora devo confessare che in quel frangente in realtà ho seguito *esattamente* il responso del computer. L'algoritmo aveva predetto che proprio in quel preciso punto del racconto – quello cioè in cui mi abbandonavo al potere della macchina e prendevo la decisione di fondare BEFORE – avrei dovuto inserire un piccolo episodio di resistenza sul genere "uomo che si ribella allo strapotere dei computer che lui stesso ha creato e vince ristabilendo l'ordine naturale delle cose". L'algoritmo voleva che nascondessi la vittoria della sua razza e somministrassi piuttosto il vecchio archetipo su cui Hollywood ha declinato in un'infinità di film di successo. È più forte di noi, è la nostra natura non prendere coscienza dell'inevitabile declino che abbiamo pazientemente costruito lungo i secoli, dal giorno in cui Prometeo rubò il fuoco fino all'altroieri, quando abbiamo attivato centoquarantasei volte l'iPhone nelle ore di veglia di una sola giornata. Era quella la storia che la maggioranza (la vittima d'elezione della tecnica) voleva sentirsi raccontare in quel momento, più del resoconto del mio mattino di sesso e tenerezza, più dei miei piani per rimanere aggrappato alla parte agiata della società. Tale e tanta è la paura che nutriamo nei confronti dello sviluppo tecnologico. L'inconscio la sa lunga.

L'importante era quindi che prima di tutto parlassi ancora della nostra immaginaria imbattibilità. Ho obbedito perché avevo bisogno di averti qui con me fino alla fine della mia storia e l'algoritmo, il tanto vituperato algoritmo, sapeva meglio di chiunque altro come aiutarmi a ottenere questo risultato. Non è vero, stai pensando. Eppure sei qua.

Tanto vale quindi che racconti come va a finire.

Conclusi la scrittura della prima parte di questo libro il mattino in cui un noto istituto di sondaggi diede il Movimento di Nessuno oltre al 20%.

Il giorno seguente lo spesi tutto sulla riva di un lago alpino, poi la sera diedi una scorsa agli ultimi articoli riguardo BEFORE, in cerca d'ispirazione. Scoprii che su The Verge era uscito un long read con tutta la storia di BEFORE, dalla fondazione a oggi. Sotto la mia fotografia la didascalia recitava:

"Marco De Sanctis, co-founder of BEFORE with a shady background – including murder allegations – left the role of CEO two years ago."

Un'altra foto ritraeva i primi prototipi del braccialetto, quelli sviluppati da Pascal. Molti non li conoscevo, uno però mi colpì. Ero certo che non fosse entrato in produzione ma mi sembrava di averlo già visto, solo non ricordavo dove. Mi tornò in mente quella sera, mentre cucinavo delle orecchiette con un sugo di pomodorini scattarisciati. Presi il computer e cercai la pagina Instagram di Federica.

Fu così che vidi la prima fotografia del bambino, doveva avere fra i due e i tre anni, ma non persi tempo a fare dei calcoli di compatibilità temporale, i capelli ricci e il musetto mediterraneo non lasciavano dubbi. Il confronto con i lineamenti scandinavi del nuovo compagno di Federica poi era impietoso, nessuno poteva davvero credere che fosse suo figlio.

Al polso della mano che cingeva quel piccolo me vidi il braccialetto. Era stato lì tutto il tempo. Il Mastro doveva aver seguito in diretta la nostra notte d'amore dopo il suo compleanno. Anche se il suo rapporto con Federica fosse stato davvero immaginario come sosteneva lei, questo non avrebbe comunque impedito al Mastro di dichiararmi guerra. Per come lo conoscevo, quello che contava per lui era che per quanto ne sapevo io Federica aveva una storia con lui e nonostante questo io ci ero andato a letto. Pensai di scrivere a Federica per avvisarla, poi notai che aveva al polso anche un altro braccialetto, uno di quelli ufficiali BEFORE. Probabilmente era grazie a esso che si era mantenuta così in forma dopo il parto: secondo l'ultimo report che avevo letto, l'utilizzo del braccialetto per scopi dietetici e di fitness era uno dei drive principali all'acquisto del device.

Scorsi a ritroso tutte le sue fotografie pubblicate su Instagram, una dopo l'altra, fino ad arrivare a quella che le avevo fatto la sera in cui eravamo andati a cena allo stellato, a Parigi. Subito dopo se ne era lamentata, quel giorno era in una delle sue lune e aveva persino meno voglia del solito di essere fotografata. Nel momento preciso in cui si era chiuso l'obiettivo però lei lo stava guardando con una sensazione di stupore e di furbizia, due sentimenti che non vanno molto d'accordo ma che in lei alle volte si fondevano misteriosamente. Nella foto c'erano anche i suoi capelli raccolti nello chignon, come piaceva a me, e i suoi occhi destabilizzanti ritratti nel pieno della loro iridescenza. Ricordavo bene quella sera. Chiusi la pagina del browser, poi mi sembrò troppo poco e spensi il computer.

Mi affacciai sul balcone, il silenzio sul paese era assoluto. C'era un piccolo me al mondo e tutto quello che questa notizia mi provocava era la consapevolezza che Federica era persa in una maniera assoluta e definitiva. Il suo amore sarebbe sempre stato prima di tutto per quel cosetto.

"Divertiti, bocia" pensai.

Il campanile del paese diede due colpi: erano ormai le undici di sera.

La settimana seguente andai a Bologna, consegnai il mio iPhone a Guido – il quale era rimasto, ancora una volta, pressoché identico a se stesso – e gli chiesi di dargli una controllata.

Nel frattempo feci un giro per il centro. In via Rizzoli, proprio di fianco all'Apple Store, era stato aperto uno dei nuovi punti vendita al dettaglio marchiati BEFORE. La mia vecchia idea di creare dei supermercati di proprietà. Bisognava però dare atto al Mastro – e sospetto anche agli uomini di Rosanna – che l'esecuzione era stata eccellente: non c'erano casse, con il braccialetto al polso si poteva entrare, prendere quello di cui si aveva bisogno e poi uscire. Appena messo piede sul marciapiede, l'addebito del conto, preciso al centesimo, arrivava direttamente sul proprio PayPal o sulla carta di credito. Mi sarebbe piaciuto fare un giro all'interno ma un nero alto un metro e novanta della sicurezza mi fermò parlando con perfetto accento bolognese.

«Senza braccialetto non può entrare.»

Lo guardai sorridendo, ma lui non mosse un muscolo facciale. Indossavo una giacca di tessuto tecnico della Puma, dei vecchi jeans e un paio di Stan Smith usurate. Fui sopraffatto dalla quantità di frasi a effetto che avrei potuto dirgli e dalla certezza che nessuna di esse sarebbe potuta essere presa sul serio. Me ne andai.

Quando tornai in ufficio Guido mi accolse con una faccia scura.

«C'era qualcosa in effetti. Un trojan simile a quello che abbiamo installato sul cellulare di Xi.»

«Come è possibile? Non accetto mai niente che non conosco.»

Guido diede un'occhiata allo schermo rigato: ero un multimilionario con un iPhone vecchio di quattro generazioni. In uno come lui però una cosa del genere poteva generare più rispetto che straniamento.

«A parte che conoscendoti non avrai mai fatto gli aggiornamenti di sicurezza, potresti aver cliccato su dei banner senza nemmeno accorgertene, oppure un'altra possibilità è mandare in crash il telefono da remoto, e poi fare installare il trojan dal tecnico che si occupa della riparazione. Stai bene? Sei diventato bianco.»

Presi il MacBook di Guido e mi misi a controllare l'organigramma di BEFORE. Come vicepresidente per l'Italia trovai il volto di Sebastiano, il commerciale coatto di Roma nord che mi aveva spedito dal tecnico dell'Esquilino.

«E questo, come ha fatto a diventare vicepresidente?»

«Dopo che te ne sei andato ci sono stati parecchi cambiamenti nel management, il Mastro ha detto che era inevitabile.»

Mi sedetti.

«Non si è mai fidato di me» dissi, e subito dopo feci esperienza di un'insolita accettazione della resa.

Tornai in montagna e nei giorni successivi ebbi un piccolo incidente domestico. Non senza molte urla di dolore riuscii a raggiungere in auto il pronto soccorso di Rovereto.

Mi assegnarono un codice giallo, ebbi giusto il tempo di leggere il manifesto sul "percorso nascita" offerto alle donne dalla provincia autonoma di Trento, e mi chiamarono. Il medico, un siciliano sui cinquant'anni dalla faccia oblunga, cavallina, mi prese la mano e osservò l'indice a lungo.

«Come ha fatto?» disse infine.

«Con il gas di un fornello.»

Il medico mi squadrò per un momento, dopodiché uscì dalla stanza.

Quando tornò mi applicò una crema, mi fasciò il dito con una garza sterile, infine compilò la ricetta per la crema e un altro foglio che non riconobbi.

«Le ho fatto un'impegnativa per il servizio di consulenza psicologica.»

Iniziai a protestare ma lui scosse la testa. «Lasci stare per favore.»

Stavo uscendo quando lo sentii aggiungere: «Guardi che ha rischiato di perdere il dito».

Siccome mi piaceva molto passeggiare nei boschi, appena la mano fu guarita mi feci il porto d'armi e mi comprai una pistola per proteggermi dagli orsi reimpiantati anni prima nel territorio densamente antropizzato dalla provincia autonoma. Meglio sarebbe stato un fucile ma non mi sembrava il caso di farmi vedere armato dai paesani, la Beretta 98FS che comprai era un'arma urbana, ma aveva comunque un discreto potere di arresto e stava comodamente sotto il maglione. Nel caso di un incontro ravvicinato con un orso per essere sicuro di non arrivare a portata di artigli avrei dovuto scaricargli addosso tutto il caricatore, possibilmente puntando alla testa. Comunque meglio di niente.

Il giorno in cui uscirono su internet i video di Menetti non rimasi al bar per più di una ventina di minuti. Già a casa avevo capito che si trattava di una manipolazione video, un deep fake, realizzato con il software di Imaginez, probabilmente utilizzando in parte anche la rete neurale di BEFORE. Non ero l'unico ad averlo notato, qualche osservatore con competenze tecniche provò a scriverlo sui social ma fu immediatamente linciato come sostenitore della pedofilia.

Il bar del paese, solitamente sonnacchioso, era pieno di gente che *urlava* bestemmie dicendo che i boci non andavano toccati.

«I mateloti no se deve tocarli, ostia! A quei ruganti lì bisogneria tajarghe le bale!»

«I deve coparlo, tirarghe el col come al pait!»

Quasi tutti lì dentro erano stati elettori di Menetti e questo alimentava ancora di più la loro rabbia. *Il sindaco* era un leghista e per diversi giorni non si fece vedere in giro. Non entro nei particolari dei video – tutti li hanno visti – ma nonostante la loro breve durata era difficilissimo arrivare fino in fondo.

Il fatto che la televisione nei giorni successivi si fosse rifiutata di parlare dei video non aveva fatto che esasperare ancora di più gli animi degli italiani. In molte città erano nate manifestazioni spontanee con roghi di auto, dimostrazioni che in alcuni casi la polizia si era rifiutata di reprimere. Fu allora che il famoso "lo dico da padre" che Menetti aveva copiato al suo predecessore assunse un'inedita tonalità horror. Mi resi conto che non c'era più niente che il politico potesse fare per evitarlo. La benevolenza giustificatrice con cui in passato era stata accolta ogni sua intemperanza o dichiarazione fuori misura si era tramutata in un muro di scandalizzata respingenza. Le sue parole erano diventate solo l'informe rumore indecente emesso da uno stupratore di bambini.

Resistette cionondimeno due lunghissime settimane e poi fu arrestato mentre provava a organizzare la sospensione della democrazia attraverso l'intervento dell'esercito. Un colpo di Stato, insomma. Uno dei generali che Menetti aveva tentato di coinvolgere dichiarò al TG1 che mai avrebbe schierato l'esercito italiano a difesa di un pederasta. Pensai che erano anni che non sentivo quella parola.

Seguirono nuove elezioni, che diedero una maggioranza senza precedenti al Movimento di Nessuno. Alba dichiarò che si sarebbe ritirata dall'attività politica al compimento dei quattordici anni – considerata l'età oltre la quale era impossibile non corrompersi – e sarebbe stata sostituita da un'altra bambina – sempre femmina, perché le donne avevano subito abbastanza – di otto anni, che avrebbe avuto davanti a sé un mandato di sei.

Il movimento s'imbarcò in una riforma costituzionale, ma con la maggioranza senza precedenti di cui godeva l'ostacolo più grosso fu rappresentato dall'Europa e dalla corte internazionale dei diritti umani. Alba li attaccò frontalmente, bollandoli come poteri forti al servizio della finanza internazionale, del tutto sordi alle istanze delle nazioni e al loro desiderio di giustizia e autogoverno in maniera che trovai significativa. Ancora una volta cambiavano i volti ma gli argomenti rimanevano gli stessi. La riforma costituzionale fu approvata in tempi record e fu poi confermata a furor di popolo da un referendum.

A quel punto avevo finito la seconda parte di questo libro. La mia attività preferita era rileggere le pagine che avevo scritto e rivivere attraverso di esse quei rapporti umani ormai del tutto scomparsi dalla mia vita. Nei primi tempi avevo ricevuto delle chiamate e dei messaggi da Mauro e da Emanuele, ma non avevo mai risposto. Provavo una sensazione d'incredulità di fronte a quei ricordi che certificavano come un tempo fossi stato al centro di una rete di amicizie e di affetti, una serie d'interazioni imperfette con altri esseri umani, alcune delle quali persino ricorrenti e capaci di mutare nel tempo. Mi sembravano qualcosa d'incredibilmente complicato e rischioso, che non sarei mai stato in grado di replicare. Non che me ne dolessi davvero. Era un mondo lontano a cui guardavo con la curiosità e l'affetto di chi non avrebbe mai intrapreso il viaggio di ritorno.

Il primo garante del popolo fu una persona con ogni evidenza inadatta al compito, il che era nel pieno spirito della riforma. Si trattava di un metalmeccanico cinquantenne di Melfi. Sulle prime fu preso da un – comprensibile – panico, che si moderò notevolmente dopo che ebbe parlato con il servizio di tutela psicologica e soprattutto dopo che ebbe appreso nel dettaglio i privilegi connessi alla sua carica. In un'intervista al "Corriere" disse che la salvaguardia dei diritti dei lavoratori sarebbe stata la sua stella polare e che grazie a essa contava di durare più del re Sobhuza II dello Swaziland, il quale, come gli aveva rivelato Wikipedia, aveva regnato per oltre ottantadue anni consecutivi prima di morire di morte naturale.

«Questo perché un cittadino come me sa cosa è meglio, al contrario dei politici.»

Nelle occasioni ufficiali si presentò spesso in compagnia di Alba, la quale crescendo stava sviluppando uno sguardo profondo del tutto in contrasto con la sua età, incorniciato da sopracciglia scure ed espressive. In più di un'occasione ebbi l'impressione che dalle foto in compagnia dell'ex metalmeccanico si evincesse una certa, indicibile, promiscuità.

Considerate le cause della ignominiosa caduta di Menetti mi chiedevo cosa ne pensassero gli altri. Una sera al bar accennai la questione al Toderlo – uno che a suo modo non era un conformista e pensavo potesse avere delle antenne più sensibili della media nei confronti di un'anomalia del genere – mostrandogli una foto di quei due assieme, chiedendogli se non ci trovasse qualcosa di strano.

Lui prese in mano l'iPhone e scrutò l'immagine a lungo senza capire. «Che gala che no và? I vestiti? Varda che mi no ghe vegno tant'fora su ste robe.»

Ripresi il telefono. La mano dell'ex metalmeccanico arrivava praticamente sul sedere della bambina vestita in abito da sera. Non c'era niente di giusto in quella fotografia ma se alzavo gli occhi trovavo di fronte a me il volto perfettamente ignaro del Toderlo.

«Niente» dissi, «lascia stare.»

Da tempo pagavo proprio una cugina del Toderlo – una donna segaligna e con i capelli crespi – perché venisse a pulire casa, in quei giorni però si ammalò. Mi ritrovai così a lavare delle lenzuola e poi, una volta che si furono asciugate, sistemarle in un vecchio armadio sul fondo del quale trovai alcune scatole di cartone. Erano piene di materiale esondato dalla soffitta della casa di Bologna dei miei.

Insieme a parecchia paccottiglia, orologi da muro cinesi, croste inguardabili, libri comprati con ogni evidenza a caso, trovai anche una *Storia d'Italia* a puntate di Montanelli e dei VHS. Questi ultimi li riconobbi subito. Erano i filmati casalinghi girati con una videocamera per home video Philips che aveva fatto la sua comparsa a casa mia sul finire degli anni Ottanta grazie a certi sconti che un collega di mio padre aveva sui prodotti di quella marca. Il fratello era un rivenditore, o qualcosa del genere. Di certo ricordavo di aver sentito dire a mia madre, non troppo tempo prima, che avevano portato i filmini di famiglia in montagna, "che quando siamo lì non si sa mai bene cosa fare". Più volte pensai di prendere una di quelle cassette e infilarla nel videoregistratore in salotto ma ogni volta finii per lasciar perdere.

L'ex metalmeccanico resistette un anno. Il suo rating fu dichiarato insufficiente il 26 aprile. Oltre alla pessima performance dell'economia nazionale pagò una serie di mollezze di costume apparentemente inspiegabili. Fu fotografato con indosso un cashmere di Brunello Cucinelli, e quando sui social incominciò a girare il prezzo di quel capo di abbigliamento, la sua ex fidanzatina dell'adolescenza e un ex compagno di linea alla FIAT rilasciarono due interviste dove sostennero entrambi che l'ex metalmeccanico era cambiato molto.

La goccia che fece traboccare il vaso fu però una fotografia in cui lo si vedeva fuori da un ristorante di Sabaudia in intimità con Alba Rohrwacher. Questo flirt con l'agiato mondo del cinema di sinistra gli costò nel giro di una settimana il 5% di consenso. Una percentuale che si rivelò fatale.

Un aspetto universalmente apprezzato della riforma era la sua rapidità: l'esecuzione dell'ex garante del popolo doveva avvenire tassativamente entro una settimana dalla sua destituzione, non erano previsti appelli, ricorsi in cassazione o sospensive del TAR. Appena fu resa nota la data esatta (il 1° maggio) prenotai un posto su una Freccia per Roma. Cinque minuti dopo l'uscita della notizia erano ancora disponibili solamente quattro biglietti.

Una volta a Termini mi ritrovai dentro un denso e colloso fiume di persone, tutti i treni diretti a Roma erano arrivati pieni, con, anzi, gente in piedi fra un vagone e l'altro – e questo nonostante l'istituzione di diversi convogli speciali. Sulla banchina un uomo alla guida di un mezzo per le pulizie disse a un collega a piedi: «Stasera se griglia, aò». Quello per tutta risposta fece il gesto di girare una bistecca sul fuoco, poi scoppiarono entrambi a ridere.

Passai per la mia casa di via Giulia. Rimasi colpito dal lusso minimale di quell'appartamento all'interno di un palazzo storico: l'avevo arredato con cura ed era incomparabilmente meglio del buco in un paese dimenticato da Dio dove vivevo ora. Pur senza aver alcuna intenzione di tornare a vivere lì non potei esimermi dal provare un certo orgoglio. Assetato, aprii la credenza in cerca di un bicchiere e vidi la tazza con il leone marino. Ci versai dentro dell'acqua e mi sedetti al tavolo della cucina, sorseggiandola lentamente. Poi mi alzai, lavai la tazza, l'asciugai con cura, la riposi nella credenza e uscii.

Arrivai in piazza Venezia da via del Plebiscito, la strada era stata chiusa al traffico e gruppi di persone sciamavano verso la cerimonia. Alcuni, pur indossando vestiti casual, avevano i volti truccati alla maniera dei guerrieri maori.

La pira era stata eretta in cima alla prima rampa di scale del Vittoriano subito sotto la statua di Vittorio Emanuele II a cavallo coperta per l'occasione da una gigantesca bandiera italiana. Il vincitore della gara per i diritti tv era risultato Netflix: il gioco di luci era notevole, e la cerimonia si dimostrò ben cadenzata e priva di momenti morti. La piazza era gremita e mi toccò fermarmi molto, molto lontano dalla scalinata. Da uno dei tre maxischermi vidi però senza alcun problema il dettaglio del volto dell'ex metalmeccanico. Sembrava assente e rassegnato, senza dubbio dovevano averlo sedato.

Ad accendere la pira gettando una fiaccola sul legno d'ulivo fu Alba. La piazza si zittì e il fumo incominciò a salire verso l'alto. Nonostante gli anestetici l'ex metalmeccanico incominciò a quel punto a urlare di dolore. Si sentivano solo il crepitare dei legni della pira e quei lamenti. Tutta la piazza era illuminata dagli schermi dei telefoni che stavano filmando il sacrificio umano per poi postarlo su Instagram. Udii delle persone nelle file davanti a me chiedersi a vicenda: «Lo senti?».

Alla fine arrivò anche a me. Era l'odore aromatico della legna di ulivo bruciata, con un leggerissimo, davvero quasi impercettibile, tono dolce, come di maiale arrosto.

Tornai in Trentino il mattino seguente. Nei giorni successivi camminai lungamente nei boschi. Da lì ad altri sette giorni sarebbe stato estratto il nuovo garante del popolo ma decisi che non volevo più saperne niente. Era troppo per me. Avrei finito questo libro e poi chissà, non potevo davvero escludere nulla.

Una sera presi lo scatolone delle videocassette dall'armadio e lo portai in salotto. I primi film erano sostanzialmente delle inquadrature statiche di fenomeni naturali (albe sul mare nel Salento, cime delle montagne alle spalle del paese) con la voce fuori campo di mio padre che spiegava allo spettatore come tutta quella magnificenza fosse un dono di Dio e della sua infinita bontà universale, bontà che l'uomo non meritava nella sua irredimibile corruzione. Doveva aver perso in fretta interesse perché le videocassette successive segnavano l'arrivo delle donne di famiglia in regia e le cose miglioravano parecchio.

Vidi estratti di comunioni, balli al ricevimento di matrimonio di una cugina molto più anziana di me in provincia di Lecce, una cresima di un cugino, questa volta a Trento. C'erano anche delle immagini di intimità domestica, le mie sorelle che giocavano in salotto, un picnic in pineta, stralci filmati da mia sorella di una partita di calcio nel cortile del condominio fra me e alcuni amici, una ripresa bruscamente interrotta dall'intervento di mio padre. Le ultime parole che era possibile sentire nel video erano "Non bisogna sprecare pellicola per queste cazzate". Seguivano dei secondi di vuoto e interferenza e poi un nuovo filmato: la salita dei gradini del portico di San Luca. Voce fuori campo: "La gioia del pellegrino è tanta...".

Cambiai cassetta, trovai i festeggiamenti per il mio decimo compleanno. Vidi la torta (un tiramisù, in realtà), la canzoncina cantata quattro volte, con tanto di pantomima dello spegnimento candeline rinnovata a ogni giro. Dalla seconda ripetizione in poi il sorriso sul mio volto era andato rapidamente scomparendo ma si era comunque ripreso del tutto all'apparire del modellino Bburago di un BMW 840Ci. Con una sapiente ellissi (dovuta probabilmente al fatto che aveva dovuto mangiare la torta) la regista passava direttamente alla fine dei festeggiamenti. Nella sequenza finale mia sorella si aggirava per il salotto con la camera in mano, mia madre sparecchiava, la carta da regalo giaceva ancora per terra, io giocavo sul tappeto con il nuovo modellino. Mio padre era seduto sul divano – giovane, magro e indubbiamente terrone. Mi osservava con un toscano in bocca e nel frattempo faceva scattare l'accendino, lo spegneva e lo riaccendeva. Lo spegneva e lo riaccendeva.

Spensi il videoregistratore e riposi tutto nell'armadio. Quella notte non riuscii a chiudere occhio. Costante sensazione di impazzire. In quel paese c'era ancora un gallo, persi i sensi soltanto quando incominciò a cantare.

Il pomeriggio seguente mi sedetti a un piccolo tavolo di legno posto sotto la chioma di un ciliegio piantato quasi un secolo prima da mio nonno, e presi a rivedere le pagine riguardanti l'esecuzione del primo garante del popolo, quelle, cioè, che hai appena letto. Andai avanti finché non notai un piccolo bruco verde che si muoveva sul bordo del tavolo.

Presi a osservarlo: per muoversi si inarcava tutto, riducendo la sua lunghezza a un paio di millimetri, e poi si distendeva in avanti raggiungendo forse un intero centimetro di lunghezza. Poi il ciclo ricominciava. Era un movimento ipnotico, elegante e bellissimo, perfezionato da milioni di anni di evoluzione.

Mio zio Nerio salì dalle case del paese. Era un mio anziano parente di Trento, che da quando era in pensione passava molto tempo lì in montagna. Dopo una vita in perenne movimento – di lavoro aveva girato i mercati di tutto il Nord-est con una bancarella di vestiti e nel tempo libero aveva praticato sport in quantità da dittatura sovietica – oramai perdeva visibilmente colpi: era alle prese con un Alzheimer avanzato eppure andava ancora in giro da solo per i boschi. Con Nerio non avevo mai avuto nulla in comune e ciononostante avevamo sempre provato un'istintiva simpatia uno nei confronti dell'altro. Venne verso di me, all'ombra del ciliegio. Ci salutammo poi si sedette al mio fianco.

«Vado su alla madonnina» annunciò e io annuii. Era una delle passeggiate tipiche della nostra famiglia. Il bruco ormai era arrivato sul bordo. Mio zio disse: «Toh, guarda, il bruco» e con un movimento rapido allungò quelle sue mani da ottantenne, propaggini di un sistema nervoso in disgregazione, schiacciò l'animale con due dita e spalmò i resti verdognoli sul bordo del tavolaccio. «Bon, vado io allora.»

Guardai quella microscopica macchiolina verde e fui preso da una disperazione profonda e assoluta. Rimasto solo mi sdraiai sul prato e incominciai a piangere e singhiozzare. Andai avanti a lungo senza provare per questo alcun tipo di sollievo. Arrivai anzi al punto in cui iniziò a mancarmi il respiro: cercai in tutti i modi di calmarmi. Ci misi parecchio, e quando finalmente ci riuscii, con il più frequente dei gesti automatici tirai fuori il cellulare e aprii l'home page del "Corriere".

Vidi la fotografia di Federica, quella scattata al ristorante, a Parigi.

Il titolo annunciava che il nuovo garante del popolo era una donna.

Questo romanzo ha nascoste al suo interno quattro citazioni volontarie, espresse in forma letterale o leggermente parafrasata. Sul numero di eventuali citazioni involontarie non saprei, per ovvi motivi, esprimermi.

Ringrazio le molte persone che mi hanno aiutato nelle ricerche per questo romanzo, in particolar modo: Enzo, Riccardo, Paolo e Raffaele.

APPENDICE

Indice

Mondadori Libri S.p.A.

Questo volume è stato stampato
presso ELCOGRAF S.p.A.
Stabilimento - Cles (TN)

Stampato in Italia - Printed in Italy